대구가톨릭대학교 다문화연구소
다문화연구총서 제2권

결혼이주여성의 생활세계

김명현·이용승·이화숙·임보름·손영기

경인문화사

이 책은 2010년도 정부재원(교육과학기술부)으로 한국연구재단의 지원에 의하여
연구되었음(KRF-2010-413-B00023).

머리글

　이 책은 대구·경북 지역에 거주하는 결혼이주여성의 생활세계를 탐구하고, 정책적 함의를 도출하기 위해 진행된 설문조사를 분석한 것이다. 설문조사는 한국연구재단의 지원으로 대구가톨릭대학교 다문화연구소가 수행하고 있는 '글로컬 생활세계로서 다문화에 대한 가치창조적 연구'의 일환으로 진행되었다. 모든 설문 문항은 결혼이주여성의 생활세계에 대한 탐색뿐만 아니라 정책 현황, 바람직한 정책 방향을 염두에 두고 작성되었다. 설문문항의 작성에는 윤리신학, 정치학, 법학, 국문학(한국어 교육), 사회복지학 분야의 연구진이 참여하여, 각 학문 분과에 부합하는 실태를 살펴보고자 내용을 구성하였다. 나아가 학제 간 연구를 통해 생활세계에 대한 입체적 이해와 정책 대안을 도출할 수 있도록 분과별 연계성을 고려하여 기획하였다.

　설문조사를 진행하는 과정에서 대구·경북 지역에 소재하고 있는 다문화가족지원센터들로부터 큰 도움을 받았다. 센터들의 도움이 없었다면 결혼이주여성을 대상으로 한 이번 설문조사는 애초에 가능하지 않았을 것이다. 과중한 업무에도 불구하고 기꺼이 협조해 주신 센터 관계자 분들께 이 자리를 빌려 진심으로 감사의 말씀을 전한다. 설문문항 구성 및 코딩, 분석에 도움을 주신 이혜임 선생님께도 특별한 감사의 말씀을 드리고 싶다. 설문조사를 진행하고 분석하는 과정에서 다문화대학원 학생들과 연구보조원들의 역할이 컸다. 서은진, 권용희, 여동엽, 박혜진 학생은 연구원을 도와 현장에서 설문조사를 함께 수행하였다. 바쁜 학업에도 불구하고 자료 입력과 분석에도 도움을 준 연구보조원들에게 고마운 마음을 전한다. 그 외에도 이 책이 만들어지는 과정에서 도움을 주신 많은 분들께 감사드리며, 누구보다도 설문에 응해주신 결혼이주여성들께 감사드린다. 또한 이 책이 세상에 나올 수 있도록 노고를 아끼지 않은 경인문화사에도 감사의 말씀을 드린다. 마지막으로 우리 연구소가 수행 중인 "글로컬 생활세계로서 다문화에 대한 가치창조적 연구"에 연구비를 지원하고 있는 한국연구재단에 감사의 마음을 전한다.

　하느님의 사랑과 평화가 결혼이주여성들과 그 가정에 가득하길 기원하며 …

2013년 12월
다문화연구소 소장 김명현 디모테오 신부

목 차

<표 목차>

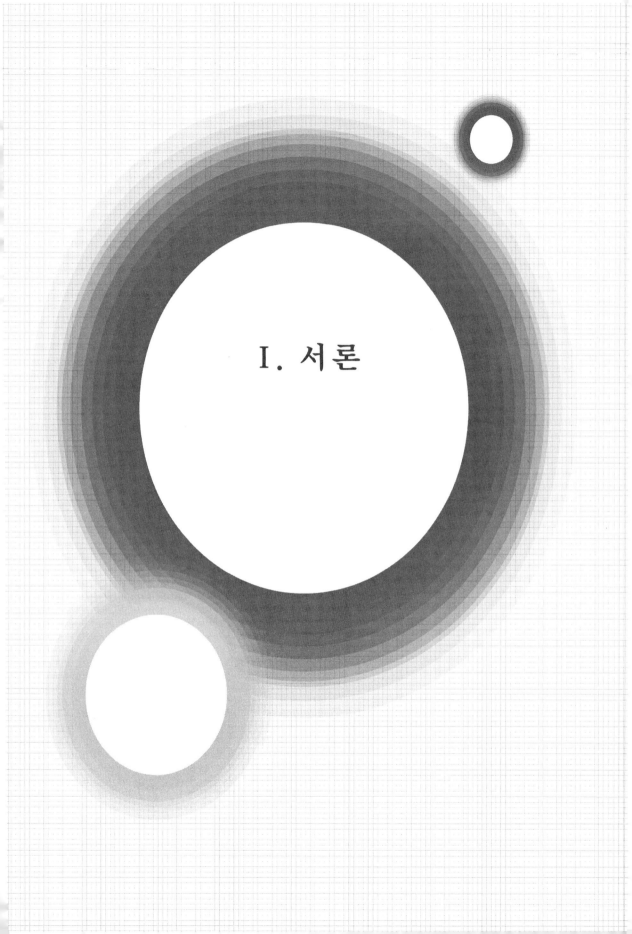

I. 서론

1. 연구 목적

우리나라의 국제결혼은 2000년과 비교해서 2011년 기준으로 약 3.2배 증가하였다. 특히 한국 남성과 외국 여성의 국제결혼이 차지하는 비율이 전체 국제결혼의 74.8%를 차지하고 있어(통계청, 2012), 한국으로 이주하는 이른바 결혼이주여성이 지속적으로 증가하고 있음을 알 수 있다. 2000년 이후 '국민의 배우자' 자격으로 한국 사회에 이입되는 결혼이주여성의 규모가 확대되면서 이들은 최근 학계와 언론의 주요 논의 대상이 되고 있으며, 다문화 정책의 지원 대상으로 주목받고 있다.

결혼이주여성은 가족 구성원의 한 사람으로서 '국민의 배우자' 자격으로 이주한 계층으로 보통 한국사회에 정주하게 된다. 이들은 한국과 출신국의 사회·문화적 특성을 함께 갖고 있는 중간자적 위치에 있다. 때문에 결혼이주여성의 본국문화와 한국의 전통문화가 일상의 생활세계 속에서 어떻게 병존하고 있는지에 대한 실태를 규명하고 이를 이론화하기 위한 실천적 조사 연구에 대한 필요성이 제기되고 있다. 정부에서는 다문화가족지원법(제4조)에 의해 2009년부터 3년 단위로 결혼이주여성과 이들 가족을 대상으로 전국 단위의 설문조사를 시행해 오고 있으나 주로 현황과 실태 파악에 주안점을 두고 있어 결혼이주여성의 생활세계 전반에 대한 논의의 자료로 활용하기에는 한계가 있다. 학계에서는 개별 연구자의 관심에 따라 제 분야에서 결혼이주여성을 대상으로 설문조사가 진행되어 왔으나, 부부관계와 가족관계 적응, 문화적응과 스트레스, 심리적 안정감, 한국어 숙달도 등이 단편적으로 탐색되어 연구 대상의 생활세계 전반을 아우르는 논의의 자료로 활용하기에는 그 내용이 제한적이다.

이 연구는 결혼이주여성과 관련하여 한국 사회에서 가시화되고 있는 다문화적 상황을 글로컬(Golbal + local) 생활세계의 관점에서 종합적으로 탐색하기 위해 시작되었다. 따라서 결혼이주여성이 놓여있는 일상을 바탕으로 이들의 한국문화 수용 및 본국문화 전달태도, 사회생활, 복지욕구, 발달권, 의사소통과 언어사용, 정치 참여, 인권 행위, 사회 및 가족의 지지 등 글로컬 생활세계로서의 다문화적 일상에 대한 종합적인 탐색이 이 연구의 주요 목적이다. 논의를 위한 자료 구축을 위해 대구·경북에 거주하는 결혼이주여성을 대상으로 설문조사를 실시하였으며, 그 결과를 분석한 것이 이 연구의 주요 내용이다. 이 글에서 분석한 결혼이주여성의 생활세계에 대한 탐색적 자료들은 결혼이주여성과 다문화가족지원을 위한 정책 수립은 물론, 다문화를 주제로 하는 제 분야의 학제 간 연구를 수행하는 데도 유의미한 자료로 활용할 수 있을 것으로 판단된다.

2. 연구 방법

2.1 조사방법

이 연구는 구조화된 설문지를 활용한 양적 조사 방법을 활용하였다. 연구 자료를 수집하기 위해 대구와 경상북도에 거주하는 결혼이주여성을 대상으로 설문 조사를 실시하였다. 연구 대상자 선정은 비확률 표집 방법을 선택하였으나, 설문을 진행하는 과정에서 대구·경북에 거주하는 결혼이주여성의 국적별 분포를 고려하였다. 설문 조사를 위해 대구·경북의 23개[1] 행정구역에 소재하고 있는 다문화가족지원센터 등 결혼이주여성 지원기관을 직접 방문하여 2012년 4월 20일부터 7월 25일까지 554명이 작성한 설문지를 확보하였다. 설문지는 모국어와 한국어에 능통한 결혼이주여성에게 의뢰하여 중국어, 베트남어, 따갈로그어로 번역하였으며, 이 과정에서 설문 내용에 대한 결혼이주여성의 의견을 일부 반영하여 내용을 수정하였다. 번역이 완료된 설문지는 해당 언어의 전문가에게 감수를 의뢰하여 2차 검토를 거친 후 사용하였다. 한국어 설문지와 번역한 설문지 모두 2차에 걸쳐 예비 설문 조사를 실시하고 수정 과정을 거쳤다.

설문지는 조사원이 있는 곳에서 응답자가 직접 작성하는 것을 원칙으로 하였다. 조사를 위해 약속된 일정에 방문한 센터에서 결혼이주여성들에게 연구의 취지를 다시 한 번 더 설명한 후 연구에 참여하는 동의를 구한 다음, 응답자가 직접 설문지를 기입한 후 연구원에게 제출하도록 하였다. 자기기입식 작성이 어려운 경우 통번역사와 이중언어 강사, 고급반 수강생 등 해당 센터의 관계자가 협조하여 통역을 하면서 설문 작성을 진행하기도 하였다. 정확도를 높이기 위해 보통 1명의 조사원이 4명 이하의 조사자를 담당하여 그룹 형태로 모여 앉아 설문지 작성을 진행하였으며 현장에서 작성한 설문지를 점검한 후 회수하였다. 총 응답자 554명의 설문지를 회수하여 응답에 누락 문항이 많아 분석에 적합하지 않는 44부를 제외한 510부를 분석하여 사용하였다. 지역별 조사자 응답률은 대구 7개 지역 44.5%(227부)와 경북 16개 지역 55.5%(283부)이다.

---

1) 이번에 설문 조사를 실시한 지역은 대구와 경상북도의 23개 행정구역으로, 대구 7개 지역(남구, 달서구, 동구, 북구, 서구, 수성구, 중구)과 경상북도 16개 지역(경산시, 경주시, 구미시, 군위군, 김천시, 안동시, 영덕군, 영양군, 영주시, 영천시, 예천군, 울진군, 청도군, 청송군, 칠곡군, 포항시)이다.

2.2 조사 내용 및 자료 분석

결혼이주여성의 생활세계 탐색을 위해 이번 연구에서 조사한 내용은 크게 10개의 대분류로 구성되었다. 개인별 특성, 생활환경, 상호관계, 가치관, 사회생활, 사회적 지지, 주관적 삶의 질, 복지욕구, 발달권 및 참여권 등을 대범주를 설정하고, 25개 중·소범주의 내용을 담고 있는 83개 조사문항으로 설문을 구성하였다. 연구의 주요 내용을 제시하면 아래의 [표1]과 같다.

[표1] 설문 조사 내용의 구성

대주제	중주제	소주제	조사문항
개인별 특성	인구·사회학적 특성		연령, 출신국가, 현재 남편과의 자녀수 및 성별
			가구소득, 국적취득여부 및 비자종류
			최종학력, 종교, 이전종교와의 동일 여부 및 개종이유
	가족특성	가족관계	혼인상태, 가족형태
	생활환경	취업실태	취업유무 및 종류, 취업경로, 근로에 따른 어려움, 미취업 원인
	직업적 발달	진로기회준비	본국에서의 취업유무 및 종류
			취업에 대한 의향 및 취업을 위한 지원책
		직업능력	향후 더 나은 직업 갖기 위한 직업훈련참여 의향 및 교육내용
생활 환경	결혼생활특성		결혼과정, 남편에 관한 결혼 전·후의 정보일치도
			국제결혼이유, 국제결혼에 대한 만족
			부부싸움빈도, 원인, 부부싸움 해결 전략
			부부동반모임 유무 및 참석 빈도 높은 모임
			모임참석에 대한 만족
			남편과의 관계·말다툼·가출경험의 정도, 남편의 말과 행동에서의 애정표현 감지
	언어사용실태		한국어 말하기, 듣기, 읽기, 쓰기 숙달도
			일상대화언어, 호칭어·지칭어 사용, 사회적 지칭어에 대한 인식
문화 적응	한국문화 수용태도		상대국가(한국)의 문화에 대해 알고자 하는 태도
	본국문화 전달태도		출신국 문화를 상대에게 알려주고자 하는 태도
	문화프로그램 선호도		문화프로그램 방향성에 대한 견해
사회적 지지	사회적 발달	사회성 발달기회	한국에서 경험하는 지지 정도
			학부모 모임 참여여부 및 만족
		사회성 발달정도	한국사회생활에서 가장 힘든 점
복지 욕구	인지적 발달		가장 우선적으로 이용한 복지서비스
			가장 만족도가 높은 복지서비스
			복지서비스 욕구파악
			자녀교육 애로사항

		자녀교육 복지 욕구
정보접근 및 정보수집	알 권리	인터넷 사용 유무 및 사용 목적
		다문화정책자료 제공 받은 경험 여부
		인권교육 참여 여부
발달권 및 참여권	정서적 발달 정서적 안정	우울감
		정서적 고립감
		자아존중감
		낙관성 수준
		전반적인 행복감
	사회참여 사회참여인식	생활환경변화를 위한 정치적·사회적 활동 참여 여부
		정치활동참여로 인한 사회변화에 기여 여부
		결혼이주여성의 삶의 질 향상 위한 필요한 환경
		참여의 장애요인
		참여권 보장 수준
		사회차별유무

이 연구에서 수집된 자료는 SPSS win 19.0 program을 이용하여 분석하였다. 조사대상자의 일반적 특성과 결혼이주여성의 생활환경 및 상호관계, 의사소통과 언어사용, 사회생활과 사회적지지, 자녀양육 및 복지욕구, 결혼이주여성의 발달권, 결혼이주여성의 사회적·정치적 참여정도를 살펴보기 위해 기술통계분석을 실시하였으며, 문화적응태도의 구성 타당도를 분석하기 위해서 요인분석을 실시하였다. 조사대상자의 일반적인 사항에 따른 생활세계를 살펴보기 위해서 교차분석, t-test, 일원분산분석(ANOVA)을 실시하였다.

2.3 조사도구

① 자아존중감

자아존중감은 Rosenberg(1979)의 척도 중 '나는 좋은 성품을 가졌다고 생각한다.', '나는 나 자신이 쓸모 있는 사람이라고 생각한다.', '나는 가치 있는 사람이라고 생각한다.'의 3문항만 사용하였다. 5점 리커트 척도로 구성하여 점수가 높을수록 자아존중감이 높음을 의미한다. 본 연구에서 신뢰도 Cronbach's α값은 .70으로 나타났다.

② 우울감

우울감은 이중섭 외(2006) 『청소년 발달권 현황과 지표 개발』연구에서 청소년의 발달권 현황을 측정하기 위해 사용된 우울감을 묻는 문항들 중에서 '이유 없이 외로운 적이 있다', '이유 없이 불안한 적이 있다', '이유 없이 슬프거나 우울한 적이 있다'

의 3문항을 사용하였다. 5점 리커트 척도로 구성하여 점수가 높을수록 우울감이 높음을 의미한다. 본 연구에서 신뢰도 Cronbach's α값은 .84로 나타났다.

③ 낙관성

낙관성 수준은 이중섭 외(2006) 『청소년 발달권 현황과 지표 개발』연구에서 청소년의 발달권 현황을 측정하기 위해 사용된 낙관성 수준을 묻는 문항들 중에서 '나는 내가 원하는 대로 일이 이루어 질 것으로 믿는다', '나는 내가 원하는 대로 일이 이루어 질 것으로 믿는다'의 2문항을 사용하였다. 5점 리커트 척도로 구성하여 점수가 높을수록 낙관성 수준이 높음을 의미한다. 본 연구에서 신뢰도 Cronbach's α값은 .77로 나타났다.

④ 정서적 고립감

정서적 고립감은 Vincenzi, H. & Grabosky, F.(1987)의 정서적 및 사회적 고립 척도(Emotional/Social aspects of Loneliness and Isolation: ESLI) 15문항 중에서 감정적 측면에서의 고립감을 측정하는 8개의 문항 중 '나에게 친한 친구가 있다고 느껴지지 않는다', '내가 필요한 존재라고 느껴지지 않는다', '내가 이해받고 있다고 느껴지지 않는다'의 3문항을 본 연구에서 사용하였다. 5점 리커트 척도로 구성하여 점수가 높을수록 정서적 고립감의 정도가 큼을 의미하며, 신뢰도 Cronbach's α값은 .75로 나타났다.

⑤ 결혼 안정감

결혼 안정감은 Spanier(1976)의 DAS(Dyadic Adjustment Scale)을 한국문화권에 적합하도록 번역한 김혜선(1992)의 척도를, 본 연구의 대상자인 결혼이주여성의 생활세계 설문에 적합하도록 수정, 보완하여 사용하였다. DAS 중 결혼안정감은 배우자에 대한 신뢰와 결혼유지에 관련한 4문항을 선택하여 설문을 실시하였으며, 5점 리커트 척도로 구성하였다. '남편과의 사이가 대체로 원만하다', '나는 남편의 말과 행동에서 나에 대한 애정을 느낄 수 있다'는 문항은 점수가 높을수록 결혼안정감이 높음을 의미한다. '우리 부부는 자주 말다툼을 하는 편이다', '부부 싸움 후에 집을 나가버린 적이 있다'는 역점수로 계산하여 점수가 낮을수록 결혼안정감이 높음을 의미한다. 본 연구에서 신뢰도 Cronbach's α값은 .67로 나타났다.

⑥ 한국어 숙달도

한국어 숙달도 보건복지부(2005)가 실시한 결혼이주여성의 실태조사에서 사용한 한국어능력척도이다. 이 척도는 말하기, 듣기, 읽기, 쓰기의 4영역으로 나누었고, 5점 리커트 척도로 구성되었으며, 점수가 높을수록 한국어 숙달도가 높음을 의미한다. 본 연구에서 신뢰도 Cronbach's α값은 .88로 나타났다.

⑦ 삶의 만족도

삶의 만족도는 '주관적 삶의 질 척도(Index Of Well-Being, Campbell, A. 1981)' 가운데 전반적인 삶의 만족도를 질문하는 문항을 사용하였다. 이 문항은 "모든 점을 고려할 때, 자신의 생활에 어느 정도 만족하십니까?"이고 10점 리커트 척도로, 점수가 높을수록 삶의 만족도가 높음을 의미한다.

⑧ 사회적 지지

사회적 지지는 Zimet et al.(1988)에 의해 개발된 지각된 사회적 지지를 수정, 보완한 홍미기(2009)의 척도에서 일부 문항을 수정하여 남편과 본국 가족의 지지 관련 4문항, 시부모 지지 관련 2문항, 친구와 주변 사람의 지지와 관련한 3문항 등 모두 9문항을 사용하였다. 가족(배우자, 부모), 의미 있는 타자(친척, 이웃 등), 친구(현지 친구, 본국 친구) 등으로 구분하여 '나는 내가 필요로 하는 정서적 도움과 지지를 남편, 시부모, 본국 가족, 친구로부터 얻는다' 등의 문항으로 구성되었다. 5점 리커트 척도로 측정하고, 점수가 높을수록 사회적 지지가 높음을 의미한다. 본 연구에서 신뢰도 Cronbach's α값은 남편과 본국 가족의지지 .63, 시부모의 지지 .61, 친구와 주변 사람의 지지 .53으로 나타났다.

⑨ 문화적응태도

문화적응태도의 척도는 Berry(2005)의 이론에 근거해 문화적응을 '한국문화 수용태도'와 '본국문화 전달태도'의 두 차원으로 재구성한 장온정(2007)의 척도를 활용하되, 결혼이주여성의 관점에서 설문의 문장 표현을 다수 수정하였다. 문항 수는 '한국문화 수용태도' 6문항, '본국문화 전달태도' 6문항 등 모두 12문항이다. 한국문화 수용태도는 '나는 한국 음식을 정말 맛있게 먹을 수 있다', '나는 한국어를 조금 할 수 있으며 더 배우려고 노력하고 있다' 등 결혼이주여성이 한국의 문화에 대해 알고자 하는 태도를 의미한다. 본국문화 전달태도는 '남편은 아내 나라의 음식도 먹을 수 있어야 한다', '남편은 아내 나라의 전통예절을 배워 처가 부모를 공경하는 법도 알아야 한다' 등 남편에게 자신의 문화를 알려서 적응하게 하려는 노력 및 태도를 의미한다. 문화 내용의 범주에는 음식, 언어, 생활방식, 풍습이나 예절이 포함되었다. 각 척도는 5점 리커트 척도로, 점수가 높을수록 한국문화 수용태도와 본국문화 전달태도가 각각 높다는 것을 의미한다. 본 연구에서 신뢰도 Cronbach's α값은 한국문화수용태도 .66, 본국문화전달태도 .80으로 나타났다.

⑩ 문화 프로그램의 방향성

문화 프로그램의 방향성은 정진성 외(2011) 『국민인권의식 실태조사』연구에서 일반 국민을 대상으로 한국인의 인권의식을 조사한 문항 중 '결혼이주여성을 대상으로 하는 문화 프로그램의 방향'에 대해 알아본 한 문항을 본 연구에서는 결혼이주여성을 대상으로 직접 그들의 문화 프로그램의 선호도를 조사하였다.

3. 용어 정리

3.1 결혼이주여성

'다문화'라는 용어를 중심으로, 새로운 사회상을 반영하는 각종 용어들이 폭넓게 사용되고 있는데, 우리 사회로 이주해온 구성원 계층을 지칭하는 용어들은 가히 폭발적이라 할 만큼 다양하다. 특히 '국민의 배우자' 자격으로 이주해온 여성 계층이 논의의 중심 대상이 되고 있는데, 이들을 개념화하기 위한 다양한 형태의 명칭이 만들어져 혼용되고 있으나, 용어의 통일을 위한 학계의 합의는 아직 이루어지지 않고 있다. 최근 개정된 「재한외국인처우기본법」제2조에는 대한민국 국민과 혼인한 적이 있거나 혼인 관계에 있는 재한 외국인을 지칭하는 용어로 '결혼이민자'가 명시되어 있다. 이 법에 의한 '결혼이민자'라는 용어는 한국인과 결혼한 외국인 남자와 여자를 모두 지칭하는 개념으로 성별 표지가 드러나지 않는다. 국제결혼과 관련한 정책을 주관하고 있는 여성가족부에서는 성별 표지를 명시하여 '여성결혼이민자'라는 용어를 사용하고 있는데, 이는 국제결혼을 통해 국내로 이주하여 정주하는 계층의 절대다수가 여성인 점을 감안하면, 이는 우리 사회의 '다문화' 관련 현상의 한 특성이 반영된 지칭으로 판단된다. 국제결혼을 통해 국내에 이입된 외국인 여성 계층은 법률상 '이민자'라는 사회적 위치에 놓이게 된다. 최근 국가 간의 인구 이동이 다양한 형태로 나타나고 있으며, 국내에 거주하고 있는 외국인의 이동 목적과 거주 기간 역시 다양하다. '이민자'라는 용어는 '정주'를 목적으로 하는 외국인 계층에만 한정되는 개념이다. 따라서 거시적 관점에서 다양한 형태의 인구 이동과 '정주' 이외의 목적으로 국내에 거주하는 모든 비시민권자를 아우르기에는 '결혼이민자'라는 용어는 용법상 한계가 있는 것으로 여겨진다.

이 글에서는 한국인과의 결혼을 통해 국내에 거주하는 비시민권자·귀화자·영주권자·국민의 배우자 등 다양한 층위의 여성 계층을 아우르기 위해 이들의 이입을 '인구이동'이라는 광의의 관점에서 '이주'라는 용어로 개념화하는 것이 더 적합하다고 판단되는 바, 이들 계층을 '결혼이주여성'이라고 지칭하고자 한다. 다만, 인용문헌의 원래 의도를 존중해야 하는 경우나 관련된 법조항을 인용하는 경우에는 인용문에 쓰인 용어대로 사용할 것이다.

3.2 생활세계

슈츠(A. Schutz)에 의하면 생활세계란 일상생활 속에서 행해지는 인간행위의 산물로서 개개인의 사고와 실존, 행위가 녹아있는 의미의 세계이자 문화의 세계이다. 이주자들은 모국의 생활공간(제1공간, 출신국)을 떠나 이주국의 생활공간(제2공간, 한국)에서 생활하면서 공간적 전이를 통해 새로운 생활공간(제3공간)을 경험하게 된다. 이러한 경험은 제3공간에서 상호주관적 영역을 구성하게 되는데 이것이 이주국에서 새로이 형성되는 생활세계라 할 수 있다. 생활세계는 타자들 사이의 교감을 통한 상호주관적인 의미의 세계이며, 새로운 의미와 가치가 생산되는 탄생의 영역이 된다. 결혼이주여성의 관점에서 일상은 자신이 학습 받은 고유의 문화적 가치와 이주로 인한 새로운 문화적 가치가 상호작용하는 제3의 공간으로서 새로운 가치를 생성하고 그 타당성을 점검하고 확신을 얻게 되는 인식의 공간이라는 관점에서 생활세계라는 용어를 통해 이들의 일상을 개념화하고자 한다(김태원 2011 참조).

3.3 발달권

현재 학계에서 '발달권'에 대한 개념적 정의는 명확하게 정리되어 있지 않다. UN에 의해 1986년 채택된 발전에 관한 권리선언(Declaration on Right to Developement)은 개발도상국 또는 소수자의 발달을 위한 기본 권리에 대한 선언이라고 해석되기도 한다. '발달'은 '발육하여 완전한 상태에 가까워짐, 진보하여 완전한 지경에 이름'(이희승, 2010) 혹은 '신체, 정서, 지능 따위가 성장하거나 성숙함'(국립국어원 표준국어대사전 참조)과 같이 사전적으로 정의되고 있는데, 결혼이주여성이 한국에서 정당한 사회구성원으로서 인정받으며 자신의 꿈과 이상을 실현해 나가는 과정을 개념화하는 데 적

합한 용어라고 판단된다. 이 연구에서는 '발달권'을 인간의 생물·심리·사회·문화·역사적 맥락에서 구현되고 신체적·정신적으로 성숙되고 성취되어야 하는 인권이라고 정의하고자 한다. 이 연구에서 설정한 '발달권'은 인권에 대한 해석의 관점과 다르지 않으며, 보호권, 생존권, 참여권 등의 개별 권리의 실현을 전제로 하는 종합적이고도 포괄적인 기본권을 내포하는 용어이다. 결혼이주여성이 한국사회에서 대인관계, 자녀양육 등 개인의 생존과 관련한 일상의 생활문화를 습득하는 개인적 차원의 발달권은 물론, 취업활동, 여가활동 등 사회참여를 통해 새로운 사회적 위치를 만들어감으로써 성취 가능한 사회적 차원의 발달권이 아울러 포함된다(권복순·임보름 2011).

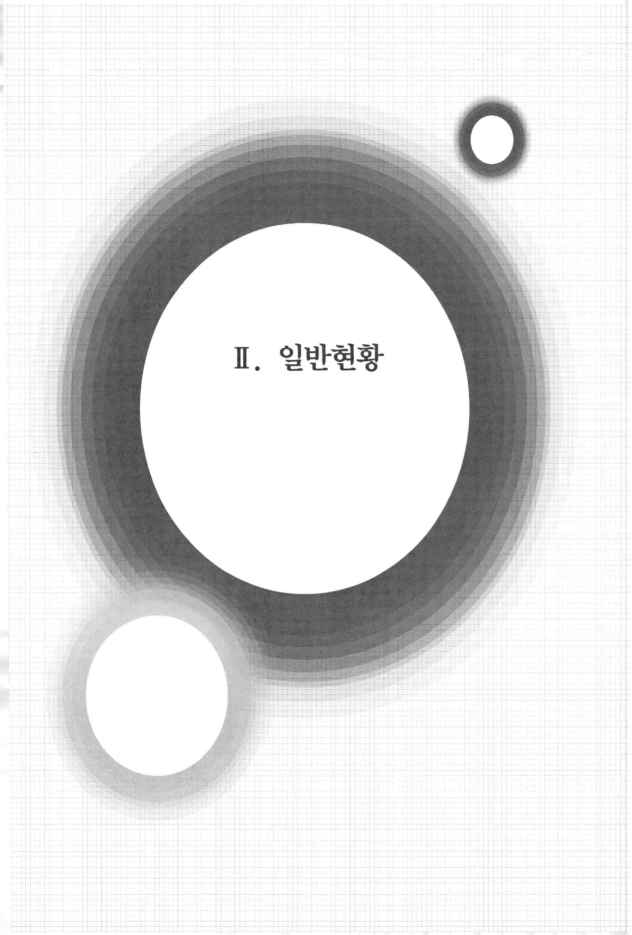

Ⅱ. 일반현황

이 장에서는 설문조사 응답자의 일반현황을 살펴보고자 한다. 일반현황으로는 국적, 연령, 거주기간, 소득수준, 학력수준, 체류자격 등이 포함된다. 단순기술을 포함하여 일반현황 상호 간의 교차분석 또한 제시하고자 한다.

1. 국적

설문 응답자의 한국 입국 전 국적 분포는 아래 [표Ⅱ-1]과 같이 나타났다. 설문응답자의 국적비율과 전국분포는 정확하게 일치하지는 않는다. 그 이유로는 다문화가족지원센터 이용자의 경우 국적에 따라 차이가 있으며, 전국 분포에서 있어서도 대구·경북지역에 거주하는 결혼이주민이 전국분포와 다른 측면을 반영했기 때문이다([표Ⅱ-2] 참조). 일례로 중국동포의 경우는 한국어 교육에 참여하는 비율이 매우 낮기 때문에 한국어 수업 참여자를 중심으로 진행된 이번 설문조사에서는 결혼이주민의 전국분포에 부합하는 비율이 반영되지 않았다. 그러나 국적별 센터 이용률 자체만 놓고 보자면 이번 설문조사의 국적 분포 비율은 적절한 수준이다.

[표Ⅱ-1] 국적분포

(단위:% , 명)

국적	중국동포	중국	베트남	필리핀	캄보디아	기타	계
비율(명)	8.4(43)	22.9(117)	42.7(218)	13.7(70)	5.9(30)	6.3(32)	100(510)

[표Ⅱ-2] 전국 및 대구·경북 결혼이주여성 분포

(단위:% , 명)

	총계	중국	중국동포	베트남	필리핀	일본	캄보디아	몽골	태국	중앙아	러시아	기타
전국	188,580	53,159	53,546	41,693	11,874	9,877	4,404	2,798	2,741	2,531	1,331	4,626
%	100	28.2	28.4	22.1	6.3	5.2	2.3	1.5	1.5	1.3	0.7	2.5
대구 경북	14,983	3,622	2,541	5,718	903	676	576	131	224	178	75	339
%	100	24.2	17.0	38.2	6.0	4.5	3.8	0.9	1.5	1.2	0.5	2.3

출처: 행정안전부, "2011년 지방자치단체 외국인계 주민현황" http://www.laiis.go.kr

참고로 2011년 한국건강가정진흥원(2012, 44)이 집계한 전국 다문화가족지원센터 이용자의 출신국 분포는 베트남 38.1%, 중국(동포포함) 28.4%, 필리핀 12.8%, 일본 6.2%, 캄보디아 5.4% 순이다. 또한 대구·경북의 경우([표Ⅱ-2])에는 전국 분포와는 달리 중국동포의 비율이 낮고 베트남과 캄보디아의 비율이 높게 나타나 이를 반영하여 베트남과 캄보디아 출신 이주여성의 비율을 높게 잡았다. 설문조사에 포함된 비율이 낮아 '기타'로 표시된 국적자는 일본, 러시아, 우즈베키스탄, 몽골, 태국, 키르기즈스탄, 네팔, 동티모르, 홍콩 등이다.

　　이주여성이 보일 수 있는 여러 가지 특성의 가장 중요한 독립변수라고 할 수 있는 국적 항목이 전국분포와 다소 상이하기 때문에 이 연구를 곧바로 전국적 함의로 확대하는 것은 무리가 있다. 다만 각 국적별로 이주여성이 가질 수 있는 다양한 특성은 그 자체로서 의미를 가질 수 있을 것이다. 국적을 기준으로 연령, 거주기간, 학력수준 등을 살펴보면 아래 [표Ⅱ-3]과 같다.

[표Ⅱ-3] 국적별 일반현황

(단위:%, 명)

		재중동포	중국	베트남	필리핀	캄보디아	기타
연령	30세 미만	11.6	21.4	79.8	32.9	76.7	34.4
	30~39세	67.4	59.8	18.8	45.7	20.2	46.9
	40세 이상	20.9	18.8	1.4	21.4	3.3	18.8
	계	100 (43)	100 (117)	100 (218)	100 (70)	100 (30)	100 (32)
거주 기간	2년 미만	7.0	22.2	36.2	21.4	33.3	15.6
	2~5년 미만	25.6	35.0	33.9	12.9	43.3	34.4
	5~7년 미만	16.3	21.4	20.2	15.7	23.3	25.0
	7년 이상	51.2	21.4	9.6	50.0	.0	25.0
	계	100 (43)	100 (117)	100 (218)	100 (70)	100 (30)	100 (32)
소득	100만 원 이하	7.1	7.2	16.7	30.6	27.6	19.4
	200만 원 이하	31.0	36.0	51.7	51.6	48.3	35.5
	300만 원 이하	52.4	40.5	27.3	14.5	20.7	32.3
	300만 원 이상	9.5	16.2	4.3	3.2	3.4	12.9
	계	100 (40)	100 (109)	100 (205)	100 (57)	100 (25)	100 (29)
학력	초등학교 이하	.0	1.7	12.6	.0	10.0	6.3
	중학교 이하	19.0	20.7	39.3	4.5	43.3	6.3
	고등학교 이하	40.5	50.9	43.0	31.3	40.0	37.5
	대학교 이상	40.5	26.7	5.1	64.2	6.7	50.0
	계	100 (42)	100 (116)	100 (214)	100 (67)	100 (30)	100 (32)

　　재중동포와 중국 국적자의 연령분포는 거의 유사한 양상을 보이고 있다. 즉 30대가 약 60~70%로서 가장 높은 비율을 차지하고 있으며, 30세 미만은 비교적 적은 편이다. 이는 이들의 거주기간이 상대적으로 오래되었으며, 최근 결혼이주민 가운데 차지하는 비율이 점차 줄어드는 경향을 반영하고 있다. 베트남과 캄보디아의 연령 분포 또한

유사하다. 20대가 약 80%에 육박하여 절대다수를 차지하고 있으며, 40세 이상은 미미한 수준이다. 이 또한 최근 경향을 반영하고 있는데, 베트남과 캄보디아 출신의 이주민이 빠르게 늘고 있는 현실을 보여준다. 필리핀의 경우는 연령 분포가 비교적 고른 양상을 보이고 있다. 필리핀 출신 이주여성은 30대가 가장 많은 수를 차지하고 있으나 압도적이지는 않고, 40대도 상당한 비율을 차지하고 있다. 다른 국적자와의 비교에서도 필리핀 출신은 40세 이상이 가장 많았다.

거주기간을 국적별로 보면, 7년 이상 거주한 이주여성이 많은 집단은 재중동포와 필리핀이다. 이는 이들이 한국으로 이주를 시작한 시기가 오래되었음을 시사한다. 베트남과 캄보디아의 경우 5년 미만 거주자가 약 70%를 차지할 정도로 많은 분포를 보인다. 이 또한 최근 이 지역 출신 여성들의 이주가 빈번한 사정을 반영하고 있다. 중국의 경우는 2~5년 거주자가 35%로 가장 많긴 하지만 비교적 고른 분포를 보이고 있다.

소득의 경우, 한국어 구사 능력이 비교적 뛰어난 재중동포가 가장 높은 것으로 나타났다. 즉 200~300만 원 사이의 가구소득을 올리고 있는 집단이 다른 국적 출신자에 비해 가장 높았다. 중국 출신자의 경우도 소득이 높은 부류에 많이 포함되어 있다. 특히 다문화가정을 기준으로 보았을 때, 고소득에 속한다고 할 수 있는 소득 300만 원 이상자의 비율이 16.2%로 많았다. 베트남, 필리핀, 캄보디아 출신 여성의 경우는 200만 원 이하라고 응답한 비율이 70%를 넘나들고 있다. 다소 의외는 영어권인 필리핀 출신 이주여성의 80% 이상이 200만 원 이하라고 응답하였으며, 100만 원 이하라고 응답한 비율도 30%를 넘고 있다는 점이다.

학력은 모든 국적에서 고등학교까지 교육을 이수한 응답자가 가장 많았다. 그러나 베트남과 캄보디아의 경우는 중학교 이하의 학력을 가진 경우가 50%로 상대적으로 높았다. 재중동포와 중국, 필리핀 출신자 가운데는 대학교 이상의 학력을 가진 응답자가 많았는데, 특히 필리핀의 경우는 대학교 이상의 학력을 가진 이주민이 64%를 차지하고 있다. 학력이 높은 사람이 많으면서도 소득 구조가 전반적으로 좋지 않은 필리핀 출신 이주여성의 경우는 그 이유에 대한 추가적인 연구가 필요해 보인다.

2. 연령

설문에 응답한 결혼이주여성의 연령을 살펴보면, 30세 미만이 51.2%로 가장 많으며, 전체 응답자의 절반을 상회한다. 다음으로 30~39세가 37.8%였으며, 40세 이상이 11%로 가장 낮게 나타났다. 전체적으로는 40세 미만이 약 90%의 비율을 점하고 있다. 이는 국제결혼이 본격적으로 이루어지기 시작한 것이 2000년대 이후의 일이며, 혼인 시 한국인 남성에 비하여 결혼이주여성들의 연령이 낮기 때문인 것으로 보인다. 또한 이 설문조사가 다문화가족지원센터를 이용하는 결혼이주여성들을 대상으로 이루어졌기에, 한국어 교육에 대한 수요가 높을 것으로 추측되는 결혼이주 초기의 여성들이 수업에 많이 참여한 점도 반영된 결과로 판단된다.

[표II-4] 연령분포

(단위:% , 명)

연 령	30세 미만	30~39세	40세 이상	계 (명)
응답률	51.2	37.8	11.0	100 (510)

연령을 기준으로 국적, 거주기간, 소득, 학력 등의 일반현황을 교차로 나타내면 아래 [표II-5]와 같다.

[표II-5] 연령별 일반현황

(단위:% , 명)

		30세 미만	30~39세	40세 이상
국 적	재중동포	1.9	15.0	16.1
	중국	9.6	36.3	39.3
	베트남	66.7	21.2	5.4
	필리핀	8.8	16.6	26.8
	캄보디아	8.8	3.1	1.8
	기타	4.2	7.8	10.7
	계 (명)	100 (261)	100 (193)	100 (56)
거 주 기 간	2년 미만	38.3	16.1	12.5
	2~5년 미만	35.2	29.5	17.9
	5~7년 미만	19.9	23.3	8.9
	7년 이상	6.5	31.1	60.7
	계 (명)	100 (261)	100	100
소 득	100만 원 이하	16.1	17.1	14.5
	200만 원 이하	49.6	41.7	36.4
	300만 원 이하	29.8	29.9	38.2
	300만 원 이상	4.5	11.2	10.9
	계 (명)	100 (242)	100 (187)	100 (55)
학 력	초등학교 이하	10.5	3.2	1.8
	중학교	32.0	23.8	12.5
	고등학교	46.5	36.5	44.6
	대학교 이상	10.9	36.5	41.1
	계 (명)	100 (256)	100 (189)	100 (56)

연령별 국적분포를 보면 30세 미만에 해당되는 이주여성 261명 가운데 베트남 이주

여성이 66.7%로 압도적으로 많고, 재중동포가 1.9%로 그 비율이 가장 낮다. 중국, 필리핀, 캄보디아 등은 거의 비슷한 비율을 차지하고 있다. 30대 이주여성의 경우는 중국이 차지하는 비율이 36.3%로 가장 높고, 그 뒤를 베트남, 필리핀이 잇고 있다. 40대 이상은 역시 중국이 39.3%로 가장 많고, 뒤이어 필리핀(26.8%), 재중동포(16.1%)가 다소 높은 비율을 차지하고 있다.

연령과 거주기간을 교차시켜보면, 20대 이주여성은 약 38%가 거주기간이 2년 미만인 것으로 나타났다. 이는 당연한 현상이지만 이들 가운데 5년 이상을 거주한 경우도 25%에 달하고 있어, 빠른 시기에 이주해 오는 여성이 상당수 있다는 점을 시사한다. 30대의 경우는 비교적 고른 분포를 보이는 가운데, 7년 이상 거주자가 31.1%로 가장 많은 수를 차지한다. 40대는 7년 이상 거주자가 60%로 가장 많았으며, 이 또한 당연한 현상으로 보인다. 40대임에도, 비교적 짧은 거주 기간을 보이는 사람들은 재혼 가정이 다수 있을 것으로 추측된다.

소득 분포는 20대와 30대가 거의 유사한 패턴을 보여준다. 다만 300만 원 이상의 비교적 고소득자는 20대(4.5%)보다는 30대(11.2%)가 두 배 이상 많은 것으로 나타났다. 40대의 경우는 다른 연령대와 큰 격차가 있는 것은 아니지만 200~300만 원 사이의 소득이라고 응답한 비율이 20대와 30대에 비해 약 10% 가량 더 높다. 이는 거주기간이 오래될수록 소득 수준이 다소 개선된다는 점을 시사한다.

마지막으로 연령별 학력분포는 20대의 경우 고등학교 졸업 학력을 가진 이주여성이 46.5%로 가장 많고, 중학교 학력이 32%로 그 뒤를 잇고 있다. 그러나 대학교 이상의 학력자는 10%에 불과했다. 30대의 경우는 고등학교 이상의 학력을 가진 이주여성이 73%로 나타났다. 이는 40대로 가면 더욱 두드러지는데, 40대 이주여성의 약 85%가 고등학교 이상의 학력을 가지고 있다. 이를 통해 유추해 볼 수 있는 바는, 최근에 이주하여 오는 사람들의 학력 수준이 전반적으로 낮아지고 있다는 점이다. 그러나 학력수준이 높은 30대와 40대에서도 비교적 거주기간이 짧은 이주여성들도 있기 때문에 이를 일반화하기는 어렵다.

3. 거주기간

설문 응답자의 거주기간 분포는 '5년 이상~7년 미만'이 42.8%로 가장 많았으며, '3년 미만'이 40.6%로 그 다음을 차지하고 있다. '3년 이상~5년 미만'은 17.6%, '7년 이상' 13.6%의 순서로 나타났다.

[표Ⅱ-6] 설문응답 체류기간 분포

(단위:% , 명)

거주기간	3년 미만	3년 이상 ~ 5년 미만	5년 이상 ~ 7년 미만	7년 이상	계
비율 (명)	40.6	17.6	42.8	13.6	100 (510)

[표Ⅱ-7]은 거주기간을 중심으로 일반현황을 살펴보기 위해 두 질문을 교차시킨 것이다.

[표Ⅱ-7] 거주기간별 일반현황

(단위:% , 명)

		2년 미만	2~5년 미만	5~7년 미만	7년 이상
국적	재중동포	2.2	6.9	6.9	19.8
	중국	18.8	25.8	24.5	22.5
	베트남	57.2	46.5	43.1	18.9
	필리핀	10.9	5.7	10.8	31.5
	캄보디아	7.2	8.2	6.9	.0
	기타	3.6	6.9	7.8	7.2
	계 (명)	100 (138)	100 (159)	100 (102)	100 (111)
연령	30세 미만	72.5	57.9	51.0	15.3
	30~39세	22.5	35.8	44.1	54.1
	40세 이상	5.1	6.3	4.9	30.6
	계 (명)	100 (138)	100 (159)	100 (102)	100 (111)
소득	100만 원 이하	14.2	12.3	15.7	25.2
	200만 원 이하	41.7	51.6	45.1	39.3
	300만 원 이하	38.3	28.4	32.4	24.3
	300만 원 이상	5.8	7.7	6.9	11.2
	계 (명)	100 (120)	100 (155)	100 (102)	100 (107)
학력	초등학교 이하	7.6	5.7	11.8	2.8
	중학교	31.8	26.6	31.4	16.5
	고등학교	44.7	48.7	31.4	41.3
	대학교 이상	15.9	19.0	25.5	39.4
	계 (명)	100 (132)	100 (158)	100 (102)	100 (109)

거주기간을 기준으로 국적을 살펴보면 7년 미만 거주자의 모든 경우에서 베트남 이주여성이 가장 높은 비율을 차지하고 있다. 이는 응답자 가운데 베트남 출신 이주여성이 가장 많기 때문에 당연한 결과이다. 그러나 베트남 이주 여성은 거주기간이 늘어날수록 점차 비중이 줄어들고 있으며, 7년 이상의 경우에는 필리핀, 재중동포, 중국 출신 이주여성보다도 비율이 낮다. 다시 말해 베트남 출신 이주여성은 최근 7년 이내에 이주자가 많아졌다는 점을 추정할 수 있다. 재중동포의 경우는 7년 이상 거주자

가 가장 많았으며, 중국 출신 이주여성의 경우는 전체적으로 고른 분포를 보이고 있다. 필리핀 이주여성은 7년 이상자 가운데 30%를 차지할 정도로 비교적 장기간 거주한 이주여성이 많은 것으로 나타났다.

2년 미만의 거주기간을 가진 이주여성들의 연령분포는 20대가 72.5%로 가장 높고 30대는 22.5%를 차지하고 있다. 2~5년 거주자 또한 20대가 58%, 30대가 36% 순으로 나타났으나 그 격차는 많이 줄었다. 5~7년 미만자의 경우도 이러한 경향성이 그대로 나타난다. 7년 이상으로 넘어가면 30대가 54%로 가장 많고 그 뒤를 40대 이상이 30.6%로 잇고 있다. 40대는 전체 거주기간 분포에서 대체적으로 낮은 비율을 보이다가 7년 이상의 거주기간 등급에 이르러서는 급격히 높아지는 특징을 보이고 있다.

소득과 거주기간을 보면 거주기간 2년 미만자의 경우 가구소득이 100~200만 원이라고 응답한 비율이 41.7%로 가장 높았고, 비슷한 정도로(38.3%) 200~300만 원의 소득 가구가 포함되어 있다. 2~5년의 거주기간을 갖는 이주여성의 경우는 100~200만 원 소득자가 51.6%로 가장 많고 그 뒤로 28.4%가 200~300만 원이라고 응답하였다. 5~7년 거주자, 7년 이상 거주자의 소득분포도 큰 변동이 있지는 않았다. 다만 7년 이상 거주자 가운데, 300만 원 이상이라고 응답한 비율이 다소 높다는 점이 지적될 만하다. 그러나 이 또한 그다지 두드러진 결과라고 할 수 없다. 이를 통해 판단컨대, 거주기간과 소득의 변동은 크게 관계가 없는 것으로 보인다. 즉 소득 분포는 해당 기간의 국제결혼이 가지는 드러나지 않는 어떤 특성을 반영할 뿐 거주기간에 따라 소득이 늘거나 줄지 않는다는 추정이 가능하다.

마지막으로 거주기간과 학력을 교차해 보면 모든 경우에서 고등학교 졸업자가 가장 많았으며, 거주기간이 오래된 이주여성의 학력이 더 높게 나타나고 있다. 특히 7년 이상 거주자 가운데, 대학 이상의 학력을 가진 이주여성은 약 40%에 육박하고 있다는 점은 눈여겨 볼만하다.

4. 소득수준

전체 510명의 설문 응답자 중 가계의 소득수준에 관한 문항에 응답한 이들은 94.9%(484명)이다. 설문에 응답하지 않은 결혼이주여성은 가계소득을 밝히기 꺼려하거나 가계소득에 대한 정보가 없는 경우, 혹은 간헐적이지만 짧은 이주기간으로 인한 질문문항과 화폐단위(또는 경제관념)에 대한 이해의 부족에서 기인한다. 한 가지 주목할 점은 설문조사 시에 농업에 종사하는 이주여성의 경우 자기 가계의 월 소득을 알지 못하여, 설문응답의 어려움을 호소한 사례가 상당히 있었다는 점이다.

응답자의 소득은 100만 원 이상 200만 원 이하가 45%로 가장 많았고, 200~300만 원의 소득을 올리고 있는 이주여성이 30.8%로 그 뒤를 이었다. 이번 설문조사 응답자들 중에는 비교적 고소득에 속하는 300만 원 이상자는 7.9%에 그쳤다. 가구소득이 100만 원 이하라고 응답한 이주여성도 16.3%에 달했다. 결혼이주여성 개인이 아닌 가계 전체의 월 소득이 200만 원 이하라는 것은 이들 가정이 자녀뿐만 아니라 다수가 시부모님을 부양하고 있다는 점을 고려할 때, 빈곤문제에 직면해 있을 것이라는 점을 어렵지 않게 짐작할 수 있다. 우리나라의 국민 전체 월평균 가구소득이 300만 원대 후반임을 감안한다면, 이러한 추측은 크게 틀리지 않을 것이다.

[표 II-8] 소득분포

(단위:%, 명)

월(月) 가계 소득	100만 원 이하	200만 원 이하	300만 원 이하	300만 원 이상	합계
비율 (명)	16.3	45.0	30.8	7.9	100 (484)

이번 설문 응답자들의 소득 분포를 국적 등의 일반현황과 비교하면 [표 II-9]와 같다.

[표 II-9] 소득별 일반현황

(단위:%, 명)

		100만 원 이하	200만 원 이하	300만 원 이하	300만 원 이상
국적	재중동포	3.8	6.0	14.8	10.5
	중국	10.1	18.3	30.2	47.4
	베트남	44.3	49.5	38.3	23.7
	필리핀	24.1	14.7	6.0	5.3
	캄보디아	10.1	6.4	4.0	2.6
	기타	7.6	5.0	6.7	10.5
	계 (명)	100 (79)	100 (218)	100 (149)	100 (38)
연령	30세미만	49.4	55.0	48.3	28.9
	30~39세	40.5	35.8	37.6	55.3
	40세 이상	10.1	9.2	14.1	15.8
	계 (명)	100 (79)	100 (218)	100 (149)	100 (38)
거주 기간	2년 미만	21.5	22.9	30.9	18.4
	2~5년 미만	24.1	36.7	29.5	31.6
	5~7년 미만	20.3	21.1	22.1	18.4
	7년 이상	34.2	19.3	17.4	31.6
	계 (명)	100 (79)	100 (218)	100 (149)	100 (38)
학력	초등학교 이하	11.7	7.0	4.7	2.6
	중학교	32.5	27.9	25.7	15.8
	고등학교	35.1	45.1	44.6	34.2
	대학교 이상	20.8	20.0	25.0	47.4
	계 (명)	100 (77)	100 (215)	100 (148)	100 (38)

　월평균 가구소득이 100만 원 이하라고 응답한 설문 응답자들의 국적 분포는 베트남이 44.3%로 가장 높고, 그 다음에는 필리핀 국적자가 24%로 뒤를 잇고 있다. 100~200만 원의 소득구간은 역시 베트남 출신자가 가장 많고, 중국, 필리핀으로 이어지고 있다. 200~300만 원 이하 응답자 분포 또한 베트남이 38.3%로 가장 많지만 차지하는 비율이 대폭 낮아지고, 그 대신 중국 국적자(동포 포함)가 35%로 높아지는 것을 볼 수 있다. 300만 원 이상으로 넘어가면 중국 출신자가 47.4%로 가장 높은 비율을 차지하는 것으로 역전된다. 300만 원 이하 응답자들은 베트남 출신들이 가장 많은데, 이는 설문 응답자들 가운데 해당 국가 출신자들이 가장 높은 비율을 차지한다는 점에 기인한다. 경향만을 놓고 본다면 필리핀, 캄보디아 출신자는 소득이 올라갈수록 차지하는 비율이 줄고 있으며, 반대로 중국 출신자는 소득이 올라갈수록 점점 더 높은 비율을 차지하고 있다.

　소득과 연령 분포는 100만 원 이하부터 200만 원 이하 소득자들의 90% 가량이 20, 30대인 것으로 나타났다. 이는 연령이 비교적 낮은 이주여성이 소득 또한 낮은 경향을 보인다고 해석할 수 있다. 200~300만 원 분포에서도 20, 30대가 가장 많기는 하지만 그 비율이 다소 떨어지고 있으며, 40세 이상자가 많아지고 있다. 소득이 300만 원 이상이라고 응답한 이주여성의 연령 분포는 30대가 55.3%로 가장 높고, 20대가 28.9%, 40대가 15.8%를 차지하고 있다.

　소득분포를 거주기간과 교차하여 보면 주목할 만한 경향성을 발견하기는 어렵지만, 거주기간과 무관하게 소득 분포가 거의 유사한 패턴으로 나타난다는 점을 발견할 수 있다. 다소 특이한 점은 7년 이상 거주자들은 100만 원 이하와 300만 원 이상자가 편중되어 나타나고 있다. 다시 말해 거주기간과 소득은 특별한 관련이 없다고 할 수 있다.

　마지막으로 소득과 학력분포를 살펴보면, 소득이 100만 원 미만인 이주여성은 고등학교 학력자가 35%로 가장 높고 중학교 학력자가 32.5%로 그 뒤를 잇고 있다. 그러나 그 차이는 크지 않다. 100~200만 원 소득자 또한 마찬가지로 고등학교 졸업자 45%, 중학교 학력 소지자 28%로 나타났다. 이러한 경향은 200~300만 원 사이라고 응답한 이주여성 또한 유사하게 나타나고 있다. 300만 원 이상자의 경우는 대학 졸업자가 47.4%, 고등학교 졸업자가 34%, 중학교 졸업자가 15.8%, 초등학교 졸업자가 2.6%를 차지하고 있어 학력과 소득의 정(正)의 관계를 정확하게 보여주고 있다. 초등학교 수준의 학력을 가진 사람은 소득수준이 올라갈수록 그 비율이 줄고 있으며, 대학학력자의 경우는 반대로 소득 분포가 높아질수록 그 구성 비율이 높아지고 있다는 점도 소득과 학력의 관계를 보여준다고 하겠다.

5. 학력수준

설문 응답자의 학력수준은 전체 응답자 501명 중, 절반에 가까운 42.5%가 고등학교 졸업의 학력을 보였다. 고등학교에 이어, 중학교 졸업이 26.7%, 대학교 이상이 23.5%, 초등학교 이하 6.8%의 순으로 나타났다. 이는 2009년 전국다문화가족 실태조사 결과와 유사하다. 당시 조사에서 초등학교 이하의 학력 소지자는 8.2%, 중학교는 27.7%, 고등 학교는 43%, 대학교 이상은 21%로 나타났다.

[표 II-10] 설문응답 학력수준 분포

(단위:% , 명)

학업성취 수준	초등학교 이하	중학교	고등학교	대학교 이상	합계
비율 (명)	6.8	26.7	42.5	23.5	100 (501)

교육과학기술부의 '2011년 교육통계분석결과'([표 II-11])에 따르면 2011년 기준 한국 의 평균 취학률은 초등 98.2%, 중학교 97.8%, 고등학교 92.8% 등으로 거의 모든 학령기 인구가 학교에 다니는 것으로 나타났다. 특히 대학진학률도 2009년에는 80%를 넘고 있 다. 이와 비교해 본다면 결혼이주여성의 학력이 전반적으로 높지 않다고 할 수 있다. 그럼에도 고등학교 이상 학력 소지자가 65%가 넘고, 대학 이상의 학력을 갖춘 이주여성 도 일반적인 편견보다 높게 나타났다는 점은 유의할 필요가 있다.

[표 II-11] 국내 평균 취학률, 진학률 추이

(단위: %)

구 분	유치원	초등학교	중학교	고등학교	고등교육 진학률**
2011	42.8	98.2	97.8	92.8	72.5
2010	40.6	98.6	97.6	92.4	79.0
2009	39.5	97.9	96.2	92.5	81.9

* 취학률 = (취학 적령의 재적 학생수 / 취학 적령 인구) × 100
** 고등학교 전체 졸업자 가운데 대학 진학률
출처: 교육과학기술부

학력수준별 일반현황을 알아보기 위해 교육수준과 일반현황을 교차시켜보면 아래 [표 II-12]와 같다.

[표Ⅱ-12] 학력수준별 일반현황

(단위:% , 명)

		초등학교 이하	중학교	고등학교	대학교이상
국적	재중동포	.0	6.0	8.0	14.2
	중국	5.9	17.9	27.7	25.8
	베트남	79.4	62.7	43.2	9.2
	필리핀	.0	2.2	9.9	35.8
	캄보디아	8.8	9.7	5.6	1.7
	기타	5.9	1.5	5.6	13.3
	계 (명)	100 (34)	100 (134)	100 (213)	100 (120)
연령	30세 미만	79.4	61.2	55.9	23.3
	30~39세	17.6	33.6	32.4	57.5
	40세 이상	2.9	5.2	11.7	19.2
	계 (명)	100 (34)	100 (134)	100 (213)	100 (120)
거주기간	2년 미만	29.4	31.3	27.7	17.5
	2~5년 미만	26.5	31.3	36.2	25.0
	5~7년 미만	35.3	23.9	15.0	21.7
	7년 이상	8.8	13.4	21.1	35.8
	계 (명)	100 (34)	100 (134)	100 (213)	100 (120)
소득	100만 원 이하	28.1	19.4	13.3	14.0
	200만 원 이하	46.9	46.5	47.8	37.7
	300만 원 이하	21.9	29.5	32.5	32.5
	300만 원 이상	3.1	4.7	6.4	15.8
	계 (명)	100 (32)	100 (129)	100 (203)	100 (113)

초등학교 이하의 학력을 가진 이주여성의 국적분포는 베트남이 79%로 높은 비율로 다수를 차지하고 있고, 캄보디아 8.8%, 중국이 5.9%의 비율을 보이고 있다. 초등학교 이하의 학력자의 숫자가 워낙 적기는 하지만 재중동포와 필리핀은 0명으로 나타난 것이 흥미롭다. 중학교 이하의 학력자 또한 베트남이 62.7%로 가장 많고, 중국 18%, 캄보디아 9.7% 등이다. 학력수준이 고등학교 이하라고 응답한 이주여성은 베트남이 43.2%, 중국 27.7%, 필리핀 10%순이다. 대학교 이상은 필리핀 국적의 비율이 35.8%로 가장 높고 이어 중국 25.8%, 재중동포 14.2%로 나타났다. 재중동포와 필리핀 국적 이주여성의 경우는 학력 수준이 올라갈수록 차지하는 비율 또한 일관되게 높아지고, 반대로 베트남과 캄보디아는 고학력으로 갈수록 그 비율이 줄어드는 것을 알 수 있다.

학력수준별 연령의 경우 초등학교 이하 학력을 가진 이주여성은 약 79%가 20대이며, 30대는 17.6%로 그다지 높지 않은 비율을 차지하고 있다. 중학교와 고등학교 이하 학력자는 공히 20대가 가장 많고 그 뒤를 30대, 40대가 따르고 있다. 대학교 이상의 학력 보유자들은 30대가 57.5%로 가장 높고, 30대와 40대가 유사한 정도를 차지하고 있다. 20대는 학력수준이 높아질수록 그 차지하는 비율이 점차 줄어들고 있고, 역으로

40대는 학력이 올라갈수록 점점 더 높은 비율을 차지하는 것으로 나타났다. 이는 비교적 최근 입국하는 이주여성이 오히려 학력이 낮다는 점을 시사한다.

거주기간을 통해서도 한국에 입국한 지가 오래된 이주여성이 학력이 높다는 점을 확인할 수 있다. 대체적으로 고른 비율을 보이는 가운데, 7년 이상 거주자의 경우는 학력이 올라갈수록 전체 거주기간별 분류에서 차지하는 비율이 빠르게 증가하는 것을 볼 수 있다. 7년 미만 거주기간을 가진 이주여성은 약 60%가량이 중학교 이하의 학력을 가진 것으로 나타났다는 점도 이러한 가정을 뒷받침한다. 같은 경향으로서 7년 이상 거주자는 약 36%가 대학이상의 학력을 가지고 있다고 응답해 가장 높은 비율을 차지하고 있다.

학력별 소득분포를 살펴보면, 초등학교 이하의 학력을 가진 이주여성은 100만 원에서 200만 원 사이의 가구소득이 47%로 가장 높고 100만 원이하라고 응답한 사례도 28%로 비교적 높은 비율을 차지한다. 중학교, 고등학교 이하의 학력자도 그 비율이 유사하긴 하지만 소득구조가 약간 개선되는 것을 확인할 수 있다. 학력이 높아질수록 100만 원 이하라고 응답한 비율은 줄어들고, 이번 설문 응답자들 가운데 비교적 고소득에 속하는 300만 원 이상자는 학력이 높아질수록 점점 더 높은 비율을 차지하는 것으로 나타났다. 이를 통해 소득이 학력과 정(正)의 관계가 있다는 점을 다시 한 번 확인할 수 있다.

6. 체류자격

한국 체류자격에 대한 설문의 경우 전체 359명이 응답하였으며, 이 중 '한국인의 배우자' 자격을 가진 이주여성이 68%로 가장 높게 나타났다. 이는 대부분의 결혼이주여성들이 국적을 취득하기 전 한국인의 배우자의 자격(F-2, F-6)으로 한국에 체류한다는 것을 의미한다. 영주자격(F-5)의 경우 18.7%로 두 번째로 많았으며, 다음으로는 90일 이상 비자 7.2%, 기타 5.3%, 90일 이하 비자 0.8%의 순서로 나타났다. 응답을 하지 않은 경우는 대다수가 이미 국적을 취득한 경우이다.

[표 II-13] 체류자격 분포

(단위:% , 명)

비자종류	영주자격	한국인 배우자	90일 이상 비자	90일 이하 비자	기타	계
비율 (명)	18.7	68.0	7.2	0.8	5.3	100 (359)

영주자격은 거주 자격(F-2) 등으로 5년 이상 합법적으로 거주한 자에게 주어진다는 점과 국적취득 자격은 2년 혹은 3년이 경과하면 주어진다는 점[1]을 동시에 고려해 보면 영주자격으로 거주하고 있는 사람 가운데 국적취득을 하지 못한 이주여성과 국적취득의 예정이 없는 사람들이 섞여 있을 것으로 판단된다.

7. 종교

설문응답자의 종교 분포는 '종교 있음'이 67.5%로 종교가 없는 경우 32.5%보다 높게 나타났다. 2005년 통계청이 발표한 한국 종교인 비율 통계에 따르면, 종교가 있는 경우가 전체의 53%이며, 종교가 없는 경우(미상 포함)는 47%였다. 이와 비교해 보면, 결혼 이주여성의 경우 일반 한국인보다 종교를 가진 인구가 약 15% 정도 더 많은 것으로 나타났다.

[표Ⅱ-14] 종교유무

(단위:% , 명)

종교 유무	있음	없음	계
비율 (명)	67.5	32.5	100 (499)

[표Ⅱ-15] 2005년 한국의 종교인구 분포

(단위: %)

지역 ＼ 종교 유무	종교 있음	종교 없음	미상
전국	53.0	46.5	0.5
대구광역시	54.5	45.3	0.2
경상북도	53.5	46.1	0.4

출처: 통계청

종교별로는 불교가 38.3%로 가장 많았으며, 가톨릭이 16.2%, 개신교가 6.0% 순으로 나타났다. 불교가 많은 이유는 종교를 가진 베트남과 캄보디아 출신자들의 절대 다수가 불교신자이기 때문이다. 기존 한국의 종교분포는 개신교가 가톨릭 신자보다 더 많지만, 이번 설문조사에서 가톨릭 신자가 더 많은 것으로 나타난 것은 필리핀 출신 이

---

1) 국적법에 따르면, 결혼이주민의 간이귀화 요건은 "1. 그 배우자와 혼인한 상태로 2년 이상 계속하여 주소가 있는 자, 2. 그 배우자와 혼인하고 3년이 지나고 혼인한 상태로 대한민국에 1년 이상 계속하여 주소가 있는 자"로 규정하고 있다. 국적법(법률 제10275호, 2010. 5. 4. 일부개정).

주여성의 대다수가 가톨릭 신자인 것과 관련이 깊다.

[표II-16] 종교분포(전체)

(단위:% , 명)

종교	없음	개신교	가톨릭	불교	힌두교	이슬람교	통일교	기타	계
비율	32.5	6.0	16.2	38.3	0.2	1.0	1.2	4.6	100 (499)

종교가 있다고 대답한 응답자만으로 놓고 분석하여 보면([표II-7]) 불교가 56.7%로 가장 많고 기독교가 32.9%로 그 뒤를 잇고 있다. 불교가 다수를 차지하는 이유는 위에서 제시한 바와 같다.

[표II-17] 종교분포(기독교, 불교)

(단위:% , 명)

종교	기독교*	불교	기타	계
비율 (명)	32.9	56.7	10.4	100 (337)

*기독교: 가톨릭 + 개신교

종교분포와 국적을 비교해 보기 위해 국적과 종교를 교차하여 표로 나타내면 아래와 같다([표II-18]).

[표II-18] 국적별 종교분포

(단위:%, 명)

국적	종교 없음	개신교	가톨릭	불교	기타
재중동포	14.2	20.0	3.7	3.7	11.4
중국	37.0	26.7	4.9	14.7	34.3
베트남	39.5	10.0	11.1	69.6	8.6
필리핀	1.2	16.7	75.3	.0	5.7
캄보디아	4.9	6.7	1.2	9.4	2.9
기타	3.1	20.0	3.7	2.6	37.1
계 (명)	100 (162)	100 (30)	100 (81)	100 (191)	100 (35)

종교가 없다고 응답한 이주여성 162명 가운데 39.5%가 베트남 출신이었고, 37%는 중국 출신이었다. 개신교는 전체적으로 숫자가 적은 가운데, 재중동포와 중국이 다소 높은 비율을 점유하고 있다. 가톨릭은 필리핀 출신 이주여성이 75%로서 가장 많다. 불교는 베트남이 69.6%, 중국이 14.7% 등을 차지하는 것으로 나타났다.

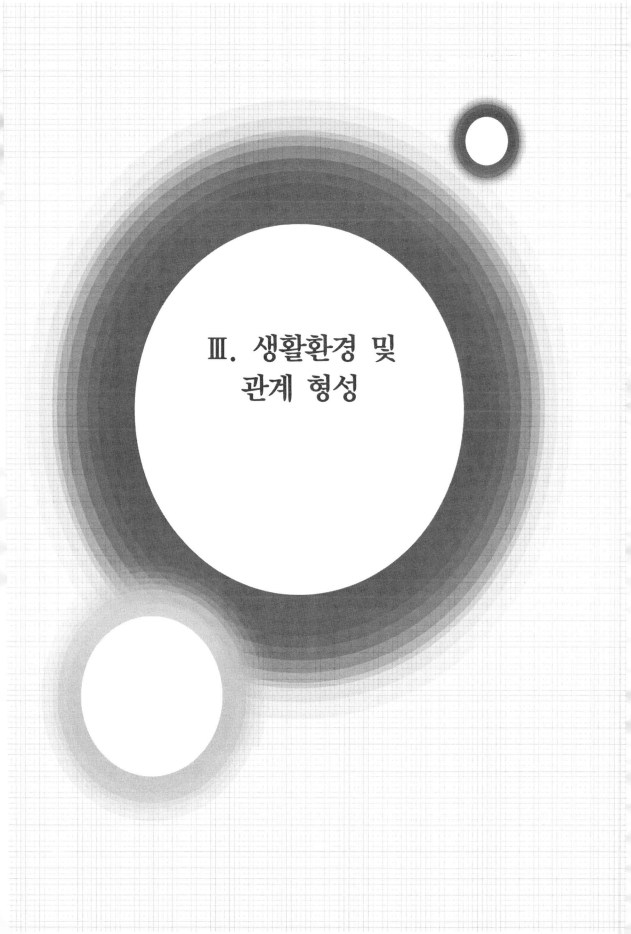

Ⅲ. 생활환경 및
관계 형성

이 장에서는 결혼이주여성의 생활 세계를 구성하는 생활환경과 가족 구성원들과의 관계 형성에 대해 살펴보고자 한다. 이를 위해 결혼 과정, 결혼 정보 일치, 국제결혼 이유, 결혼 만족, 혼인 상태, 가족 형태, 부부모임 참석, 결혼 안정 및 부부싸움 등에 대해 국적, 연령, 거주기간, 소득 수준, 교육 수준 등과의 교차 분석을 통해 그 상관성을 검토할 것이다.

1. 결혼 과정

결혼이주여성들이 결혼을 하게 되는 경로는 '결혼중개업소를 통해서'가 43.6%로 가장 많았다. '가족과 친인척의 소개'가 23.6%, '친구나 선후배의 소개'가 14.3%, '기타' 9.4%, '한국에서 일하면서 직접 만남'이 4.3%, '종교 단체를 통해서'가 4.1%, '정부기관의 주선'이 0.6%의 순으로 나타났다.

[표Ⅲ-1] 결혼 과정

(단위:% , 명)

	가족과 친인척 소개	친구·선후배 소개	결혼중개 업소를 통해	정부기관의 주선	종교 단체를 통해서	한국에서 일하면서 직접 만남	기타	계(명)
응답률	23.6	14.3	43.6	.6	4.1	4.3	9.4	100(509)

국적별 결혼 과정을 살펴보면, 베트남 국적자의 63.3%, 캄보디아 56.7%, 중국35%, 필리핀 23.2%, 기타 21.9%의 순으로 '결혼중개업소를 통해' 결혼한 것으로 조사되었다. 재중동포의 경우 본국의 가족과 친인척의 소개로 결혼을 한 경우가 51.2%로 가장 높게 나타났으며, 필리핀 출신의 결혼이주여성은 종교단체를 통한 결혼의 비율이 각각 23.5%로 그 비율이 가장 높다. 특히 필리핀 국적의 결혼이주여성의 경우 다른 국적의 결혼이주여성에 비해 상대적으로 다양한 경로를 통해 결혼한 것을 알 수 있다.

[표Ⅲ-2] 국적별 결혼과정

(단위:% , 명)

	가족과 친인척 소개	친구·선후배 소개	결혼중개 업소를 통해	정부기관의 주선	종교 단체를 통해서	한국에서 일하면서 직접 만남	기타	계(명)
재중동포	51.2	14.0	7.0	.0	.0	14.0	14.0	100 (43)
중국	23.1	22.2	35.0	.0	.0	7.7	12.0	100(117)

베트남	25.2	7.8	63.3	.0	.0	.5	3.2	100(218)
필리핀	17.4	14.5	23.2	2.9	23.2	4.3	14.5	100 (69)
캄보디아	10.0	23.3	56.7	3.3	.0	.0	6.7	100 (30)
기타	3.1	21.9	21.9	.0	15.6	9.4	28.1	100 (32)
계(명)	23.6	14.3	43.6	.6	4.1	4.3	9.4	100(509)

연령별 결혼과정에 대한 비율은 모든 연령에서 결혼중개업소를 통한 결혼의 비율이 가장 높았다. 특히 30세 미만의 경우 57.9%가 결혼중개업소를 통해 결혼한 것으로 조사되었다. 30세 미만과 30세~39세 연령대에서는 본국의 가족이나 친인척의 소개로 결혼을 하게 된 비율이 두 번째로 높은 반면, 40세 이상의 경우 종교단체를 통한 결혼의 비율이 두 번째로 높았다. 특히 30세 이상의 연령대에서 한국에서 일하면서 직접 만나 결혼을 하거나 기타의 결혼과정 비율이 각각 6.7%와 7.3%, 그리고 14%와 16.4%로 상대적으로 높게 나온 반면에 30세 미만에서는 한국에서 일하면서 직접 만나 결혼을 하거나 기타의 비율이 각각 1.9%와 4.6%로 낮게 조사되었다.

[표III-3] 연령별 결혼과정

(단위:% , 명)

	가족과 친인척 소개	친구·선후배 소개	결혼중개업소를 통해	정부기관의 주선	종교단체를 통해서	한국에서 일하면서 직접 만남	기타	계(명)
30세 미만	22.6	12.3	57.9	.0	.8	1.9	4.6	100(261)
30~39세	26.9	17.6	29.5	1.0	4.1	6.7	14.0	100(193)
40세 이상	16.4	12.7	25.5	1.8	20.0	7.3	16.4	100 (55)
계(명)	23.6	14.3	43.6	.6	4.1	4.3	9.4	100(509)

거주기간별 결혼과정을 살펴보면 결혼중개업소를 통한 결혼의 비율이 가장 높은데, 다만 7년 이상 거주자의 경우 본국의 가족과 친인척의 소개로 결혼을 한 비율이 22.5%로 가장 높게 나타났다. 7년 미만의 거주기간이 짧은 사람들은 결혼중개업소나 가족·친인척·친구·선후배의 소개를 통하는 등 결혼 과정이 비교적 단순한 경향을 보였다. 반면에 7년 이상 장기 거주자들은 가족과 친인척 소개(22.5%)는 물론, 결혼중개업소를 통한 결혼(19.8%)과 종교 단체를 통한 결혼(17.1%), 친구나 선후배의 소개로 인한 결혼(13.5%), 한국에서 일하면서 직접 만나서 결혼한 경우(10.8%) 등 다양한 결혼과정들에 분포되어 있었다.

[표Ⅲ-4] 거주기간별 결혼과정

(단위:%, 명)

	가족과 친인척 소개	친구·선후배 소개	결혼중개 업소를 통해	정부기관 의 주선	종교 단체를 통해서	한국에서 일하면서 직접 만남	기타	계(명)
2년 미만	26.8	10.1	55.1	.0	.7	.7	6.5	100(138)
2~5년 미만	22.0	18.9	49.7	.6	.0	1.9	6.9	100(159)
5~7년 미만	22.8	13.9	44.6	.0	1.0	5.9	11.9	100(101)
7년 이상	22.5	13.5	19.8	1.8	17.1	10.8	14.4	100(111)
계(명)	23.6	14.3	43.6	.6	4.1	4.3	9.4	100(509)

소득별 결혼과정을 살펴보면 모든 소득 등급에서 결혼중개업소를 통한 결혼의 비율이 43.1%로 가장 높다. 소득 수준이 300만 원 미만의 경우, 결혼중개업소를 통한 결혼의 비율이 38.3%로 가장 높고, 그 다음으로 가족과 친인척의 소개와 친구·선후배의 소개로 결혼한 경우의 비율이 각각 30.2%와 13.4%로 높게 나타났다. 300만 원 이상의 소득 수준에서는 결혼중개업소를 통한 결혼과 기타 경로를 통한 결혼의 비율이 각 28.9%로 가장 높으며, 그 다음으로 친구·선후배의 소개(21.1%)와 가족과 친인척의 소개 (15.8%)로 결혼한 비율이 높게 나타났다. 특히 정부 기관의 주선이나 종교 단체를 통한 결혼은 소득 수준이 낮을수록 높게 나타나는 경향을 보였다.

[표Ⅲ-5] 소득별 결혼과정

(단위:%, 명)

	가족과 친인척 소개	친구·선후배 소개	결혼중개 업소를 통해	정부기 관의 주선	종교 단체를 통해서	한국에서 일하면서 직접 만남	기타	계(명)
100만 원 미만	20.5	12.8	46.2	1.3	6.4	2.6	10.3	100(78)
200만 원 미만	22.9	13.8	47.7	0.9	5	5.5	4.1	100(218)
300만 원 미만	30.2	13.4	38.3	0	2.7	4	11.4	100(149)
300만 원 이상	15.8	21.1	28.9	0	0	5.3	28.9	100(38)
계(명)	24.2	14.1	43.1	0.6	4.1	4.6	9.3	100(483)

결혼과정에 대한 학력별 조사에서는 대학교 이상 학력 등급을 제외한 나머지 학력 등급에서 초등학교이하 64.7%, 중학교 52.2%, 고등학교 49.8%로 결혼중개업소를 통한 결혼의 비율이 가장 높다. 특히 대학교 이상 학력을 가진 경우, 본국의 가족과 친인척 소개 21%, 친구선후배 소개 18.5%, 결혼중개업소를 통해 15.1%, 종교단체를 통해서

10.1% 등 모든 항목에서 골고루 분포되어 있었지만 고등학교 이하의 학력에서는 '결혼 중개업소를 통해', '가족과 친인척 소개', '친구 선후배 소개'의 항목에 집중되어 있는 경향을 보인다.

[표Ⅲ-6] 학력별 결혼과정

(단위:% , 명)

	가족과 친인척 소개	친구·선 후배 소개	결혼중개 업소를 통해	정부기관 의 주선	종교 단체를 통해서	한국에서 일하면서 직접 만남	기타	계(명)
초등학교 이하	20.6	8.8	64.7	.0	2.9	.0	2.9	100 (34)
중학교	23.9	17.9	52.2	.0	1.5	3.0	1.5	100(134)
고등학교	25.8	10.8	49.8	.5	2.8	4.2	6.1	100(213)
대학교 이상	21.0	18.5	15.1	1.7	10.1	6.7	26.9	100(119)
계(명)	23.8	14.4	43.2	.6	4.2	4.2	9.6	100(500)

2. 결혼 정보 일치

결혼이주여성들의 결혼 정보 일치에 대한 조사에서는 '대체로 일치했다'가 29.5%로 가장 많았다. '약간 달랐다'가 26%, '정확히 일치했다'가 18.7%, '그저 그렇다'가 18.1%, '매우 달랐다'가 7.7% 순으로 나타났다. 결혼과 관련한 정보에 대해서는 '일치'하는 경향이 상대적으로 높게 나타났다.

[표Ⅲ-7] 결혼 정보 일치

(단위:% , 명)

	매우 달랐다	약간 달랐다	그저 그렇다	대체로 일치했다	정확히 일치했다	계(명)
응답률	7.7	26.0	18.1	29.5	18.7	100(454)

국적별 결혼 정보 일치 조사에서는 전체적인 비율에서 '대체로 일치했다'가 가장 높게 나타났다. 필리핀과 기타의 국가들을 제외하고 나머지 국가들에서도 특히 중국 과 캄보디아 국적을 가진 결혼이주여성들의 '일치'('대체로 일치했다'와 '정확히 일치 했다')의 응답률이 각각 63.7%와 63.4%로 높게 나타났다. 반면에 필리핀 출신 국적을 가진 결혼이주여성들 53.7%가 '불일치'('매우 달랐다'와 '약간 달랐다') 했다고 응답 하 였다. 또 기타의 국가들에서도 '불일치' 응답률이 56%로 높게 나왔다.

[표Ⅲ-8] 국적별 결혼 정보 일치

(단위:% , 명)

	매우 달랐다	약간 달랐다	그저 그렇다	대체로 일치했다	정확히 일치했다	계(명)
재중동포	.0	37.1	17.1	37.1	8.6	100(35)
중국	3.9	9.8	22.5	41.2	22.5	100(102)
베트남	7.7	26.9	20.2	27.4	17.8	100(208)
필리핀	9.3	44.4	13.0	16.7	16.7	100(54)
캄보디아	20.0	16.7	.0	26.7	36.7	100(30)
기타	16.0	40.0	16.0	20.0	8.0	100(25)
계(명)	7.7	26.0	18.1	29.5	18.7	100(454)

연령별 결혼 정보 일치에 대한 조사에서는 30세 미만과 30세~39세 연령대에서 '일치'의 응답률이 각각 51.4% 와 46.9%로 높았다. 반면에 40세 이상은 '불일치' 응답률이 40%로 다소 높게 나타났다.

[표Ⅲ-9] 연령별 결혼 정보 일치

(단위:% , 명)

	매우 달랐다	약간 달랐다	그저 그렇다	대체로 일치했다	정확히 일치했다	계(명)
30세 미만	8.9	24.7	15.0	31.2	20.2	100(247)
30~39세	4.3	27.8	21.0	29.6	17.3	100(162)
40세 이상	13.3	26.7	24.4	20.0	15.6	100(45)
계(명)	7.7	26.0	18.1	29.5	18.7	100(454)

거주기간별 결혼정보 일치를 살펴보면 '대체로 일치했다'의 비율이 가장 높은데, 다만 7년 이상 거주자의 경우 '약간 달랐다'의 비율이 43.%로 가장 높게 나타났다. 7년 미만의 비교적 거주 기간이 짧은 사람들은 결혼 정보가 '일치'하는 경향을 보였다. 반면에 7년 이상의 장기 거주자들은 '불일치'(51.1%)하는 경향으로 나타났다.

[표Ⅲ-10] 거주기간별 결혼 정보 일치

(단위:% , 명)

	매우 달랐다	약간 달랐다	그저 그렇다	대체로 일치했다	정확히 일치했다	계(명)
2년 미만	3.8	21.1	14.3	39.1	21.8	100(133)
2~5년 미만	9.0	22.9	18.1	27.8	22.2	100(144)
5~7년 미만	11.0	22.0	16.5	34.1	16.5	100(91)
7년 이상	8.1	43.0	25.6	12.8	10.5	100(86)
계(명)	7.7	26.0	18.1	29.5	18.7	100(454)

소득별 결혼 정보 일치에서도 '대체로 일치했다'의 비율이 높게 나타났다. 특히 300만 원 이상 소득 등급에서는 '일치'의 응답이 73.1%로 가장 높았다. 반면 소득이 100만 원 미만인 등급에서는 '불일치'의 응답률이 44.9%로 가장 높게 나타났다. 소득이 감소할수록 결혼 정보에 관해서 '불일치'하는 경향이 나타났다.

[표Ⅲ-11] 소득별 결혼 정보 일치

(단위:% , 명)

	매우 달랐다	약간 달랐다	그저 그렇다	대체로 일치했다	정확히 일치했다	계(명)
100만 원 미만	13	31.9	15.9	21.7	17.4	100(69)
200만 원 미만	9	27.4	15.9	31.8	15.9	100(201)
300만 원 미만	3	27.1	23.3	24.1	22.6	100(133)
300만 원 이상	3.8	7.7	15.4	46.2	26.9	100(26)
계(명)	7.5	26.8	18.2	28.7	18.9	100(429)

학력별 결혼 정보 일치에서는 대학교 이상을 제외한 나머지 학력별에서 '일치'하는 경향이 높았다. 특히 고등학교 등급에서 52.8%가 '일치'한다는 응답이 가장 높게 나타났다. 반면 대학교 이상 등급에서는 48.2%가 '불일치'한다고 응답하였다.

[표Ⅲ-12] 학력별 결혼 정보 일치

(단위:% , 명)

	매우 달랐다	약간 달랐다	그저 그렇다	대체로 일치했다	정확히 일치했다	계(명)
초등학교 이하	18.8	25.0	9.4	21.9	25.0	100(32)
중학교	6.2	27.9	17.8	28.7	19.4	100(129)
고등학교	6.1	19.3	21.8	32.5	20.3	100(197)
대학교 이상	8.0	40.2	14.9	25.3	11.5	100(87)
계(명)	7.4	26.3	18.4	29.2	18.7	100(445)

3. 국제결혼 이유

결혼이주여성들이 국제결혼을 결심하게 되는 이유는 '남편을 사랑했기 때문에'가 35.8%로 가장 많았다. '잘 사는 한국에서 살기 위해'가 28%로 다음 순위를 차지했다. 이 밖에 '본국 가족의 경제적 지원을 위해'가 17.5%, '한국에서 취업하기 위해' 그리고 '무조건 본국을 떠나고 싶어서'가 3.3%, '종교적인 이유로'가 1.6% 등의 순서로 나타났다.

[표Ⅲ-13] 국제결혼 이유

(단위:%, 명)

	한국에서 취업하기 위해	본국 가족의 경제적 지원을 위해	무조건 본국을 떠나고 싶어서	잘 사는 한국에서 살기 위해	가족과 친척 등의 권유로	남편을 사랑 했기 때문에	종교적인 이유로	기타	계(명)
응답률	3.3	17.5	3.3	28.0	3.9	35.8	1.6	6.5	100(508)

국적별 국제결혼 이유 조사에서는 베트남 출신 결혼이주여성 이외의 모든 국가에서 '남편을 사랑했기 때문에'의 이유가 가장 높게 나타났다. 베트남 출신 결혼이주여성들은 '잘 사는 한국에서 살기 위해'의 응답률이 37.3%로 가장 높게 나타났다. 또 '본국 가족의 경제적 지원을 위해'의 응답에서도 30%를 차지하는 등 베트남 출신 결혼이주여성들은 '경제적' 이유에서 결혼을 선택하는 경향이 다소 높게 나타났다.

[표Ⅲ-14] 국적별 국제결혼 이유

(단위:%, 명)

	한국에서 취업하기 위해	본국 가족의 경제적 지원을 위해	무조건 본국을 떠나고 싶어서	잘 사는 한국에서 살기 위해	가족과 친척 등의 권유로	남편을 사랑 했기 때문에	종교적인 이유로	기타	계(명)
재중동포	.0	4.7	7.0	23.3	11.6	44.2	.0	9.3	100(43)
중국	2.6	6.0	4.3	26.5	5.1	47.0	.9	7.7	100(117)
베트남	3.2	30.0	2.3	37.3	3.2	20.7	.0	3.2	100(217)
필리핀	7.2	20.3	4.3	5.8	.0	44.9	5.8	11.6	100(69)
캄보디아	3.3	3.3	.0	33.3	6.7	50.0	.0	3.3	100(30)
기타	3.1	.0	3.1	18.8	.0	53.1	9.4	12.5	100(32)
계(명)	3.3	17.5	3.3	28.0	3.9	35.8	1.6	6.5	100(508)

연령별 국제결혼 이유 조사에서는 30세 미만을 제외한 나머지 연령별 등급에서 '남편을 사랑했기 때문에' 의 항목에서 응답률이 가장 높게 나타났다. 30세 미만 등급에서는 '잘 사는 한국에서 살기 위해'의 항목에서 33.1%로 응답률이 가장 높게 나타났다. 또 '본국의 가족의 경제적 지원을 위해'의 항목에서도 25.4%의 응답률을 보였다. 30세 미만의 결혼이주여성의 경우, 경제적인 이유 때문에 국제결혼을 결심하였다는 비율이 상대적으로 높게 나타났다.

[표Ⅲ-15] 연령별 국제결혼 이유

(단위:% , 명)

	한국에서 취업하기 위해	본국 가족의 경제적 지원을 위해	무조건 본국을 떠나고 싶어서	잘사는 한국에서 살기 위해	가족과 친척 등의 권유로	남편을 사랑했기 때문에	종교적인 이유로	기타	계(명)
30세 미만	2.7	25.4	2.7	33.1	2.7	27.7	.4	5.4	100(260)
30~39세	3.6	9.3	4.1	24.9	5.2	43.5	1.6	7.8	100(193)
40세 이상	5.5	9.1	3.6	14.5	5.5	47.3	7.3	7.3	100(55)
계(명)	3.3	17.5	3.3	28.0	3.9	35.8	1.6	6.5	100(508)

거주기간별 국제결혼 이유 조사에서는 2~5년 미만의 거주기간 결혼이주여성들을 제외한 나머지 거주기간 등급에서 '남편을 사랑했기 때문에' 항목 응답률이 가장 높게 나타났다. 특히 7년 이상 거주기간 등급에서는 40.9%로 가장 높았다. 반면 2~5년 미만의 거주기간 등급에서는 '잘 사는 한국에서 살기 위해' 항목에서 응답률이 35.2%로 가장 높게 나타났다.

[표Ⅲ-16] 거주기간별 국제결혼 이유

(단위:% , 명)

	한국에서 취업하기 위해	본국 가족의 경제적 지원을 위해	무조건 본국을 떠나고 싶어서	잘 사는 한국에서 살기 위해	가족과 친척 등의 권유로	남편을 사랑했기 때문에	종교적인 이유로	기타	계(명)
2년 미만	4.4	21.9	2.2	23.4	2.9	41.6	.7	2.9	100(137)
2~5년 미만	3.1	15.7	5.0	35.2	4.4	27.7	.0	8.8	100(159)
5~7년 미만	3.9	18.6	.0	32.4	4.9	35.3	.0	4.9	100(102)
7년 이상	1.8	13.6	5.5	19.1	3.6	40.9	6.4	9.1	100(110)
계(명)	3.3	17.5	3.3	28.0	3.9	35.8	1.6	6.5	100(508)

소득별 국제결혼 이유 조사에서는 모든 소득등급에서 '남편을 사랑했기 때문에'의 응답률이 가장 높았다. 특히 100만 원 미만 29.1%, 200만 원 미만 30.6%, 300만 원 미만 40.9%, 300만 원 이상 52.6% 등 소득이 증가할수록 '남편을 사랑했기 때문에'의 응답률이 높아지는 비례관계를 형성하였다.

학력별 국제결혼 이유 조사에서는 초등학교 이하 학력등급은 '본국 가족의 경제적 지원을 위해' 항목에서 36.4%로 가장 높았다. 중학교 학력등급은 '잘 사는 한국에서 살

[표Ⅲ-17] 소득별 국제결혼 이유

(단위:% , 명)

	한국에서 취업하기 위해	본국 가족의 경제적 지원을 위해	무조건 본국을 떠나고 싶어서	잘 사는 한국에서 살기 위해	가족과 친척 등의 권유로	남편을 사랑했기 때문에	종교적인 이유로	기타	계(명)
100만 원 미만	2.5	29.1	3.8	25.3	2.5	29.1	1.3	6.3	100(79)
200만 원 미만	2.8	18.5	2.8	31.0	3.2	30.6	1.9	9.3	100(216)
300만 원 미만	2.0	14.1	4.0	27.5	6.7	40.9	2.0	2.7	100(149)
300만 원 이상	10.5	2.6	2.6	21.1	0	52.6	0	10.5	100(38)
계(명)	3.1	17.6	3.3	28.2	3.9	35.3	1.7	6.8	100(482)

기 위해' 항목에서 35.8%로 가장 높았다. 고등학교와 대학교 이상 학력등급에서는 '남편을 사랑했기 때문에' 항목이 가장 높았는데 각각 33.5%와 52.5% 이었다. 학력별 국제결혼 이유에서 학력이 낮을수록 '경제적' 요인이 많이 작용하는 것을 알 수 있다.

[표Ⅲ-18] 학력별 국제결혼 이유

(단위:% , 명)

	한국에서 취업하기 위해	본국 가족의 경제적 지원을 위해	무조건 본국을 떠나고 싶어서	잘 사는 한국에서 살기 위해	가족과 친척 등의 권유로	남편을 사랑했기 때문에	종교적인 이유로	기타	계(명)
초등학교 이하	9.1	36.4	.0	24.2	.0	27.3	.0	3.0	100(33)
중학교	4.5	20.9	2.2	35.8	6.0	26.1	.0	4.5	100(134)
고등학교	1.4	18.4	4.7	31.1	4.2	33.5	1.4	5.2	100(212)
대학교 이상	2.5	6.7	3.3	16.7	1.7	52.5	4.2	12.5	100(120)
계(명)	3.0	17.4	3.4	28.5	3.8	35.7	1.6	6.6	100(499)

4. 국제결혼 만족도

결혼이주여성들의 국제결혼 만족도 조사에서는 '잘했다'가 51.3%로 가장 많았다. '그저 그렇다'의 응답이 33.2%로 다음 순위를 차지했다. 다음에 이어 '아주 잘했다'가 10.4%, '잘못했다'가 3.1%, '하지 말았어야 했다'가 2%의 순으로 응답률을 보였다. 국제결혼에 대한 만족도에서는 대체적으로 '긍정적'인 경향을 보였다.

[표Ⅲ-19] 국제결혼 만족

(단위:% , 명)

	하지 말았어야 했다	잘못했다	그저 그렇다	잘했다	아주 잘했다	계(명)
응답률	2.0	3.1	33.2	51.3	10.4	100(509)

국적별 국제결혼 만족도 조사에서는 모든 조사 대상 국적 출신 결혼이주여성들은 대체적으로 '잘했다'의 응답률이 많았다. 특히 캄보디아 출신 결혼이주여성들이 86.6% 로 가장 많았다. 다음으로 필리핀 출신 결혼이주여성들이 84.3%의 응답률을 보였다. 반면에 재중동포 출신 결혼이주여성들과 베트남 출신 결혼이주여성들은 '그저 그렇다'의 응답에서 각각 44.2%, 44%의 응답률을 보였다.

[표Ⅲ-20] 국적별 국제결혼 만족

(단위:% , 명)

	하지 말았어야 했다	잘못했다	그저 그렇다	잘했다	아주 잘했다	계(명)
재중동포	.0	7.0	44.2	44.2	4.7	100(43)
중국	.0	3.4	32.8	53.4	10.3	100(116)
베트남	1.8	2.8	44.0	40.4	11.0	100(218)
필리핀	4.3	2.9	8.6	80.0	4.3	100(70)
캄보디아	3.3	3.3	6.7	63.3	23.3	100(30)
기타	6.3	.0	25.0	53.1	15.6	100(32)
계(명)	2.0	3.1	33.2	51.3	10.4	100(509)

연령별 국제결혼 만족도 조사에서는 30세 미만은 62%, 30~39세는 59.1%, 40세 이상 에서는 69%로 나타났다. 모든 연령대 결혼 이주여성들이 결혼 만족도에서 대체적으로 '긍정적'인 경향을 보였다.

[표Ⅲ-21] 연령별 국제결혼 만족

(단위:% , 명)

	하지 말았어야 했다	잘못했다	그저 그렇다	잘했다	아주 잘했다	계(명)
30세 미만	1.9	2.7	33.3	51.3	10.7	100(261)
30~39세	1.6	3.6	35.8	50.3	8.8	100(193)
40세 이상	3.6	3.6	23.6	54.5	14.5	100(55)
계(명)	2.0	3.1	33.2	51.3	10.4	100(509)

거주기간별 국제결혼 만족도 조사에서는 모든 거주기간별 등급에서 대체적으로 '긍정적'인 응답의 비율이 높았다. 거주기간 등급에 따라 '잘했다'('아주 잘했다' 포함)

의 응답률이 2년 미만 68.8%, 2~5년 미만 64.5%, 5~7년 미만 56.9%, 7년 이상 53.1%를 나타났다. 거주기간이 증가할수록 결혼만족도가 감소하는 경향을 볼 수 있다.

[표Ⅲ-22] 거주기간별 국제결혼 만족

(단위:% , 명)

	하지 말았어야 했다	잘못했다	그저 그렇다	잘했다	아주 잘했다	계(명)
2년 미만	.0	.0	31.2	56.5	12.3	100(138)
2~5년 미만	2.5	1.9	31.0	54.4	10.1	100(158)
5~7년 미만	2.0	5.9	35.3	45.1	11.8	100(102)
7년 이상	3.6	6.3	36.9	45.9	7.2	100(111)
계(명)	2.0	3.1	33.2	51.3	10.4	100(509)

소득별 국제결혼 만족도 조사에서는 모든 소득 등급에서 대체로 '잘했다'의 응답이 높은 것으로 조사되었다. 100만 원 미만 64.4%, 200만 원 미만 61.5%, 300만 원 미만 62.1%, 300만 원 이상이 57.9%로 나타났다. 소득이 증가할수록 국제결혼의 긍정적인 만족도가 줄어들어는 경향을 볼 수 있다.

[표Ⅲ-23] 소득별 국제결혼 만족

(단위:% , 명)

	하지 말았어야 했다	잘못했다	그저 그렇다	잘했다	아주 잘했다	계(명)
100만 원 미만	3.8	5.1	26.6	49.4	15.2	100(79)
200만 원 미만	1.4	3.2	33.9	53.7	7.8	100(218)
300만 원 미만	2.0	1.4	34.5	52.0	10.1	100(148)
300만 원 이상	0	7.9	34.2	39.5	18.4	100(38)
계(명)	1.9	3.3	32.9	51.3	10.6	100(483)

학력별 국제결혼 만족도 조사에서는 모든 학력등급에서 대체적으로 '잘했다'의 긍정적인 응답이 가장 많았다. 특히 초등학교 이하 58.9%, 중학교 53.7%, 고등학교 65.5%, 대학교 이상 65.8%가 긍정적인 응답을 하였다. 학력이 높아질수록 국제결혼에 대한 만족도는 높아지는 경향을 나타냈다.

[표Ⅲ-24] 학력별 국제결혼 만족

(단위:% , 명)

	하지 말았어야 했다	잘못했다	그저 그렇다	잘했다	아주 잘했다	계(명)
초등학교 이하	.0	2.9	38.2	32.4	26.5	100(34)

중학교	3.0	3.7	39.6	41.0	12.7	100(134)
고등학교	1.9	2.4	30.2	58.0	7.5	100(212)
대학교 이상	1.7	4.2	28.3	57.5	8.3	100(120)
계(명)	2.0	3.2	32.8	51.6	10.4	100(500)

5. 혼인 상태

결혼이주여성들의 혼인 상태조사에서는 '배우자와 동거'가 95.9%로 가장 높았다. '별거'의 응답이 1.8%로 다음 순위를 차지했다. 이 밖에 이어 '이혼'이 1.2%, '사별'이 1.2%로 나타났다.

[표Ⅲ-25] 혼인 상태

(단위:% , 명)

	배우자와 동거	이혼	사별	별거	계(명)
응답률	95.9	1.2	1.2	1.8	100(507)

국적별 혼인 상태 조사에서는 모든 조사대상 출신 결혼이주여성들 대부분이 배우자와 동거하는 것으로 나타났다. '이혼'의 경우 캄보디아 3.3%, 재중동포 2.3%의 비율을 보였다. '사별'의 경우 중국(2.6%)과 재중동포(2.3%)의 비율이 상대적으로 높게 나타났으며, '별거'는 캄보디아 3.3%와 기타 3.1%가 상대적으로 높은 비율을 보였다.

[표Ⅲ-26] 국적별 혼인 상태

(단위:% , 명)

	배우자와 동거	이혼	사별	별거	계(명)
재중동포	95.3	2.3	2.3	.0	100(43)
중국	95.7	.9	2.6	.9	100(116)
베트남	97.2	.5	.5	1.8	100(218)
필리핀	94.1	1.5	1.5	2.9	100(68)
캄보디아	93.3	3.3	.0	3.3	100(30)
기타	93.8	3.1	.0	3.1	100(32)
계(명)	95.9	1.2	1.2	1.8	100(507)

연령별 혼인 상태 조사에서는 30세 미만 96.2%, 30~39세 96.9%, 40세 이상 90.7%로 연령대가 증가할수록 배우자와 동거 비율이 감소하는 경향을 보였다. 또 이혼과 사별의 항목에서도 연령대가 증가할수록 응답률이 높게 나왔지만, 별거의 비율에서는 오히려 감소하는 경향으로 조사되었다.

[표Ⅲ-27] 연령별 혼인 상태

(단위:% , 명)

	배우자와 동거	이혼	사별	별거	계(명)
30세 미만	96.2	.4	.8	2.7	100(261)
30~39세	96.9	1.6	1.0	.5	100(192)
40세 이상	90.7	3.7	3.7	1.9	100(54)
계(명)	95.9	1.2	1.2	1.8	100(507)

거주기간별 혼인 상태 조사에서는 전체 거주기간등급에서 '배우자와 동거' 하는 응답이 가장 많았다. 특히 2년 미만의 경우 99.3%로 가장 많았다. 거주기간이 증가할수록 '배우자와의 동거' 비율은 감소하는 것으로 나타났다.

[표Ⅲ-28] 거주기간별 혼인 상태

(단위:% , 명)

	배우자와 동거	이혼	사별	별거	계(명)
2년 미만	99.3	.0	.0	.7	100(137)
2~5년 미만	96.2	.6	1.9	1.3	100(159)
5~7년 미만	94.1	.0	2.0	4.0	100(101)
7년 이상	92.7	4.5	.9	1.8	100(110)
계(명)	95.9	1.2	1.2	1.8	100(507)

소득별 혼인 상태 조사에서는 '배우자와 동거'의 응답률이 높게 나타났다. 특히 300만 원 이상 소득등급에서 '배우자와 동거' 항목의 비율이 97.4%로 가장 높았다. 반면 소득등급이 낮아질수록 '배우자와 동거'비율이 소폭으로 감소하는 경향이 나타났다.

[표Ⅲ-29] 소득별 혼인 상태

(단위:% , 명)

	배우자와 동거	이혼	사별	별거	계(명)
100만 원 미만	93.6	3.8	1.3	1.3	100(78)
200만 원 미만	95.8	0.5	1.4	2.3	100(216)
300만 원 미만	97.3	0.7	1.3	0.7	100(149)
300만 원 이상	97.4	0	0	2.6	100(38)
계(명)	96.0	1.0	1.2	1.7	100(481)

학력별 혼인 상태 조사에서는 초등학교 이하의 학력등급에서 '배우자와 동거'에 대한 응답률이 97.1%로 가장 높았다. 중학교 학력등급에서 94.%는 고등학교 97.6%, 대학교 이상 94.1%의로 조사 되었다. 반면에 학력이 높아질수록 이혼율이 증가하는 경향을 볼 수 있다.

[표III-30] 학력별 혼인 상태

(단위:% , 명)

	배우자와 동거	이혼	사별	별거	계(명)
초등학교 이하	97.1	.0	2.9	.0	100(34)
중학교	94.0	1.5	2.2	2.2	100(134)
고등학교	97.6	.5	.5	1.4	100(212)
대학교 이상	94.1	2.5	.8	2.5	100(119)
계(명)	95.8	1.2	1.2	1.8	100(499)

6. 가족 유형

결혼이주여성들의 가족 유형 조사에서는 확대가족의 형태보다 핵가족의 형태가 더 많은 것으로 조사 되었다. 핵가족 유형에는 '부부+자녀'가 60.1%로 가장 많았으며, '본인+자녀'의 응답률은 0.8%로 나타났다. 확대가족의 유형에는 '부부+자녀+시부모'의 형태가 29.3%, '부부+자녀+시부모+남편의 형제·자매'의 형태가 4.9%의 비율을 보였다. '기타'의 유형에도 4.9%의 응답률을 보였다.

[표III-31] 가족 유형

(단위:% , 명)

	핵가족		확대가족		기타	계(명)
	부부+자녀	본인+자녀	부부+자녀+시부모	부부+자녀+시부모+남편의 형제·자매		
응답률	60.1	.8	29.3	4.9	4.9	100(509)

국적별 가족 유형 조사에서는 조사대상 출신 결혼이주여성들 대부분이 핵가족의 형태인 '부부+자녀'의 유형이 가장 많은 것으로 조사 되었다. 하지만 베트남 출신 결혼이주여성들은 확대가족형태에서 '부부+자녀+시부모'의 유형에서 41.7%로 가장 높게 조사되었다.

[표III-32] 국적별 가족 유형

(단위:% , 명)

	핵가족		확대가족		기타	계(명)
	부부+자녀	본인+자녀	부부+자녀+시부모	부부+자녀+시부모+남편의 형제·자매		
재중동포	76.7	.0	18.6	.0	4.7	100(43)
중국	75.0	.0	15.5	1.7	7.8	100(116)
베트남	47.7	.5	41.7	6.9	3.2	100(218)
필리핀	61.4	2.9	24.3	4.3	7.1	100(70)

캄보디아	60.0	.0	26.7	10.0	3.3	100(30)
기타	65.6	3.1	21.9	6.3	3.1	100(32)
계(명)	60.1	.8	29.3	4.9	4.9	100(509)

연령별 가족 유형 조사에서는 30~39세, 40세 이상의 연령등급에서 핵가족 형태인 '부부+자녀' 유형에 각각 74%, 78.6%로 조사 되었다. 반면에 30세 미만 연령등급에서는 핵가족 형태인 '부부+자녀'가 46%로 조사되었으며, 확대가족 형태에서 '부부+자녀+시부모'의 유형에 40.6%가 응답률을 보였다. 연령대가 증가할수록 핵가족화 되는 경향으로 나타났다.

[표Ⅲ-33] 연령별 가족 유형

(단위:% , 명)

	핵가족		확대가족		기타	계(명)
	부부+자녀	본인+자녀	부부+자녀+시부모	부부+자녀+시부모+남편의 형제·자매		
30세 미만	46.0	.0	40.6	8.0	5.4	100(261)
30~39세	74.0	1.6	19.3	2.1	3.1	100(192)
40세 이상	78.6	1.8	10.7	.0	8.9	100(56)
계(명)	60.1	.8	29.3	4.9	4.9	100(509)

거주기간별 가족 유형에서는 핵가족 형태인 '부부+자녀' 유형에서 2년 미만 47.4%, 2~5년 미만 58.5%, 5~7년 미만 68.6%, 7년 이상 70.3%로 거주기간이 증가할수록 핵가족의 형태가 증가하는 것으로 나타났다. 또 거주기간이 증가할수록 확대가족의 '부부+자녀+시부모'의 유형은 감소하는 경향을 보였다.

[표Ⅲ-34] 거주기간별 가족 유형

(단위:% , 명)

	핵가족		확대가족		기타	계(명)
	부부+자녀	본인+자녀	부부+자녀+시부모	부부+자녀+시부모+남편의 형제·자매		
2년 미만	47.4	.0	35.8	8.8	8.0	100(137)
2~5년 미만	58.5	.0	32.7	4.4	4.4	100(159)
5~7년 미만	68.6	1.0	24.5	2.9	2.9	100(102)
7년 이상	70.3	2.7	20.7	2.7	3.6	100(111)
계(명)	60.1	.8	29.3	4.9	4.9	100(509)

소득별 가족 유형조사에서는 핵가족 형태의 응답률이 대체적으로 많았다. 특히 '부부+자녀'의 유형에서 300만 원 이상의 소득등급이 71.1%로 가장 높은 반면, '본인+자녀'

의 유형에서 15.8%로 가장 낮았다. 소득이 증가할수록 핵가족형태가 두드러지며 특히 '부부+자녀'의 유형이 많이 나타났다.

[표Ⅲ-35] 소득별 가족 유형

(단위:% , 명)

	핵가족		확대가족		기타	계(명)
	부부+자녀	본인+자녀	부부+자녀 +시부모	부부+자녀+시부모+ 남편의 형제·자매		
100만 원 미만	54.4	34.2	3.8	2.5	5.1	100(79)
200만 원 미만	57.1	31.8	5.5	0.5	5.1	100(217)
300만 원 미만	67.1	24.2	4.7	0.7	3.4	100(149)
300만 원 이상	71.1	15.8	5.3	0	7.9	100(38)
계(명)	60.9	28.6	5	0.8	4.8	100(483)

학력별 가족 유형조사에서는 모든 학력등급에서 핵가족의 형태가 두드러졌다. 특히 '부부+자녀'의 유형은 초등학교 이하 50%, 중학교 57%, 고등학교 60.1%, 대학교 이상 68.3%로 나타났다. 학력이 증가할수록 '부부+자녀'의 유형이 증가하는 경향을 볼 수 있다. 반면 확대가족형태의 '부부+자녀+시부모'의 유형에서는 학력이 증가할수록 감소하는 것으로 분석되었다.

[표Ⅲ-36] 학력별 가족 유형

(단위:% , 명)

	핵가족		확대가족		기타	계(명)
	부부+자녀	본인+자녀	부부+자녀+ 시부모	부부+자녀+시부모+ 남편의 형제·자매		
초등학교이하	50.0	.0	32.4	11.8	5.9	100(34)
중학교	57.5	.7	34.3	5.2	2.2	100(134)
고등학교	60.1	.0	31.9	3.8	4.2	100(213)
대학교이상	68.3	2.5	16.7	4.2	8.3	100(120)
계(명)	60.7	.8	28.9	4.8	4.8	100(501)

7. 부부 동반 모임 여부

결혼이주여성들의 부부 동반 모임의 참석 여부를 묻는 질문에 현재 참석하고 있는 부부 동반 모임이 '있다'는 응답이 75%, '없다'는 응답이 25%로 나타났다. 대부분의 결혼이주여성이 남편과 함께 정기적으로 참석하는 모임이 있음을 알 수 있다.

[표Ⅲ-37] 부부 동반 모임 여부

(단위:% , 명)

	있음	없음	계(명)
응답률	75.0	25.0	100(508)

국적별로 부부 동반 모임에 참석하는 비율을 보면, 중국 국적의 결혼이주여성의 참석률이 86.2%로 가장 높게 나타났다. 그 밖에 재중동포 81.4%, 캄보디아 80.0%, 베트남이 77.0%로 평균 참석률보다 높게 조사되었다. 필리핀 국적의 결혼이주여성의 경우 참석률이 50.0%로 가장 낮은 비율을 보였다.

[표Ⅲ-38] 국적별 부부 동반 모임 여부

(단위:% , 명)

	있음	없음	계(명)
재중동포	81.4	18.6	100(43)
중국	86.2	13.8	100(116)
베트남	77.0	23.0	100(217)
필리핀	50.0	50.0	100(70)
캄보디아	80.0	20.0	100(30)
기타	62.5	37.5	100(32)
계(명)	75.0	25.0	100(508)

연령별로 부부 동반 모임에 참석하는 비율을 분석한 결과, 30세 미만과 30세~39세 등급의 75% 이상이 '있음'이라고 응답한 것에 비해 40세 이상의 연령 등급의 경우 '있음' 응답률은 71.4%로 상대적으로 낮은 비율을 보인다.

[표Ⅲ-39] 연령별 부부 동반 모임 여부

(단위:% , 명)

	있음	없음	계(명)
30세 미만	75.4	24.6	100(260)
30~39세	75.5	24.5	100(192)
40세 이상	71.4	28.6	100(56)
계(명)	75.0	25.0	100(508)

소득별 부부 동반 모임 참석률의 경우, 소득이 높을수록 모임의 동반 참석률도 높게 나타나는 것을 볼 수 있다. 300만 원 이상의 소득 등급에서 참석률이 89.5%인 것이 300만 원 미만 등급에서는 79.9%, 200만 원 미만의 등급에서는 76.4%로 낮아지는 경향을 보인다. 가장 낮은 소득 등급인 100만 원 미만의 경우 63.3%가 부부 동반 모임에 참석하고 있다고 응답하여 참석 비율이 가장 낮게 나타났다.

[표Ⅲ-40] 소득별 부부 동반 모임 여부

(단위:% , 명)

	있음	없음	계(명)
100만 원 미만	63.3	36.7	100(79)
200만 원 미만	76.4	23.6	100(216)
300만 원 미만	79.9	20.1	100(149)
300만 원 이상	89.5	10.5	100(38)
계(명)	76.3	23.7	100(482)

거주기간별 부부 동반 모임 여부에서 '있음'의 응답률은 2년~5년 미만의 등급에서 81.2%로 가장 높게 나타났다. 5년~7년 미만이 78.4%, 2년 미만이 71.3%, 7년 이상이 66.7% '있음'이라고 응답하였다. 부부 동반 모임에 참석하는 비율은 거주기간 2년~7년 미만의 경우가 가장 높았다.

[표Ⅲ-41] 거주기간별 부부 동반 모임 여부

(단위:% , 명)

	있음	없음	계(명)
2년 미만	71.3	28.7	100(136)
2~5년 미만	81.8	18.2	100(159)
5~7년 미만	78.4	21.6	100(102)
7년 이상	66.7	33.3	100(111)
계(명)	75.0	25.0	100(508)

학력별 부부 동반 모임 분석에서는 '있음' 응답률이 고등학교 학력 등급에서 79.3%로 가장 높았으며, 초등학교 이하 학력 등급이 70.6%로 가장 낮게 나타났다. 중학교 74.4%, 대학교 이상 73.3%가 부부 동반 모임이 있다고 응답하였다.

[표Ⅲ-42] 학력별 부부 동반 모임 여부

(단위:% , 명)

	있음	없음	계(명)
초등학교 이하	70.6	29.4	100(34)
중학교	74.4	25.6	100(133)
고등학교	79.3	20.7	100(213)
대학교 이상	73.3	26.7	100(120)
계(명)	76.0	24.0	100(500)

8. 결혼 안정감

결혼이주여성의 결혼 안정감은 평균 3.94점으로 분석되었다. 응답자의 56.5%가 평균 이상의 결혼 안정감을 나타냈으며, 43.5%가 평균 이하의 결혼 안정감을 보여 대체로 현재의 결혼 상태에 대해 안정적으로 인식하고 있는 것을 알 수 있다.

[표Ⅲ-43] 결혼 안정감

(단위:% , 명)

	평균 미만(3.94)	평균 이상(3.94)	계(명)
응답률	43.5	56.5	100(504)

국적별로 평균 이상의 결혼 안정감을 보이는 비율은 캄보디아 70.0%, 중국 63.5%, 베트남 61.2%, 재중동포 55.8%, 기타 43.8%, 필리핀 31.4%의 순이다. 캄보디아 출신의 결혼이주여성의 결혼 안정감이 가장 높게 나타났으며 필리핀 출신의 결혼이주여성이 가장 낮은 결혼 안정감을 보였다. 결혼 안정감이 상대적으로 낮게 나타난 필리핀과 기타 국적의 결혼이주여성은 종교 단체를 통해 결혼한 경우로, 결혼 경로와 결혼 안정감의 상관성을 추측할 수 있는 부분이다.

[표Ⅲ-44] 국적별 결혼 안정감

(단위:% , 명)

	평균 미만(3.94)	평균 이상(3.94)	계(명)
재중동포	44.2	55.8	100(43)
중국	36.5	63.5	100(115)
베트남	38.8	61.2	100(214)
필리핀	68.6	31.4	100(70)
캄보디아	30.0	70.0	100(30)
기타	56.3	43.8	100(32)
계(명)	43.5	56.5	100(504)

연령별로 평균(3.94점) 이상의 결혼 안정감을 보이는 등급은 30세 미만 60.8%, 40세 이상 58.9%, 30~39세 50.0%의 순이다. 30대 결혼이주여성의 결혼 안정감이 상대적으로 낮게 나타났다.

[표Ⅲ-45] 연령별 결혼 안정감

(단위:% , 명)

	평균 미만(3.94)	평균 이상(3.94)	계(명)
30세 미만	39.2	60.8	100(260)

30~39세	50.0	50.0	100(188)
40세 이상	41.1	58.9	100(56)
계(명)	43.5	56.5	100(504)

거주기간별 결혼 안정감의 경우 거주기간이 길어질수록 결혼 안정감이 떨어지는 경향을 보인다. '평균이상'을 기준으로 2년 미만 거주기간 등급이 67.4%, 2년~5년 미만이 60.4%의 비율을 보이던 것이 5년~7년 미만, 7년 이상으로 거주기간이 길어지면서 각각 47.0%와 46.4%가 '평균이상'의 비율을 나타낸다.

[표Ⅲ-46] 거주기간별 결혼 안정감

(단위:% , 명)

	평균 미만(3.94)	평균 이상(3.94)	계(명)
2년 미만	32.6	67.4	100(135)
2~5년 미만	39.6	60.4	100(159)
5~7년 미만	53.0	47.0	100(100)
7년 이상	53.6	46.4	100(110)
계(명)	43.5	56.5	100(504)

학력을 기준으로 '평균이상'의 결혼 안정감 비율이 가장 높은 집단은 중학교와 고등학교를 졸업한 결혼이주여성으로 각각 59.1%와 59.2%의 비율을 보인다. 대학교 이상 졸업자의 49.2%, 초등학교 이하 졸업자의 47.1%가 평균 이상의 결혼 안정감을 나타냈는데 가장 낮은 학력 집단인 초등학교 이하 학력의 결혼이주여성의 결혼 안정감이 가장 낮은 것을 알 수 있다.

[표Ⅲ-47] 학력별 결혼 안정감

(단위:% , 명)

	평균 미만(3.94)	평균 이상(3.94)	계(명)
초등학교 이하	52.9	47.1	100(34)
중학교	40.9	59.1	100(132)
고등학교	40.8	59.2	100(211)
대학교 이상	50.8	49.2	100(118)
계(명)	44.0	56.0	100(495)

소득별로 살펴본 결혼 안정감은 100만 원 미만 소득 집단의 '평균이상' 비율이 가장 낮았다. '평균이상' 결혼 안정감의 비율이 가장 높은 소득 집단은 300만 원 미만으로 69.2% 비율을 보인다. 이 밖에 300만 원 이상 56.8%, 200만 원 미만 54.8%의 비율을 나타냈다.

[표Ⅲ-48] 소득별 결혼 안정감

(단위:% , 명)

	평균 미만(3.94)	평균 이상(3.94)	계(명)
100만 원 미만	59.0	41.0	100(78)
200만 원 미만	45.2	54.8	100(217)
300만 원 미만	30.8	69.2	100(146)
300만 원 이상	43.2	56.8	100(37)
계(명)	42.9	57.1	100(478)

9. 부부싸움 횟수

결혼이주여성들이 결혼 후 부부싸움 횟수 조사에서는 '거의 하지 않는다'가 33.7%로 가장 많았다. '한 달에 1~2회'가 27.%, '6개월에 1~2회'가 15.8%, '일주일 1회'가 12.8%, '1년에 1~2회' 10.5%의 순으로 조사 되었다.

[표Ⅲ-49] 부부싸움 횟수

(단위:% , 명)

	일주일 1회	한 달에 1~2회	6개월에 1~2회	1년에 1~2회	거의 하지 않는다	계(명)
응답률	12.8	27.2	15.8	10.5	33.7	100(507)

국적별 부부싸움 횟수 조사에서는 재중동포와 필리핀 결혼이주여성들을 제외한 대상에서 '거의 하지 않는다'는 응답이 가장 많았다. 특히 캄보디아 출신 결혼이주여성들은 46.7%가 '거의 하지 않는다'에 응답했다. 반면 재중동포 출신 결혼이주여성들은 '한 달에 1~2회'의 응답률이 41.9%로 가장 많았다. 또 필리핀 출신 결혼이주여성들은 '일주일 1회'에 37.1%가 응답하여 가장 많았다.

[표Ⅲ-50] 국적별 부부싸움 횟수

(단위:% , 명)

	일주일 1회	한 달에 1~2회	6개월에 1~2회	1년에 1~2회	거의 하지 않는다	계(명)
재중동포	4.7	41.9	23.3	2.3	27.9	100(43)
중국	8.6	21.6	16.4	12.1	41.4	100(116)
베트남	8.3	29.6	16.2	13.9	31.9	100(216)
필리핀	37.1	27.1	12.9	2.9	20.0	100(70)
캄보디아	16.7	13.3	6.7	16.7	46.7	100(30)
기타	12.5	25.0	15.6	3.1	43.8	100(32)
계(명)	12.8	27.2	15.8	10.5	33.7	100(507)

연령별 부부싸움 횟수 조사에서는 30~39세 연령등급을 제외한 나머지 등급에서 '거의 하지 않는다'의 응답이 가장 많았다. 30~39세에서는 30.5%가 '한 달에 1~2회' 한다고 응답했다.

[표Ⅲ-51] 연령별 부부싸움 횟수

(단위:% , 명)

	일주일 1회	한 달에 1~2회	6개월에 1~2회	1년에 1~2회	거의 하지 않는다	계(명)
30세 미만	11.9	26.4	13.8	10.3	37.5	100(261)
30~39세	14.2	30.5	17.9	11.1	26.3	100(190)
40세 이상	12.5	19.6	17.9	8.9	41.1	100(56)
계(명)	12.8	27.2	15.8	10.5	33.7	100(507)

거주기간별 부부싸움 횟수조사에서는 2년 미만으로 거주한 결혼이주여성들은 53.3%가 '거의 하지 않는다'의 응답이 가장 많은 것으로 나타났다. 또 2~5년 미만의 거주기간 결혼이주여성들도 31%가 '거의 하지 않는다'에 가장 많은 응답률을 보였다. 하지만 5~7년 미만의 거주기간 결혼이주여성들은 26.5%가 '한 달에 1~2회'한다고 가장 많이 응답했다. 또 7년 이상의 거주기간 결혼이주여성들 31.8%가 '한 달에 1~2회한다'에 가장 많이 응답했다. 거주기간이 증가할수록 부부싸움의 횟수가 증가하는 경향이 나타났다.

[표Ⅲ-52] 거주기간별 부부싸움 횟수

(단위:% , 명)

	일주일 1회	한 달에 1~2회	6개월에 1~2회	1년에 1~2회	거의 하지 않는다	계(명)
2년 미만	8.0	21.2	11.7	5.8	53.3	100(137)
2~5년 미만	8.9	29.7	16.5	13.9	31.0	100(158)
5~7년 미만	19.6	26.5	18.6	13.7	21.6	100(102)
7년 이상	18.2	31.8	17.3	8.2	24.5	100(110)
계(명)	12.8	27.2	15.8	10.5	33.7	100(507)

소득별 부부싸움 횟수조사에서는 100만 원 미만 소득등급을 제외하고 모든 등급에서 '거의 하지 않는다'의 응답률이 가장 많았다. 100만 원 미만 소득등급에서는 '한 달에 1~2회'한다는 응답이 35.9%로 가장 많이 나타났다. 소득등급이 높을수록 부부싸움 횟수가 줄어드는 경향을 보였다.

[표Ⅲ-53] 소득별 부부싸움 횟수

(단위:% , 명)

	일주일 1회	한 달에 1~2회	6개월에 1~2회	1년에 1~2회	거의 하지 않는다	계(명)
100만 원 미만	16.7	35.9	10.3	9.0	28.2	100(78)
200만 원 미만	13.8	26.6	16.5	11.0	32.1	100(218)
300만 원 미만	10.2	23.8	19.0	8.8	38.1	100(147)
300만 원 이상	5.3	28.9	10.5	23.7	31.6	100(38)
계(명)	12.5	27.4	15.8	11.0	33.3	100(481)

학력별 부부싸움 횟수 조사에서는 모든 학력등급에서 대체로 '거의 하지 않는다'의 응답이 가장 많았다. 반면에 '한 달에 1~2회' 한다는 응답이 초등학교 이하 27.3%, 중학교 26.3%, 고등학교 26.8%, 대학교 이상 29.2%의 응답률을 보였다. 학력별 부부싸움 횟수 조사에서는 학력이 높을수록 싸움의 횟수가 증가하는 경향이 있는 것으로 나타났다.

[표Ⅲ-54] 학력별 부부싸움 횟수

(단위:% , 명)

	일주일 1회	한 달에 1~2회	6개월에 1~2회	1년에 1~2회	거의 하지 않는다	계(명)
초등학교 이하	6.1	27.3	15.2	12.1	39.4	100(33)
중학교	12.8	26.3	16.5	12.8	31.6	100(133)
고등학교	11.3	26.8	16.9	9.4	35.7	100(213)
대학교 이상	18.3	29.2	12.5	10.0	30.0	100(120)
계(명)	13.0	27.3	15.6	10.6	33.5	100(499)

10. 부부싸움 이유

결혼이주여성들이 부부싸움을 하는 이유조사에서는 '문화·성격 차이'가 31.6%로 가장 많았다. '의사소통' 19.7%, '자녀문제' 16%, '시댁과의 갈등'과 '남편의 음주외도·의심'이 동일하게 9.6%로 나타났다. '경제문제'에 관해서는 다소 낮은 3.7%로 조사 되었다. 반면 기타의 이유가 9.8%가 나온 것은 부부싸움에는 다양한 이유들이 존재한다는 것을 알 수 있다.

[표Ⅲ-55] 부부싸움 이유

(단위:% , 명)

	문화·성격 차이	의사 소통	시댁과의 갈등	자녀 문제	남편의 음주·외도·의심	경제 문제	기타	계(명)
응답률	31.6	19.7	9.6	16.0	9.6	3.7	9.8	100(488)

국적별 부부싸움 이유조사에서는 캄보디아 출신 결혼이주여성을 제외한 조사 대상 출신 국적 결혼이주여성들은 '문화·성격차이'의 응답률이 가장 많았다. 부부싸움의 이유로 '의사소통'은 캄보디아 출신 결혼이주여성들의 응답에서 가장 높은 비율을 보였는데 캄보디아 국적의 19.2%가 응답하였다. 재중동포 출신 결혼이주여성들은 '자녀의 문제'에 라는 응답이 37.2%로 가장 높았다.

[표III-56] 국적별 부부싸움 이유

(단위:% , 명)

	문화·성격차이	의사소통	시댁과의 갈등	자녀문제	남편의 음주·외도·의심	경제문제	기타	계(명)
재중동포	39.5	2.3	4.7	37.2	11.6	.0	4.7	100(43)
중국	28.8	17.1	15.3	12.6	9.9	5.4	10.8	100(111)
베트남	30.0	26.1	8.7	16.4	6.8	2.9	9.2	100(207)
필리핀	35.7	18.6	10.0	8.6	11.4	5.7	10.0	100(70)
캄보디아	15.4	19.2	3.8	15.4	19.2	7.7	19.2	100(26)
기타	45.2	12.9	6.5	12.9	12.9	.0	9.7	100(31)
계(명)	31.6	19.7	9.6	16.0	9.6	3.7	9.8	100(488)

연령별 부부싸움 이유 조사에서는 모든 연령등급에서 '문화·성격차이'의 비중이 가장 높았다. 특히 30세 미만 30.1%, 30~39세 32.1%, 40세 이상 36.4% 등 연령대가 증가할수록 '문화·성격차이'의 비율이 높게 나탔다. 반면 전체적으로 살펴본다면 연령대가 증가할수록 부부싸움의 이유가 다양해지는 경향을 보인다.

[표III-57] 연령별 부부싸움 이유

(단위:% , 명)

	문화·성격차이	의사소통	시댁과의 갈등	자녀문제	남편의 음주·외도·의심	경제문제	기타	계(명)
30세 미만	30.1	25.2	10.2	12.2	7.7	3.7	11.0	100(246)
30~39세	32.1	16.6	9.6	21.4	10.7	3.7	5.9	100(187)
40세 이상	36.4	5.5	7.3	14.5	14.5	3.6	18.2	100(55)
계(명)	31.6	19.7	9.6	16.0	9.6	3.7	9.8	100(488)

거주기간별 부부싸움 이유조사에서는 2년 미만의 거주기간 결혼이주여성들을 제외한 나머지 거주기간 결혼이주여성들은 '문화·성격차이'의 이유에 가장 많이 응답했다. 거주기간 2년 미만의 결혼이주여성들은 34.9%가 '의사소통'이 부부싸움의 이유라고 응답해 그 비율이 가장 높았다. 거주기간 5년 미만의 결혼이주여성들은 '의사소통'

문제로 부부싸움을 하는 경향이 있었으며, 거주기간 5년 이상의 결혼이주여성들은 '자녀문제' 때문에 부부싸움을 하는 비율이 높았다.

[표Ⅲ-58] 거주기간별 부부싸움 이유

(단위:% , 명)

	문화·성격차이	의사소통	시댁과의 갈등	자녀문제	남편의 음주·외도·의심	경제문제	기타	계(명)
2년 미만	29.4	34.9	9.5	1.6	10.3	2.4	11.9	100(126)
2~5년 미만	26.1	21.6	7.8	16.3	11.8	3.3	13.1	100(153)
5~7년 미만	31.0	16.0	14.0	22.0	8.0	4.0	5.0	100(100)
7년 이상	42.2	2.8	8.3	26.6	7.3	5.5	7.3	100(109)
계(명)	31.6	19.7	9.6	16.0	9.6	3.7	9.8	100(488)

소득별 부부싸움 이유조사에서는 모든 등급에서 '문화·성격차이' 이유에 가장 많이 응답했다. '경제문제' 때문에 부부싸움을 한다는 응답에서는 100만 원 미만 6.6%, 200만 원 미만 3.9%, 300만 원 미만 3.5%, 300만 원 이상은 0%로 나타난 것처럼 소득이 증가할수록 '경제문제'로 인한 부부싸움이 감소하는 경향을 보였다.

[표Ⅲ-59] 소득별 부부싸움 이유

(단위:% , 명)

	문화·성격차이	의사소통	시댁과의 갈등	자녀문제	남편의 음주·외도·의심	경제문제	기타	계(명)
100만 원 미만	36.8	9.2	13.2	7.9	15.8	6.6	10.5	100(76)
200만 원 미만	27.5	23.2	9.2	18.8	8.2	3.9	9.2	100(207)
300만 원 미만	32.2	22.4	7.0	17.5	8.4	3.5	9.1	100(143)
300만 원 이상	34.2	5.3	18.4	18.4	10.5	.0	13.2	100(38)
계(명)	31.0	19.2	9.9	16.6	9.7	3.9	9.7	100(464)

학력에 따른 부부싸움의 이유에 대한 응답률은 등급별 편차를 보인다. '문화·성격차이'로 인한 부부싸움은 대학교 이상의 학력 등급에서 37.3%로 평균 31.5%보다 높은 응답률을 보였다. '의사소통'으로 인한 부부싸움의 경우 고등학교 학력 등급의 응답률이 23.2%로 가장 높았으며, '시댁과의 갈등'에 대한 응답은 초등학교 이하 학력 등급에서 가장 높은 비율을 보였다. '자녀문제'로 인한 부부싸움은 중학교 학력 등급의 응답률이 높은 편이다.

[표Ⅲ-60] 학력별 부부싸움 이유

(단위:% , 명)

	문화·성격 차이	의사 소통	시댁과의 갈등	자녀 문제	남편의 음주·외도·의심	경제 문제	기타	계(명)
초등학교 이하	31.0	17.2	13.8	13.8	10.3	3.4	10.3	100(29)
중학교	27.7	19.2	6.2	27.7	6.9	4.6	7.7	100(130)
고등학교	30.5	23.2	11.3	10.3	10.3	3.4	10.8	100(203)
대학교 이상	37.3	14.4	9.3	14.4	11.9	2.5	10.2	100(118)
계(명)	31.5	19.6	9.6	16.3	9.8	3.5	9.8	100(480)

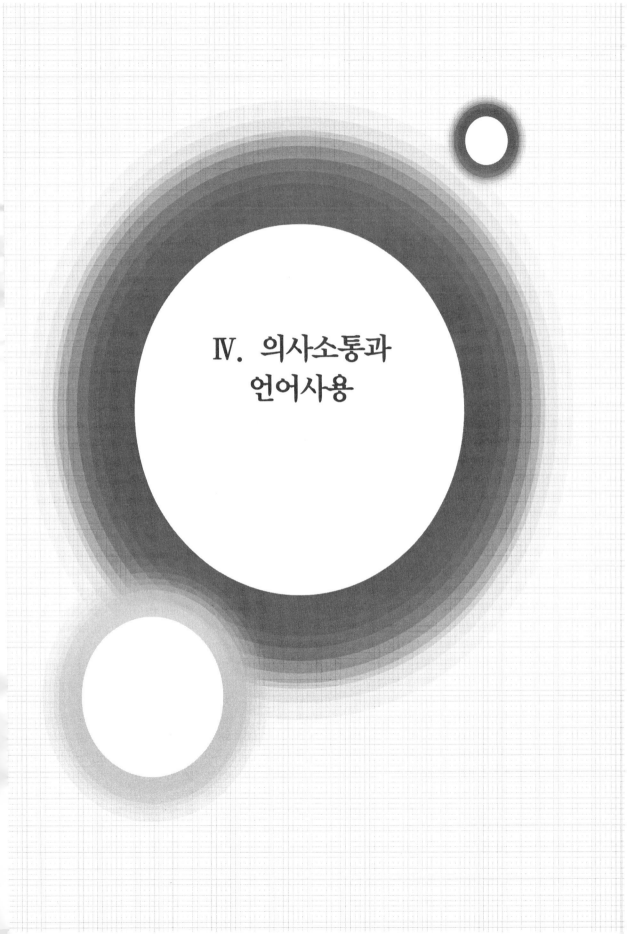

Ⅳ. 의사소통과
   언어사용

이 장에서는 결혼이주여성의 생활세계를 구성하는 언어사용과 의사소통에 대해 살펴보고자 한다. 이를 위해 결혼이주여성의 한국어 구사능력과 가족 내에서의 호칭어 사용 등에 대해 국적, 연령, 거주기간, 소득 수준, 학력수준 등과의 상관성을 검토할 것이다.

1. 한국어 숙달도

한국어 숙달도에 대한 자기 평가를 묻는 질문에 '보통'의 응답률이 46.38%로 가장 높게 나타났다. 그 다음으로 '약간 능숙'이 21.9%, '약간 서툼'이 16.6%, '매우 능숙' 10.8%, '매우 서툼' 4.3%의 순으로 조사되었다. 특히 듣기와 읽기 영역의 숙달도를 '능숙'으로 응답한 비율이 각각 34%와 37.3%로 나타났는데, 말하기 30.6%와 쓰기 29.2%에 비해 상대적으로 높은 비율을 보인다. 결혼이주여성의 한국어 숙달도는 이해 영역이 표현 영역보다 높은 편이며, '읽기 〉 듣기 〉 말하기 〉 쓰기'의 순을 보이는 것을 알 수 있다.

[표Ⅳ-1] 한국어 숙달도

(단위:% , 명)

	매우 서툼	약간 서툼	보통	약간 능숙	매우 능숙	계
말하기	4.3	18.9	46.2	20.8	9.8	100(509)
듣기	4.0	17.4	44.7	22.9	11.1	100(506)
읽기	3.2	12.2	47.3	23.5	13.8	100(507)
쓰기	5.7	17.8	47.3	20.7	8.5	100(507)

한국어 말하기 숙달도 조사에서는 평균 77.2.%의 결혼이주여성이 보통 이상으로 응답하였다. '능숙'을 기준으로, 국적별 응답의 순은 재중동포 72.1 %, 필리핀 55.7%, 캄보디아 36.6%, 기타 34.4%, 중국 27.3%, 베트남 14.7%의 순으로 베트남 국적의 결혼이주여성의 말하기 숙달도가 가장 낮은 것을 알 수 있다. 연령별 '능숙'의 응답은 40세 이상 42.9%, 30~39세 38.6%, 30세 미만 22.3%의 순으로 연령대가 높을수록 말하기 숙달도가 높게 나타났다. 거주 기간에 따른 '능숙'의 응답은 7년 이상 61.2%, 5~7년 미만 40.2%, 2~5년 미만 20.9%, 2년 미만 10.1%의 순으로 거주기간이 길수록 말하기 숙달 정도가 능숙한 것을 알 수 있다. 소득별 '능숙' 응답률은 100만 원 미만 34.2%, 300만 원 미만 33.1%, 200만 원 미만 29.3%, 300만 원 이상 29%로 소득이 낮을수록 한국어 말하기에 능숙하다고 응답하였다. 학력을 기준으로 '능숙'의 응답률을 조사하면 대학교 이상 47.5%, 고등학교 29.1%, 중학교 24.6%, 초등학교 이하 9.1%로 학력이 높을수록 말하기에

능숙한 것을 볼 수 있다. 결혼이주여성의 말하기 능숙도는 연령, 거주기간, 학력의 등급과 비례하며, 소득과 반비례 관계를 보인다.

[표IV-2] 한국어 말하기 숙달도

(단위: % , 명)

변수		매우 서툼	약간 서툼	보통	약간 능숙	매우 능숙	계(명)
국적	재중동포	2.3	7.0	18.6	18.6	53.5	100(43)
	중국	9.4	21.4	41.9	16.2	11.1	100(117)
	베트남	.5	19.8	65.0	13.8	.9	100(217)
	필리핀	5.7	12.9	25.7	47.1	8.6	100(70)
	캄보디아	6.7	30.0	26.7	23.3	13.3	100(30)
	기타	9.4	21.9	34.4	28.1	6.3	100(32)
	계(명)	4.3	18.9	46.2	20.8	9.8	100(509)
연령	30세 미만	4.6	19.9	53.3	19.2	3.1	100(261)
	30~39세	4.2	19.3	38.0	24.0	14.6	100(192)
	40세 이상	3.6	12.5	41.1	17.9	25.0	100(56)
	계(명)	4.3	18.9	46.2	20.8	9.8	100(509)
거주 기간	2년 미만	10.1	34.8	44.9	9.4	.7	100(138)
	2~5년 미만	3.8	18.4	57.0	19.0	1.9	100(158)
	5~7년 미만	1.0	10.8	48.0	29.4	10.8	100(102)
	7년 이상	.9	7.2	30.6	29.7	31.5	100(111)
	계(명)	4.3	18.9	46.2	20.8	9.8	100(509)
소득	100만 원 미만	2.5	13.9	49.4	25.3	8.9	100(79)
	200만 원 미만	4.1	19.3	47.2	22.9	6.4	100(218)
	300만 원 미만	4.1	17.6	45.3	18.2	14.9	100(148)
	300만 원 이상	5.3	21.1	44.7	15.8	13.2	100(38)
	계(명)	3.9	18.0	46.8	21.3	9.9	100(483)
학력	초등학교 이하	.0	33.3	57.6	6.1	3.0	100(33)
	중학교	3.7	17.9	53.7	16.4	8.2	100(134)
	고등학교	4.2	17.8	48.8	20.2	8.9	100(213)
	대학교 이상	5.0	15.8	31.7	31.7	15.8	100(120)
	계(명)	4.0	18.4	46.6	21.0	10.0	100(500)

결혼이주여성이 자가 평가한 한국어 듣기 숙달도는 다른 언어 능력에 비해 상대적으로 높게 조사되었다. 약 43% 이상이 듣기 능력의 정도를 '보통'이라고 응답하였다. '능숙'을 기준으로 국적별로는 재중동포 72.1%, 필리핀 55.7%, 캄보디아 36.6%, 기타 34.4%, 중국 27.3%, 베트남 14.7%의 순으로 듣기에 능숙하다고 하였다. 말하기 숙달도 조사에 이어 듣기 숙달도 역시 베트남 국적자의 경우 가장 낮게 나타났다. 연령별로는 40세 이상 42.9%, 30~39세 38.6%, 30세 미만 22.3%의 응답률을 보였는데 연령이 높을수록 한국어 듣기 능력이 높게 나타났다. 거주기간의 경우 7년 이상 61.2%, 5~7년 미만

40.2%, 2~5년 미만 20.9%, 2년 미만 10.1%의 응답을 보였다. 거주기간이 길수록 한국어 듣기 능력에 능숙해 지는 것을 알 수 있다. 소득별로는 100만 원 미만 34.2%, 300만 원 미만 33.1%, 200만 원 미만 29.3%, 300만 원 이상 29.0%의 '능숙' 응답률을 보인다. 학력별로는 대학교 이상 47.5%, 고등학교 29.1%, 중학교 24.6%, 초등학교 이하 9.1%의 이주여성이 듣기에 '능숙'하다고 응답하였다. 결국 한국어 듣기 능력은 나이가 많을수록, 거주 기간이 길수록, 학력이 높을수록 능숙한 경향을 보인다.

[표Ⅳ-3] 한국어 듣기 숙달도

(단위:% , 명)

변수		매우 서툼	약간 서툼	보통	약간 능숙	매우 능숙	계(명)
국적	재중동포	2.3	2.3	20.9	18.6	55.8	100(43)
	중국	7.7	15.4	43.6	20.5	12.8	100(117)
	베트남	1.4	20.8	56.9	18.5	2.3	100(216)
	필리핀	2.9	20.6	32.4	33.8	10.3	100(68)
	캄보디아	13.3	16.7	36.7	23.3	10.0	100(30)
	기타	3.1	15.6	31.3	43.8	6.3	100(32)
	계(명)	4.0	17.4	44.7	22.9	11.1	100(506)
연령	30세 미만	4.6	19.3	50.2	22.4	3.5	100(259)
	30~39세	2.1	16.1	40.1	24.0	17.7	100(192)
	40세 이상	7.3	12.7	34.5	21.8	23.6	100(55)
	계(명)	4.0	17.4	44.7	22.9	11.1	100(506)
거주 기간	2년 미만	10.9	38.0	42.3	8.0	.7	100(137)
	2~5년 미만	3.2	12.7	58.2	22.8	3.2	100(158)
	5~7년 미만	.0	7.8	41.2	38.2	12.7	100(102)
	7년 이상	.0	7.3	31.2	27.5	33.9	100(109)
	계(명)	4.0	17.4	44.7	22.9	11.1	100(506)
소득	100만 원 미만	5.1	13.9	43.0	26.6	11.4	100(79)
	200만 원 미만	4.7	16.7	48.8	23.7	6.0	100(215)
	300만 원 미만	3.4	14.9	40.5	23.6	17.6	100(148)
	300만 원 이상	2.6	13.2	50.0	15.8	18.4	100(38)
	계(명)	4.2	15.4	45.4	23.5	11.5	100(480)
학력	초등학교 이하	.0	28.1	53.1	12.5	6.3	100(32)
	중학교	4.5	21.6	44.0	22.4	7.5	100(134)
	고등학교	3.8	15.1	48.6	21.2	11.3	100(212)
	대학교 이상	3.4	13.4	37.0	29.4	16.8	100(119)
	계(명)	3.6	17.3	44.9	22.9	11.3	100(497)

한국어 읽기 숙달도는 약 47%가 '보통'이라고 응답하였다. '능숙'을 기준으로 국적별로는 재중동포 74.4%, 필리핀 59.4%, 기타 34.4%, 중국 32.5%, 베트남 27.8%, 캄보디아 23.4%의 순으로 응답하였다. 말하기와 듣기에서 베트남 국적자의 '능숙' 응답률이 가

장 낮았던 것에 비해 읽기에서는 캄보디아 국적자의 '능숙' 응답률이 가장 낮게 나타났다. 연령별로는 30~39세 44.8%, 40세 이상 36.3%, 30세 미만 31.9%의 응답률을 보였다. 이는 말하기와 듣기에서 연령이 높을수록 능숙하다는 응답률이 높았던 것과는 다른 결과이다. 거주기간별로는 7년 이상 58.1%, 5~7년 미만 46.1%, 2~5년 미만 26.6%, 2년 미만 26.3%의 '능숙'의 응답 순을 보여 거주 기간이 길수록 읽기 숙달도가 능숙해지는 것을 볼 수 있다. 소득별로는 300만 원 미만 47.3%, 100만 원 미만 41.7%, 300만 원 이상 34.2%, 200만 원 미만 28.7%의 응답자가 '능숙'하다고 하였다. 학력별로는 대학교 이상 49.2%, 고등학교 35.3%, 중학교 32.1%, 초등학교 이하 25.1%의 응답률을 보였다. 학력이 높을수록, 거주기간이 길어질수록 읽기에 대한 숙달도가 능숙해지는 결과를 볼 수 있다.

[표IV-4] 한국어 읽기 숙달도

(단위:% , 명)

변수		매우 서툼	약간 서툼	보통	약간 능숙	매우 능숙	계(명)
국적	재중동포	2.3	7.0	16.3	11.6	62.8	100(43)
	중국	7.7	15.4	44.4	19.7	12.8	100(117)
	베트남	0.5	12.5	59.3	22.7	5.1	100(216)
	필리핀	1.4	4.3	34.8	40.6	18.8	100(69)
	캄보디아	6.7	23.3	46.7	16.7	6.7	100(30)
	기타	6.3	12.5	46.9	28.1	6.3	100(32)
	계(명)	3.2	12.2	47.3	23.5	13.8	100(507)
연령	30세 미만	2.3	13.1	52.7	24.6	7.3	100(260)
	30~39세	3.6	9.9	41.7	24.5	20.3	100(192)
	40세 이상	5.5	16.4	41.8	14.5	21.8	100(55)
	계(명)	3.2	12.2	47.3	23.5	13.8	100(507)
거주기간	2년 미만	7.3	15.3	51.1	19.7	6.6	100(137)
	2~5년 미만	1.9	12.7	58.9	20.9	5.7	100(158)
	5~7년 미만	1	13.7	39.2	32.4	13.7	100(102)
	7년 이상	1.8	6.4	33.6	23.6	34.5	100(110)
	계(명)	3.2	12.2	47.3	23.5	13.8	100(507)
소득	100만 원 미만	3.8	8.9	45.6	27.8	13.9	100(79)
	200만 원 미만	4.2	13.4	53.7	19.4	9.3	100(216)
	300만 원 미만	1.4	12.2	39.2	27	20.3	100(148)
	300만 원 이상	2.6	13.2	50.0	18.4	15.8	100(38)
	계(명)	3.1	12.3	47.6	23.1	13.9	100(481)
학력	초등학교 이하	3.1	28.1	43.8	18.8	6.3	100(32)
	중학교	3	14.9	50	19.4	12.7	100(134)
	고등학교	2.8	8.5	53.3	22.6	12.7	100(212)
	대학교 이상	3.3	12.5	35.0	30.0	19.2	100(120)
	계(명)	3	12.4	47.4	23.3	13.9	100(498)

한국어 쓰기 숙달도는 약 47%가 '보통'이라고 응답하였다. '능숙'을 기준으로 국적별로 재중동포 74.4%, 필리핀 44.9%, 캄보디아 30%, 중국 25.7%, 베트남 19%, 기타 15.6%의 순으로 말하기와 듣기의 경우 베트남 국적자가, 읽기에서는 캄보디아 국적의 결혼이주여성의 응답률이 낮았던 것에 비해 기타 국적자의 응답률이 가장 낮게 나타났다. 연령별로는 30~39세 35.9%, 40세 이상 34.6%, 30세 미만 23.1%로 응답하였는데 말하기와 듣기가 연령이 높을수록 '능숙'의 응답률이 높았던 것과는 다른 결과이다. 거주기간별로는 7년 이상 46.3%, 5~7년 미만 33.3%, 2~5년 미만 22.2%, 2년 미만 20.5%의 응답률을 보여 거주기간이 길수록 한국어 쓰기 숙달도가 높아지는 것을 알 수 있다. 소득별로는 300만 원 미만 35.8%, 300만 원 이상 34.2%, 100만 원 미만 30.4%, 200만 원 미만 21.8%의 '능숙' 응답 순을 보인다. 학력별로는 대학교이상 40.8%, 중학교 26.9%, 고등학교 26.4%, 초등학교이하 12.6%가 쓰기에 능숙하다고 응답하여 대체로 고학력자의 쓰기 능력이 높게 나타났다.

한국어 숙달도는 기능별로 다소 차이를 보이기는 하지만, 주로 연령이 높을수록, 거주기간이 길수록, 학력이 높을수록 능숙하다는 응답의 비율이 상대적으로 높게 나타났다. 국적별로 특징적인 것은 베트남 국적의 결혼이주여성의 한국어 능력이 전반적으로 낮게 나타났으며, 재중 동포를 제외하면 필리핀 국적자의 한국어 능력이 높게 나타나는 경향이 있었다.

[표Ⅳ-5] 한국어 쓰기 숙달도

(단위:% , 명)

변수		매우 서툼	약간 서툼	보통	약간 능숙	매우 능숙	계(명)
국적	재중동포	7.0	4.7	14.0	18.6	55.8	100(43)
	중국	12.0	20.5	41.9	21.4	4.3	100(117)
	베트남	2.3	18.1	60.6	16.7	2.3	100(216)
	필리핀	4.3	13.0	37.7	33.3	11.6	100(69)
	캄보디아	3.3	36.7	30.0	26.7	3.3	100(30)
	기타	9.4	15.6	59.4	15.6	.0	100(32)
	계(명)	5.7	17.8	47.3	20.7	8.5	100(507)
연령	30세 미만	4.2	18.8	53.8	19.6	3.5	100(260)
	30~39세	7.3	15.1	41.7	22.9	13.0	100(192)
	40세 이상	7.3	21.8	36.4	18.2	16.4	100(55)
	계(명)	5.7	17.8	47.3	20.7	8.5	100(507)
거주기간	2년 미만	6.6	21.9	51.1	16.1	4.4	100(137)
	2~5년 미만	4.4	20.3	53.2	19.0	3.2	100(158)
	5~7년 미만	4.9	17.6	44.1	25.5	7.8	100(102)
	7년 이상	7.3	9.1	37.3	24.5	21.8	100(110)
	계(명)	5.7	17.8	47.3	20.7	8.5	100(507)

소득	100만 원 미만	8.9	8.9	51.9	22.8	7.6	100(79)
	200만 원 미만	4.2	22.7	51.4	16.7	5.1	100(216)
	300만 원 미만	4.7	16.2	43.2	21.6	14.2	100(148)
	300만 원 이상	13.2	13.2	39.5	28.9	5.3	100(38)
	계(명)	5.8	17.7	48.0	20.2	8.3	100(481)
학력	초등학교 이하	9.4	25.0	53.1	6.3	6.3	100(32)
	중학교	5.2	19.4	48.5	19.4	7.5	100(134)
	고등학교	5.7	17.5	50.5	19.3	7.1	100(212)
	대학교 이상	5.8	15.8	37.5	28.3	12.5	100(120)
	계(명)	5.8	18.1	47.0	20.7	8.4	100(498)

결혼이주여성의 한국어 학습과 관련하여 멘토를 묻는 질문에는 '한국어 교사'(57.1%)와 '남편'(33.5%)이 중요한 조력자라고 응답하였다. 그 밖에 '기타'(4.1%)와 '시부모'(3.5%)에게 한국어 학습을 의존한다는 응답도 있었다.

[표IV-6] 한국어 멘토(평균)

(단위:%, 명)

	한국어 교사	시부모님	남편	이웃	친구	기타	계(명)
응답률	57.1	3.5	33.5	0.6	1.2	4.1	100(487)

국적별로 재중동포의 경우 한국어 멘토로 '남편'이라는 응답률이 40.5%로 한국어 교사 38.1%보다 높게 나타났으나 그 외의 경우 모두 '한국어 교사'의 응답률이 높았다. 베트남 63.8%, 중국 61.7%, 캄보디아 50.0%, 필리핀 47.7%, 기타 46.7%, 재중동포 38.1%의 순으로 '한국어 교사'를 중요한 멘토로 꼽았다. 연령을 기준으로 분석한 결과, 연령이 낮을수록 '남편'에게 한국어 학습을 의존하는 경향이 높은 반면, 연령이 높을수록 '한국어 교사'에 의존하는 경향을 보인다. 한편, 거주기간과 학력 변수를 보면, 거주기간이 짧을수록, 저학력일수록 '한국어 교사'에게 한국어 학습을 의존하는 비율이 높으며, 거주기간이 길고, 학력이 높을수록 '남편'에게 학습을 의존하는 경향을 보인다.

[표IV-7] 한국어 멘토

(단위:%, 명)

		한국어 교사	시부모님	남편	이웃	친구	기타	계(명)
국적	재중동포	38.1	2.4	40.5	.0	.0	19.0	100(42)
	중국	61.7	1.7	29.6	1.7	.9	4.3	100(115)
	베트남	63.8	3.9	30.0	.5	1.4	.5	100(207)
	필리핀	47.7	7.7	36.9	.0	1.5	6.2	100(65)
	캄보디아	50.0	3.6	46.4	.0	.0	.0	100(28)

	기타	46.7	.0	43.3	.0	3.3	6.7	100(30)
	계(명)	57.1	3.5	33.5	.6	1.2	4.1	100(487)
연령	30세 미만	55.3	4.9	35.4	.4	.8	3.3	100(246)
	30~39세	59.0	1.6	32.4	1.1	2.1	3.7	100(188)
	40세 이상	58.5	3.8	28.3	.0	.0	9.4	100(53)
	계(명)	57.1	3.5	33.5	.6	1.2	4.1	100(487)
거주 기간	2년 미만	64.3	4.7	27.9	.0	.0	3.1	100(129)
	2~5년 미만	57.2	2.0	34.9	1.3	1.3	3.3	100(152)
	5~7년 미만	59.6	3.0	32.3	.0	2.0	3.0	100(99)
	7년 이상	45.8	4.7	39.3	.9	1.9	7.5	100(107)
	계(명)	57.1	3.5	33.5	.6	1.2	4.1	100(487)
소득	100만 원 미만	53.8	5.1	29.5	.0	3.8	7.7	100(78)
	200만 원 미만	60.8	4.2	33.5	.5	.0	.9	100(212)
	300만 원 미만	56.9	1.5	34.3	.7	2.2	4.4	100(137)
	300만 원 이상	55.6	.0	30.6	2.8	.0	11.1	100(36)
	계(명)	58.1	3.2	32.8	.6	1.3	3.9	100(463)
학력	초등학교 이하	75.0	6.3	18.8	.0	.0	.0	100(32)
	중학교	59.7	3.9	34.1	.8	.0	1.6	100(129)
	고등학교	52.5	2.9	38.7	.5	1.5	3.9	100(204)
	대학교 이상	57.5	2.7	28.3	.9	1.8	8.8	100(113)
	계(명)	57.1	3.3	33.7	.6	1.0	4.2	100(478)

한국어로 의사소통하는 데 어려움을 느끼는지에 대한 질문에는 19.7%('그렇지 않다')만이 한국어로 의사소통 하는 데 어려움이 없다고 하였을 뿐, 24.9%가 '보통이다', 55.2%('그렇다')가 어려움을 느끼고 있는 것으로 나타났다.

[표Ⅳ-8] 의사소통의 어려움 정도(평균)

(단위:% , 명)

	전혀 그렇지 않다	그렇지 않다	보통	그렇다	매우 그렇다	계(명)
응답률	8.3	11.4	24.9	21.3	34.1	100(507)

한국어로 의사소통을 하는 데 '익숙하다'('전혀 그렇지 않다'와 '그렇지 않다')의 응답 정도는, 국적별로는 재중동포 69.8%, 기타 31.3%, 중국 24.3%, 캄보디아 23.4%, 필리핀 21.4%, 베트남 4.6%의 순을 보인다. 베트남 국적의 결혼이주여성들이 의사소통에 어려움을 가장 크게 느끼는 것을 알 수 있다. 연령별로는 40세 이상 38.2%, 30~39세 27.2%, 30세 미만 10.3%의 순으로 연령이 높을수록 한국어 의사소통을 하는 데 어려움을 크게 느끼는 경향을 볼 수 있다. 거주기간별로는 7년 이상 48.7%, 5~7년 미만 17.6%, 2~5년 미만 11.4%, 2년 미만 8%의 순으로 거주기간이 길어질수록 의사소통에서

오는 어려움이 줄어드는 경향을 보인다. 소득별로는 300만 원 이상 36.9%, 300만 원 미만 27.2%, 100만 원 미만 17.7%, 200만 원 미만 12.4%의 응답률 순을 보인다. 학력별로는 대학교 이상 31.9%, 고등학교 17.5%, 중학교 15.6%, 초등학교 이하 12.2%의 순으로 학력이 높을수록 의사소통하는 데 익숙하다는 응답 비율이 높게 나타났다.

[표IV-9] 의사소통의 어려움 정도

(단위:% , 명)

		전혀 그렇지 않다	그렇지 않다	보통	그렇다	매우 그렇다	계(명)
국적	재중동포	37.2	32.6	16.3	9.3	4.7	100(43)
	중국	13.9	10.4	46.1	18.3	11.3	100(115)
	베트남	1.4	3.2	9.7	24.9	60.8	100(217)
	필리핀	4.3	17.1	35.7	27.1	15.7	100(70)
	캄보디아	6.7	16.7	26.7	23.3	26.7	100(30)
	기타	6.3	25.0	37.5	9.4	21.9	100(32)
	계(명)	8.3	11.4	24.9	21.3	34.1	100(507)
연령	30세 미만	3.8	6.5	19.9	26.4	43.3	100(261)
	30~39세	12.0	15.2	29.8	15.7	27.2	100(191)
	40세 이상	16.4	21.8	30.9	16.4	14.5	100(55)
	계(명)	8.3	11.4	24.9	21.3	34.1	100(507)
거주 기간	2년 미만	2.2	5.8	26.1	25.4	40.6	100(138)
	2~5년 미만	2.5	8.9	28.5	29.1	31.0	100(158)
	5~7년 미만	7.8	9.8	25.5	14.7	42.2	100(102)
	7년 이상	24.8	23.9	17.4	11.0	22.9	100(109)
	계(명)	8.3	11.4	24.9	21.3	34.1	100(507)
소득	100만 원 미만	7.6	10.1	27.8	24.1	30.4	100(79)
	200만 원 미만	5.5	6.9	22.0	22.5	43.1	100(218)
	300만 원 미만	12.2	15.0	28.6	17.0	27.2	100(147)
	300만 원 이상	13.2	23.7	26.3	13.2	23.7	100(38)
	계(명)	8.5	11.2	25.3	20.3	34.6	100(482)
학력	초등학교 이하	6.1	6.1	21.2	24.2	42.4	100(33)
	중학교	5.2	10.4	21.6	26.1	36.6	100(134)
	고등학교	8.5	9.0	25.5	19.8	37.3	100(212)
	대학교 이상	12.6	19.3	28.6	16.0	23.5	100(119)
	계(명)	8.4	11.6	24.9	20.9	34.1	100(498)

결혼이주여성이 한국어를 통한 의사소통에서 어려움을 느끼는 정도는, 베트남 국적자의 비율이 가장 높았으며, 연령대가 높을수록, 거주기간이 길수록 그리고 학력이 높을수록 익숙하다는 응답률이 높게 나타났다.

2. 다문화가족의 호칭어 사용

호칭어의 사용은 대화 참여자의 '체면'과 밀접히 연관되는 만큼 그 선택에 주의가 필요하다. 때문에 한국어의 사회·문화적 맥락을 알지 못하는 결혼이주여성에게 호칭어는 언어생활에 부담을 주는 요소이기도 하다. 결혼이주여성은 호칭어를 사용할 때, 형태와 발음을 익히는 것은 물론, 언제 누구에게 어떤 호칭어를 써야하는지에 대해서도 세심한 주의를 기울이게 된다(이화숙 2013:152).

일상생활 중에 호칭어를 사용하는 것에 어려움을 느끼는 경우가 평균 46%를 넘는다('그렇다'와 '매우 그렇다'). 상황에 따라서 가족이나 친척을 어떻게 불러야 할지, 적절한 호칭어를 쓰는 것이 어렵다는 응답자는, 국적과 거주기간, 학력 등 거의 모든 변수에서 높은 비율을 보인다.

[표Ⅳ-10] 호칭어 사용의 어려움(평균)

(단위:% , 명)

	전혀 그렇지 않음	그렇지 않음	보통	그렇다	매우 그렇다	계(명)
응답률	9.7	15.2	28.4	34.3	12.4	100(507)

호칭어 사용에 어려움을 느낀다는 정도를 '그렇다'와 '매우 그렇다'를 기준으로 살펴보면, 국적별로는 기타 62.6%, 캄보디아 55.1%, 베트남 48.8%, 중국 47.4%, 재중동포 44.2%, 필리핀 30%의 순을 보인다. 한국어 숙달도의 경우 재중동포가 가장 높은 수준을 보여준 것에 비해 호칭어 사용에서는 재중동포보다 필리핀 국적의 결혼이주여성이 더 익숙한 면을 보이는 것으로 조사되었다. 연령별로는 30~39세 48.7%, 30세 미만 46.6%, 40세 이상 41.1%의 순을 보인다. 거주기간별로 호칭어 사용에 어려움을 느낀다는 응답은 2년 미만 51.4%, 2~5년 미만 50.6%, 5~7년 미만 46.1%, 7년 이상 36%의 순으로 거주 기간이 길어질수록 호칭어 사용에 익숙해지는 것을 알 수 있다. 소득별로는 200만 원 미만 50.9%, 100만 원 미만 46.1%, 300만 원 미만 44.9%, 300만 원 이상 28.9%의 순이다. 학력별로는 초등학교 이하 54.5%, 중학교 48.4%, 고등학교 48.3%, 대학교 이상 39.2%의 순으로 고학력자일수록 호칭어 사용에 상대적으로 익숙한 경향을 나타낸다.

다문화가족의 호칭어 사용을 살펴보기 위해 결혼이주여성과 남편, 시부모 사이에 사용하는 호칭어를 조사하였다. 호칭어 사용은, 부부간에 쓰는 호칭어와 고부간에 쓰는 호칭어를 두 사람만 있을 경우, 시부모/남편이 함께 있을 경우, 자녀가 함께 있을 경우로 나누어 응답하도록 구성하였다(이화숙 2013:152).

[표IV-11] 호칭어 사용의 어려움

(단위:%, 명)

변수	응답항목	전혀 그렇지 않다	그렇지 않다	보통이다	그렇다	매우 그렇다	계(명)
국적	재중동포	18.6	27.9	9.3	39.5	4.7	100 (43)
	중국	16.4	14.7	21.6	37.1	10.3	100 (16)
	베트남	6.0	10.1	35.0	32.7	16.1	100(217)
	필리핀	11.4	24.3	34.3	25.7	4.3	100 (70)
	캄보디아	.0	13.8	31.0	37.9	17.2	100 (29)
	기타	3.1	15.6	18.8	43.8	18.8	100 (32)
연령	30세 미만	6.9	11.2	35.4	33.1	13.5	100(260)
	30~39세	12.0	17.3	22.0	37.2	11.5	100(191)
	40세 이상	14.3	26.8	17.9	30.4	10.7	100 (56)
거주 기간	2년 미만	3.7	13.2	31.6	33.8	17.6	100(136)
	2~5년 미만	7.6	8.2	33.5	39.2	11.4	100(158)
	5~7년 미만	12.7	19.6	21.6	32.4	13.7	100(102)
	7년 이상	17.1	23.4	23.4	29.7	6.3	100(111)
소득	100만 원 미만	9.0	11.5	33.3	33.3	12.8	100 (78)
	200만 원 미만	7.8	13.3	28.0	39.0	11.9	100(218)
	300만 원 미만	9.5	17.7	27.9	29.9	15.0	100(147)
	300만 원 이상	23.7	18.4	28.9	26.3	2.6	100 (38)
학력	초등학교 이하	3.0	12.1	30.3	42.4	12.1	100 (33)
	중학교	6.1	15.2	30.3	34.8	13.6	100(132)
	고등학교	10.3	14.6	26.8	33.3	15.0	100(213)
	대학교 이상	15.0	18.3	27.5	31.7	7.5	100(120)

결혼이주여성의 호칭어 사용은 남편을 부를 때는 '여보'를 주로 선택하며, 시부모 호칭어는 '아버님/어머님'을 가장 많이 사용하는 것으로 조사되었다. 상황에 따라 호칭어 선택에 차이를 보이지만, 남편 호칭어 중 '오빠'를 제외하면 일상생활에서 대체로 바람직한 호칭어를 사용하고 있는 편이다. 아래에서는 다문화가족의 호칭어 사용 실태를 부부간, 고부간으로 나누어 대화 참여자가 변화하는 상황에 따라 살펴볼 것이다.

[표IV-12] 호칭어 사용 설문 구성

주체	호칭 대상	대화 상황
결혼이주여성	시부모 호칭어, 남편 호칭어	두 사람만 있을 때, 시부모/남편이 함께 있을 때, 자녀가 함께 있을 때(여러 사람이 함께 있을 때)
남편	결혼이주여성(아내) 호칭어	
시부모	결혼이주여성(며느리) 호칭어	

2.1. 결혼이주여성의 남편 호칭어

부부만 있는 대화 상황에서 결혼이주여성이 남편을 부를 때 사용하는 호칭어로 가장 일반적인 것은 '여보'이다. 이 밖에 '오빠', '아이이름+아빠', '자기(야)' 등을 상황에 따라 선택하여 사용하고 있었다. 대화 상황에 부부만 있을 경우 결혼이주여성이 남편을 호칭하는 형태는 '여보'의 비율이 가장 높다.

[표Ⅳ-13] 남편 호칭어(부부만 있을 때)

(단위:% , 명)

변수	응답항목	여보	여봐요 (이봐요)	이름+ 씨	아이 이름+ 아빠	아이 이름+ 아버지	자가 (야)	오빠	기타	계(명)
국적	재중동포	25.6	.0	4.7	23.3	7.0	20.9	16.3	2.3	100(43)
	중국	47.9	.0	5.1	10.3	2.6	9.4	21.4	3.4	100(117)
	베트남	33.2	.5	.0	13.8	2.8	14.7	32.3	2.8	100(217)
	필리핀	35.7	1.4	1.4	18.6	5.7	27.1	2.9	7.1	100(70)
	캄보디아	33.3	.0	.0	23.3	.0	3.3	40.0	.0	100(30)
	기타	28.1	.0	18.8	25.0	3.1	12.5	9.4	3.1	100(32)
	계(명)	36.0	.4	2.9	15.7	3.3	14.9	23.4	3.3	100(509)
연령	30세 미만	31.5	.4	1.2	12.7	2.3	15.8	33.8	2.3	100(260)
	30~39세	38.9	.5	4.1	19.2	4.7	13.5	14.5	4.7	100(193)
	40세 이상	46.4	.0	7.1	17.9	3.6	16.1	5.4	3.6	100(56)
	계(명)	36.0	.4	2.9	15.7	3.3	14.9	23.4	3.3	100(509)
거주 기간	2년 미만	47.1	.0	1.4	2.9	1.4	12.3	32.6	2.2	100(138)
	2~5년 미만	32.3	.0	2.5	16.5	1.9	13.3	29.1	4.4	100(158)
	5~7년 미만	30.4	1.0	3.9	20.6	4.9	12.7	21.6	4.9	100(102)
	7년 이상	32.4	.9	4.5	26.1	6.3	22.5	5.4	1.8	100(111)
	계(명)	36.0	.4	2.9	15.7	3.3	14.9	23.4	3.3	100(509)
소득	100만 원 미만	34.2	1.3	2.5	24.1	5.1	15.2	15.2	2.5	100(79)
	200만 원 미만	34.1	.5	2.3	18.4	2.3	12.0	26.7	3.7	100(217)
	300만 원 미만	40.9	.0	2.0	9.4	4.0	16.1	23.5	4.0	100(149)
	300만 원 이상	36.8	.0	10.5	10.5	2.6	23.7	13.2	2.6	100(38)
	계(명)	36.4	.4	2.9	15.9	3.3	14.7	22.8	3.3	100(483)
학력	초등학교 이하	29.4	.0	2.9	26.5	5.9	8.8	26.5	.0	100(34)
	중학교	33.1	.0	.0	20.3	3.0	12.0	30.1	1.5	100(133)
	고등학교	41.3	.5	2.3	11.7	2.8	15.5	23.9	1.9	100(213)
	대학교 이상	31.7	.8	7.5	15.8	3.3	19.2	13.3	8.3	100(120)
	계(명)	36.0	.4	3.0	16.0	3.2	15.0	23.2	3.2	100(500)

이 밖에 '오빠'와 '자기(야)'의 사용 비율이 다음 순을 잇는다. 필리핀 국적의 결혼이주여성은 '오빠'의 사용 비율이 2.9%로 타 국적에 비해 가장 낮은 반면, 캄보디아 국

적의 결혼이주여성은 '오빠'의 사용 비율이 40%로 타 국적에 비해 가장 높은 비율을 보인다. 결혼이주여성의 남편 호칭어로 가장 일반적인 '여보'와 '오빠'는 연령대가 높고 거주기간이 길수록 '여보'의 사용 비율이 높고 '오빠'의 사용 비율이 낮은 경향을 보인다. '여보'의 경우 연령별로는 30세 미만 31.5%, 30~39세 38.9%, 40세 이상 46.4%의 응답률을 보이는데 연령이 높아질수록 응답률이 높아지는 것을 볼 수 있다. 반면, '오빠'의 경우 연령별로는 30세 미만 33.8%, 30~39세 14.5%, 40세 이상 5.4%의 응답률을 보이는데, 연령이 높아질수록 '오빠'의 사용이 대폭 줄어드는 것을 볼 수 있다. 거주기간별로도 2년 미만 32.6%, 2~5년 미만 29.1%, 5~7년 미만 21.6%, 7년 이상 5.4%의 응답순을 보여 거주 간이 길어질수록 남편 호칭어로 '오빠'의 사용이 줄어드는 경향을 볼 수 있다. 이번 조사에서 남편에게 '오빠'라는 호칭어를 사용하는 경우는, 결혼이주여성의 나이가 어리고 거주기간이 짧을수록 비율이 높게 나타났다.

시부모와 함께 있을 때 결혼이주여성이 사용하는 남편 호칭어는 '여보', '아이이름+아빠', '오빠'가 가장 일반적이다. 부부만 있는 상황에서 '여보'에 이어 '오빠'의 비율이 높았던 것과는 대조적으로 종자명 호칭(從子名呼稱)인 '아이이름+아빠'의 비율이 더 높게 나타났다. 시부모와 함께 대화하는 상황에서 종자명 호칭(從子名呼稱)인 '아이이름+아빠'의 사용은 국적별로는 재중동포의 응답률 56.1%로 가장 높게 나타났다. 종자명 호칭 '아이이름+아빠'의 사용은 연령이 높을수록, 거주기간이 길수록 응답률이 높게 나타났다. 30세 미만 20.9%, 30~39세 30.4%, 40세 이상 33.9%의 응답 비율을 보이며, 거주기간별로는 2년 미만 5.9%, 2~5년 미만 25.5%, 5~7년 미만 35.4%, 7년 이상 43.0%의 응답률을 보인다. 이는 남편 호칭어 '오빠'의 사용 비율이 연령이 높을수록, 거주기간이 길어질수록 응답률이 낮아지는 것과는 반대의 경향이다.

[표IV-14] 남편 호칭어(시부모님과 함께 있을 때)

(단위:% , 명)

변수		여보	여봐요 (이봐요)	이름+씨	아이이름+아빠	아이이름+아버지	자가 (야)	오빠	기타	계(명)
국적	재중동포	22.0	.0	2.4	56.1	4.9	4.9	9.8	.0	100(41)
	중국	37.3	.0	6.4	22.7	9.1	5.5	17.3	1.8	100(110)
	베트남	30.9	.0	.5	22.2	3.4	8.7	32.4	1.9	100(207)
	필리핀	30.4	1.4	2.9	17.4	11.6	26.1	2.9	7.2	100(69)
	캄보디아	34.5	.0	.0	31.0	.0	3.4	31.0	.0	100(29)
	기타	23.3	.0	20.0	36.7	.0	10.0	6.7	3.3	100(30)
	계(명)	31.3	.2	3.5	25.9	5.6	9.9	21.2	2.5	100(486)

연령	30세 미만	29.3	.0	1.6	20.9	3.6	10.8	32.1	1.6	100(249)
	30~39세	33.1	.6	5.5	30.4	6.6	8.8	10.5	4.4	100(181)
	40세 이상	33.9	.0	5.4	33.9	10.7	8.9	7.1	.0	100(56)
	계(명)	31.3	.2	3.5	25.9	5.6	9.9	21.2	2.5	100(486)
거주 기간	2년 미만	42.2	.0	3.7	5.9	.7	9.6	35.6	2.2	100(135)
	2~5년 미만	26.9	.0	4.1	25.5	4.8	9.0	26.2	3.4	100(145)
	5~7년 미만	31.3	.0	3.0	35.4	9.1	8.1	11.1	2.0	100(99)
	7년 이상	23.4	.9	2.8	43.0	9.3	13.1	5.6	1.9	100(107)
	계(명)	31.3	.2	3.5	25.9	5.6	9.9	21.2	2.5	100(486)
소득	100만 원 미만	36.4	.0	1.3	28.6	5.2	13.0	13.0	2.6	100(77)
	200만 원 미만	30.4	.5	3.9	25.5	4.9	9.8	22.1	2.9	100(204)
	300만 원 미만	27.5	.0	4.2	29.6	5.6	8.5	21.8	2.8	100(142)
	300만 원 이상	43.2	.0	2.7	18.9	8.1	5.4	21.6	.0	100(37)
	계(명)	31.5	.2	3.5	26.7	5.4	9.6	20.4	2.6	100(460)
학력	초등학교 이하	33.3	.0	.0	30.0	6.7	6.7	23.3	.0	100(30)
	중학교	34.4	.0	.8	26.6	4.7	4.7	27.3	1.6	100(128)
	고등학교	31.2	.0	4.0	22.3	5.4	13.4	22.3	1.5	100(202)
	대학교 이상	26.5	.9	6.0	31.6	6.8	10.3	12.0	6.0	100(117)
	계(명)	31.0	.2	3.4	26.2	5.7	9.9	21.2	2.5	100(477)

자녀와 함께하는 대화 상황에서 결혼이주여성의 남편 호칭어는 '아이이름+아빠', '여보', '오빠'의 순을 보인다. '오빠'의 사용 비율이 국적 통계를 기준으로, 부부만 있을 때 23.4%, 시부모와 함께 있을 때 21.2%로 20%를 웃도는 것에 비해 자녀가 함께 있을 때는 12.1%로 비율 면에서는 큰 차이를 보인다. 종자명 호칭 중 '아이이름+아버지'의 사용 비율도 부부만 있을 때 3.3%, 시부모와 함께 있을 때 5.6%이던 것이 자녀가 함께 있을 때는 7.8%로 응답 비율이 높아지는 것을 볼 수 있다. 국적별로 종자명 호칭 '아이이름+아빠'의 사용은 캄보디아 국적의 결혼이주여성의 응답에서 가장 높을 비율을 보이며, '아이이름+아버지'의 사용은 필리핀 국적의 결혼이주여성이 가장 비율이 높다. 결혼이주여성이 남편 호칭을 선택하는 상황에서 가장 크게 영향을 받는 것은 자녀의 존재 유무임을 짐작할 수 있다.

[표Ⅳ-15] 남편 호칭어(자녀와 함께 있을 때)

(단위:% , 명)

변수		여보	여봐요 (이봐요)	이름+씨	아이 이름+ 아빠	아이 이름+ 아버지	자가 (야)	오빠	기타	계(명)
국적	재중동포	23.8	.0	4.8	35.7	9.5	11.9	9.5	4.8	100(42)
	중국	37.1	.0	1.1	24.7	7.9	10.1	12.4	6.7	100(89)
	베트남	32.8	.0	.0	31.1	7.3	9.6	15.8	3.4	100(177)

국적	필리핀	20.4	1.9	1.9	33.3	14.8	16.7	.0	11.1	100(54)
	캄보디아	26.9	.0	3.8	42.3	.0	3.8	19.2	3.8	100(26)
	기타	20.8	.0	12.5	33.3	.0	16.7	8.3	8.3	100(24)
	계(명)	30.1	.2	1.9	31.3	7.8	10.9	12.1	5.6	100(412)
연령	30세 미만	27.5	.0	1.5	33.0	7.5	9.5	17.5	3.5	100(200)
	30~39세	32.7	.0	1.8	29.8	7.7	13.1	7.7	7.1	100(168)
	40세 이상	31.8	2.3	4.5	29.5	9.1	9.1	4.5	9.1	100(44)
	계(명)	30.1	.2	1.9	31.3	7.8	10.9	12.1	5.6	100(412)
거주기간	2년 미만	41.9	.0	1.4	20.3	2.7	10.8	16.2	6.8	100(74)
	2~5년 미만	30.7	.0	2.9	27.0	5.8	9.5	18.2	5.8	100(137)
	5~7년 미만	30.6	.0	1.0	35.7	11.2	8.2	9.2	4.1	100(98)
	7년 이상	20.4	1.0	1.9	40.8	10.7	15.5	3.9	5.8	100(103)
	계(명)	30.1	.2	1.9	31.3	7.8	10.9	12.1	5.6	100(412)
소득	100만 원 미만	29.0	.0	2.9	37.7	5.8	11.6	8.7	4.3	100(69)
	200만 원 미만	26.1	.6	2.2	33.3	7.8	11.7	12.2	6.1	100(180)
	300만 원 미만	33.3	.0	.8	26.7	6.7	11.7	14.2	6.7	100(120)
	300만 원 이상	46.4	.0	.0	25.0	14.3	3.6	7.1	3.6	100(28)
	계(명)	30.2	.3	1.8	31.5	7.6	11.1	11.8	5.8	100(397)
학력	초등학교 이하	25.8	.0	3.2	35.5	6.5	9.7	19.4	.0	100(31)
	중학교	27.5	.0	.9	36.7	10.1	7.3	14.7	2.8	100(109)
	고등학교	37.4	.0	1.7	23.0	7.5	12.6	12.6	5.2	100(174)
	대학교 이상	21.1	1.1	3.2	37.9	6.3	12.6	6.3	11.6	100(95)
	계(명)	30.1	.2	2.0	31.1	7.8	11.0	12.2	5.6	100(409)

2.2. 결혼이주여성의 시부모 호칭어

결혼이주여성의 시아버지 호칭어는 '아버님', '아버지'가 가장 일반적이다. 시아버지 호칭어로 '아빠'는 필리핀과 캄보디아 국적의 결혼이주여성의 사용비율이 각각 29%와 21.7%로 가장 높게 나타났다. '시아빠'라고 시아버지를 호칭하는 경우는 중국 국적의 결혼이주여성과 재중동포의 응답에서 각각 21.4%와 17.1%의 비율을 차지한다.

[표IV-16] 시아버지 호칭어

(단위:% , 명)

변수		아버님	아버지	아빠	시아빠	기타	계(명)
국적	재중동포	73.2	9.8	.0	17.1	.0	100(41)
	중국	42.9	29.6	1.0	21.4	5.1	100(98)
	베트남	57.1	32.6	6.5	.5	3.3	100(184)
	필리핀	33.9	16.1	29.0	11.3	9.7	100(62)
	캄보디아	47.8	30.4	21.7	.0	.0	100(23)
	기타	76.0	12.0	8.0	.0	4.0	100(25)
	계(명)	52.7	26.1	8.8	8.3	4.2	100(433)

연령	30세 미만	54.0	29.6	8.4	5.3	2.7	100(226)
	30~39세	51.2	21.6	8.6	14.2	4.3	100(162)
	40세 이상	51.1	24.4	11.1	2.2	11.1	100(45)
	계(명)	52.7	26.1	8.8	8.3	4.2	100(433)
거주 기간	2년 미만	48.2	30.4	8.9	8.9	3.6	100(112)
	2~5년 미만	50.7	29.4	8.1	7.4	4.4	100(136)
	5~7년 미만	55.2	23.0	8.0	11.5	2.3	100(87)
	7년 이상	58.2	19.4	10.2	6.1	6.1	100(98)
	계(명)	52.7	26.1	8.8	8.3	4.2	100(433)
소득	100만 원 미만	46.5	26.8	12.7	8.5	5.6	100(71)
	200만 원 미만	51.1	28.6	11.0	4.9	4.4	100(182)
	300만 원 미만	58.5	22.8	5.7	12.2	.8	100(123)
	300만 원 이상	53.1	28.1	3.1	9.4	6.3	100(32)
	계(명)	52.7	26.5	9.1	8.1	3.7	100(408)
학력	초등학교 이하	54.2	41.7	.0	4.2	.0	100(24)
	중학교	56.0	29.3	6.0	4.3	4.3	100(24)
	고등학교	51.7	28.9	6.7	9.4	3.3	100(180)
	대학교 이상	49.5	14.3	17.1	12.4	6.7	100(105)
	계(명)	52.5	26.1	8.7	8.5	4.2	100(425)

결혼이주여성이 사용하는 시어머니 호칭어는 '어머님', '어머니', '엄마', '시엄마' 등이 있다. 시어머니 호칭어로 '엄마'는 캄보디아와 필리핀 국적의 결혼이주여성이 각각 55.2%와 33.8%의 높은 응답률을 보인다. 특히 시부모 호칭어 '아빠', '엄마'의 경우 시어머니에게는 '엄마(19.8%)'라고 부르는 경우가 시아버지에게 '아빠(8.8%)'라고 부르는 비율보다 두 배가량 높다. 결혼 생활에서 시어머니는 결혼이주여성의 멘토(mentor)이자 보호자로서의 영향력이 큰 편인데, 결혼이주여성이 시어머니에 대한 의존감과 친근감을 표현하기 위해 '엄마'라는 일종의 "아기말"(왕한석 2005:167)을 호칭어로 사용하고 있는 것으로 보인다.

[표Ⅳ-17] 시어머니 호칭어

(단위:% , 명)

변수		어머님	어머니	엄마	시엄마	기타	계(명)
국적	재중동포	68.3	14.6	.0	14.6	2.4	100(41)
	중국	40.4	37.6	1.8	18.3	1.8	100(109)
	베트남	49.3	22.7	25.1	1.5	1.5	100(203)
	필리핀	32.4	14.7	33.8	13.2	4.9	100(68)
	캄보디아	24.1	17.2	55.2	.0	3.4	100(29)
	기타	66.7	23.3	10.0	.0	.0	100(30)
	계(명)	46.0	24.0	19.8	7.9	2.3	100(480)
	30세 미만	46.2	21.7	25.3	6.0	.8	100(249)

연령	30~39세	45.5	26.1	13.6	11.9	2.9	100(176)
	40세 이상	47.3	27.3	14.5	3.6	7.3	100(55)
	계(명)	46.0	24.0	19.8	7.9	2.3	100(480)
거주 기간	2년 미만	40.0	29.2	20.8	6.9	3.1	100(130)
	2~5년 미만	44.9	24.5	21.8	8.8	.0	100(147)
	5~7년 미만	48.0	22.4	18.4	10.2	1.0	100(98)
	7년 이상	53.3	18.1	17.1	5.7	5.8	100(105)
	계(명)	46.0	24.0	19.8	7.9	2.3	100(480)
소득	100만 원 미만	42.1	22.4	23.7	9.2	2.6	100(76)
	200만 원 미만	43.6	24.0	25.0	4.9	2.5	100(204)
	300만 원 미만	48.9	24.5	14.4	10.8	1.4	100(139)
	300만 원 이상	52.8	30.6	5.6	8.3	2.8	100(36)
	계(명)	45.7	24.4	20.0	7.7	2.1	100(455)
학력	초등학교 이하	41.9	29.0	22.6	6.5	.0	100(31)
	중학교	47.2	24.4	22.0	3.3	3.2	100(123)
	고등학교	46.0	25.2	17.8	8.9	2.0	100(202)
	대학교 이상	46.1	19.1	20.0	12.2	2.6	100(115)
	계(명)	46.1	23.8	19.7	8.1	2.3	100(471)

2.3. 시부모의 결혼이주여성 호칭어

시부모가 결혼이주여성을 부를 때 사용하는 호칭어는 종자명 호칭으로 '아이이름+어멈/어미'의 비율이 가장 높게 나타났다. 이 밖에 '이름', '아가', '며늘아' 등을 상황에 따라 선택해서 사용하고 있었다.

시부모와 결혼이주여성만 있는 경우 '아이이름+어멈/어미' 형태의 종자명 호칭으로 부르는 비율이 약 35%로 나타났는데 이는 상황에 따른 사용 비율에 차이를 보일 뿐, 시부모가 결혼이주여성을 부르는 가장 일반적인 호칭 형태임을 알 수 있다. 결혼이주여성의 연령이 높을수록 종자명 호칭의 비율이 낮아지고 '며늘아'의 형태를 선택하는 비율이 높아지는 것을 볼 수 있다. 30세 미만, 30~39세, 40세 이상의 연령 등급을 기준으로 '아이이름+어멈/어미' 호칭어는 각각 36.0%, 35.3%, 29.1%로 사용 비율이 낮아지는 것에 비해, '며늘아'의 사용 비율은 5.4%, 10.4%, 18.2%로 높아지는 경향을 볼 수 있다.

[표IV-18] 시부모의 결혼이주여성 호칭어(둘만 있을 때)

(단위:% , 명)

	변수	아가	새아가	애야	아이이름+어멈(어미)	이름	며늘아	어이/야	기타	계(명)
국적	재중동포	11.9	4.8	16.7	47.6	7.1	7.1	.0	4.8	100(42)
	중국	6.9	3.9	9.8	30.4	26.5	18.6	2.9	1.0	100(102)

		아가	새아가	애야	아이이름+어멈(어미)	이름	며늘아	어이/야	기타	계(명)
국적	베트남	14.5	5.5	4.5	38.0	27.0	5.0	2.0	3.5	100(200)
	필리핀	16.4	1.5	7.5	28.4	19.4	10.4	9.0	7.5	100(67)
	캄보디아	10.3	3.4	6.9	37.9	34.5	3.4	.0	3.4	100(29)
	기타	13.3	.0	16.7	23.3	33.3	3.3	6.3	3.3	100(30)
	계(명)	12.6	4.0	8.1	34.9	24.9	8.7	3.2	3.6	100(470)
연령	30세 미만	14.5	3.3	5.0	36.0	31.4	5.4	2.1	2.5	100(242)
	30~39세	9.8	5.2	12.7	35.3	16.8	10.4	2.9	4.6	100(173)
	40세 이상	12.7	3.6	7.3	29.1	21.8	18.2	1.8	5.5	100(55)
	계(명)	12.6	4.0	8.1	34.9	24.9	8.7	3.2	3.6	100(470)
거주기간	2년 미만	22.4	2.4	5.6	10.4	44.8	8.0	3.2	2.4	100(125)
	2~5년 미만	7.7	7.7	5.6	34.5	28.2	12.0	1.4	2.8	100(142)
	5~7년 미만	13.4	3.1	7.2	50.5	12.4	4.1	3.1	4.1	100(97)
	7년 이상	6.6	1.9	15.1	50.0	8.5	9.4	1.9	5.7	100(106)
	계(명)	12.6	4.0	8.1	34.9	24.9	8.7	3.2	3.6	100(470)
소득	100만 원 미만	18.2	6.5	13.0	33.8	14.3	3.9	6.5	3.9	100(77)
	200만 원 미만	11.1	6.0	7.0	34.7	22.1	10.1	4.5	4.5	100(199)
	300만 원 미만	8.1	1.5	6.7	39.3	31.9	8.9	.7	3.0	100(135)
	300만 원 이상	19.4	.0	8.3	30.6	27.8	11.1	.0	2.8	100(36)
	계(명)	12.1	4.3	8.1	35.6	24.2	8.7	3.4	3.8	100(447)
학력	초등학교 이하	25.8	6.5	9.7	41.9	12.9	.0	.0	3.2	100(31)
	중학교	11.3	3.2	8.1	35.5	26.6	7.3	4.8	3.2	100(124)
	고등학교	10.5	5.2	5.8	38.2	26.2	8.4	1.5	4.2	100(191)
	대학교 이상	13.9	2.6	12.2	27.8	20.9	13.9	5.2	3.5	100(115)
	계(명)	12.6	4.1	8.2	35.1	24.1	8.9	3.3	3.7	100(461)

남편이 함께 있는 대화 상황에서 시부모가 결혼이주여성을 부르는 호칭어는 '아이 이름+어멈/어미', '이름', '아가', '애야', '며늘아' 등이다. '애야'의 경우 남편이 없는 상황보다 남편이 있을 때 사용 비율이 다소 높게 나타났다. 시부모가 결혼이주여성의 이름을 부르는 경우는 남편이 함께 있을 때의 비율이 없는 경우보다 좀 더 높게 나타났는데, 거주기간이 길어질수록 '이름'으로 결혼이주여성을 호칭하는 비율은 낮아지는 경향을 보인다. 시부모의 며느리 호칭어로 '이름'의 경우 거주기간별로 2년 미만 49.6%, 2~5년 미만 31.5%, 5~7년 미만 14.4%, 7년 이상 10.4%의 순을 보인다.

[표Ⅳ-19] 시부모의 결혼이주여성 호칭어(남편이 함께 있을 때)

(단위:% , 명)

변수		아가	새아가	애야	아이이름+어멈(어미)	이름	며늘아	어이/야	기타	계(명)
국적	재중동포	4.8	9.5	19.0	50.0	7.1	4.8	.0	4.8	100(42)
	중국	6.8	2.9	11.6	29.1	31.1	13.6	3.9	1.0	100(103)

국적	베트남	12.9	6.5	3.0	37.8	30.3	4.5	.0	3.0	100(201)
	필리핀	14.9	.0	4.5	37.3	20.9	7.5	6.0	9.0	100(67)
	캄보디아	6.9	3.4	6.9	34.5	37.9	3.4	.0	6.9	100(29)
	기타	6.5	.0	19.4	25.8	38.7	.0	6.4	3.2	100(31)
	계(명)	10.4	4.4	7.8	35.9	28.1	6.6	2.9	3.8	100(473)
연령	30세 미만	11.4	4.9	4.1	35.8	34.6	4.9	2.4	2.0	100(246)
	30~39세	10.4	5.2	11.6	36.4	20.8	5.8	3.5	6.4	100(173)
	40세 이상	5.6	.0	13.0	35.2	22.2	16.7	2.8	3.7	100(54)
	계(명)	10.4	4.4	7.8	35.9	28.1	6.6	2.9	3.8	100(473)
거주 기간	2년 미만	19.7	3.9	4.7	10.2	49.6	5.5	5.5	.8	100(127)
	2~5년 미만	5.6	7.0	5.6	36.4	31.5	8.4	2.1	3.5	100(143)
	5~7년 미만	10.3	4.1	10.3	48.5	14.4	4.1	2.1	6.2	100(97)
	7년 이상	5.7	1.9	12.3	54.7	10.4	7.5	1.8	5.7	100(106)
	계(명)	10.4	4.4	7.8	35.9	28.1	6.6	2.9	3.8	100(473)
소득	100만 원 미만	15.8	6.6	6.6	42.1	14.5	2.6	5.3	6.6	100(76)
	200만 원 미만	9.0	6.0	8.5	38.3	25.4	6.0	3.5	3.5	100(201)
	300만 원 미만	7.4	2.2	6.6	34.6	36.8	8.1	1.5	2.9	100(136)
	300만 원 이상	13.9	2.8	11.1	25.0	30.6	11.1	.0	5.6	100(36)
	계(명)	10.0	4.7	7.8	36.7	27.4	6.5	2.9	4.0	100(449)
학력	초등학교 이하	22.6	.0	9.7	41.9	16.1	3.2	.0	6.5	100(31)
	중학교	10.4	4.8	5.6	37.6	29.6	4.8	4.0	3.2	100(125)
	고등학교	7.3	6.8	6.3	37.7	28.3	7.9	2.6	3.1	100(191)
	대학교 이상	12.0	1.7	12.8	30.8	26.5	7.7	3.5	5.1	100(117)
	계(명)	10.3	4.5	8.0	36.2	27.4	6.7	3.0	3.9	100(464)

　자녀가 함께 있는 상황에서 시부모의 며느리 호칭어는 '아이이름+어멈/어미'의 비율이 가장 높게 나타났다. 종자명 호칭으로 결혼이주여성을 부르는 비율이 시부모와 결혼이주여성만 있을 경우 34.9%, 남편이 함께 있을 경우 35.9%이던 것이 자녀가 함께 있을 때는 53.1%의 높을 비율을 보인다. 며느리 호칭어로 '이름'을 부르는 경우도 국적 통계를 기준으로, 시부모와 결혼이주여성만 있을 경우 24.9%, 남편이 함께 있을 경우 28.1%의 응답률을 보였는데, 자녀가 함께 있을 경우에는 17.8%의 응답을 보여 자녀 앞에서 며느리 호칭어로 '이름'을 쓰는 비율이 낮아지는 경향을 볼 수 있다. 가족 간의 호칭어 선택에 가장 영향을 크게 미치는 변수는 '자녀'임을 짐작할 수 있는 부분이다.

[표IV-20] 시부모의 결혼이주여성 호칭어(자녀가 함께 있을 때)

(단위:%, 명)

변수	아가	새아가	애야	아이이름+어멈(어미)	이름	며늘아	어이/야	기타	계(명)
재중동포	10.0	7.5	7.5	57.5	10.0	2.5	.0	5.0	100(40)

국적	중국	3.8	1.3	7.6	50.6	19.0	10.1	6.3	1.3	100(79)
	베트남	8.1	3.1	5.6	55.3	19.3	2.5	1.2	5.0	100(161)
	필리핀	13.5	3.8	3.8	51.9	13.5	5.8	1.9	5.8	100(52)
	캄보디아	7.7	3.8	7.7	46.2	26.9	.0	.0	7.7	100(26)
	기타	4.2	4.2	8.3	50.0	16.7	.0	4.2	12.5	100(24)
	계(명)	7.9	3.4	6.3	53.1	17.8	4.2	2.3	5.0	100(382)
연령	30세 미만	8.5	2.7	4.8	54.8	21.8	2.7	.5	4.3	100(188)
	30~39세	7.3	4.7	8.0	52.7	12.7	4.0	3.3	7.3	100(150)
	40세 이상	6.8	2.3	6.8	47.7	18.2	11.4	6.8	.0	100(44)
	계(명)	7.9	3.4	6.3	53.1	17.8	4.2	2.3	5.0	100(382)
거주기간	2년 미만	14.5	4.3	1.4	30.4	31.9	2.9	5.8	8.7	100(69)
	2~5년 미만	6.6	2.5	6.6	51.6	25.4	4.1	.8	2.5	100(122)
	5~7년 미만	8.7	3.3	8.7	57.6	8.7	4.3	1.1	7.6	100(92)
	7년 이상	4.0	4.0	7.1	66.7	7.1	5.1	3.0	3.0	100(99)
	계(명)	7.9	3.4	6.3	53.1	17.8	4.2	2.3	5.0	100(382)
소득	100만 원 미만	16.4	10.4	9.0	41.8	13.4	3.0	1.5	4.5	100(67)
	200만 원 미만	6.2	1.9	6.2	58.6	15.4	3.1	3.1	5.6	100(162)
	300만 원 미만	6.2	1.8	4.4	54.0	23.0	5.3	.9	4.4	100(113)
	300만 원 이상	7.7	3.8	11.5	46.2	15.4	7.7	3.8	3.8	100(26)
	계(명)	8.2	3.5	6.5	53.3	17.4	4.1	2.2	4.9	100(368)
학력	초등학교 이하	25.0	.0	7.1	46.4	7.1	.0	.0	14.3	100(28)
	중학교	7.6	3.8	5.7	51.4	18.1	4.8	2.9	5.7	100(105)
	고등학교	3.9	2.6	5.2	56.9	20.9	3.9	3.3	3.3	100(153)
	대학교 이상	9.7	5.4	7.5	50.5	16.1	5.4	1.1	4.3	100(93)
	계(명)	7.9	3.4	6.1	53.0	17.9	4.2	2.3	5.0	100(379)

여러 사람이 함께 있을 때 시부모의 결혼이주여성 호칭어는 '아이이름+어멈/어미', '이름', '며늘아', '아가'가 선택되고 있었다. '며늘아'의 경우 국적 통계를 기준으로 시부모와 결혼이주여성만 있을 때 8.7%, 남편이 함께 있을 때 6.6%, 자녀가 함께 있을 때 4.2%의 사용 비율을 보이던 것이 여러 사람이 함께 있는 상황에서는 14.6%의 사용률을 나타낸다. 특히 결혼이주여성의 연령대가 높을수록 시부모의 결혼이주여성 호칭어로 '며늘아'가 선택되는 비율이 높아지는 경향을 볼 수 있는데, 연령 등급에 따라 30세 미만 9.9%, 30~39세 17.8%, 40세 이상 25.9%의 응답률을 보인다.

[표Ⅳ-21] 시부모의 결혼이주여성 호칭어(여러 사람이 함께 있을 때)

(단위:% , 명)

변수		아가	새아가	애야	아이이름+어멈(어미)	이름	며늘아	어이/야	기타	계(명)
국적	재중동포	7.3	7.3	7.3	43.9	7.3	24.4	.0	2.4	100(41)
	중국	5.0	5.0	7.9	24.8	22.8	29.7	5.0	.0	100(101)

국적	베트남	15.1	5.0	3.0	37.2	27.6	8.0	2.0	2.0	100(199)
	필리핀	13.8	3.1	4.6	33.8	23.1	13.8	3.1	4.6	100(65)
	캄보디아	10.3	10.3	3.4	31.0	31.0	.0	.0	13.8	100(29)
	기타	6.7	6.7	10.0	26.7	26.7	10.0	.0	13.3	100(30)
	계(명)	11.2	5.4	5.2	33.5	24.3	14.6	2.3	3.4	100(465)
연령	30세 미만	13.2	4.5	3.7	33.5	31.0	9.9	1.7	2.5	100(242)
	30~39세	8.9	5.9	6.5	35.5	16.6	17.8	3.0	5.9	100(169)
	40세 이상	9.3	7.4	7.4	27.8	18.5	25.9	3.7	.0	100(54)
	계(명)	11.2	5.4	5.2	33.5	24.3	14.6	2.3	3.4	100(465)
거주기간	2년 미만	19.2	6.4	2.4	9.6	43.2	13.6	4.0	1.6	100(125)
	2~5년 미만	9.4	4.3	5.0	33.1	28.1	15.8	1.4	2.9	100(139)
	5~7년 미만	7.3	7.3	7.3	44.8	12.5	10.4	2.0	8.3	100(96)
	7년 이상	7.6	3.8	6.7	52.4	7.6	18.1	2.0	1.9	100(105)
	계(명)	11.2	5.4	5.2	33.5	24.3	14.6	2.3	3.4	100(465)
소득	100만 원 미만	21.3	8.0	6.7	33.3	17.3	8.0	1.3	4.0	100(75)
	200만 원 미만	8.1	7.1	6.6	36.9	21.2	13.1	3.0	4.0	100(198)
	300만 원 미만	9.7	3.7	3.0	30.6	29.1	18.7	2.2	3.0	100(134)
	300만 원 이상	14.3	.0	5.7	34.3	22.9	17.1	2.9	2.9	100(35)
	계(명)	11.3	5.7	5.4	34.2	23.1	14.3	2.5	3.6	100(442)
학력	초등학교 이하	23.3	.0	10.0	46.7	13.3	3.3	.0	3.3	100(30)
	중학교	13.0	6.5	4.1	30.9	26.0	11.4	4.1	4.1	100(123)
	고등학교	6.8	5.8	4.2	37.4	25.3	16.8	1.1	2.6	100(190)
	대학교 이상	13.3	5.3	7.1	27.4	20.4	18.6	3.6	4.4	100(113)
	계(명)	11.2	5.5	5.3	33.8	23.5	14.9	2.5	3.5	100(456)

2.4. 남편의 결혼이주여성 호칭어

남편이 결혼이주여성을 부를 때 사용하는 호칭어는 '여보'가 가장 일반적이다. 이 밖에 시부모, 자녀 등이 함께하는 등 대화 상황에 따라 '이름(씨)', '○○[자녀+엄마', '자기' 등을 선택해서 사용하고 있었다.

남편과 결혼이주여성, 두 사람만 있을 때 남편은 '여보'라는 형태로 결혼이주여성을 호칭하는 비율이 가장 높게 나타났다. 남편이 결혼이주여성을 부를 때 사용하는 호칭어는, 국적 변수를 기준으로 '여보' 36%, '이름+씨' 196.6%, 종자명 호칭인 '아이이름+엄마' 17.8%, 자기(야) 16.8% 등의 사용 순서를 보인다. 남편이 사용하는 호칭어로 가장 일반적인 '여보'의 경우 중국 국적의 결혼이주여성의 응답이 41%로 가장 높으며, 캄보디아 국적의 결혼이주여성은 26.7%로 가장 낮을 비율을 보인다. 캄보디아 국적의 결혼이주여성은 남편이 '이름+씨'를 호칭어로 사용하는 비율이 33.3%로 가장 높으며, 필리핀 국적의 경우 '자기(야)'로 부르는 비율이 가장 높다. 특히 남편과 결혼이주여성

두 사람만 있을 때, 남편이 사용하는 호칭어 중, '이름+씨'와 '아이이름+엄마'는 연령이 높아질수록 사용 양상이 교차하는 것을 볼 수 있다. '이름+씨'는 연령을 기준으로 30세 미만 23.3%, 30~39세 17.2%, 40세 이상 10.7%로 연령대가 높아질수록 사용 비율이 감소하는 반면, '아이이름+엄마'는 30세 미만 16.7%, 30~39세 18.2%, 40세 이상 21.5%로 연령대가 높아질수록 사용률이 높아지는 것을 볼 수 있다.

[표Ⅳ-22] 남편의 결혼이주여성 호칭어(두 사람만 있을 때)

(단위:% , 명)

변수		여보	여봐요 (이봐요)	이름+ 씨	아이이 름+엄마	자가 (야)	부인	어이/ 야	기타	계(명)
국적	재중동포	34.9	.0	16.3	20.9	20.9	.0	2.3	4.7	100(43)
	중국	41.0	1.7	15.4	13.7	15.4	2.6	2.6	7.7	100(117)
	베트남	37.5	.0	21.8	17.6	14.8	3.2	.9	4.2	100(216)
	필리핀	29.4	.0	13.2	20.6	29.4	4.4	.0	2.9	100(68)
	캄보디아	26.7	3.3	33.3	20.0	10.0	3.3	.0	3.3	100(30)
	기타	31.3	.0	25.0	21.9	9.4	3.1	3.1	6.3	100(32)
	계(명)	36.0	.6	19.6	17.8	16.8	3.0	1.4	4.9	100(506)
연령	30세 미만	34.5	.4	23.3	16.7	16.3	3.5	1.2	4.3	100(258)
	30~39세	38.0	.5	17.2	18.2	17.7	1.6	.5	6.3	100(192)
	40세 이상	35.7	1.8	10.7	21.5	16.1	5.4	5.4	3.6	100(56)
	계(명)	36.0	.6	19.6	17.8	16.8	3.0	1.4	4.9	100(506)
거주 기간	2년 미만	48.5	1.5	22.8	.7	18.4	3.7	.0	4.4	100(136)
	2~5년 미만	36.5	.0	23.3	16.3	15.7	.6	.6	6.9	100(159)
	5~7년 미만	26.7	.0	14.9	32.7	12.9	3.0	4.0	5.9	100(101)
	7년 이상	28.2	.9	14.5	27.3	20.0	5.5	1.8	1.8	100(110)
	계(명)	36.0	.6	19.6	17.8	16.8	3.0	1.4	4.9	100(506)
소득	100만 원 미만	35.4	1.3	20.3	22.8	17.7	.0	1.3	1.3	100(79)
	200만 원 미만	32.4	.5	22.7	18.6	17.1	3.2	2.3	3.2	100(216)
	300만 원 미만	41.9	.0	14.2	15.6	14.2	4.1	.7	9.5	100(148)
	300만 원 이상	44.7	.0	21.1	13.2	13.2	5.3	.0	2.6	100(38)
	계(명)	36.8	.4	19.5	15.8	16.0	3.1	1.4	4.8	100(481)
학력	초등학교 이하	33.3	.0	18.2	30.3	12.1	.0	3.0	3.0	100(33)
	중학교	34.6	.0	21.1	19.6	15.0	3.0	2.3	4.5	100(133)
	고등학교	41.8	.5	20.7	14.1	15.5	2.3	.5	4.7	100(213)
	대학교 이상	28.8	1.7	14.4	19.5	22.0	5.1	1.7	6.8	100(118)
	계(명)	36.2	.6	19.1	17.9	16.7	3.0	1.4	5.0	100(497)

시부모와 함께 있는 상황에서 남편이 결혼이주여성을 부르는 호칭어는 '여보'와 '아이이름+엄마'의 비율이 가장 높다. 부부 두 사람만 있을 때 '이름+씨'의 사용률이 '아이이름+엄마'의 비율보다 높았던 것과 차이를 보인다. 아울러 비율에도 적지 않은

차이를 보이는데, 국적 변수를 기준으로 '여보' 29.9%, '아이이름+엄마' 28.7%, '이름+씨' 24%, 자기(야) 9.3%의 사용률을 보인다. 이는 부부 두 사람만 있을 때 '여보' 36%, '이름+씨' 196.6%, 종자명 호칭인 '아이이름+엄마' 17.8%, 자기(야) 16.8%의 호칭어 사용 비율과 높은 차이를 나타내는 것이다. 특히 시부모가 함께 있을 때 '자기(야)'의 사용 비율이 두 사람만 있는 상황보다 상대적으로 낮은 것을 볼 수 있다.

[표IV-23] 남편의 결혼이주여성 호칭어(시부모와 함께 있을 때)

(단위:% , 명)

변수		여보	여봐요 (이봐요)	이름+ 씨	아이이름+엄마	자가 (야)	부인	어이/ 야	기타	계(명)
국적	재중동포	22.0	2.4	17.1	48.8	2.4	.0	.0	7.3	100(41)
	중국	37.5	1.0	21.2	21.1	7.7	1.0	3.9	6.7	100(104)
	베트남	31.0	.0	29.1	25.6	6.9	1.5	1.5	4.4	100(203)
	필리핀	22.1	.0	16.2	32.3	23.5	2.9	.0	2.9	100(68)
	캄보디아	31.0	3.4	31.0	20.7	13.8	.0	.0	.0	100(29)
	기타	23.3	.0	20.0	46.7	3.3	.0	3.3	3.3	100(30)
	계(명)	29.9	.6	24.0	28.7	9.3	1.3	1.7	4.6	100(475)
연령	30세 미만	28.2	.8	29.8	24.0	9.4	1.6	1.6	4.5	100(245)
	30~39세	33.3	.0	18.6	31.1	10.2	1.1	1.7	4.0	100(177)
	40세 이상	26.4	1.9	15.1	40.5	5.7	.0	1.9	7.5	100(53)
	계(명)	29.9	.6	24.0	28.7	9.3	1.3	1.7	4.6	100(475)
거주 기간	2년 미만	37.4	.8	35.9	7.7	9.2	3.1	.8	5.3	100(131)
	2~5년 미만	35.5	.7	26.2	22.7	7.8	.7	2.1	4.3	100(141)
	5~7년 미만	21.4	.0	16.3	43.8	9.2	.0	3.1	6.1	100(98)
	7년 이상	21.0	1.0	13.3	48.6	11.4	1.0	1.0	2.9	100(105)
	계(명)	29.9	.6	24.0	28.7	9.3	1.3	1.7	4.6	100(475)
소득	100만 원 미만	28.9	.0	18.4	34.2	11.8	1.3	3.9	1.3	100(76)
	200만 원 미만	26.2	.5	26.7	29.2	9.4	2.0	1.5	4.5	100(202)
	300만 원 미만	34.3	.7	21.9	28.4	5.8	.7	1.5	6.6	100(137)
	300만 원 이상	40.0	.0	25.7	20.0	8.6	.0	.0	5.7	100(35)
	계(명)	30.2	.4	23.8	29.1	8.7	1.3	1.8	4.7	100(450)
학력	초등학교 이하	29.0	.0	25.8	35.5	6.5	.0	.0	3.2	100(31)
	중학교	32.0	.0	25.6	27.2	6.4	.8	3.2	4.8	100(125)
	고등학교	33.3	1.0	24.6	26.2	9.7	1.5	1.0	2.6	100(195)
	대학교 이상	22.6	.9	18.3	33.9	12.2	1.7	1.7	8.7	100(115)
	계(명)	30.0	.6	23.4	28.9	9.2	1.3	1.7	4.7	100(466)

자녀가 함께 있을 때 남편이 선택하는 결혼이주여성 호칭어는 종자명 호칭인 '아이이름+엄마'의 비율이 가장 높다. 국적 변수를 기준으로 '아이이름+엄마' 35.6%, '여보' 30%, '이름+씨' 16.8%, '자기(야)' 9.5%의 형태별 사용률을 보이는데, 부부만 있을 때, 시

부모와 함께 있을 때와 비교하면 남편이 결혼이주여성을 부를 때 호칭어 선택에 가장 큰 영향을 끼치는 변수는 자녀임을 알 수 있다. 종자면 호칭어의 사용 비율이 상황에 따라, 국적 변수를 기준으로 '자녀와 함께 있을 때 35.6% 〉 시부모와 함께 있을 때 28.7% 〉 부부만 있을 때 17.8%'의 순을 보인다.

[표Ⅳ-24] 남편의 결혼이주여성 호칭어(자녀와 함께 있을 때)

(단위:% , 명)

변수		여보	이름+씨	아이이름+엄마	자가(야)	부인	어이/야	기타	계(명)
국적	재중동포	35.7	19.0	28.6	9.5	.0	2.4	4.8	100(42)
	중국	36.3	16.5	31.9	4.4	.0	3.3	7.7	100(91)
	베트남	32.6	16.9	34.3	9.9	1.7	1.2	3.5	100(172)
	필리핀	14.5	10.9	49.0	18.2	3.6	.0	3.6	100(55)
	캄보디아	28.0	28.0	24.0	12.0	.0	.0	8.0	100(25)
	기타	16.0	16.0	52.0	4.0	.0	4.0	8.0	100(25)
	계(명)	30.0	16.8	35.6	9.5	1.2	1.7	5.1	100(410)
연령	30세 미만	25.6	21.5	36.4	8.7	2.1	1.5	4.1	100(195)
	30~39세	34.3	13.6	32.0	11.8	.6	1.8	5.9	100(169)
	40세 이상	32.6	8.7	45.7	4.3	.0	2.2	6.5	100(46)
	계(명)	30.0	16.8	35.6	9.5	1.2	1.7	5.1	100(410)
거주기간	2년 미만	42.0	20.3	17.4	7.2	2.9	1.4	8.7	100(69)
	2~5년 미만	35.0	23.4	25.5	10.9	.0	.0	5.1	100(137)
	5~7년 미만	21.2	11.1	46.4	8.1	1.0	4.0	8.1	100(99)
	7년 이상	23.8	11.4	50.5	10.5	1.9	2.0	.0	100(105)
	계(명)	30.0	16.8	35.6	9.5	1.2	1.7	5.1	100(410)
소득	100만 원 미만	25.4	19.7	38.0	11.3	.0	.0	1.4	100(71)
	200만 원 미만	24.9	18.5	38.2	10.4	1.7	2.3	4.0	100(173)
	300만 원 미만	35.2	13.9	32.7	8.2	1.6	.0	8.2	100(122)
	300만 원 이상	60.7	14.3	21.5	.0	.0	.0	3.6	100(28)
	계(명)	30.7	17.0	35.2	9.1	1.3	1.8	4.8	100(394)
학력	초등학교 이하	18.8	15.6	37.5	9.4	3.1	3.1	12.5	100(32)
	중학교	33.6	16.8	34.6	7.5	1.9	2.8	2.8	100(107)
	고등학교	37.9	16.6	31.4	10.7	.0	.0	3.6	100(169)
	대학교 이상	16.3	16.3	43.9	10.2	2.0	3.0	8.2	100(98)
	계(명)	30.0	16.5	35.7	9.6	1.2	1.7	5.2	100(406)

여러 사람이 함께 있는 상황에서 남편이 결혼이주여성을 호칭하는 형태는 '여보', '아이이름+엄마', '이름+씨' 등이 있다. 여러 사람들이 있는 상황에서 남편이 결혼이주여성을 부를 때, 거주 기간이 길어질수록 '여보'와 '이름+씨'의 사용 비율이 줄어드는 반면, 종자명 호칭어 사용 비율이 증가하는 경향을 볼 수 있다. '여보'의 사용률이 거

주기간 등급을 기준으로 2년 미만 45.2%, 2~5년 미만 35.2%, 5~7년 미만 19.6%, 7년 이상 17.4%로 줄어들고, '이름+씨' 역시 2년 미만 28.1%, 2~5년 미만 26.4%, 5~7년 미만 14.7%, 7년 이상 11.9%로 줄어든다. 반면 '아이이름+엄마' 형태는 2년 미만 2.9%, 2~5년 미만 22.7%, 5~7년 미만 49.0%, 7년 이상 51.4%로 거주기간이 길어질수록 사용 비율도 증가하는 경향을 볼 수 있다. 부부 간의 호칭어 사용에서 자녀의 존재가 큰 영향을 미치는 것을 알 수 있다.

[표IV-25] 남편의 결혼이주여성 호칭어(여러 사람이 함께 있을 때)

(단위:% , 명)

변수		여보	여봐요 (이봐요)	이름+씨	아이이름+엄마	자가(야)	부인	어이	기타	계(명)
국적	재중동포	25.6	.0	18.6	37.2	2.3	11.6	.0	4.7	100(43)
	중국	40.0	1.7	20.9	20.0	3.5	5.2	2.7	7.0	100(115)
	베트남	33.2	.0	22.6	27.2	8.8	4.6	1.0	3.2	100(217)
	필리핀	15.9	.0	15.9	37.7	20.3	5.8	.0	4.3	100(69)
	캄보디아	31.0	.0	24.1	31.0	10.3	.0	.0	3.4	100(29)
	기타	21.9	.0	28.1	40.6	3.1	.0	3.1	3.1	100(32)
	계(명)	30.9	.4	21.4	29.0	8.3	5.0	1.2	4.4	100(505)
연령	30세 미만	31.0	.0	25.2	26.0	8.9	3.9	.8	4.3	100(258)
	30~39세	31.3	.5	20.3	28.6	8.3	5.7	.5	4.7	100(192)
	40세 이상	29.1	1.8	7.3	43.6	5.5	7.3	1.8	3.6	100(55)
	계(명)	30.9	.4	21.4	29.0	8.3	5.0	.8	4.4	100(505)
거주 기간	2년 미만	45.2	.0	28.1	2.9	8.1	8.1	.7	6.7	100(135)
	2~5년 미만	35.2	.0	26.4	22.7	8.2	3.1	.6	3.8	100(159)
	5~7년 미만	19.6	.0	14.7	49.0	8.8	3.9	1.0	2.9	100(102)
	7년 이상	17.4	1.8	11.9	51.4	8.3	4.6	.9	3.7	100(109)
	계(명)	30.9	.4	21.4	29.0	8.3	5.0	.8	4.4	100(505)
소득	100만 원 미만	29.9	.0	18.2	37.7	9.1	1.3	2.6	1.3	100(77)
	200만 원 미만	29.0	.0	21.7	30.8	9.7	4.6	1.0	3.2	100(217)
	300만 원 미만	35.1	.0	20.9	25.7	5.4	6.1	.0	6.8	100(148)
	300만 원 이상	32.4	2.7	27.0	24.3	5.4	5.4	.0	2.7	100(37)
	계(명)	31.3	.2	21.3	29.9	7.9	4.6	.8	4.0	100(479)
학력	초등학교 이하	38.2	.0	14.7	35.3	8.8	2.9	.0	.0	100(34)
	중학교	34.6	.0	23.3	26.3	4.5	5.3	1.6	4.5	100(133)
	고등학교	34.3	.0	20.5	26.2	9.5	6.2	.0	3.3	100(210)
	대학교 이상	19.3	1.7	21.0	35.3	10.1	3.4	1.6	7.6	100(119)
	계(명)	31.0	.4	21.0	29.0	8.3	5.0	.8	4.4	100(496)

2.5. 결혼이주여성의 호칭어 인식

결혼이주여성이 시부모에게 희망하는 호칭어 조사에서는 국적 변수를 기준으로

'아이이름+어멈/어미' 29.4%, '이름' 25.2%, '아가' 21.2%의 비율을 보였다. 종자명 호칭으로 시부모가 불러주기는 희망하는 국적 변수는 재중동포의 비율이 가장 높았으며, 기타 국적에서 '이름'을 희망하는 비율이 높았다. '아가'의 경우 필리핀 국적의 결혼이주여성이 희망하는 비율이 높게 나타났다. 시부모에게 희망하는 호칭어로 '아가'와 '이름'의 경우 거주기간이 길어질수록 희망 비율이 낮아진 반면 '아이이름+어멈/어미' 형태는 거주기간이 길어질수록 희망하는 비율이 높아져 상반되는 양상을 보이고 있다.

[표Ⅳ-26] 결혼이주여성의 희망 호칭어(시부모님께)

(단위:%, 명)

변수		아가	새아가	얘야	아이이름+어멈(어미)	이름	며늘아	기타	계(명)
국적	재중동포	12.2	7.3	9.8	43.9	17.1	7.3	2.4	100(41)
	중국	16.2	7.6	11.4	22.9	25.7	15.2	1.0	100(105)
	베트남	25.4	8.0	2.5	31.3	25.4	5.5	2.0	100(201)
	필리핀	28.8	4.5	3.0	27.3	21.2	13.6	1.5	100(66)
	캄보디아	17.2	17.2	3.4	24.1	27.6	3.4	6.9	100(29)
	기타	10.0	3.3	6.7	30.0	40.0	3.3	6.7	100(30)
	계(명)	21.2	7.6	5.5	29.4	25.2	8.7	2.3	100(472)
연령	30세 미만	24.1	7.3	2.9	30.2	28.2	6.1	1.2	100(245)
	30~39세	17.2	8.0	9.2	30.5	20.7	11.5	2.9	100(174)
	40세 이상	20.8	7.5	5.7	22.6	26.4	11.3	5.7	100(53)
	계(명)	21.2	7.6	5.5	29.4	25.2	8.7	2.3	100(472)
거주기간	2년 미만	33.6	7.8	3.1	10.2	37.5	7.0	.8	100(128)
	2~5년 미만	17.4	7.6	4.9	32.6	25.0	9.7	2.8	100(144)
	5~7년 미만	16.7	9.4	9.4	32.3	18.8	9.4	4.2	100(96)
	7년 이상	15.4	5.8	5.8	46.2	16.3	8.7	1.9	100(104)
	계(명)	21.2	7.6	5.5	29.4	25.2	8.7	2.3	100(472)
소득	100만 원 미만	28.9	9.2	5.3	28.9	15.8	9.2	2.6	100(76)
	200만 원 미만	20.4	9.0	6.0	31.8	22.9	8.0	2.0	100(201)
	300만 원 미만	18.4	5.9	5.1	29.4	27.9	9.6	3.7	100(136)
	300만 원 이상	19.4	5.6	2.8	27.8	36.1	8.3	.0	100(36)
	계(명)	21.2	7.8	5.3	30.3	24.3	8.7	2.4	100(449)
학력	초등학교 이하	38.7	3.2	3.2	32.3	12.9	9.7	.0	100(31)
	중학교	20.2	11.3	4.8	30.6	22.6	8.1	2.4	100(124)
	고등학교	18.6	8.2	6.2	30.9	26.3	7.7	2.1	100(194)
	대학교 이상	21.9	4.4	6.1	26.3	27.2	10.5	3.5	100(114)
	계(명)	21.2	7.8	5.6	29.8	24.6	8.6	2.4	100(463)

결혼이주여성이 남편에게 희망하는 호칭어는 국적 변수를 기준으로 '여보' 42.7%, '자기(야)' 21.6%, '아이이름+어멈/어미' 15.7%, '이름+씨' 13.7% 등으로 조사되었다. 특히

'자기(야)'는 남편이 실제 사용하는 비율에 비해 결혼이주여성이 희망하는 비율이 상당히 높은 편인데, 연령대가 높아질수록 비율이 낮아지는 경향을 보인다. 연령 변수를 기준으로 남편에게 희망하는 호칭어 '자기(야)'는 30세 미만 23.6%, 30~39세 21.6%, 40세 이상 12.5%로 희망 비율이 낮아지는 것을 볼 수 있다. 결혼이주여성은 남편이나 시부모가 자신을 부르는 호칭어에 대해 부정적인 인식을 갖고 있는 경우가 있었다. 특히 '야', '어이'라는 호칭어에 대해 부정적인 인식을 보이는 경향이 있었다.

[표Ⅳ-27] 결혼이주여성의 희망 호칭어(남편에게)

(단위:% , 명)

변수		여보	여봐요 (이봐요)	이름+씨	아이이름+엄마	자가(야)	부인	기타	계(명)
국적	재중동포	34.9	.0	16.3	20.9	11.6	9.3	7.0	100(43)
	중국	47.4	.9	13.8	5.2	25.9	1.7	5.2	100(116)
	베트남	42.8	.5	14.9	16.2	20.5	3.7	1.4	100(215)
	필리핀	36.8	.0	5.9	20.6	32.4	1.5	2.9	100(68)
	캄보디아	50.0	.0	10.0	30.0	6.7	.0	3.3	100(30)
	기타	40.6	.0	21.9	18.8	18.8	.0	.0	100(32)
	계(명)	42.7	.4	13.7	15.7	21.6	3.0	3.0	100(504)
연령	30세 미만	42.2	.0	13.6	15.5	23.6	3.1	1.9	100(258)
	30~39세	42.6	.5	13.7	15.3	21.6	3.2	3.2	100(190)
	40세 이상	44.6	1.8	14.3	17.9	12.5	1.8	7.2	100(56)
	계(명)	42.7	.4	13.7	15.7	21.6	3.0	3.0	100(504)
거주 기간	2년 미만	47.4	.0	20.4	2.9	21.2	5.1	2.9	100(137)
	2~5년 미만	47.1	.0	11.5	15.9	21.7	.0	3.8	100(157)
	5~7년 미만	37.6	1.0	6.9	23.8	23.8	4.0	3.0	100(101)
	7년 이상	34.9	.9	14.7	23.9	20.2	3.7	1.8	100(109)
	계(명)	42.7	.4	13.7	15.7	21.6	3.0	3.0	100(504)
소득	100만 원 미만	42.3	.0	10.3	20.5	23.1	1.3	2.6	100(78)
	200만 원 미만	44.2	.5	13.0	18.1	20.5	2.8	.9	100(215)
	300만 원 미만	41.2	.0	10.8	12.2	24.3	4.7	6.8	100(148)
	300만 원 이상	44.7	2.6	28.9	13.1	10.5	.0	.0	100(38)
	계(명)	43.0	.4	13.2	16.3	21.3	2.9	2.9	100(479)
학력	초등학교 이하	35.3	.0	14.7	29.4	14.7	5.9	.0	100(34)
	중학교	43.6	.8	14.3	18.8	17.3	3.0	2.3	100(133)
	고등학교	47.9	.5	11.8	12.7	22.7	2.8	1.4	100(211)
	대학교 이상	34.7	.0	14.4	14.4	26.3	2.5	7.6	100(118)
	계(명)	42.7	.4	13.3	15.9	21.6	3.0	3.0	100(496)

시부모가 결혼이주여성을 부를 때 사용하는 호칭어 중 부정적으로 인식하고 있는 형태를 묻는 질문에, 국적 변수를 기준으로 '야' 50.9%, '안 부름' 10.2%, '어이' 9.3%와

같은 응답률을 보였다. 특히 '어이'의 경우 결혼이주여성의 연령이 높을수록 부정적으로 인식된다는 응답률이 높게 나타났는데, 30세 미만 7.1%, 30~39세 9.5%, 40세 이상 18.9%가 '어이'에 대해 부정적인 호칭어라고 응답하였다.

[표Ⅳ-28] 부정적으로 인식되는 호칭어(시부모님의 경우)

(단위:% , 명)

변수		야	어이	애야	이름	아이이름	안부름	기타	계(명)
국적	재중동포	42.5	20.0	2.5	7.5	2.5	12.5	12.5	100(40)
	중국	54.4	10.7	2.9	3.9	4.9	18.4	4.9	100(103)
	베트남	51.0	5.6	8.1	8.6	10.6	7.6	8.6	100(198)
	필리핀	53.0	13.6	9.1	9.1	3.0	4.5	7.6	100(66)
	캄보디아	53.8	.0	.0	11.5	.0	11.5	23.1	100(26)
	기타	41.4	13.8	3.4	17.2	3.4	6.9	13.8	100(29)
	계(명)	50.9	9.3	5.8	8.2	6.5	10.2	9.1	100(462)
연령	30세 미만	52.1	7.1	6.7	7.9	7.1	10.8	8.3	100(240)
	30~39세	53.8	9.5	5.3	7.1	6.5	8.9	8.9	100(169)
	40세 이상	35.8	18.9	3.8	13.2	3.8	11.3	13.2	100(53)
	계(명)	50.9	9.3	5.8	8.2	6.5	10.2	9.1	100(462)
거주 기간	2년 미만	47.1	12.4	7.4	10.7	4.1	12.4	5.8	100(121)
	2~5년 미만	53.5	7.0	4.2	8.5	4.2	11.3	11.3	100(142)
	5~7년 미만	55.7	7.2	7.2	3.1	8.2	8.2	10.3	100(97)
	7년 이상	47.1	10.8	4.9	9.8	10.8	7.8	8.8	100(102)
	계(명)	50.9	9.3	5.8	8.2	6.5	10.2	9.1	100(462)
소득	100만 원 미만	52.1	8.2	4.1	8.2	11.0	5.5	11.0	100(73)
	200만 원 미만	50.3	7.6	6.1	9.1	6.6	11.2	9.1	100(197)
	300만 원 미만	52.6	10.2	5.1	7.3	5.1	10.2	9.5	100(137)
	300만 원 이상	55.9	14.7	2.9	2.9	2.9	14.7	5.9	100(34)
	계(명)	51.7	9.1	5.2	7.9	6.6	10.2	9.3	100(441)
학력	초등학교 이하	60.7	3.6	10.7	7.1	10.7	.0	7.1	100(28)
	중학교	50.0	10.2	5.1	5.1	11.0	10.2	8.5	100(118)
	고등학교	51.3	9.1	4.6	9.6	5.6	10.7	9.1	100(197)
	대학교 이상	49.5	8.1	8.1	8.1	2.7	12.6	10.8	100(111)
	계(명)	51.1	8.8	5.9	7.9	6.6	10.4	9.3	100(454)

남편이 결혼이주여성을 부를 때 사용하는 부정적인 호칭어를 묻는 질문에, 국적 변수를 기준으로 '야' 53.1%, '어이' 11.6%, 기타 9.5%, 이름/안 부름 각 9.1%의 응답률을 보였다. 남편이 '야'라고 본인을 부르는 것에 대해서 베트남 국적의 결혼이주여성의 58.9%, 필리핀 국적의 결혼이주여성 56.7%, 재중동포 52.5%가 부정적으로 인식하고 있다고 응답하였다.

[표IV-29] 부정적으로 인식되는 호칭어(남편의 경우)

(단위:% , 명)

변수		야	어이	얘야	이름	아이이름	안부름	기타	계(명)
국적	재중동포	52.5	22.5	.0	5.0	.0	12.5	7.5	100(40)
	중국	44.7	18.4	3.5	7.0	1.8	15.8	8.8	100(114)
	베트남	58.9	5.6	5.6	8.9	5.1	5.6	10.3	100(214)
	필리핀	56.7	14.9	.0	13.4	4.5	7.5	3.0	100(67)
	캄보디아	44.4	.0	7.4	11.1	3.7	11.1	22.2	100(27)
	기타	45.2	16.1	3.2	12.9	3.2	6.5	12.9	100(31)
	계(명)	53.1	11.6	3.9	9.1	3.7	9.1	9.5	100(493)
연령	30세 미만	56.5	7.8	5.1	9.4	3.1	9.0	9.0	100(255)
	30~39세	51.1	15.8	2.7	8.2	4.3	8.7	9.2	100(184)
	40세 이상	44.4	14.8	1.9	11.1	3.7	11.1	13.0	100(54)
	계(명)	53.1	11.6	3.9	9.1	3.7	9.1	9.5	100(493)
거주 기간	2년 미만	48.1	14.3	6.8	10.5	.8	9.0	10.5	100(133)
	2~5년 미만	53.2	9.0	3.2	7.1	3.8	12.8	10.9	100(156)
	5~7년 미만	64.0	9.0	3.0	9.0	2.0	8.0	5.0	100(100)
	7년 이상	49.0	14.4	1.9	10.6	8.7	4.8	10.6	100(104)
	계(명)	53.1	11.6	3.9	9.1	3.7	9.1	9.5	100(493)
소득	100만 원 미만	54.5	13.0	5.2	7.8	5.2	5.2	9.1	100(77)
	200만 원 미만	50.5	10.0	4.8	10.0	3.8	10.0	11.0	100(210)
	300만 원 미만	56.5	13.6	2.0	8.8	2.0	9.5	7.5	100(147)
	300만 원 이상	55.6	11.1	2.8	8.3	2.8	11.1	8.3	100(36)
	계(명)	53.4	11.7	3.8	9.1	3.4	9.1	9.4	100(470)
학력	초등학교 이하	45.2	9.7	12.9	12.9	9.7	3.2	6.5	100(31)
	중학교	55.4	10.0	5.4	5.4	6.9	6.2	10.8	100(130)
	고등학교	56.2	9.0	3.3	9.5	1.9	11.0	9.0	100(210)
	대학교 이상	46.9	17.7	.9	12.4	1.8	11.5	8.8	100(113)
	계(명)	53.1	11.4	3.9	9.3	3.7	9.3	9.3	100(484)

V. 한국문화 수용태도
및
본국문화 전달태도

이 장에서는 결혼이주여성들의 생활세계를 구성하며, 그것의 변화를 살펴볼 수 있는 한국문화 수용태도와 본국문화 전달태도(출신 국가의 문화 전달태도)를 비롯하여, 이주민 정책의 선호도(문화프로그램 방향) 등을 국적, 연령, 거주기간, 소득수준, 학력 등의 일반현황과의 교차를 통해 문화와 관련 정책에 관한 이주여성의 일반적 경향 및 특징을 살펴보고자 한다.

1. 한국문화 수용태도

결혼이주여성은 '결혼'이라는 사건을 매개로 하여 국경을 넘는 이주를 선택한 여성들이다. 월경은 곧 다른 문화권으로의 진입을 의미하며, 그 과정에서 낯선 문화에 적응하는 것은 많은 경우 본인의 몫으로 남겨진다. 그들이 이주하기로 결정한 한국의 문화는 그들의 입장에서 타자의 문화이며, 적응해야만 하는 실체로서 의미를 갖는다. 이번 설문조사 항목 가운데 한국문화에 대한 수용태도는 '한국문화 수용태도'라는 항목으로 특화하여 설문을 진행하였다. 이를 확인하기 위한 항목은 다음의 6가지이다.

① 나는 한국음식을 정말 맛있게 먹을 수 있다. ② 나는 한국어를 조금 할 수 있으며 더 배우려고 노력하고 있다. ③ 자녀는 어릴 적부터 한국어를 배워야 한다. ④ 나는 한국의 생활방식을 잘 알고 있어 시댁에 가더라도 불편함이 없거나 없을 것이다. ⑤ 나는 한국의 풍습에 대해 관심과 지식이 많으며 주위 사람에게 설명할 수 있다. ⑥ 나는 한국에 대해 긍정적이며 주위 사람에게 자부심을 가지고 한국에 대해 이야기 한다.

결혼이주여성들의 한국문화 수용에 대한 태도를 분석한 결과 5점 척도에 평균이 3.92로 나타났다. 이는 결혼이주여성들이 상대적으로 한국문화에 대한 수용도가 높다는 점을 보여준다. 평균점수(3.92)를 기준으로 평균 이상은 54%, 평균 이하는 46%로 나타났다.

[표 V-1] 한국문화 수용태도

(단위:%, 명)

	평균 미만 (3.92)	평균 이상 (3.92)	계 (명)
응답률	46.0	54.0	100 (509)

국적별 한국문화 수용태도를 살펴보면, 평균이상인 경우 베트남(59.9%), 캄보디아(53.3%), 기타(53.1%), 중국(52.1%), 재중동포(46.5%), 필리핀(44.3%)의 순으로 나타났다.

한국문화에 대한 적응 의지 및 수용성이 가장 높은 집단은 베트남 출신이고, 가장 낮은 국적자 집단은 필리핀이다. 특이한 점은 재중동포가 오히려 중국 출신자들보다 한국문화 수용성이 낮다는 점이다. 중국 출신 이주여성은 비교적 위 [표V-1]의 평균분포와 유사하지만 재중동포의 경우는 한국 문화 수용성이 평균보다 약 8% 정도 낮은 것으로 나타났다. 문항별로 보았을 때, 이는 자녀의 한국어 교육에 대한 필요성을 중국 출신보다 다소 낮게 인식하는 점이 영향을 주었다. 한국문화 수용에 가장 적극적인 태도를 보인 베트남과 가장 소극적인 태도의 필리핀의 차이는 15%이다.

[표V-2] 국적별 한국문화 수용태도

(단위:%, 명)

	평균 미만(3.92)	평균 이상(3.92)	계 (명)
재중동포	53.5	46.5	100 (43)
중국	47.9	52.1	100 (117)
베트남	40.1	59.9	100 (217)
필리핀	55.7	44.3	100 (70)
캄보디아	46.7	53.3	100 (30)
기타	46.9	53.1	100 (32)
계(명)	46	54	100 (509)

연령별 한국문화 수용태도의 경우, 30세 미만이 56.7%로 가장 높게 나타났으며, 40세 이상(53.6%), 30~39세(50.5%)의 순으로 나타났다. 한국문화 수용에 있어, 연령이 특별한 변수로 작용하지 않는 것으로 판단할 수도 있지만, 거주기간이 상대적으로 오래될 것으로 예상되는 40대 이상이 평균에 가깝고, 자녀양육을 비롯하여 한국 생활이 본격화되는 시기에 속할 개연성이 높은 30대가 한국문화 적응도에서 평균 이하가 가장 많다는 점, 비교적 짧은 한국생활을 경험했을 것으로 추측되는 20대가 평균보다 높은 수준으로 한국문화에 대한 수용성이 높다는 점은 유의할 만하다.

[표V-3] 연령별 한국문화 수용태도

(단위:%, 명)

	평균 미만(3.92)	평균 이상(3.92)	계 (명)
30세 미만	43.3	56.7	100 (261)
30~39세	49.5	50.5	100 (192)
40세 이상	46.4	53.6	100 (56)
계 (명)	46	54	100 (509)

거주기간별 한국문화 수용태도를 살펴보면 7년 이상(55.9%), 2~5년 미만(54.4%), 5~7
년 미만(53.9%), 2년 미만(52.2%)의 순으로 나타났다. 거주기간이 오래될수록 경향적으
로 한국문화 수용태도가 긍정적으로 바뀌기는 하지만 일관성이 없고, 그 차이도 크지
않은 것으로 보아, 거주기간 또한 한국문화 적응 태도에 크게 영향이 없는 것으로 보
인다. 이는 거주기간이 오래될수록 한국문화에 대한 적응도가 많이 올라갈 것으로 기
대되는 일반적인 인식과 배치된다. 다만 한국문화에 대한 수용태도도 평균 점수가 매
우 높게 형성되어 있기 때문에 조금의 차이도 비중 있게 해석하는 것도 가능할 것으
로 판단된다.

[표Ⅴ-4] 거주기간별 한국문화 수용태도

(단위:%, 명)

	평균 미만(3.92)	평균 이상(3.92)	계(명)
2년 미만	47.8	52.2	100 (138)
2~5년 미만	45.6	54.4	100 (158)
5~7년 미만	46.1	53.9	100 (102)
7년 이상	44.1	55.9	100 (111)
계(명)	46	54	100 (509)

소득별 한국문화 수용태도를 살펴보면 100만 원 이하가 59.5%로 한국문화 수용에
가장 적극적인 모습을 나타냈다. 다음으로 300만 원 이하(55.4%), 300만 원 이상(55.3%),
200만 원 이하(51.4%) 순으로 나타났다. 소득수준과 한국문화에 대한 수용 태도에서 일
관적 현상을 발견할 수는 없었다. 다만 소득이 100만 원 이하의 저소득층의 경우, 상대
적으로 한국문화 수용에 더 적극인 경향을 보이는 반면 월평균 가구소득이 200~300만
원 이상이라고 응답한 이주여성의 경우가 한국문화에 대한 수용도가 가장 낮게 나타
났다는 점은 특이한 사항이라고 할 수 있다.

[표Ⅴ-5] 소득별 한국문화 수용태도

(단위:%, 명)

	평균 미만(3.92)	평균 이상(3.92)	계(명)
100만 원 이하	40.5	59.5	100 (79)
200만 원 이하	48.6	51.4	100 (218)
300만 원 이하	44.6	55.4	100 (148)
300만 원 이상	44.7	55.3	100 (38)
계(명)	45.8	54.2	100 (483)

결혼이주여성의 학력별 한국문화 수용태도를 살펴보면 고등학교 졸업(56.3%), 중학교 졸업(55.2%), 초등학교 이하(51.5%), 대학교 이상(50.0%)의 순으로 높게 나타났다. 중학교와 고등학교의 학력을 가진 응답자가 평균보다 조금 상회하는 정도의 한국문화 적응도를 보이고 있는 반면 초등학교와 대학교의 학력을 가진 이주여성이 한국문화 수용에서 낮은 수준을 보이고 있다.

[표V-6] 학력별 한국문화 수용태도

(단위:%, 명)

	평균 미만(3.92)	평균 이상(3.92)	계(명)
초등학교이하	48.5	51.5	100 (33)
중학교	44.8	55.2	100 (134)
고등학교	43.7	56.3	100 (213)
대학교이상	50.0	50.0	100 (120)
계(명)	45.8	54.2	100 (500)

2. 본국문화 전달태도

문화란 '삶의 방식'(way of life)로서 자연과의 관계, 자연적·사회적 현상 등을 해석하고 의미를 부여하는 역할을 한다. 문화는 그 문화를 보유하고 있는 개인과 집단 내지는 공동체를 통해 전승되며, 각 개인의 삶에 기입되어 있다. 따라서 이주여성은 자신의 문화로부터 떠나 새로운 문화권으로 진입하였으나, 이미 기입되어 있던 본국의 문화를 완전히 버릴 수는 없다. 이는 새로운 문화에 완전히 적응한다고 할지라도 변함이 없다. 이주여성이 체득하고 있던 자국의 문화는 새로운 문화를 만나 개인 내부에서 혹은 가정이나 본인이 속한 공간에서 변형의 과정을 겪게 된다. 본국의 문화는 유·무의식중에 유지·온존되는 경우가 많다. 이주민 개인 혹은 집단이 가지고 있는 문화는 이주민 통합정책을 마련하고 수행하는데 있어 우선적으로 고려되어야 할 사항이다.

이번 설문조사에서는 결혼이주성이 가지고 있는 '이주'된 문화를 자기가 속한 공간에 어떤 식으로 적용하고자 하는 지에 대하여 알아보기 위해 '본국문화 전달태도'라는 설문항목으로 아래 6가지를 제시하였다.

⑦ 남편은 아내 나라의 음식도 먹을 수 있어야 한다. ⑧ 남편도 아내 나라의 언어를 잘 구사할 수 있도록 공부를 많이 해야 한다. ⑨ 남편은 아내나라의 방식으로 자녀양육을 할 수 있도록 해야 한다. ⑩ 남편은 아내나라의 생활방식도 반드시 받아들여야 한다. ⑪ 남편은 아내 나라의 풍습을 빨리 배워야 한다. ⑫ 남편은 아내나라의 전통예절을 배워 처가

부모를 공경하는 법도 알아야 한다.

결혼이주여성들의 본국문화 전달에 대한 태도를 분석한 결과 5점 척도에서 평균이 3.31로 나타났다. 한국문화 수용태도의 평균보다는 상당히 낮지만, 이는 결혼이주여성들이 자신의 문화(출신국 문화)를 보존, 전파하는 경향이 다소 있음을 보여주는 결과이다.

[표Ⅴ-7] 본국문화 전달태도

(단위:%, 명)

	평균 미만(3.31)	평균 이상(3.31)	계(명)
응답률	49.5	50.5	100 (509)

국적별 본국문화 전달태도를 살펴보면, 재중동포(67.4%), 필리핀(64.3%), 중국(60.7%), 기타(50.0%), 캄보디아(46.7%), 베트남(37.8%)의 순으로 나타났다. 본국문화에 대한 자존감이 가장 높은 재중동포와 가장 낮은 베트남의 차이가 약 30%로 상당히 높게 나타났다. 한국문화에 대한 수용태도에서 가장 높은 베트남이 본국문화 전달태도에서 가장 낮은 경향을 보였고, 역으로 한국문화 수용태도가 가장 낮은 재중동포와 필리핀이 본국문화 전달태도에서 가장 높게 나타났다. 즉 한국문화 수용도와 본국문화 전달태도 사이에는 역의 관계가 존재한다는 점을 명확하게 보여주는 결과이다. 이는 연구의 신뢰도를 높이는 결과이며, 출신국적이 결혼이주여성의 문화태도와 상관관계가 있음을 시사한다. 한국문화 수용태도에서 재중동포와 중국출신 이주여성의 경우 일반적인 관념과는 다른 결과가 나타난 것과 같은 맥락에서, 본국문화 전달태도에 있어서도 재중동포가 중국보다 높다는 점은 특히 유의할 필요가 있다.

[표Ⅴ-8] 국적별 본국문화 전달태도

(단위:%, 명)

	평균 미만(3.31)	평균 이상(3.31)	계(명)
재중동포	32.6	67.4	100 (43)
중국	39.3	60.7	100 (117)
베트남	62.2	37.8	100 (217)
필리핀	35.7	64.3	100 (70)
캄보디아	53.3	46.7	100 (30)
기타	50	50	100 (32)
계(명)	49.5	50.5	100 (509)

연령별 본국문화 전달태도의 경우, 30~39세에서 56.3%로 가장 높게 나타났으며, 40세 이상(55.4%), 30세 미만(45.2)의 순으로 나타났다. 특히 30세 미만의 경우 한국문화에 대한 수용의지가 가장 높았는데, 이에 비례하여 본국문화 전달태도가 평균 이하로 가장 낮게 나타났다. 40대 이상의 경우는 한국문화 수용태도에서 평균과 근사치를 보였으나, 본국문화 전달태도에서는 평균보다 상당히 높은 수치를 보이고 있다.

[표 V-9] 연령별 본국문화 전달태도

(단위:%, 명)

	평균 미만(3.31)	평균 이상(3.31)	계(명)
30세미만	54.8	45.2	100 (261)
30~39세	43.8	56.3	100 (192)
40세 이상	44.6	55.4	100 (56)
계(명)	49.5	50.5	100 (509)

거주기간별 본국문화 전달태도를 살펴보면 7년 이상(55.9%), 2년 미만(50.7%), 5~7년 미만(50.0%), 2~5년 미만(46.8%)의 순으로 나타났다. 2~5년 미만의 경우 46.8%로 평균보다 다소 낮게 나타났다. 거주기간별 본국문화 전달태도를 통해 정착 초기에는 평균정도의 본국문화 전달태도를 보이다가 2~5년 거주자는 한국 생활에 다소 익숙해지면서 본국문화 전달태도가 평균보다 떨어진다는 점을 알 수 있다. 어느 정도 한국어와 한국문화에 적응하는 거주기간이 5년 이상이 되면, 다시금 본국문화를 중요하게 생각하는 경향이 평균 수준으로 회복되며, 거주기간이 7년 이상이 되면, 이주 초기보다도 본국문화 전달태도가 월등히 높아지는 경향을 보인다. 즉 자신의 출신 문화에 대한 자부심 내지는 자신의 문화 비중을 가정에서 높이려는 경향은 U 자형으로 나타나며, 거주기간이 오래될수록 오히려 강화되는 현상을 볼 수 있다.

[표 V-10] 거주기간별 본국문화 전달태도

(단위:%, 명)

	평균 미만(3.31)	평균 이상(3.31)	계(명)
2년 미만	49.3	50.7	100 (138)
2~5년 미만	53.2	46.8	100 (158)
5~7년 미만	50.0	50.0	100 (102)
7년 이상	44.1	55.9	100 (111)
계(명)	49.5	50.5	100 (509)

소득별 본국문화 전달태도를 살펴보면 300만 원 이상(55.3%)이 가장 높게 나타났으
며, 300만 원 이하(52%), 200만 원 이하(50.0%), 100만 원 이하(49.4%)의 순서로 나타났다.
소득별 본국문화 전달태도의 문항을 통해 소득이 높아질수록 본국문화 전달태도가
강해지는 경향이 있다는 점을 알 수 있다. 특히 그 케이스가 작긴 하지만 300만 원 이
상의 월평균 소득을 가진 이주여성의 경우 본국문화 전달태도가 가장 높다는 점은 매
우 흥미로운 결과이다.

[표Ⅴ-11] 소득별 본국문화 전달태도

(단위:%, 명)

	평균 미만(3.31)	평균 이상(3.31)	계(명)
100만 원 이하	50.6	49.4	100 (79)
200만 원 이하	50.0	50.0	100 (218)
300만 원 이하	48	52	100 (148)
300만 원 이상	44.7	55.3	100 (38)
계(명)	49.1	50.9	100 (483)

결혼이주여성의 학력별 본국문화 전달태도를 살펴보면 대학교 이상(55.8%), 고등학
교(51.2%), 중학교(48.5%), 초등학교 이하(30.3%)의 순으로 나타났다. 학력별 본국문화
전달태도의 경우 학력과 본국문화전달태도가 '정의 관계'를 가진다고 할 수 있다. 특
히 초등학교 이하의 학력의 경우 본국문화전달태도가 30.3%로 대학교 이상의 55.8% 보
다 무려 25.5%나 낮게 나타났다.

[표Ⅴ-12] 학력별 본국문화 전달태도

(단위:%, 명)

	평균 미만(3.31)	평균 이상(3.31)	계(명)
초등학교 이하	69.7	30.3	100 (33)
중학교	51.5	48.5	100 (134)
고등학교	48.8	51.2	100 (213)
대학교 이상	44.2	55.8	100 (120)
계(명)	49.8	50.2	100 (500)

3. 문화프로그램 선호도

한국 정부는 최근 약 10여 년간 이주민이 빠르게 증가하는 현실을 반영하여 2000년

대 중반부터 다문화정책의 이름으로 다양한 정책을 시행하고 있다. 다문화주의 및 정책에 대해서는 다양한 정의와 그에 따른 다양한 정책 묶음이 있을 수 있으나, 그 기본은 소수 문화집단에 대한 '인정'(recognition)이다. 이주민을 비롯한 소수집단에 대한 인정을 통해 역사적으로 소수자가 겪은 불의에 대해 보상하고, 평등 실현을 지향하는 것이 다문화주의의 핵심이며, 다문화정책의 목표이다. 그러나 한국의 다문화정책에는 '인정'이 빠져있으며, 따라서 이들이 정책결정에 참여할 수 있는 기회조차 매우 제한되어 있다. 정책의 '대상'이자 시혜의 대상으로 표상되어 있는 집단이 정책결정과정에 참여할 기회를 얻는 것은 매우 드문 일이다.

　　이번 설문조사에서는 이러한 현실을 염두에 두고, 이주민들이 자신들을 대상으로 하는 정책이 어떠한 방향성을 가지는 것이 좋은가를 물었다. '문화프로그램 방향'에 대한 선호도를 묻는 형태를 취한 설문은 5점 척도로 구성되었으며, 각 번호 항목 가운데 자신의 생각과 가까운 진술에 체크하도록 하였다. 진술은 아래와 같다.

　　1 = 한국문화에 쉽게 적응할 수 있도록 가급적 빨리 한국문화를 배우게 한다
　　2 = (1번으로) 다소
　　3 = 보통
　　4 = (5번으로) 다소
　　5 = 적응과 함께, 자기 나라의 고유한 문화를 지켜갈 수 있도록 한다

　　응답에서 1번에 가까울수록 동화정책을 지지하는 것으로, 5번에 가깝게 갈수록 다문화정책을 지지하는 것으로 보았다. 중간은 양 정책의 적절한 배합을 지지(융합정책)하는 것으로 판단하였다. 물론 설문응답자에게는 이 사실을 알리지 않고, 자신의 생각과 유사한 진술에 표시하도록 하였다. 분석 결과 동화정책(1), 융합(3), 다문화정책(5)을 지지하는 성향이 비교적 고르게 분포하는 것으로 나타났다. '적응과 함께, 자기 나라의 고유한 문화를 지켜갈 수 있도록 한다'(다문화정책)는 응답자가 29.2%로 '보통이다'(융합)는 응답과 함께 다소 높았으며, '한국문화에 쉽게 적응할 수 있도록 가급적 빨리 한국문화를 배우게 한다'(동화정책)는 입장 역시 27.2%로 높게 나타났다. 1과 2를 동화정책 지지, 4와 5를 다문화정책 지지로 묶으면 그 차이가 다소 커진다.[1] 동화정책 지지는 33.7%, 융합정책 지지는 29.2%, 다문화정책 지지는 37%로 나뉜다. 물론 그 차이는 크지 않지만 다문화정책 지지가 높게 나타난 것은 한국의 이주민 정책에 시사하는 바가 크

---

1) 아래 국적 등 일반현황과 정책 선호 간의 교차 분석은 1과 2, 4와 5를 각각 묶어서 서술하였다. 다만 표는 보다 자세한 현황을 보여주기 위해 그대로 두었다.

다고 하겠다.

[표Ⅲ-13] 문화프로그램 선호

(단위:%, 명)

	1	2	3	4	5	계(명)
응답률	27.2	6.5	29.2	7.9	29.2	100 (507)
구분	동화정책 지지		융합정책 지지		다문화정책 지지	
응답률	33.7		29.2		37.1	100 (507)

정책 선호를 국적에 따라 구분하여 보면, 동화정책 지지의 경우 기타로 분류된 집단군이 50.2%로 가장 높았으며, 캄보디아가 40%로 그 뒤를 잇고 있다. 이어 근소한 차이로 재중동포(39.9%)가 이어진다. 다문화정책 지지는 중국출신 이주여성이 43.3%로 가장 높고, 베트남 42.6%, 재중동포 37.2% 등이다. 필리핀 출신 이주여성의 경우는 50% 이상이 융합정책을 지지한다고 응답하였다. 이는 여타 국가 출신들보다 두 배 이상 높은 비율이다. 한국문화 수용도는 가장 높고, 본국문화 전달태도에서는 가장 낮은 분포를 보였던 베트남 이주여성이 정책에 있어서는 다문화정책을 선호하는 경향이 높은 것은 다소 의외의 결과이다. 이러한 결과는 이들이 가정 등의 사적 공간과 공적 공간을 분리하여 사고하고 있다는 추측을 가능하게 한다. 즉 가정에서는 자신의 문화를 굳이 고집하지 않으면서도 공적 영역에서의 정책은 '인정'을 기반으로 한 다문화정책을 지지하는 것으로 해석할 수 있다. 또한 정책 선호 '강도'에 있어서 베트남 배경 이주여성은 동화정책을 선호하는 강도도 매우 높게 나타났다는 점도 유의할 필요가 있다.

국적별 문화프로그램 방향을 통해서 국적이 정책 지지 성향과 유의미한 관계가 있음을 확인할 수 있다. 캄보디아 출신 이주여성은 동화정책을 선호하며, 필리핀은 융합정책을 지지하는 경향을, 중국과 베트남 출신 이주여성은 다문화정책을 선호하는 경향을 보였다.

[표Ⅴ-14] 국적별 문화프로그램 선호

(단위:%, 명)

	1	2	3	4	5	계(명)
재중동포	23.3	11.6	27.9	9.3	27.9	100 (43)
중국	22.2	9.4	24.8	10.3	33.3	100 (117)
베트남	30.6	2.3	24.5	8.3	34.3	100 (216)
필리핀	21.7	7.2	50.7	4.3	15.9	100 (69)
캄보디아	36.7	3.3	33.3	6.7	20	100 (30)

| 기타 | 31.3 | 18.8 | 28.1 | 3.1 | 18.8 | 100 (32) |
| 계(명) | 27.2 | 6.5 | 29.2 | 7.9 | 29.2 | 100 (507) |

연령별 정책 선호를 보면 20대의 경우 동화정책 지지(34.7%)와 다문화정책 지지 (36.6%)가 유사하게 나타나고 있는 가운데, 다문화정책 지지가 조금 높게 나타났다. 융합정책 지지는 28.8%를 보였다. 30대는 다문화정책 지지 입장이 39.0%, 동화정책 지지의 입장이 29.7%로 다문화정책 지지가 약 10% 정도 높게 나타났다. 전반적으로 격차가 크지 않은 가운데 이 정도의 격차는 매우 크다고 평가할 수 있다. 왜 30대에서 다문화정책 지지가 높게 나타났는지는 이번 조사연구를 통해서는 알기 어려웠다. 40세 이상에서는 동화정책 지지가 43.7%로 다문화정책 지지 입장의 32.7% 보다 꽤 높게 나타났다. 이상의 결과를 있는 그대로 해석하면 20대는 다문화정책과 동화정책에 대한 지지율이 비슷하지만, 30대는 다문화정책 지지 성향이 강하고, 40대 이상은 동화정책에 대한 지지가 상당히 높은 수준을 보인다고 평가할 수 있다.

[표 V-15] 연령별 문화프로그램 선호

(단위:%, 명)

	1	2	3	4	5	계(명)
30세 미만	31.2	3.5	28.8	6.9	29.6	100 (260)
30~39세	21.9	7.8	31.3	8.3	30.7	100 (192)
40세 이상	27.3	16.4	23.6	10.9	21.8	100 (55)
계(명)	27.2	6.5	29.2	7.9	29.2	100 (507)

거주기간별 문화 프로그램 방향을 살펴보면, 동화정책 지지 성향의 경우 2년 미만이 30.4%, 2~5년 미만이 35.7%, 5~7년 미만은 36.3%, 7년 이상이 33.7%로 나타났으며, 다문화정책 지지는 2년 미만이 39.1%, 2~5년 미만이 40.1%, 5~7년 미만은 37.2%, 7년 이상이 30%로 나타났다.

동화정책에 대한 지지는 거주기간이 길어질수록 높아지다가 7년 이상자에 이르러서는 오히려 낮아지고 있다. 다문화정책에 대한 지지는 거주기간이 짧을수록 더 높고, 7년 이상이 되면 다문화정책에 대한 지지가 줄고, 융합정책을 지지하는 경향이 급격이 높아진다. 거주기간이 짧을수록 다문화정책에 대한 지지율이 높다는 점도 특기할 만하다. 거주기간이 짧을수록 양 정책의 지지 정도의 격차가 줄어들다가 7년 이상에 이르러서는 동화정책 선호가 다문화정책 선호를 역전하고 있다. 이는 장기간 한국에 거주한 결혼이주여성들의 경우 생활세계에서 본국문화와 한국문화의 문화변용의 결과 혹은 한국사회로의 적응이 크게 진전됨에 따라 나타나는 상호문화적인 결과인 것으로 짐작된다.

[표Ⅴ-16] 거주기간별 문화프로그램 선호

(단위:%, 명)

	1	2	3	4	5	계(명)
2년 미만	26.1	4.3	30.4	6.5	32.6	100 (138)
2~5년 미만	31.2	4.5	24.2	7.6	32.5	100 (157)
5~7년 미만	27.5	8.8	26.5	8.8	28.4	100 (102)
7년 이상	22.7	10.0	37.3	9.1	20.9	100 (110)
계(명)	27.2	6.5	29.2	7.9	29.2	100 (507)

소득별 문화프로그램 방향성을 살펴보면, 월 가계소득이 '100만 원 이하'인 경우, 동화정책 지지 경향이 34.2%, 다문화정책 지지 경향이 30.3%, 융합정책 지지가 35.4%로 융합정책이 가장 높고, 동화정책 지지도 그것과 근소한 비율을 점하고 있다. 동화정책과 다문화정책 지지율 격차는 3.9%이다. 소득이 '100~200만 원'의 경우 동화정책 지지 성향이 37.1%, 다문화정책 지지 성향이 37.2%로 거의 유사하다. 이 구간의 소득에 포함되는 이주여성은 융합정책보다는 양 쪽으로 원심력이 균등하게 작용하는 것으로 보인다. '200~300만 원'의 소득구간에서는 동화정책적 성향(31.1%)보다 다문화정책 입장(39.9%)이 8.8% 높게 나타났다. 반면 '300만 원 이상'의 경우 동화정책 지지(36.1%)가 다문화정책 지지(27.8%)보다 8.3% 더 높게 나타났다. 전체적으로 다문화정책 지지가 높게 나타났음에도 300만 원 이상의 소득구간에 속한 이주여성이 동화정책 지지가 더 높게 나타난 것은 눈여겨볼 만한 결과이다. 더불어 300만 원 이상의 소득구간에 속하는 이주여성은 다른 소득구간에 비해 융합정책을 지지하는 경향이 더 강하게 나타났다. 이러한 결과는 소득이 정책 지지에 있어 어떤 일관적인 영향요인이 아니라는 점을 보여준다. 다만 300만 원 이하 전체 응답자의 경우는 소득수준이 낮아질수록 동화정책 지지가 강해지고, 높아질수록 다문화정책 지지가 높아진다는 점은 분명한 경향성이다.

[표Ⅴ-17] 소득별 문화프로그램 선호

(단위:%, 명)

	1	2	3	4	5	계(명)
100만 원 이하	26.6	7.6	35.4	2.5	27.8	100 (79)
200만 원 이하	30.7	6.4	25.7	6.9	30.3	100 (218)
300만 원 이하	26.4	4.7	29.1	10.8	29.1	100 (148)

300만 원 이상	22.2	13.9	36.1	13.9	13.9	100 (36)
계(명)	28.1	6.7	29.1	7.9	28.3	100 (481)

결혼이주여성의 학력별 정책 지지 방향성을 살펴보면, 초등학교 이하의 학력에서 동화정책 지지 경향이 36.3%, 다문화정책 지지 경향이 42.5%로 6.2% 차이로 다문화정책 지지 성향이 더 높게 나타났다. 최종학력이 중학교 졸업인 경우 또한 동화정책 성향이 32.8%, 다문화정책 지지 입장이 38.0%로 후자가 5.2% 더 높게 나타났다. 고등학교 졸업의 경우 동화정책 지지 35.4%, 다문화정책 지지 34.9%로 동화정책 지지가 근소한 차이로 역전하였으나, 대학교 이상의 학력 소지자에서는 동화정책 지지 입장이 32.7%, 다문화정책 지지가 39.5%로 다시 다문화정책 지지 입장이 5.8% 가량 더 높은 것으로 나타났다. 고졸 학력의 이주여성을 제외하고 모든 학력에서 다문화정책을 지지하고 있으며, 특히 초등학교의 학력을 가진 이주여성이 다문화정책에 대한 지지가 가장 높게 나타났다는 점은 유의할 만한 결과이다. 다만 동일한 응답집단은 동화정책에 대한 지지 강도가 매우 높다는 점도 함께 고려될 필요가 있다.

[표 V-18] 학력별 문화프로그램 선호

(단위:%, 명)

	1	2	3	4	5	계(명)
초등학교 이하	33.3	3.0	21.2	15.2	27.3	100 (33)
중학교	27.6	5.2	29.1	6.7	31.3	100 (134)
고등학교	29.7	5.7	29.7	7.1	27.8	100 (212)
대학교 이상	21.8	10.9	27.7	9.2	30.3	100 (119)
계(명)	27.5	6.6	28.5	8.0	29.3	100 (498)

4. 소결

한국문화에 대한 적응태도(한국문화 적응태도) 및 출신국 문화 전달태도, 이주민 정책 선호 등을 살펴본 이번 장의 분석을 통해 다음의 몇 가지를 알 수 있었다.

먼저 결혼이주여성은 한국문화 수용도에서 높은 수준(5점 척도에서 평균 3.92)을 보여주고 있으며, 평균 이상은 54%, 평균 이하는 46%를 차지하고 있다. 이는 결혼이주여성이 전반적으로 한국 문화를 수용하고자 하는 의지가 높음을 보여준다. 다만 그 정도는 국적이나 소득 등에 따라 다르게 나타나고 있다.

다음으로 본국문화 문화 전달태도에 있어서도, 한국문화 수용태도 평균점수보다는 낮지만 5점 척도 기준으로 평균 3.31로 나타나 자신의 문화 전달태도 또한 중간점(3)보다는 높다는 점을 알 수 있다. 이러한 결과는 한국문화 수용태도와 본국문화 전달태도가 반드시 반비례하는 것은 아니라는 점을 시사한다. 결혼이주여성은 '결혼'을 매개로 이주한 집단이기 때문에 한국 문화에 빠르게 적응해야 하는 당연한 욕구도 가지고 있으면서, 동시에 자신의 문화에 대해서도 한국 사회에서 인정받기를 바라는 욕망도 가지고 있다고 해석할 수 있다.

이러한 해석은 이주민 정책에 관한 설문조사를 통해서도 뒷받침된다. 이주민은 대체적으로 비슷한 수준으로 동화정책, 융합정책, 다문화정책을 지지하지만 근소하나마 다문화정책을 지지하는 성향이 더 강하다.

이러한 분석 결과는 한국의 '다문화정책'이 어느 방향을 지향해야 하는지, 어떠한 관점을 견지해야 하며, 어느 부분을 더 보강해야 하는 지에 대한 힌트를 제공한다. 한국의 다문화정책이 실은 동화정책에 불과하다는 지적은 이미 여러 연구가 제시한 바 있다. 또한 정책 시행 과정에서 이주민의 욕구나 그들의 요구사항에 대한 반영이 미흡한 점도 현재 시행 중인 다문화정책의 한계라고 지적할 수 있다. 향후 우리의 다문화정책은 이들의 한국 생활 적응을 돕는 것은 물론, 이들이 자신의 문화적 욕구를 구현할 수 있도록 조정될 필요가 있으며, 이주민 문화에 대한 인정과 그들 스스로 자신의 문화를 보존할 수 있도록 세심한 정책적 배려를 할 필요가 있다. 심지어 이주민의 '동화'를 위해서도 이들 문화에 대한 고려는 필수적이라고 할 수 있다. 사실 결혼이주민은 우리사회에 동화되고자 하는 욕망이 다른 어떤 형태의 이주민보다도 큰 집단이다. 그럼에도 이들이 다문화정책을 지지하는 비율이 높고, 자신의 문화를 생활세계에서 전달하고자 하는 성향이 더 크다는 설문 결과는 곱씹어 볼 만하다. 결혼이주민이 그렇다면 다른 형태의 이주민은 말할 필요도 없을 것이다.

문화란 위에서 언급한 바대로 개인 혹은 집단의 '몸'에 체화 내지는 기입되어 있는 것으로서 누대에 걸쳐 지속성을 갖는다. 그렇다면 이들이 한국이라는 낯선 문화에 진입하기 전에 이미 체화한 문화에 대한 고려는 동화정책이든, 다문화정책이든 반드시 필요한 부분이라고 할 것이다.

마지막으로 우리가 이주민 통합정책의 일환으로서 어떤 정책을 시행하든지를 떠나 이들의 특수한 형태 및 요구를 반영하는 정책을 설계해야 한다는 당위는 변하지 않는다. 이들은 '결혼이주민'으로 통칭되지만 실은 다양한 이주 배경을 가지고 있으며, 서로 다른 정책적 수요를 갖는다. 이는 위의 설문조사 분석을 통해 충분히 제시되었다고 본다. 이번 설문조사는 대구·경북 지역에 국한되었기에 지역적 차이가 반영될 수 없었으나, 지역적으로도 이들의 정책적 수요는 다양할 수 있다. 따라서 결혼이주민을 대상으로 하는 정책은 보다 세분되어 시행되어야 하며, 알맞은 정책적 설계를 위해서는 정책결정과정에 이들의 참여는 필수적이다. 다문화정책에 대한 거버넌스를 활성화할 필요성은 이로부터 도출된다고 하겠다.

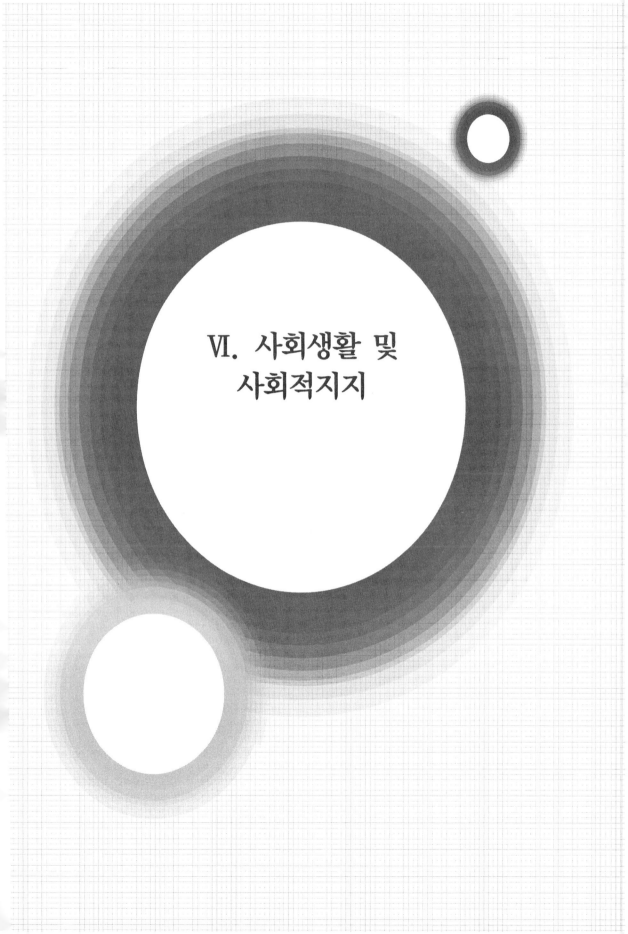

VI. 사회생활 및 사회적지지

이 장에서는 결혼이주여성의 생활세계를 사회생활과 사회적 지지의 사회적 차원의 수준에서 살펴보고자 한다.

사회적 지지는 원천에 따라 공식적, 비공식적 지지로 나눌 수 있다. 비공식적 지지는 가족, 친구, 친지, 이웃 등으로부터 받는 도움이나 원조를 의미하며, 공식적 지지는 지역사회내의 단체나 기관, 복지서비스체계로부터 필요한 욕구를 충족시킬 수 있도록 도움을 받는 것을 의미한다. 사회적 지지는 객관적으로 존재하는 부분도 있지만, 이용자가 주관적으로 인식하는 것을 스스로 평가하는 정도에 의한다. 따라서 우리 연구에서는 결혼이주여성들이 의미 있게 지각하고 있는 사회적 지지의 현황에 대해 알아보고자 한다.

1. 결혼이주여성의 사회적지지

사회적 지지망은 개인을 둘러싼 사회적 관계를 통해 신체적, 물질적, 정서적 욕구를 해결하기 위해 지속적인 도움을 주고받으며 일상적으로 삶에 대한 대처능력을 강화시켜 주는 사람들로 정의된다(강정숙, 2004). 이 장에서 사회적 지지란 비공식적 지지체계에 초점을 두고 가족(배우자, 부모), 의미 있는 타자(친척, 이웃 등), 친구(현지, 본국친구)등으로 구분하였다.

결혼이주여성의 사회적 지지의 일반적 경향을 알아보기 위해 평균과 표준편차를 살펴본 결과 아래의 [표Ⅵ-1]과 같이 나타났다. 결혼이주여성이 지각하는 사회적지지 중에서 남편과 본국가족의 지지가 평균 3.7로 전체 평균 3.3보다 높게 나타났으며, 친구와 주변사람의 지지 평균은 3.0, 시부모지지 평균은 2.8의 순으로 평균보다 낮게 나타났다.

[표Ⅵ-1] 사회적 지지의 일반적 경향

(단위:%, 명)

구 분	M(평균)	SD(표준편차)	계(명)
시부모 지지	2.8	1.1	502
남편과 본국가족 지지	3.7	0.8	509
친구와 주변사람지지	3.0	0.8	502
계(명)	3.3	0.6	509

● 무응답은 결측값 처리함.

결혼이주여성의 국적에 따라 본인이 지각하는 사회적 지지에 대해 조사한 결과 [표Ⅵ-2]와 같이 유의한 차이를 보였다. 결혼이주여성이 지각하는 시부모 지지의 경우 캄보디아 출신이 3.5로 가장 높았으며 그 다음으로 베트남 3.1, 기타 출신국 3.0, 재중동포 2.8, 중국과 필리핀 2.3의 순으로 나타났다. 남편과 본국가족의 지지를 지각하는 경우는 베트남 출신의 결혼이주여성이 3.9로 가장 높았으며, 그 다음으로 재중동포와 중국, 캄보디아 출신의 결혼이주여성이 3.6, 마지막으로 필리핀 출신국의 결혼이주여성이 3.4로 나타났다. 친구와 주변사람의 지지를 지각하는 경우는 재중동포 출신의 결혼이주여성이 3.3으로 가장 높게 나타났으며, 그 다음 캄보디아와 기타 출신국 3.2, 필리핀 3.1, 중국 3.0, 베트남 2.9의 순으로 나타났다. 국적별로 결혼이주여성들이 지각하는 사회적 지지를 살펴본 결과 전반적으로 캄보디아와 베트남 출신의 결혼이주여성이 3.4로 가장 높게 나타났으며, 재중동포와 기타 출신국 3.3, 중국 3.1, 필리핀 3.0으로 나타났다. 출신국별로 결혼이주여성들이 지각하는 사회적 지지의 하위변인들 중에서 남편과 본국가족의 지지가 평균점수 보다 높게 나타난 결과를 통해서 결혼이주여성들이 한국사회에 정착하는 데 있어 매우 중요한 요인은 남편과 본국가족으로부터 받는 지지임을 시사한다.

[표VI-2] 국적별 사회적지지

(단위:% , 명)

구분	사회적 지지															
	시부모지지				남편과 본국가족지지				친구와 주변사람지지				계			
	N	M	SD	F	N	M	SD	F	N	M	SD	F	N	M	SD	F
재중동포	42	2.8	.9	13.58 ***	43	3.6	.8	4.67 ***	43	3.3	.8	2.96 *	43	3.3	.6	4.58 ***
중국	115	2.3	.9		117	3.6	.7		117	3.0	.7		117	3.1	.6	
베트남	214	3.1	1.1		217	3.9	.8		217	2.9	.9		217	3.4	.6	
필리핀	70	2.3	1.1		70	3.4	1.0		70	3.0	.8		70	3.1	.7	
캄보디아	30	3.5	.9		30	3.6	.7		30	3.2	1.0		30	3.4	.6	
기타	31	3.0	1.4		32	3.5	.9		32	3.2	.9		32	3.3	.7	
계	502	2.8	1.1		509	3.7	.8		509	3.0	.8		509	3.3	.6	

● 무응답은 결측값 처리함.
* P 〈 .05   ** P 〈 .01   *** P 〈 .001

결혼이주여성의 연령에 따라 본인이 지각하는 사회적 지지에 대해 조사한 결과 아래의 [표VI-3]과 같이 유의한 차이를 보였다. 시부모지지를 결혼이주여성이 지각하는 경우는 30세 미만이 3.0으로 높았고 30세~40세 이상인 경우 2.6으로 나타났다. 남편과 본국가족지지를 지각하는 경우는 30세 미만이 3.8로 가장 높게 나타났고, 30세 이상 40세 미만이 3.6, 40세 이상이 3.4로 낮게 나타났다. 그리고 친구와 주변사람지지를 지각하는 결혼이주여성의 경우는 30~40세 이상이 3.1로 나타났고 30세 미만이 2.9로 나타났다. 연령대별 결혼이주여성이 지각하는 사회적 지지의 하위변인들 중에서 남편과 본국가족의 지지가 전체 평균점수 보다 높게 나타났으며, 결혼이주여성의 연령대가 30대 미만일수록 본인들에게 있어 남편과 본국가족의 지지와 시부모의 지지가 매우 중요함을 알 수 있다. 또한 40세 이상의 결혼이주여성의 경우 친구와 주변사람의 지지를 매우 중요하게 지각하고 있음을 알 수 있다.

[표Ⅵ-3] 연령별 사회적지지

(단위:% , 명)

구분	사회적 지지																
---	시부모지지				남편과 본국가족지지				친구와 주변사람지지				계			
	N	M	SD	F	N	M	SD	F	N	M	SD	F	N	M	SD	F
30세 미만	258	3.0	1.1		261	3.8	.8		261	2.9	.9		261	3.3	.6	
30세~ 39세	188	2.6	1.1		192	3.6	.8		192	3.1	.8		192	3.2	.6	
40세 이상	56	2.6	1.0	8.80***	56	3.4	.8	7.3**	56	3.1	.8	4.4*	56	3.1	.5	3.2*
계	502	2.8	1.1		509	3.7	.8		509	3.0	.8		509	3.3	.6	

● 무응답은 결측값 처리함.
* P 〈 .05   ** P 〈 .01   *** P 〈 .001

결혼이주여성의 한국거주기간에 따라 본인들이 지각하는 사회적 지지에 대해 조사한 결과 아래의 [표Ⅵ-4]와 같이 나타났다. 한국거주기간에 따른 결혼이주여성이 지각하는 사회적 지지의 하위영역 중에서 시부모지지, 남편과 본국가족지지만이 유의미한 차이가 있었다. 한국거주기간이 2년 미만인 결혼이주여성 집단이 시부모지지를 3.0으로 가장 높게 지각하였으며 2년 이상 5년 미만 거주 집단이 2.8, 7년 이상 거주 집단이 2.6, 5년 이상 7년 미만 거주 집단이 2.7로 낮게 나타났다. 또한 한국거주기간이 2년 미만인 결혼이주여성 집단이 남편과 본국가족 지지를 3.9로 가장 높게 지각하였으며, 2년 이상 5년 미만 거주 집단이 3.7, 5년 이상 7년 미만 거주 집단이 3.5, 7년 이상 거주 집단이 3.4로 가장 낮게 나타났다. 따라서 한국거주기간에 따라 결혼이주여성들에게 있어 남편과 본국가족, 시부모지지가 매우 중요한 사회적 지지임을 알 수 있는데, 특히 사회적 지지의 하위변인들 중에서 남편과 본국가족의 지지는 평균보다 높게 나타났다. 한국거주기간이 짧을수록 결혼이주여성이 지각하는 사회적지지 중에서 남편과 본국가족의 지지는 매우 중요함을 알 수 있다.

[표VI-4] 거주기간별 사회적지지

(단위:% , 명)

구분	사회적 지지															
	시부모지지				남편과 본국가족지지				친구와 주변사람지지				계			
	N	M	SD	F	N	M	SD	F	N	M	SD	F	N	M	SD	F
2년 미만	136	3.0	1.1		137	3.9	.8		137	3.0	.9		137	3.4	.6	
2~5년 미만	155	2.8	1.1		159	3.7	.8		159	2.9	.9		159	3.3	.7	
5~7년 미만	102	2.6	1.0	2.89*	102	3.5	.8	9.90*	102	2.9	.8	.47	102	3.1	.6	5.77**
7년 이상	109	2.7	1.0		111	3.4	.8		111	3.1	.7		111	3.2	.6	
계	502	2.8	1.1		509	3.7	.8		509	3.0	.8		509	3.3	.6	

● 무응답은 결측값 처리함.
* P 〈 .05   ** P 〈 .01   *** P 〈 .001

결혼이주여성의 소득수준에 따라 본인들이 지각하는 사회적 지지에 대해 조사한 결과 아래의 [표VI-5]와 같이 나타났다.

[표VI-5] 소득수준별 사회적지지

(단위:% , 명)

구분	사회적 지지															
	시부모지지지				남편과 본국가족지지				친구와 주변사람지지				계			
	N	M	SD	F	N	M	SD	F	N	M	SD	F	N	M	SD	F
100 만 원 미만	77	3.0	1.2		79	3.4	1.0		79	3.1	1.0		79	3.2	.7	
200 만 원 미만	216	3.0	1.1		218	3.7	.8		218	3.0	.8		218	3.3	.6	
300 만 원 미만	145	2.7	1.0	2.45	148	3.8	.8	3.30*	148	3.0	.8	.78	148	3.3	.6	.21
300 만 원 이상	38	2.6	1.1		38	3.8	.7		38	3.0	.6		38	3.3	.5	
계	476	2.8	1.2		483	3.7	.8		483	3.0	.9		483	3.3	.6	

● 무응답은 결측값 처리함.
* P 〈 .05   ** P 〈 .01   *** P 〈 .001

소득수준에 따른 결혼이주여성이 지각하는 사회적 지지의 하위영역 중에서 남편과 본국가족지지만이 유의미한 차이가 있었다. 300만 원 미만의 소득수준과 300만 원 이상의 소득수준을 가진 결혼이주여성이 남편과 본국가족지지를 3.8로 높게 지각하였으며, 그 다음 200만 원 미만의 소득수준을 가진 결혼이주여성이 3.7, 100만 원 미만의 소득수준을 가진 결혼이주여성이 3.4로 남편과 본국가족지지를 낮게 지각하는 것으로 나타났다. 소득수준이 높을수록 결혼이주여성은 남편과 본국가족의 지지를 높게 지각한다는 것을 알 수 있다.

결혼이주여성의 학력수준에 따라 본인들이 지각하는 사회적 지지에 대해 조사한 아래의 결과 [표Ⅵ-6]과 같이 나타났다. 학력수준에 따른 결혼이주여성이 지각하는 사회적 지지의 하위영역 중에서 시부모지지, 남편과 본국가족지지만이 유의미한 차이가 있었다. 초등학교 이하와 중학교의 학력수준을 가진 결혼이주여성 집단이 시부모지지를 3.0으로 가장 높게 지각하였으며 고졸의 학력수준을 가진 결혼이주여성 집단이 2.8, 대학교 이상의 학력수준을 가진 결혼이주여성 집단이 2.5로 낮게 나타났다. 고졸의 학력수준을 가진 결혼이주여성 집단이 남편과 본국가족 지지를 3.8로 가장 높게 지각했다.

[표Ⅵ-6] 학력별 사회적지지

(단위:% , 명)

| 구분 | 사회적 지지 | | | | | | | | | | | | | | | |
| | 시부모지지 | | | | 남편과 본국가족지지 | | | | 친구와 주변사람지지 | | | | 계 | | | |
	N	M	SD	F	N	M	SD	F	N	M	SD	F	N	M	SD	F
초등학교 이하	32	3.0	1.0		34	3.6	1.0		34	2.9	1.0		34	3.3	.8	
중학교	132	3.0	1.0		134	3.7	.8		134	3.1	.9		134	3.4	.6	
고등학교	210	2.8	1.2	6.37 ***	212	3.8	.7	3.17 *	212	2.9	.8	1.94	212	3.3	.6	2.91 *
대졸 이상	119	2.5	1.0		120	3.5	.9		120	3.1	.8		120	3.1	.6	
계	493	2.8	1.1		500	3.7	.8		500	3.0	.9		500	3.3	.6	

● 무응답은 결측값 처리함.

* P 〈 .05   ** P 〈 .01   *** P 〈 .001

2. 결혼이주여성이 한국생활에서 힘든 점

결혼이주여성이 한국에서 생활하면서 현재 가장 힘든 점은 무엇인지에 대해 살펴본 결과 아래의 [표VI-7]과 같이 나타났다. 결혼이주여성은 한국생활에서 힘든 점으로 '언어문제'가 28.0%로 가장 많았다. 그 다음 힘든 점으로 '자녀양육과 교육' 18.2%, '경제적 어려움' 12.4%, '생활방식, 관습 등 문화차이' 11.0%, '외로움' 9.4%, '가족 간의 갈등' 6.5%의 순으로 나타났다. 그리고 '힘든 점이 없다'고 응답한 경우도 4.7%로 '편견과 차별대우' 3.9% 보다 많았다.

[표VI-7] 한국생활에서의 어려움

(단위:% , 명)

변 인	구 분	계(명)
한국생활에서의 어려움	힘든 점 없다	4.7(24)
	외로움	9.4(48)
	가족 간의 갈등	6.5(33)
	자녀양육과 교육	18.2(93)
	경제적 어려움	12.4(63)
	언어문제	28.0(143)
	생활방식, 관습 등 문화차이	11.0(56)
	음식	1.8(9)
	편견과 차별대우	3.9(20)
	기후차이	1.2(6)
	기타	2.9(15)
	합계	100(510)

결혼이주여성의 국적별로 한국에서 생활하면서 현재 가장 힘든 점은 무엇인지에 대해 살펴본 결과 아래의 [표VI-8]과 같이 나타났다. 결혼이주여성의 출신국이 재중동포인 경우 한국생활에서 가장 힘든 점은 '경제적 어려움' 39.5%, '문화차이' 23.3%의 순으로 나타났다. 출신국이 중국인 경우는 '언어 문제' 26.5%, '경제적 어려움' 18.8%로 나타났다. 출신국이 베트남인 경우 '언어 문제'가 31.7%로 가장 힘든 점이고 그 다음으로 '자녀양육과 교육' 25.7%의 순으로 나타났다. 필리핀인 경우도 '언어 문제'가 32.9%, '자녀양육과 교육' 17.1%의 순이었다. 캄보디아인 경우 한국생활에서 가장 힘든 점은 '언어 문제'가 33.3%, '자녀양육과 교육' 20.0%의 순으로 나타났다. 기타 출신국인 경우 '언어 문제'가 25.0%, '외로움'과 '자녀양육과 교육' 15.6%로 나타났다. 결혼이주여성의 출신국이 재중동포인 경우를 제외하고 한국생활에서 가장 힘든 점은 공통적으로 '언어 문제'로 나타났다.

결혼이주여성의 연령별로 한국에서 생활하면서 현재 가장 힘든 점은 무엇인지에 대해 살펴본 결과 아래의 [표VI-9]와 같이 나타났다. 결혼이주여성의 연령대가 30세 미만인 경우 한국생활에서 가장 힘든 점은 '언어 문제'가 32.6%, '자녀양육과 교육'이

[표Ⅵ-8] 국적별 한국생활에서의 어려움

(단위:% , 명)

	없다	외로움	가족간의 갈등	자녀양육교육	경제적어려움	언어문제	문화차이	음식	편견과차별대우	기후차이	기타	계(명)
재중동포	4.7	2.3	9.3	7.0	39.5	4.7	23.3	0.0	9.3	0.0	0.0	100 (43)
중국	3.4	11.1	9.4	9.4	18.8	26.5	8.5	2.6	4.3	0.9	5.1	100 (117)
베트남	6.4	8.7	3.2	25.7	7.3	31.7	10.1	1.4	3.2	1.4	0.9	100 (218)
필리핀	0.0	8.6	8.6	17.1	4.3	32.9	12.9	2.9	4.3	2.9	5.7	100 (70)
캄보디아	3.3	13.3	10.0	20.0	3.3	33.3	10.0	0.0	3.3	0.0	3.3	100 (30)
기타	9.4	15.6	6.3	15.6	12.5	25.0	6.3	3.1	0.0	0.0	6.3	100 (32)
계(명)	4.7	9.4	6.5	18.2	12.4	28.0	11.0	1.8	3.9	1.2	2.9	100 (510)

21.5%의 순으로 나타났다. 30대인 결혼이주여성의 경우는 '언어 문제' 23.3%, '경제적 어려움' 17.6%로 나타났다. 결혼이주여성의 연령대가 40세 이상인 경우도 한국생활에서 '언어 문제'가 23.2%로 가장 힘들고, 그 다음으로 '경제적 어려움'이 19.6%였다. 결혼이주여성의 연령별로 한국생활에서 공통적으로 가장 힘든 점은 '언어 문제'임을 알 수 있다.

[표Ⅵ-9] 연령별 한국생활에서의 어려움

(단위:% , 명)

	없다	외로움	가족간의 갈등	자녀양육교육	경제적어려움	언어문제	문화차이	음식	편견과차별대우	기후차이	기타	계(명)
30세 미만	5.4	10.0	4.2	21.5	6.9	32.6	11.9	2.3	3.1	0.8	1.5	100 (261)
30~39세	4.1	7.8	8.8	14.5	17.6	23.3	11.9	1.0	5.2	1.0	4.7	100 (193)
40세 이상	3.6	12.5	8.9	16.1	19.6	23.2	3.6	1.8	3.6	3.6	3.6	100 (56)
계(명)	4.7	9.4	6.5	18.2	12.4	28.0	11.0	1.8	3.9	1.2	2.9	100 (510)

결혼이주여성의 거주기간별로 한국에서 생활하면서 현재 가장 힘든 점은 무엇인

지에 대해 살펴본 결과 아래의 [표Ⅵ-10]과 같이 나타났다. 한국에서의 거주기간이 2년 미만인 결혼이주여성의 경우 '언어 문제'가 41.3%로 가장 힘든 것으로 나타났다. 그 다음으로 힘든 점은 '문화차이' 15.9%였다. 2년 이상 5년 미만으로 거주한 경우 '언어 문제'가 33.3%, '자녀양육과 교육'이 17.6%의 순으로 나타났다. 5년 이상 7년 미만으로 거주한 경우는 '자녀양육과 교육'이 26.5%로 가장 힘들며, 그 다음 '언어문제' 22.5%의 순이었다. 결혼이주여성의 한국거주기간이 7년 이상인 경우 '자녀양육과 교육' 28.8%, '경제적 어려움' 18.0%의 순으로 한국생활에서 겪는 힘든 점으로 나타났다.

[표Ⅵ-10] 거주기간별 한국생활에서의 어려움

(단위:% , 명)

	없다	외로움	가족 간의 갈등	자녀 양육 교육	경제적 어려움	언어 문제	문화 차이	음식	편견과 차별 대우	기후 차이	기타	계(명)
2년 미만	8.7	10.9	3.6	4.3	2.9	41.3	15.9	2.9	3.6	2.2	3.6	100 (138)
2~5년 미만	2.5	7.5	8.8	17.6	13.2	33.3	9.4	0.6	3.8	0.6	2.5	100 (159)
5~7년 미만	3.9	9.8	2.9	26.5	17.6	22.5	8.8	2.9	2.0	0.0	2.9	100 (102)
7년 이상	3.6	9.9	9.9	28.8	18.0	9.0	9.0	0.9	6.3	1.8	2.7	100 (111)
계 (명)	4.7	9.4	6.5	18.2	12.4	28.0	11.0	1.8	3.9	1.2	2.9	100 (510)

결혼이주여성의 소득수준별로 한국에서 생활하면서 현재 가장 힘든 점은 무엇인지에 대해 살펴본 결과 아래의 [표Ⅵ-11]과 같이 나타났다. 결혼이주여성의 소득수준이 100만 원 미만인 경우 '자녀양육과 교육'이 24.1%로 한국생활에서 가장 힘든 점으로 나타났다. 결혼이주여성의 소득수준이 200만 원 미만인 경우는 '언어문제' 29.4%, 300만 원 미만인 경우도 '언어문제'가 32.2%로 가장 힘든 것으로 나타났다. 300만 원 이상의 소득수준을 가진 결혼이주여성의 경우도 마찬가지로 한국생활에서 가장 힘든 점은 '언어문제' 18.4%였다.

결혼이주여성의 학력수준별로 한국에서 생활하면서 현재 가장 힘든 점은 무엇인지에 대해 살펴본 결과 아래의 [표Ⅵ-12]와 같이 나타났다. 결혼이주여성의 학력수준이 초등학교 이하인 경우 한국생활에서 가장 힘든 점은 '언어 문제'가 26.5%, '자녀양육과 교육'이 17.6%의 순으로 나타났다. 중학교의 학력수준을 가진 결혼이주여성의 경우는 '자녀양육과 교육' 26.9%, '언어 문제' 26.1%의 순이었다. 결혼이주여성이 고등학교의 학

[표Ⅵ-11] 소득별 한국생활에서의 어려움

(단위:% , 명)

	없다	외로움	가족 간의 갈등	자녀 양육과 교육	경제적 어려움	언어 문제	문화 차이	음식	편견과 차별 대우	기후 차이	기타	계(명)
100만 원 미만	7.6	13.9	6.3	24.1	11.4	17.7	10.1	2.5	1.3	1.3	3.8	100 (79)
200만 원 미만	2.3	9.2	6.9	22.9	11.5	29.4	11.0	0.9	1.4	1.8	2.8	100 (218)
300만 원 미만	5.4	8.1	5.4	10.7	16.1	32.2	9.4	2.0	8.7	0.7	1.3	100 (149)
300만 원 이상	10.5	7.9	10.5	15.8	7.9	18.4	10.5	2.6	5.3	.0.0	10.5	100 (38)
계(명)	4.8	9.5	6.6	18.8	12.6	27.5	10.3	1.7	3.9	1.2	3.1	100 (484)

● 무응답은 결측값 처리함.

력수준인 경우 한국생활에서 '언어 문제'가 32.4%, '자녀양육과 교육'이 16.4%의 순으로 힘든 것으로 나타났다. 대학교 이상의 학력수준을 가진 결혼이주여성의 경우 '언어 문제' 24.2%, '경제적 어려움' 14.2%의 순으로 한국생활에서 겪는 힘든 점으로 나타났다.

[표Ⅵ-12] 학력별 한국생활에서의 어려움

(단위:% , 명)

	없다	외로움	가족 간의 갈등	자녀 양육과 교육	경제적 어려움	언어 문제	문화 차이	음식	편견과 차별 대우	기후 차이	기타	계(명)
초등학교 이하	8.8	8.8	2.9	17.6	14.7	26.5	8.8	0.0	8.8	2.9	.0.0	100 (34)
중학교	6.7	9.0	6.0	26.9	7.5	26.1	12.7	1.5	1.5	1.5	0.7	100 (134)
고등학교	3.3	11.7	5.2	16.4	14.6	32.4	9.4	1.9	2.3	0.5	2.3	100 (213)
대학교 이상	3.3	6.7	10.0	12.5	14.2	24.2	10.8	2.5	7.5	1.7	6.7	100 (120)
계(명)	4.6	9.6	6.4	18.4	12.6	28.3	10.6	1.8	3.8	1.2	2.8	100 (501)

● 무응답은 결측값 처리함.

3. 결혼이주여성의 한국생활에서의 차별경험 정도

결혼이주여성이 한국에서 생활하면서 외국인이라는 이유로 차별대우를 받은 경험 정도에 대해 살펴 본 결과 아래의 [표VI-13]과 같이 나타났다. 결혼이주여성이 한국에서 생활하면서 외국인이라는 이유로 차별대우 받은 경험에 대해 '가끔씩 차별대우 받는 편이다'가 45.8%로 가장 높게 나타났고 그 다음 '거의 차별대우 받은 적 없다'가 23.3%, '한 번도 차별대우 받은 적 없다' 19.4%, '외국인이기에 차별대우 받는 것은 있을 수 있는 일이라 생각한다' 10.3%, '매일 차별대우 받는다' 1.2%의 순으로 나타났다.

[표VI-13] 한국생활에서의 차별경험정도

(단위:% , 명)

변 인	구 분	계(명)
한국생활에서의 차별경험 정도	한 번도 차별대우 받은 적 없다	19.4(98)
	거의 차별대우 받은 적 없다	23.3(118)
	가끔씩 차별대우 받는 편이다	45.8(232)
	매일 차별대우 받는다	1.2(6)
	외국인이기에 차별대우 받는 것은 있을 수 있는 일이라 생각한다	10.3(52)
	합 계	100(506)

● 무응답은 결측값 처리함.

결혼이주여성의 국적별로 한국에서 생활하면서 외국인이라는 이유로 차별대우를 받은 경험 정도에 대해 살펴 본 결과 아래의 [표VI-14]와 같이 나타났다. 결혼이주여성의 출신국별로 차별경험 정도에 대해 전반적으로 '가끔씩 차별대우를 받는 편'이라고 응답한 경우가 45.8%로 가장 높게 나타났다. 결혼이주여성의 출신국이 필리핀인 경우 '외국인이기에 차별대우 받는 것은 있을 수 있다'고 응답한 비율이 20.0%로 높게 나타났다.

[표VI-14] 국적별 차별경험 정도

(단위:% , 명)

	한 번도 받은 적 없음	거의 없음	가끔씩 받은 편	매일 받음	외국인이기에 차별대우 받는 것은 있을 수 있음	계(명)
재중동포	7.0	16.3	67.4	2.3	7.0	100(43)
중국	6.1	27.8	58.3	0.0	7.8	100(115)
베트남	29.6	27.3	33.3	0.9	8.8	100(216)
필리핀	11.4	8.6	57.1	2.9	20.0	100(70)

캄보디아	33.3	16.7	43.3	0.0	6.7	100(30)
기타	18.8	28.1	34.4	3.1	15.6	100(32)
계(명)	19.4	23.3	45.8	1.2	10.3	100(506)

● 무응답은 결측값 처리함.

연령에 따른 결혼이주여성의 차별경험에 대해 살펴본 결과 아래의 [표Ⅵ-15]와 같이 p<.001수준에서 유의한 차이를 보였다. 결혼이주여성은 차별경험 정도에 대해 연령대별로 '가끔씩 차별 받는 편'이라고 응답한 경우가 가장 높게 나타났다. 30세 미만인 경우 '가끔씩 차별 받은 경험이 있음'이 35.8%, 30대인 경우 55.3%, 40세 이상은 60.7%로 나타나 결혼이주여성의 연령대가 높을수록 차별경험을 더 많이 하는 것으로 보인다. 이는 외국인이기에 차별대우를 용인하는 비율이 30세 미만인 경우 11.2%였는데 40세 이상인 경우 3.6%로서 용인 정도가 낮아진 것과 관련이 있는 것으로 보인다.

[표Ⅵ-15] 연령별 차별경험 정도

(단위:% , 명)

	한 번도 받은 적 없음	거의 없음	가끔씩 받은 편	매일 받음	외국인이기에 차별대우 받는 것은 있을 수 있음	계(명)	x^2
30세 미만	25.8	25.8	35.8	1.5	11.2	100(260)	
30~39세	13.2	19.5	55.3	1.1	11.1	100(190)	29.2***
40세 이상	10.7	25.0	60.7	0.0	3.6	100(56)	
계	19.4	23.3	45.8	1.2	10.3	100(506)	

● 무응답은 결측값 처리함.
* P 〈 .05   ** P 〈 .01   *** P 〈 .001

한국거주기간에 따라 결혼이주여성의 차별경험에 대해 살펴본 결과 아래의 [표Ⅵ-16]과 같이 p<.001수준에서 유의한 차이를 보였다. 차별경험에 대해 2년 미만의 경우 '차별 받은 경험이 거의 없음'이 29.9%로 가장 많은 반면에 2년 이상 5년 미만은 '가끔씩 차별받은 경험'이 43.3%, 5년 이상 7년 미만은 54.9%, 7년 이상은 61.8%로 나타나 한국거주기간이 길어질수록 차별경험을 더 많이 하는 것으로 보인다. 외국인이기에 차별대우를 용인하는 비율이 2년 미만이 12.4%로 가장 높은 것으로 보아 차별에 대해 그다지 민감하지 않다는 것을 간접적으로 보여준다. 7년 이상인 경우 9.1%로서 용인 정도가 2년 미만 보다 낮아진 것으로 보아서 한국생활의 경험이 쌓이면서 차별에 대해 더 민감해지는 것으로 고려해 볼 만 하다.

[표VI-16] 거주기간별 차별경험 정도

(단위:% , 명)

	한 번도 받은 적 없음	거의 없음	가끔씩 받은 편	매일 받음	외국인이기에 차별대우 받는 것은 있을 수 있음	계(명)	x^2
2년 미만	28.5	29.9	29.2	0.0	12.4	100(137)	
2~5년 미만	24.2	21.7	43.3	2.5	8.3	100(157)	
5~7년 미만	13.7	19.6	54.9	0.0	11.8	100(102)	46.4***
7년 이상	6.4	20.9	61.8	1.8	9.1	100(110)	
계	19.4	23.3	45.8	1.2	10.3	100(506)	

● 무응답은 결측값 처리함.
* P 〈 .05   ** P 〈 .01   *** P 〈 .001

결혼이주여성의 소득수준별로 한국에서 생활하면서 외국인이라는 이유로 차별대우를 받은 경험 정도에 대해 살펴 본 결과 아래의 [표VI-17]과 같이 나타났다. 결혼이주여성은 차별경험 정도에 대해 소득수준별로 '가끔씩 차별 받는 편'이라고 응답한 경우가 가장 높게 나타났다. 결혼이주여성의 소득수준이 200만 원 미만인 경우 '가끔씩 차별 받은 경험이 있음'이 50.0%, 소득수준이 100만 원 미만인 경우 49.4%, 300만 원 미만인 경우 41.5%, 300만 원 이상의 소득수준을 가진 결혼이주여성의 경우 37.8%로 나타났다.

[표VI-17] 소득별 차별경험 정도

(단위:% , 명)

	한 번도 받은 적 없음	거의 없음	가끔씩 받은 편	매일 받음	외국인이기에 차별대우 받는 것은 있을 수 있음	계(명)
100만 원 미만	21.5	19.0	49.4	2.5	7.6	100(79)
200만 원 미만	17.0	23.9	50.0	1.4	7.8	100(218)
300만 원 미만	21.8	25.2	41.5	0.0	11.6	100(147)
300만 원 이상	18.9	21.6	37.8	2.7	18.9	100(37)
계(명)	19.3	23.3	46.4	1.2	9.8	100(481)

● 무응답은 결측값 처리함.

결혼이주여성의 학력수준별로 한국에서 생활하면서 외국인이라는 이유로 차별대우를 받은 경험 정도에 대해 살펴 본 결과 아래의 [표VI-18]과 같이 나타났다. 결혼이주여성은 차별경험 정도에 대해 학력수준별로 '가끔씩 차별 받는 편'이라고 응답한 경우가 가장 높게 나타났다. 결혼이주여성이 초등학교 이하의 학력수준인 경우 '가끔씩 차별 받은 경험이 있음'이 39.4%, 중학교의 학력수준인 경우 40.9%, 고등학교의 학력수준인 경우 45.3%, 대학교 이상의 학력수준인 경우 56.7%로 나타났다. 결혼이주여성이 대학교 이상의 학력수준을 가진 경우 '가끔씩 차별을 받는 편'이라고 응답한 비율이 높게 나타났다.

[표Ⅵ-18] 학력별 차별경험 정도

(단위:% , 명)

	한 번도 받은 적 없음	거의 없음	가끔씩 받은 편	매일 받음	외국인이기에 차별대우 받는 것은 있을 수 있음	계(명)
초등학교 이하	33.3	21.2	39.4	0.0	6.1	100 (33)
중학교	27.3	21.2	40.9	1.5	9.1	100(132)
고등학교	18.4	25.9	45.3	0.9	9.4	100(212)
대학교 이상	9.2	20.8	56.7	1.7	11.7	100(120)
계(명)	19.5	23.1	46.5	1.2	9.7	100(497)

● 무응답은 결측값 처리함.

4. 결혼이주여성의 한국생활에서의 차별항의 유무

결혼이주여성이 한국에서 생활하면서 차별대우를 받았을 때 항의하거나 정당한 대우의 요구 유무에 대해 조사한 결과 아래의 [표Ⅵ-19]와 같이 나타났다. 결혼이주여성이 '차별에 항의하거나 정당한 대우를 요구한 적이 있음'이 59.0%로, '차별에 항의하거나 정당한 대우를 요구한 적이 없음' 41.0% 보다 18% 높게 나타났다.

[표Ⅵ-19] 차별항의 일반적 경향

(단위:% , 명)

변 인	구 분	계(명)
차별 항의 유무	있음	59.0(299)
	없음	41.0(208)
	합계	100(507)

● 무응답은 결측값 처리함.

결혼이주여성의 출신국별 차별 항의와 정당한 대우 요구의 유무에 대해 살펴본 결과는 아래의 [표Ⅵ-20]과 같이 p<.001수준에서 유의한 차이를 보였다. 차별에 대해 항의하거나 정당한 대우를 요구한 적이 있는 결혼이주여성의 출신국은 재중동포 69.8%로 가장 많았고, 그 다음 베트남 68.7%, 중국 59.1%, 필리핀 54.3%, 캄보디아와 기타 출신국 21.9%의 순으로 나타났다. 차별에 대해 항의하거나 정당한 대우를 요구한 적이 없는 결혼이주여성의 출신국은 기타 출신국 78.1%로 가장 많았고, 그 다음 캄보디아 76.7%, 필리핀 45.7%, 중국 40.9%, 베트남 31.3%, 재중동포 30.2%의 순으로 나타났다.

[표VI-20] 국적별 차별항의 유무

(단위:% , 명)

	있음	없음	계	x^2
재중동포	69.8	30.2	100(43)	
중국	59.1	40.9	100(115)	
베트남	68.7	31.3	100(217)	
필리핀	54.3	45.7	100(70)	45.1***
캄보디아	23.3	76.7	100(30)	
기타	21.9	78.1	100(32)	
계	59.0	41.0	100(507)	

● 무응답은 결측값 처리함.
* P 〈 .05   ** P 〈 .01   *** P 〈 .001

결혼이주여성의 연령별로 차별 항의와 정당한 대우 요구의 유무에 대해 살펴본 결과는 아래의 [표VI-21]과 같이 나타났다. 차별에 대해 항의하거나 정당한 대우를 요구한 적이 있는 결혼이주여성의 연령대는 30대가 61.6%로 가장 많았고, 30세 미만이 57.5%, 40세 이상이 57.1%로 나타났다. 차별에 대해 항의하거나 정당한 대우를 요구한 적이 없는 결혼이주여성의 연령대는 40세 이상이 42.9%, 30세 미만이 42.5%, 30대가 38.4%의 순으로 나타났다.

[표VI-21] 연령별 차별항의 유무

(단위:% , 명)

	있음	없음	계(명)
30세 미만	57.5	42.5	100(261)
30~39세	61.6	38.4	100(190)
40세 이상	57.1	42.9	100 (56)
계(명)	59	41	100(507)

● 무응답은 결측값 처리함.

결혼이주여성의 한국거주기간별로 차별 항의와 정당한 대우 요구의 유무에 대해 살펴본 결과는 아래의 [표VI-22]와 같이 나타났다. 차별에 대해 항의하거나 정당한 대우를 요구한 적이 있는 결혼이주여성의 거주기간은 5년 이상 7년 미만으로 거주한 경우가 62.7%로 가장 많았고, 그 다음으로 7년 이상 거주한 경우 59.5%, 2년 미만으로 거주한 경우 56.6%, 2년 이상 5년 미만으로 거주한 경우 58.2로 나타났다. 차별에 대해 항의하거나 정당한 대우를 요구한 적이 없는 결혼이주여성의 거주기간은 2년 미만인 경우 43.4%, 2년 이상 5년 미만으로 거주한 경우 41.8%, 7년 이상 거주한 경우 40.5%, 5년 이상 7년 미만으로 거주한 경우 37.3%의 순으로 나타났다.

[표Ⅵ-22] 거주기간별 차별항의 유무

(단위:% , 명)

	있음	없음	계(명)
2년 미만	56.6	43.4	100(136)
2~5년 미만	58.2	41.8	100(158)
5~7년 미만	62.7	37.3	100(102)
7년 이상	59.5	40.5	100(111)
계(명)	59	41	100(507)

● 무응답은 결측값 처리함.

결혼이주여성의 소득수준별로 차별 항의와 정당한 대우 요구의 유무에 대해 살펴
본 결과는 아래의 [표Ⅵ-23]과 같이 나타났다. 차별에 대해 항의하거나 정당한 대우를
요구한 적이 있는 결혼이주여성의 소득수준은 300만 원 이상인 경우가 63.2%로 가장
많았고, 200만 원 미만이 경우 62.8%, 300만 원 미만인 경우 56.5%, 100만 원 미만인 경
우 55.7%로 나타났다. 차별에 대해 항의하거나 정당한 대우를 요구한 적이 없는 결혼
이주여성의 소득수준은 100만 원 미만인 경우 44.3%, 300만 원 미만인 경우 43.5%, 200
만 원 미만인 경우 37.2%, 300만 원 이상인 경우 36.8%의 순으로 나타났다.

[표Ⅵ-23] 소득별 차별항의 유무

(단위:% , 명)

	있음	없음	계(명)
100만 원 미만	55.7	44.3	100 (79)
200만 원 미만	62.8	37.2	100(218)
300만 원 미만	56.5	43.5	100(147)
300만 원 이상	63.2	36.8	100 (38)
계(명)	59.8	40.2	100(482)

● 무응답은 결측값 처리함.

결혼이주여성의 학력수준별로 차별 항의와 정당한 대우 요구의 유무에 대해 살펴
본 결과는 아래의 [표Ⅵ-24]와 같이 나타났다. 차별에 대해 항의하거나 정당한 대우를
요구한 적이 있는 결혼이주여성의 학력수준은 중학교인 경우가 60.9%, 고등학교인 경
우 59.4%, 대학교 이상인 경우 55.8%, 초등학교 이하인 경우 51.5%의 순으로 나타났다.
차별에 대해 항의하거나 정당한 대우를 요구한 적이 없는 결혼이주여성의 학력수준
은 초등학교 이하인 경우가 48.5%로 가장 많았고, 그 다음으로 대학교 이상인 경우
44.2%, 고등학교인 경우 40.6%, 중학교인 경우 39.1%로 나타났다.

[표VI-24] 학력별 차별항의 유무

(단위:% , 명)

	있음	없음	계(명)
초등학교 이하	51.5	48.5	100 (33)
중학교	60.9	39.1	100(133)
고등학교	59.4	40.6	100(212)
대학교 이상	55.8	44.2	100(120)
계(명)	58.4	41.6	100(498)

● 무응답은 결측값 처리함.

5. 결혼이주여성의 다문화정책 정보제공 경험 유무

결혼이주여성을 대상으로 쉽게 설명된 다문화정책에 대한 정보 및 홍보자료를 제공받은 경험에 대해 조사한 결과 아래의 [표VI-25]와 같이 나타났다. '보통으로' 응답한 경우가 35.4%로 가장 많았고, 그 다음 '대체로 많다' 25.3%, '거의 없다' 16.0%, '전혀 없다' 14.3%, '매우 많다' 8.9%로 나타났다.

[표VI-25] 다문화정책 정보제공 경험

(단위:% , 명)

변 인	구 분	계(명)
다문화정책 정보제공 경험 유무	전혀 없다	14.3(72)
	거의 없다	16.0(81)
	보통이다	35.4(179)
	대체로 많다	25.3(128)
	매우 많다	8.9(45)
	합 계	100(505)

● 무응답은 결측값 처리함.

결혼이주여성의 국적별로 다문화정책 정보를 제공 받은 경험에 대해 살펴본 결과 아래의 [표VI-26]과 같이 p<.001수준에서 유의한 차이를 보였다. 재중동포인 경우 다문화정책 정보를 제공받은 경험은 '보통'이 32.6%로 가장 많았고, 그 다음 '거의 없다'가 23.3%, '전혀 없다'와 '대체로 많다'가 18.6%, '매우 많다'가 7.0%로 나타났다. 출신국이 중국인 경우 '보통'이 38.6%로 가장 많았고, 그 다음 '거의 없다'가 22.8%, '전혀 없다'가 17.5%, '대체로 많다' 15.8%, '매우 많다' 5.3%의 순이었다. 베트남 출신국인 경우 '보통' 41.7%로 가장 많았고, '대체로 많다' 38.0%, '매우 많다' 13.4%, '전혀 없다' 4.2%, '거의 없다' 2.8%로 나타났다. 필리핀인 경우 '거의 없다' 38.6%로 가장 많았고, 그 다음 '전혀 없다' 34.3%, '보통' 24.3%, '대체로 많다'와 '매우 많다' 1.4%로 나타났다. 캄보디아인 경

우 '대체로 많다' 36.7%로 가장 많았고, 그 다음 '보통' 23.3%, '전혀 없다'와 '거의 없다'
가 16.7%, '매우 많다' 6.7%로 나타났다. 기타 출신국인 경우 '대체로 많다' 25.0%로 가장
많았고, '거의 없다'와 '보통' 21.9%, '전혀 없다' 18.8%, '매우 많다' 12.5%로 나타났다. 전
반적으로 결혼이주여성은 본인에게 필요한 다문화정책에 대한 정보와 홍보 자료를
제공받은 경험이 있다는 것을 알 수 있다.

[표Ⅵ-26] 국적별 다문화정책 정보경험

(단위:% , 명)

	전혀 없다	거의 없다	보통	대체로 많다	매우 많다	계	x²
재중동포	18.6	23.3	32.6	18.6	7.0	100(43)	
중국	17.5	22.8	38.6	15.8	5.3	100(114)	
베트남	4.2	2.8	41.7	38.0	13.4	100(216)	
필리핀	34.3	38.6	24.3	1.4	1.4	100(70)	144.1***
캄보디아	16.7	16.7	23.3	36.7	6.7	100(30)	
기타	18.8	21.9	21.9	25.0	12.5	100(32)	
계	14.3	16.0	35.4	25.3	8.9	100(505)	

● 무응답은 결측값 처리함.
* P < .05   ** P < .01   *** P < .001

결혼이주여성의 연령별로 다문화정책 정보를 제공 받은 경험에 대해 살펴본 결과
아래의 [표Ⅵ-27]과 같이 p<.001수준에서 유의한 차이를 보였다.

[표Ⅵ-27] 연령별 다문화정책 정보경험

(단위:% , 명)

	전혀 없다	거의 없다	보통	대체로 많다	매우 많다	계	x²
30세 미만	11.2	7.7	38.5	31.5	11.2	100(260)	
30~39세	13.2	24.3	34.9	21.7	5.8	100(189)	55.3***
40세 이상	32.1	26.8	23.2	8.9	8.9	100(56)	
계	14.3	16.0	35.4	25.3	8.9	100(505)	

● 무응답은 결측값 처리함.
* P < .05   ** P < .01   *** P < .001

30세 미만의 결혼이주여성의 경우 다문화정책 정보를 제공받은 경험은 '보통'이
38.5%로 가장 많았고, 그 다음 '대체로 많다' 31.5%, '전혀 없다'와 '매우 많다'가 11.2%,
'거의 없다' 7.7%로 나타났다. 30대의 결혼이주여성의 경우는 '보통'이 34.9%로 가장
많았고, 그 다음 '거의 없다' 24.3%, '대체로 많다' 21.7%, '전혀 없다' 13.2%, '매우 많다'
5.8%로 나타났다. 40세 이상의 결혼이주여성의 경우는 다른 연령대와는 달리 '전혀

없다' 32.1%로 가장 많았고, '거의 없다' 26.8%, '보통' 23.2%, '대체로 많다'와 '매우 많다'가 8.9%로 나타났다. 낮은 연령대의 결혼이주여성일수록 본인에게 필요한 다문화정책에 대한 정보와 홍보 자료를 제공받은 경험이 많다고 볼 수 있다. 즉 연령대가 낮을수록 한국사회의 다문화정책에 관한 정보에 민감성을 가지는 것으로 생각해 볼 수 있다.

한국거주기간에 따라 결혼이주여성의 다문화정책 정보를 제공 받은 경험에 대해 살펴본 결과 아래의 [표VI-28]과 같이 p<.05수준에서 유의한 차이를 보였다. 다문화정책 정보의 제공 경험에 대해 한국거주기간이 2년 미만인 경우 '보통' 30.6%로 가장 많았고, 그 다음 '대체로 많다' 29.9%, '전혀 없다' 14.9%, '거의 없다' 14.2%, '매우 많다' 10.4%로 나타났다. 한국거주기간이 2년 이상 5년 미만인 경우도 '보통' 34.8%로 가장 많았고, '대체로 많다' 28.5%, '전혀 없다' 17.1%, '거의 없다' 13.3%, '매우 많다' 6.3%로 나타났다. 5년 이상 7년 미만인 경우도 역시 '보통' 45.1%로 가장 많았고, 그 다음 '대체로 많다' 21.6%, '매우 많다' 12.7%, '거의 없다' 11.8%, '전혀 없다' 8.8%로 나타났다. 7년 이상인 경우도 마찬가지로 '보통' 33.3%로 가장 많았고, 그 다음 '거의 없다' 26.1%, '대체로 많다' 18.9%, '전혀 없다' 14.4%, '매우 많다' 7.2%로 나타났다. 한국거주기간에 따라 결혼이주여성은 대체적으로 본인에게 필요한 다문화정책에 대한 정보와 홍보 자료를 제공받은 경험이 있다는 것을 알 수 있다. 다문화정책 정보를 제공 받은 경험이 대체로 많은 경우는 거주기간이 2년 미만의 결혼이주여성이 상대적으로 높은 반면 다문화정책 정보를 제공 받은 경험이 거의 없는 경우는 한국거주 7년 이상 된 결혼이주여성이 상대적으로 높다는 것을 알 수 있다. 이는 한국거주기간이 2년 미만인 경우 정보에 민감할 시기이고 7년 이상이 되면 이미 많은 정보를 한국에 거주하면서 경험하고 보유하고 있으므로 그다지 정보에 민감하지 않게 된 것을 보여준다고 하겠다.

[표VI-28] 거주기간별 다문화정책 정보경험

(단위:% , 명)

	전혀 없다	거의 없다	보통	대체로 많다	매우 많다	계	x^2
2년 미만	14.9	14.2	30.6	29.9	10.4	100(134)	
2~5년 미만	17.1	13.3	34.8	28.5	16.3	100(158)	
5~7년 미만	8.8	11.8	45.1	21.6	12.7	100(102)	23.7*
7년 이상	14.4	26.1	33.3	18.9	7.2	100(111)	
계	14.3	16.0	35.4	25.3	8.9	100(505)	

● 무응답은 결측값 처리함.

* P < .05   ** P < .01   *** P < .001

결혼이주여성의 소득수준별로 다문화정책 정보를 제공 받은 경험에 대해 살펴본 결과 아래의 [표Ⅵ-29]와 같이 나타났다. 결혼이주여성의 소득수준별로 다문화정책에 대한 정보 및 홍보자료를 제공받은 경험은 전반적으로 '보통'이라고 응답한 경우가 35.6%로 가장 높게 나타났다. 300만 원 이상의 소득수준을 가진 결혼이주여성의 경우 다문화정책에 대한 정보 및 홍보자료를 제공받은 경험은 대체로 많은 편으로 응답비율이 34.2%로 가장 높게 나타났다.

[표Ⅵ-29] 소득별 다문화정책정보 경험

(단위:% , 명)

	전혀 없다	거의 없다	보통	대체로 많다	매우 많다	계
100만 원 미만	8.9	20.3	36.7	26.6	7.6	100(79)
200만 원 미만	15.7	12.5	39.8	24.5	7.4	100(216)
300만 원 미만	14.3	17.0	30.6	25.9	12.2	100(147)
300만 원 이상	7.9	18.4	28.9	34.2	10.5	100(38)
계(명)	13.6	15.6	35.6	26.0	9.2	100(480)

● 무응답은 결측값 처리함.

학력수준에 따라 결혼이주여성의 다문화정책 정보를 제공 받은 경험에 대해 살펴본 결과 아래의 [표Ⅵ-30]과 같이 $p < .01$수준에서 유의한 차이를 보였다. 초등학교 이하의 학력수준을 가진 결혼이주여성은 다문화정책 정보의 제공 경험에 대해 '보통'으로 응답한 경우가 42.4%로 가장 많았고, 그 다음 '대체로 많다' 24.2%, '거의 없다' 15.2%, '전혀 없다'와 '매우 많다'가 9.1%로 나타났다. 중학교의 학력수준을 가진 결혼이주여성의 경우 '보통' 37.1%로 가장 많았고, 그 다음 '대체로 많다' 30.3%, '거의 없다' 13.6%, '매우 많다' 12.1%, '거의 없다' 6.8%로 나타났다. 고등학교의 학력수준을 가진 결혼이주여성의 경우 '보통' 36.5%로 가장 많았고, '대체로 많다' 28.9%, '거의 없다' 12.8%, '전혀 없다' 14.2%, '매우 많다' 7.6%로 나타났다. 대학교 이상의 학력수준을 가진 결혼이주여성의 경우 '보통' 28.3%로 가장 많았고, 그 다음 '전혀 없다' 25.0%, '거의 없다' 23.3%, '대체로 많다' 15.0%, '매우 많다' 8.3%로 나타났다. 학력에 따라 결혼이주여성은 대체적으로 본인에게 필요한 다문화정책에 대한 정보와 홍보 자료를 제공받은 경험이 있다는 것을 알 수 있는데, 주목할 점은 대졸이상의 학력수준을 가진 결혼이주여성의 경우 다문화정책 정보와 홍보 자료를 제공받은 경험이 '없다'(전혀 없다+ 거의 없다)고 응답한 경우가 48.3%로 높은 경향을 보인다는 것이다.

[표VI-30] 학력별 다문화정책 정보경험

(단위:% , 명)

	전혀 없다	거의 없다	보통	대체로 많다	매우 많다	계	x^2
초등학교 이하	9.1	15.2	42.4	24.2	9.1	100(33)	
중학교	6.8	13.6	37.1	30.3	12.1	100(132)	
고등학교	14.2	12.8	36.5	28.9	7.6	10(211)	32.7**
대학교 이상	25.0	23.3	28.3	15.0	8.3	100(120)	
계	14.5	15.7	35.1	25.6	9.1	100(496)	

● 무응답은 결측값 처리함.
* P 〈 .05   ** P 〈 .01   *** P 〈 .001

6. 결혼이주여성의 법률 및 인권보호 교육 참여 경험

결혼이주여성을 대상으로 국가기관에서 개최한 법률 및 인권보호 등에 대한 교육에 참여한 경험이 있는 지에 대해 조사한 결과 아래의 [표VI-31]과 같이 '참여한 경험이 없는 경우'가 60.6%로 '참여한 경험이 있는 경우' 39.4%에 비해 높게 나타났다.

[표VI-31] 인권교육 참여의 경험유무

(단위:% , 명)

변 인	구 분	계(명)
인권 교육 참여 경험유무	있음	39.4(199)
	없음	60.6(306)
	계	100(505)

● 무응답은 결측값 처리함.

결혼이주여성의 출신국별로 국가기관에서 개최한 법률 및 인권보호 등에 대한 교육에 참여한 경험 유무에 대해 살펴본 결과는 아래의 [표VI-32]와 같이 p〈.01수준에서 유의한 차이를 보였다. 법률 및 인권보호 등에 대한 교육에 참여한 경험이 있는 결혼이주여성의 출신국은 베트남이 48.4%로 가장 많았고 그 다음 캄보디아 48.3%, 필리핀 33.3%, 중국 31.3%, 재중동포 30.2%, 기타 출신국 25.0%의 순으로 나타났다. 법률 및 인권보호 등에 대한 교육에 참여한 경험이 없는 결혼이주여성의 출신국은 재중동포 69.8%로 가장 많았고, 그 다음 중국 68.7%, 필리핀 66.7%, 캄보디아 51.7%, 베트남 51.6%, 기타 출신국 7.5%의 순이었다.

결혼이주여성의 연령별로 국가기관에서 개최한 법률 및 인권보호 등에 대한 교육에 참여한 경험 유무에 대해 살펴본 결과는 아래의 [표VI-33]과 같이 나타났다. 법률 및 인권보호 등에 대한 교육에 참여한 경험이 있는 결혼이주여성의 연령대는 40세 이상

[표Ⅵ-32] 국적별 인권교육 참여경험 유무

(단위:% , 명)

	있음	없음	계	x^2
재중동포	30.2	69.8	100(43)	
중국	31.3	68.7	100(115)	
베트남	48.4	51.6	100(217)	16.8**
필리핀	33.3	66.7	100(69)	
캄보디아	48.3	51.7	100(29)	
기타	25.0	7.5	100(32)	
계	39.4	60.6	100(505)	

● 무응답은 결측값 처리함.
* P 〈 .05　** P 〈 .01　*** P 〈 .001

인 경우가 42.9%로 가장 많았고, 그 다음 30세 미만인 경우 39.9%, 30대인 경우 37.7%로 나타났다. 법률 및 인권보호 등에 대한 교육에 참여한 경험이 없는 결혼이주여성의 연령대는 30대인 경우가 62.3%, 30세 미만인 경우 60.1%, 40세 이상인 경우 57.1%의 순으로 나타났다.

[표Ⅵ-33] 연령별 인권교육 참여경험

(단위:% , 명)

	참여	비참여	계(명)
30세 미만	39.9	60.1	100(258)
30~39세	37.7	62.3	100(191)
40세 이상	42.9	57.1	100(56)
계(명)	39.4	60.6	100(505)

● 무응답은 결측값 처리함.

결혼이주여성의 소득수준별로 국가기관에서 개최한 법률 및 인권보호 등에 대한 교육에 참여한 경험 유무에 대해 살펴본 결과는 아래의 [표Ⅵ-34]와 같이 나타났다.

[표Ⅵ-34] 소득별 인권교육 참여경험

(단위:% , 명)

	참여	비참여	계(명)
100만 원 미만	46.8	53.2	100(79)
200만 원 미만	36.1	63.9	100(216)
300만 원 미만	40.8	59.2	100(147)
300만 원 이상	44.7	55.3	100(38)
계(명)	40	60	100(480)

● 무응답은 결측값 처리함.

법률 및 인권보호 등에 대한 교육에 참여한 경험이 있는 결혼이주여성의 소득수준은 100만 원 미만인 경우가 46.8%로 가장 많았고 그 다음 소득수준이 300만 원 이상인 경우 44.7%, 300만 원 미만인 경우가 40.8%, 200만 원 미만인 경우가 36.1%로 나타났다. 법률 및 인권보호 등에 대한 교육에 참여한 경험이 없는 결혼이주여성의 소득수준은 200만 원 미만인 경우 63.9%, 300만 원 미만인 경우 59.2%, 300만 원 이상인 경우 55.3%, 100만 원 미만인 경우 53.2%의 순으로 나타났다.

결혼이주여성의 한국거주기간에 따른 국가기관에서 개최한 법률 및 인권보호 등에 대한 교육에 참여한 경험 유무에 대해 살펴본 결과는 아래의 [표VI-35]와 같이 p<.01 수준에서 유의한 차이를 보였다. 법률 및 인권보호 등에 대한 교육에 참여한 경험이 있는 결혼이주여성의 한국거주기간은 5년 이상 7년 미만으로 거주한 경우 54.9%로 가장 많았고, 그 다음 7년 이상 거주한 경우 38.7%, 2년 이상 5년 미만으로 거주한 경우 34.8%, 2년 미만으로 거주한 경우 33.6%로 나타났다. 법률 및 인권보호 등에 대한 교육에 참여한 경험이 없는 결혼이주여성의 한국거주기간은 2년 미만으로 거주한 경우 66.4%로 가장 많았고, 그 다음 2년 이상 5년 미만으로 거주한 경우 65.2%, 7년 이상 거주한 경우 61.3%, 5년 이상 7년 미만으로 거주한 경우 45.1%로 나타났다. 한국거주기간이 2년 미만인 결혼이주여성 집단의 경우 법률 및 인권보호 등에 대한 교육에 참여한 경험이 없는 높은 집단인데 반해, 5년 이상 7년 미만으로 한국에 거주한 결혼이주여성 집단은 법률 및 인권보호 등에 대한 교육에 참여한 경험이 있는 높은 집단으로 볼 수 있다.

[표VI-35] 거주기간별 인권교육 참여경험

(단위:% , 명)

	있음	없음	계	x^2
2년 미만	33.6	66.4	100(134)	
2~5년 미만	34.8	65.2	100(158)	
5~7년 미만	54.9	45.1	100(102)	13.6**
7년 이상	38.7	61.3	100(111)	
계	39.4	60.6	100(505)	

● 무응답은 결측값 처리함.
* P < .05   ** P < .01   *** P < .001

결혼이주여성의 학력수준별로 국가기관에서 개최한 법률 및 인권보호 등에 대한 교육에 참여한 경험 유무에 대해 살펴본 결과는 아래의 [표VI-36]과 같이 나타났다. 법률 및 인권보호 등에 대한 교육에 참여한 경험이 있는 결혼이주여성의 학력수준은 고등학교인 경우가 41.7%, 초등학교 이하인 경우 39.4%, 중학교인 경우 39.1%, 대학교 이상인 경우가 38.7%의 순으로 나타났다. 법률 및 인권보호 등에 대한 교육에 참여한 경험이 없는 결혼이주여성의 학력수준은 대학교이상인 경우가 61.3%로 가장 많았고, 그 다음으로 학력수준이 중학교인 경우 60.9%, 초등학교 이하인 경우 60.6%, 고등학교인 경우 58.3%로 나타났다.

[표Ⅵ-36] 학력별 인권교육 참여경험

(단위:% , 명)

	참여	비참여	계(명)
초등학교 이하	39.4	60.6	100(33)
중학교	39.1	60.9	100(133)
고등학교	41.7	58.3	100(211)
대학교 이상	38.7	61.3	100(119)
계(명)	40.1	59.9	100(496)

● 무응답은 결측값 처리함.

7. 결혼이주여성의 법률 및 인권보호 교육 동반 참여

국가기관에서 개최한 법률 및 인권보호 등에 대한 교육에 참여한 경험이 있는 결혼이주여성 199명을 대상으로 누구와 함께 참석했는지에 대해 조사한 결과 아래의 [표Ⅵ-37]과 같이 나타났다. '본국친구'와 함께 교육에 참석했다고 응답한 경우가 34.7%로 가장 많았으며, 그 다음 '남편' 28.6%, '혼자' 23.1%, '기타' 8.0%, '한국친구' 4.0%, '시부모님' 1.5%의 순으로 나타났다.

[표Ⅵ-37] 인권교육 동반 참여

(단위:% , 명)

변 인	구 분	계(명)
인권 교육 동반 참여	혼자	23.1(46)
	남편	28.6(57)
	시부모님	1.5(3)
	본국친구	34.7(69)
	한국친구	4.0(8)
	기타	8.0(16)
	합계	100(199)

결혼이주여성의 국적별로 국가기관에서 개최한 법률 및 인권보호 등에 대한 교육에 함께 참석한 대상은 누구인지에 대해 살펴본 결과 아래의 [표Ⅵ-38]과 같이 나타났다. 결혼이주여성의 출신국이 재중동포인 경우 '본국친구'와 함께 38.5%, 중국인 경우

'혼자서'가 41.7%, 베트남인 경우는 '남편'과 함께 37.1%로 나타났다. 출신국이 필리핀인 경우는 '본국친구'와 함께 39.1%, 캄보디아인 경우도 '본국친구' 42.9%로 국가기관에서 개최한 법률 및 인권보호 등에 대한 교육에 함께 참석한 대상으로 나타났다. 기타 출신국인 경우는 '혼자서' 또는 '남편'과 함께 37.5%로 교육에 참석한 것으로 나타났다.

[표VI-38] 국적별 인권교육 참여 동반자

(단위:% , 명)

	혼자	남편	시부모님	본국친구	한국친구	기타	계(명)
재중동포	30.8	0.0	0.0	38.5	7.7	23.1	100(13)
중국	41.7	11.1	0.0	38.9	2.8	5.6	100(36)
베트남	18.1	37.1	1.9	32.4	3.8	6.7	100(105)
필리핀	8.7	30.4	0.0	39.1	8.7	13	100(23)
캄보디아	21.4	28.6	7.1	42.9	0.0	0.0	100(14)
기타	37.5	37.5	0.0	12.5	0.0	12.5	100(8)
계(명)	23.1	28.6	1.5	34.7	4.0	8.0	100(199)

결혼이주여성의 연령별로 국가기관에서 개최한 법률 및 인권보호 등에 대한 교육에 함께 참석한 대상은 누구인지에 대해 살펴본 결과 아래의 [표VI-39]와 같이 나타났다. 결혼이주여성의 연령대가 30세 미만인 경우 '본국친구' 37.9%, '남편' 35.9%의 순으로 나타났다. 30대인 결혼이주여성은 '혼자서'가 33.3%로 가장 많았고, 그 다음으로 '본국친구' 29.2%로 나타났다. 결혼이주여성의 연령대가 40세 이상인 경우 '본국친구' 37.5%, '남편' 25.0%의 순으로 국가기관에서 개최한 법률 및 인권보호 등에 대한 교육에 함께 참석한 것으로 나타났다.

[표VI-39] 연령별 인권교육 참여 동반자

(단위:% , 명)

	혼자	남편	시부모님	본국친구	한국친구	기타	계(명)
30세 미만	16.5	35.9	1.9	37.9	1.9	5.8	100(103)
30~39세	33.3	19.4	1.4	29.2	5.6	11.1	100(72)
40세 이상	20.8	25.0	0.0	37.5	8.3	8.3	100(24)
계(명)	23.1	28.6	1.5	34.7	4.0	8.0	100(199)

결혼이주여성의 소득수준별로 국가기관에서 개최한 법률 및 인권보호 등에 관한 교육에 함께 참석한 대상은 누구인지에 대해 살펴본 결과 아래의 [표VI-40]과 같이 나타났다. 결혼이주여성의 소득수준이 100만 원 미만인 경우 '남편' 32.4%, '본국친구' 29.7%의 순으로 나타났다. 200만 원 미만인 경우도 '남편' 35.9%, '본국친구' 26.9%로 유사하게 나타났다. 소득수준이 300만 원 미만인 경우 결혼이주여성은 국가기관에서 개

최한 법률 및 인권보호 등에 대한 교육에 '본국친구' 43.3%, '혼자서' 또는 '남편과 함께' 21.7%로 참석한 것으로 나타났다. 300만 원 이상의 소득수준을 가진 경우 '본국친구'47.1%, '혼자서' 35.3%로 교육에 참석하는 것으로 나타났다.

[표Ⅵ-40] 소득별 인권교육 참여 동반자

(단위: %, 명)

	혼자	남편	시부모님	본국친구	한국친구	기타	계(명)
100만 원 미만	16.2	32.4	5.4	29.7	5.4	10.8	100(37)
200만 원 미만	24.4	35.9	0.0	26.9	3.8	9.0	100(78)
300만 원 미만	21.7	21.7	1.7	43.3	5.0	6.7	100(60)
300만 원 이상	35.3	17.6	0.0	47.1	0.0	0.0	100(17)
계(명)	22.9	29.2	1.6	34.4	4.2	7.8	100(192)

● 무응답은 결측값 처리함.

결혼이주여성의 한국거주기간별로 국가기관에서 개최한 법률 및 인권보호 등에 대한 교육에 함께 참석한 대상은 누구인지에 대해 살펴본 결과 아래의 [표Ⅵ-41]과 같이 나타났다. 결혼이주여성의 한국거주기간이 2년 미만인 경우는 '본국친구' 40.0%, '남편' 35.6%의 순이었고, 2년 이상 5년 미만으로 거주한 경우는 '본국친구' 41.8%, '혼자서'가 23.6%로 나타났다. 5년 이상 7년 미만으로 거주한 경우는 '혼자서' 32.1%로 가장 많았고, 그 다음으로 '남편'과 함께 30.4%로 교육에 참석한 것으로 나타났다. 7년 이상 거주한 결혼이주여성은 국가기관에서 개최한 법률 및 인권보호 등에 대한 교육에 '남편'또는 '본국친구' 30.2%, '혼자서' 18.6% 참석한 것으로 나타났다.

[표Ⅵ-41] 거주기간별 인권교육 참여 동반자

(단위:% , 명)

	혼자	남편	시부모님	본국친구	한국친구	기타	계(명)
2년 미만	15.6	35.6	2.2	40.0	0.0	6.7	100(45)
2~5년 미만	23.6	20.0	0.0	41.8	5.5	9.1	100(55)
5~7년 미만	32.1	30.4	3.6	26.8	1.8	5.4	100(56)
7년 이상	18.6	30.2	0.0	30.2	9.3	11.6	100(43)
계(명)	23.1	28.6	1.5	34.7	4.0	8.0	100(199)

결혼이주여성의 학력수준별로 국가기관에서 개최한 법률 및 인권보호 등에 대한 교육에 함께 참석한 대상은 누구인지에 대해 살펴본 결과 아래의 [표Ⅵ-42]와 같이 나타났다. 결혼이주여성의 학력수준이 초등학교 이하와 중학교인 경우 교육에 '남편'과 함께 참석한 비율이 각각 61.5%, 40.4%로 가장 많았다. 고등학교의 학력수준인 결혼이주여성의 경우 '본국친구' 36.4%, 대학교 이상인 경우도 '본국친구' 43.5%로 국가기관에

서 개최한 법률 및 인권보호 등에 대한 교육에 함께 참석한 것으로 나타났다.

[표VI-42] 학력별 인권교육 참여 동반자

(단위:% , 명)

	혼자	남편	시부모님	본국친구	한국친구	기타	계(명)
초등학교 이하	15.4	61.5	0.0	15.4	0.0	7.7	100(13)
중학교	21.2	40.4	3.8	28.8	1.9	3.8	100(52)
고등학교	27.3	20.5	1.1	36.4	5.7	9.1	100(88)
대학교 이상	19.6	21.7	0.0	43.5	4.3	10.9	100(46)
계(명)	23.1	28.6	1.5	34.7	4.0	8.0	100(199)

8. 결혼이주여성의 법률 및 인권보호 교육 참여의 만족도

국가기관에서 개최한 법률 및 인권보호 등에 대한 교육에 참여한 경험이 있는 결혼이주여성 197명을 대상으로 교육에 대한 만족도에 대해 조사한 결과 아래의 [표VI-43]과 같이 나타났다. 교육에 대해 '만족한다'가 43.7%로 가장 높았고, 그 다음 '보통' 34.0%, '매우 만족' 16.2%, '불만족'과 '매우 불만족'이 3.0%로 낮게 나타났다. 법률 및 인권보호 교육에 참석한 경험이 있는 결혼이주여성의 경우 교육에 대한 만족도는 높은 편으로 한국에 사는 결혼이주여성에게 법률 및 인권보호 교육의 필요성을 시사한다.

[표VI-43] 인권교육 참여 만족도

(단위:% , 명)

변 인	구 분	계(명)
인권교육 참여 만족도	매우불만족	3.0(6.0)
	불만족	3.0(6.0)
	보통	34.0(67)
	만족	43.7(86)
	매우만족	16.2(32)
	합계	100(197)

결혼이주여성의 국적별로 국가기관에서 개최한 법률 및 인권보호 등에 대한 교육에 참여한 경험이 있는 경우 만족도를 조사한 결과 아래의 [표VI-44]와 같이 나타났다. 결혼이주여성의 출신국이 재중동포인 경우 참석한 교육에 대해 '만족한다'고 응답한 비율이 38.5%로 가장 높았다. 중국인 경우는 '보통이다' 54.3%, 베트남인 경우 '만족한다' 56.7%, 필리핀인 경우 '보통이다' 56.5%로 나타났다. 결혼이주여성의 출신국이 캄보디아인 경우 참석한 교육에 대해 '만족한다' 35.7%, 기타 출신국인 경우도 '만족한다'고

응답한 비율이 50.0%로 나타났다. 결혼이주여성의 출신국별로 국가기관에서 개최한 법률 및 인권보호 등에 대한 교육에 참여한 경험이 있는 경우 전반적으로 만족하는 것으로 나타났다.

[표Ⅵ-44] 국적별 인권교육 만족

(단위:% , 명)

	매우불만족	불만족	보통	만족	매우만족	계(명)
재중동포	7.7	0.0	30.8	38.5	23.1	100(13)
중국	0.0	2.9	54.3	31.4	11.4	100(35)
베트남	1.9	0.0	25.0	56.7	16.3	100(104)
필리핀	0.0	17.4	56.5	8.7	17.4	100(23)
캄보디아	21.4	7.1	21.4	35.7	14.3	100(14)
기타	0.0	0.0	25.0	50.0	25.0	100(8)
계(명)	3.0	3.0	34.0	43.7	16.2	100(197)

결혼이주여성의 연령별로 국가기관에서 개최한 법률 및 인권보호 등에 대한 교육에 참여한 경험이 있는 경우 만족도를 조사한 결과 아래의 [표Ⅵ-45]와 같이 나타났다. 전반적으로 결혼이주여성은 참여한 교육에 대해 '만족한다'고 응답한 비율이 전체 43.7%로 가장 높게 나타났으며, 그 중에서도 30세 미만인 결혼이주여성의 경우 다른 연령대에 비해 '교육에 만족한다'고 응답한 비율이 51.0%로 높게 나타났다.

[표Ⅵ-45] 연령별 인권교육 만족

(단위:% , 명)

	매우불만족	불만족	보통	만족	매우만족	계(명)
30세 미만	2.0	2.0	25.5	51.0	19.6	100(102)
30~39세	4.2	4.2	39.4	39.4	12.7	100(71)
40세 이상	4.2	4.2	54.2	25.0	12.5	100(24)
계(명)	3.0	3.0	34.0	43.7	16.2	100(197)

결혼이주여성의 한국거주기간별로 국가기관에서 개최한 법률 및 인권보호 등에 대한 교육에 참여한 경험이 있는 경우 만족도를 조사한 결과 아래의 [표Ⅵ-46]과 같이 나타났다. 한국거주기간이 7년 미만인 결혼이주여성의 경우는 참석한 교육에 '만족한다'고 응답한 비율이 높았는데, 그 중에서도 2년 미만으로 거주한 경우 45.5%, 2년 이상 5년 미만으로 거주한 경우 47.3%, 5년 이상 7년 미만으로 거주한 경우 51.8%로 나타났다. 국가기관에서 개최한 법률 및 인권보호 등에 대한 교육에 참여한 만족도는 7년 이상 거주한 결혼이주여성은 '보통이다'고 응답한 경우가 54.8%로 가장 높았다.

[표VI-46] 거주기간별 인권교육 만족

(단위:% , 명)

	매우불만족	불만족	보통	만족	매우만족	계(명)
2년 미만	2.3	2.3	29.5	45.5	20.5	100(44)
2~5년 미만	3.6	0.0	29.1	47.3	20.0	100(55)
5~7년 미만	3.6	3.6	26.8	51.8	14.3	100(56)
7년 이상	2.4	7.1	54.8	26.2	9.5	100(42)
계(명)	3.0	3.0	34.0	43.7	16.2	100(197)

결혼이주여성의 소득수준별로 국가기관에서 개최한 법률 및 인권보호 등에 대한 교육에 참여한 경험이 있는 경우 만족도를 조사한 결과 아래의 [표VI-47]과 같이 나타났다. 전반적으로 결혼이주여성은 참여한 교육에 대해 '만족한다' 고 응답한 비율이 44.2%로 가장 높게 나타났으며, 결혼이주여성의 소득수준이 300만 원 이상인 경우 '보통이다'고 응답한 비율이 58.8%로 가장 높게 나타났다.

[표VI-47] 소득별 인권교육 만족

(단위:% , 명)

	매우불만족	불만족	보통	만족	매우만족	계(명)
100만 원 미만	2.7	5.4	35.1	40.5	16.2	100(37)
200만 원 미만	2.6	2.6	29.9	45.5	19.5	100(77)
300만 원 미만	3.4	1.7	32.2	49.2	13.6	100(59)
300만 원 이상	0.0	0.0	58.8	29.4	11.8	100(17)
계(명)	2.6	2.6	34.2	44.2	16.3	100(190)

● 무응답은 결측값 처리함.

결혼이주여성의 학력수준별로 국가기관에서 개최한 법률 및 인권보호 등에 대한 교육에 참여한 경험이 있는 경우 만족도를 조사한 결과 아래의 [표VI-48]과 같이 나타났다. 전반적으로 결혼이주여성은 참여한 교육에 대해 '만족한다' 고 응답한 비율이 전체 43.7%로 가장 높게 나타났다. 결혼이주여성이 대학교 이상의 학력수준을 가진 경우 참여한 교육에 대한 만족도는 '보통이다'고 응답한 비율이 39.1%로 가장 높게 나타났다.

[표VI-48] 학력별 인권교육 만족

(단위:% , 명)

	매우불만족	불만족	보통	만족	매우만족	계(명)
초등학교 이하	7.7	0.0	23.1	53.8	15.4	100(13)
중학교	3.9	2.0	25.5	51.0	17.6	100(51)
고등학교	0.0	1.1	37.9	47.1	13.8	100(87)
대학교 이상	6.5	8.7	39.1	26.1	19.6	100(46)
계(명)	3.0	3.0	34.0	43.7	16.2	100(197)

9. 결혼이주여성의 인터넷 사용 유무

결혼이주여성의 인터넷 사용 유무에 대해 조사한 결과 아래의 [표Ⅵ-49]와 같이 나타났다. 인터넷을 '사용한다'고 응답한 경우가 82.3%로 가장 높게 나타났다. 이는 '사용하지 않는다' 11.6%와 '인터넷을 사용 할 줄 모른다' 6.1%의 이 둘을 합한 17.7% 보다 4.6배 높은 수치이다.

[표Ⅵ-49] 인터넷사용 유무

(단위:% , 명)

변 인	구 분	계(명)
인터넷 사용 유무	사용함	82.3(419)
	사용하지 않음	11.6(59)
	사용할 줄 모름	6.1(31)
	합계	100(509)

● 무응답은 결측값 처리함.

결혼이주여성의 국적별로 인터넷 사용 유무에 대해 조사한 결과 아래의 [표Ⅵ-50]과 같이 나타났다. '인터넷을 사용한다'고 응답한 결혼이주여성의 출신국은 재중동포 95.3%, 필리핀 90.0%, 중국 89.7%, 기타 출신국 87.5%, 베트남 74.7%, 캄보디아 66.7%의 순으로 나타났다. 인터넷을 '사용하지 않는다'고 응답한 결혼이주여성의 출신국은 캄보디아 23.3%, 베트남 18.0%, 기타 출신국 9.4%, 필리핀 8.6%, 중국 2.6%, 재중동포 2.3%의 순이었다. 결혼이주여성의 출신국별로 '인터넷을 사용 할 줄 모른다'고 응답한 경우는 캄보디아 10.0%, 중국 7.7%, 베트남 7.4%, 기타 출신국 3.1%, 재중동포 2.3%, 필리핀 1.4%의 순으로 나타났다.

[표Ⅵ-50] 국적별 인터넷사용 유무

(단위:% , 명)

	인터넷을 사용함	인터넷을 사용안함	인터넷을 사용할 줄 모름	계(명)
재중동포	95.3	2.3	2.3	100(43)
중국	89.7	2.6	7.7	100(117)
베트남	74.7	18.0	7.4	100(217)
필리핀	90.0	8.6	1.4	100(70)
캄보디아	66.7	23.3	10.0	100(30)
기타	87.5	9.4	3.1	100(32)
계(명)	82.3	11.6	6.1	100(509)

● 무응답은 결측값 처리함.

한국거주기간에 따른 결혼이주여성의 인터넷 사용 유무에 대해 살펴본 결과 아래의 [표VI-51]과 같이 p<.05수준에서 유의한 차이를 보였다. '인터넷을 사용한다'고 응답한 경우는 한국거주기간이 7년 이상인 경우가 88.3%로 가장 많았고, 그 다음 2년 이상 5년 미만인 경우가 84.8%, 2년 미만인 경우 79.7%, 5년 이상 7년 미만인 경우 75.5%의 순으로 나타났다. '인터넷을 사용하지 않는다'고 응답한 경우는 한국거주기간이 5년 이상 7년 미만인 경우가 19.6%로 가장 많았고, 2년 미만인 경우 13.8%, 7년 이상인 경우 8.1%, 2년 이상 5년 미만인 경우 7.0%로 낮게 나타났다. '인터넷을 사용할 줄 모른다'고 응답한 경우는 한국거주기간이 2년 이상 5년 미만인 경우가 8.2%로 가장 많았고, 그 다음 2년 미만인 경우 6.5%, 5년 이상 7년 미만인 경우 4.9%, 7년 이상인 경우 3.6%로 나타났다.

[표VI-51] 거주기간별 인터넷사용유무

(단위:% , 명)

	인터넷을 사용함	인터넷을 사용안함	인터넷을 사용할 줄 모름	계	x^2
2년 미만	79.7	13.8	6.5	100(138)	
2~5년 미만	84.8	7.0	8.2	100(158)	
5~7년 미만	75.5	19.6	4.9	100(102)	14.1*
7년 이상	88.3	8.1	3.6	100(111)	
계	82.3	11.6	6.1	100(509)	

● 무응답은 결측값 처리함.
* P < .05   ** P < .01   *** P < .001

결혼이주여성의 연령별로 인터넷 사용 유무에 대해 조사한 결과 아래의 [표VI-52]와 같이 나타났다. '인터넷을 사용한다'고 응답한 경우 결혼이주여성의 연령대는 30대가 87.0%로 가장 많았고, 40세 이상인 경우 85.7%, 30세 미만인 경우 78.2%로 나타났다. 인터넷을 '사용하지 않는다'고 응답한 결혼이주여성의 연령대는 30세 미만 14.6%, 30대 8.9%, 40세 이상 7.1%의 순으로 나타났다. '인터넷을 사용 할 줄 모른다'고 응답한 경우는 30세 미만이 7.3%, 40세 이상이 7.1%, 30대가 4.2%로였다.

[표VI-52] 연령별 인터넷사용 유무

(단위:% , 명)

	인터넷을 사용함	인터넷을 사용안함	인터넷을 사용할 줄 모름	계(명)
30세 미만	78.2	14.6	7.3	100(261)
30~39세	87.0	8.9	4.2	100(192)

40세 이상	85.7	7.1	7.1	100(56)
계(명)	82.3	11.6	6.1	100(509)

● 무응답은 결측값 처리함.

　　결혼이주여성의 소득수준을 기준으로 인터넷 사용 유무에 대해 조사한 결과 아래의 [표Ⅵ-53]과 같이 나타났다. '인터넷을 사용한다'고 응답한 경우 결혼이주여성의 소득수준은 300만 원 미만인 경우가 87.2%로 가장 많았고, 300만 원 이상인 경우 86.8%, 200만 원 미만인 경우 79.8%, 100만 원 미만인 경우 74.7%로 나타났다. '인터넷을 사용하지 않는다'고 응답한 경우는 100만 원 미만인 경우 16.5%, 200만 원 미만인 경우 15.1%, 300만 원 미만인 경우 6.1%, 300만 원 이상인 경우 5.3%의 순으로 나타났다. 결혼이주여성이 '인터넷을 사용할 줄 모른다'고 응답한 경우 소득수준은 100만 원 미만인 경우가 8.9%로 가장 많았고, 그 다음으로 300만 원 이상인 경우 7.9%, 300만 원 미만인 경우 6.8%, 200만 원 미만인 경우 5.0%의 순으로 나타났다.

[표Ⅵ-53] 소득별 인터넷사용 유무

(단위:% , 명)

	인터넷을 사용함	인터넷을 사용안함	인터넷을 사용할 줄 모름	계(명)
100만 원 미만	74.7	16.5	8.9	100(79)
200만 원 미만	79.8	15.1	5.0	100(218)
300만 원 미만	87.2	6.1	6.8	100(148)
300만 원 이상	86.8	5.3	7.9	100(38)
계(명)	81.8	11.8	6.4	100(483)

● 무응답은 결측값 처리함.

　　결혼이주여성의 학력수준별로 인터넷 사용 유무에 대해 살펴본 결과 아래의 [표Ⅵ-54]와 같이 p<.001수준에서 유의한 차이를 보였다. '인터넷을 사용한다고 응답한 경우'는 대학교 이상의 학력수준을 가진 결혼이주여성이 93.3%로 가장 많았고, 그 다음 고등학교의 학력수준 88.3%, 중학교 학력수준 71.6%, 초등학교 이하의 학력수준 51.5%로 낮게 나타났다. '인터넷을 사용할 줄 모른다'고 응답한 경우는 초등학교 이하의 학력수준을 가진 결혼이주여성이 30.3%로 가장 많았고, 그 다음 중학교 학력수준 22.4%, 고등학교 학력수준 4.7%, 대학교 이상 학력수준 5.8%의 순이었다. '인터넷을 사용할 줄 모른다'고 응답한 경우는 초등학교 이하의 학력수준을 가진 결혼이주여성이 18.2%로 가장 많았고, 고등학교 학력수준 7.0%, 중학교 학력수준 6.0%, 대학교 이상의 학력수준 0.8%로의 순으로 나타났다. 결혼이주여성의 학력이 높을수록 '인터넷을 사용한다'고

응답한 경우가 많았으며 초등학교 이하의 학력수준을 가진 결혼이주여성의 경우는 인터넷을 사용할 줄 모르거나 사용하지 않는다는 응답 비율이 높게 나타났다.

[표Ⅵ-54] 학력별 인터넷사용 유무

(단위:%, 명)

	인터넷을 사용함	인터넷을 사용안 함	인터넷을 사용할 줄 모름	계	x^2
초등학교 이하	51.5	30.3	18.2	100(33)	
중학교	71.6	22.4	6.0	100(134)	
고등학교	88.3	4.7	7.0	100(213)	58.4***
대학교 이상	93.3	5.8	0.8	100(120)	
계	82.6	11.4	6.0	100(500)	

● 무응답은 결측값 처리함.
* P 〈 .05   ** P 〈 .01   *** P 〈 .001

10. 결혼이주여성의 인터넷 사용 유형

결혼이주여성의 인터넷 사용 유형에 대해 살펴본 결과 아래의 [표Ⅵ-55]와 같이 나타났다 '자료 및 정보 획득'이 28.0%로 가장 높게 나타났고, '교육 및 학습'이 19.5%, '이메일' 15.8%, '채팅' 12.0%, '영화, 게임 등 여가활동' 8.9%, '인터넷 전화' 7.5%, '인터넷 쇼핑' 5.4%, '동호회·커뮤니티 활동'과 '개인미니홈피 및 블로그 운영' 1.2%, '인터넷 뱅킹' 0.5%의 순으로 나타났다.

[표Ⅵ-55] 인터넷사용 유형

(단위:%, 명)

변 인	구 분	계(명)
인터넷 사용 유형	자료 및 정보 획득	28.0(119)
	이메일	15.8(67)
	채팅	12.0(51)
	인터넷 전화	7.5(32)
	영화, 게임 등 여가활동	8.9(38)
	교육 및 학습	19.5(83)
	인터넷 쇼핑	5.4(23)
	인터넷 뱅킹(은행거래)	0.5(2)
	동호회·커뮤니티 활동	1.2(5)
	개인미니홈피 및 블로그 운영	1.2(5)
	합계	100(425)

● 무응답은 결측값 처리함.

　　결혼이주여성의 출신국별로 인터넷 사용 유형에 대해 살펴본 결과 아래의 [표Ⅵ-56]과 같이 나타났다. 결혼이주여성의 출신국이 재중동포인 경우 '자료 및 정보 획득' 33.6%, '채팅' 14.6%의 순이었고, 중국인 경우는 '교육 및 학습' 20.8%, '자료 및 정보 획득' 과 '채팅' 18.9로 나타났다. 출신국이 베트남인 경우 '자료 및 정보 획득' 31.3%, '교육 및 학습' 25.3%였고, 필리핀인 경우는 '자료 및 정보 획득' 27.0%, '이메일' 25.4%의 순으로 나타났다. 캄보디아 출신국인 결혼이주여성의 경우는 '자료 및 정보 획득' 33.3%, '이메일' 23.8%순이었고, 기타 출신국인 경우 '이메일' 39.3%, '자료 및 정보 획득' 28.6%의 순으로 인터넷을 사용하는 것으로 나타났다.

[표Ⅵ-56] 국적별 인터넷사용 유형

(단위:%, 명)

	자료 및 정보 획득	이메일	채팅	인디넷 전화	여가 활동 (영화, 게임)	교육 및 학습	인터넷 쇼핑	인터넷 뱅킹	동호회· 커뮤니티 활동	개인미니 홈피 및 블로그 운영	계 (명)
재중 동포	36.6	22.0	14.6	7.3	4.9	9.8	4.9	0.0	0.0	0.0	100 (41)
중국	18.9	14.2	18.9	10.4	8.5	20.8	7.5	0.9	0.0	0.0	100 (106)
베트남	31.3	6.6	9.0	7.2	11.4	25.3	3.6	0.6	1.8	3.0	100 (166)
필리핀	27.0	25.4	12.7	6.3	4.8	15.9	4.8	0.0	3.2	0.0	100 (63)
캄보 디아	33.3	23.8	0.0	4.8	14.3	4.8	19.0	0.0	0.0	0.0	100 (21)
기타	28.6	39.3	7.1	3.6	7.1	14.3	0.0	0.0	0.0	0.0	100 (28)
계(명)	28	15.8	12	7.5	8.9	19.5	5.4	0.5	1.2	1.2	100 (425)

● 무응답은 결측값 처리함.

　　결혼이주여성의 연령별로 인터넷 사용 유형에 대해 살펴본 결과 아래의 [표Ⅵ-57]과 같이 나타났다. 결혼이주여성의 연령대가 30세 미만인 경우 '자료 및 정보 획득' 30.3%로 가장 많았고, '교육 및 학습' 19.7%, '여가활동(영화, 게임)' 11.5%로 나타났다. 30대인 결혼이주여성은 '자료 및 정보 획득' 24.9%, '이메일' 22.5%, '교육 및 학습' 20.1%의 순으로 나타났다. 연령대가 40세 이상인 결혼이주여성의 경우는 '자료 및 정보 획득' 29.2%, '이메일' 18.8%, '교육 및 학습' 16.7%의 순이었다. 연령대에 따른 결혼이주여성의 인터넷 사용유형을 살펴본 결과 공통적으로 '자료 및 정보 획득'과 '교육 및 학습'을 위해 인터넷을 주로 사용하는 것으로 나타났다.

[표VI-57] 연령별 인터넷사용 유형

(단위:% , 명)

	자료 및 정보 획득	이메일	채팅	인터넷 전화	여가 활동 (영화, 게임)	교육 및 학습	인터넷 쇼핑	인터넷 뱅킹	동호회· 커뮤니티 활동	개인 미니 홈피 및 블로그 운영	계 (명)
30세 미만	30.3	9.6	10.6	6.7	11.5	19.7	6.3	0.5	2.4	2.4	100 (208)
30 ~39세	24.9	22.5	14.2	6.5	5.9	20.1	5.3	0.6	0.0	0.0	100 (169)
40세 이상	29.2	18.8	10.4	14.6	8.3	16.7	2.1	0.0	0.0	0.0	100 (48)
계(명)	28.0	15.8	12.0	7.5	8.9	19.5	5.4	0.5	1.2	1.2	100 (425)

● 무응답은 결측값 처리함.

한국거주기간에 따른 결혼이주여성의 인터넷 사용 유형에 대해 살펴본 결과 아래의 [표VI-58]과 같이 나타났다. 결혼이주여성의 한국거주기간이 2년 미만인 경우 '자료 및 정보 획득' 26.8%, '교육 및 학습' 20.5%, '채팅' 19.6%의 순으로 나타났다. 2년 이상 5년 미만으로 거주한 경우는 '자료 및 정보 획득' 20.4%, '교육 및 학습' 16.1%, '이메일' 15.3%의 순이었다. 5년 이상 7년 미만으로 거주한 결혼이주여성은 '자료 및 정보 획득' 33.3%로 가장 많았고 그 다음으로 '교육 및 학습' 23.1%, '채팅' 16.7%로 나타났다. 결혼이주여성이 7년 이상 한국에 거주한 경우 '자료 및 정보 획득' 35.7%, '이메일' 21.4%, '교육 및 학습' 20.4%의 순으로 나타났다.

[표VI-58] 거주기간별 인터넷사용 유형

(단위:% , 명)

	자료 및 정보 획득	이메일	채팅	인터넷 전화	여가 활동 (영화, 게임)	교육 및 학습	인터넷 쇼핑	인터넷 뱅킹	동호회 ·커뮤니티 활동	개인 미니 홈피 및 블로그 운영	계(명)
2년 미만	26.8	12.5	19.6	5.4	12.5	20.5	0.0	0.0	0.9	1.8	100 (112)
2~5년 미만	20.4	15.3	7.3	10.9	13.9	16.1	12.4	0.7	1.5	1.5	100 (137)
5~7년 미만	33.3	14.1	16.7	2.6	2.6	23.1	3.8	0.0	2.6	1.3	100 (78)

7년 이상	35.7	21.4	6.1	9.2	3.1	20.4	3.1	1.0	0.0	0.0	100 (98)
계(명)	28.0	15.8	12.0	7.5	8.9	19.5	5.4	0.5	1.2	1.2	100 (425)

● 무응답은 결측값 처리함.

결혼이주여성의 소득수준별로 인터넷 사용 유형에 대해 살펴본 결과 아래의 [표Ⅵ -59]와 같이 나타났다. 결혼이주여성의 소득수준이 100만 원 미만인 경우 '자료 및 정보 획득' 27.9%, '교육 및 학습' 23.0%, '이메일' 16.4%의 순으로 나타났다. 200만 원 미만인 경우 '자료 및 정보 획득' 29.9%, '교육 및 학습' 19.8%, '채팅' 13.6%로였고, 300만 원 미만인 경우는 '자료 및 정보 획득'과 '교육 및 학습' 27.1%, '이메일' 16.3%, '채팅' 14.0%의 순이었다. 결혼이주여성의 소득수준이 300만 원 이상인 경우 '자료 및 정보 획득' 26.5%, '이메일' 23.5%, '여가활동(영화, 게임)' 14.7%의 순으로 니다났다.

[표Ⅵ-59] 소득별 인터넷사용 유형

(단위:% , 명)

	자료 및 정보 획득	이메일	채팅	인터넷 전화	여가 활동 (영화, 게임)	교육 및 학습	인터넷 쇼핑	인터넷 뱅킹	동호회 ·커뮤 니티 활동	개인 미니 홈피 및 블로그 운영	계(명)
100만 원 미만	27.9	16.4	3.3	6.6	8.2	23.0	8.2	3.3	1.6	1.6	100 (61)
200만 원 미만	29.9	12.4	13.6	8.5	9.6	19.8	4.5	0.0	0.0	1.1	100 (177)
300만 원 미만	27.1	16.3	14.0	6.2	7.0	21.7	4.7	0.0	1.6	1.6	100 (129)
300만 원 이상	26.5	23.5	5.9	8.8	14.7	11.8	8.8	0.0	0.0	0.0	100 (34)
계(명)	28.4	15.2	11.5	7.5	9.0	20.2	5.5	0.5	1.0	1.2	100 (401)

● 무응답은 결측값 처리함.

결혼이주여성의 학력수준별로 인터넷 사용 유형에 대해 살펴본 결과 아래의 [표Ⅵ -60]과 같이 나타났다. 결혼이주여성의 학력수준이 초등학교 이하인 경우 '자료 및 정보 획득' 27.8%, '교육 및 학습' 22.2%, '이메일'와 '인터넷 전화' 16.7%의 순으로 나타났다. 학력수준이 중학교인 경우는 '자료 및 정보 획득'과 '교육 및 학습' 22.4%, '채팅' 17.3%, '인터넷 전화' 11.2%로였고, 결혼이주여성이 고등학교의 학력수준인 경우 '자료 및 정보 획득' 29.5%가 가장 많았고 '이메일' 17.4%, '교육 및 학습' 16.8%의 순이었다.

결혼이주여성의 학력수준이 대학교 이상인 경우는 '자료 및 정보 획득' 31.9%, '교육 및 학습' 22.1%, '이메일' 19.5%의 순으로 나타났다.

[표Ⅵ-60] 학력별 인터넷사용 유형

(단위:%, 명)

	자료 및 정보 획득	이메일	채팅	인터넷 전화	여가 활동 (영화, 게임)	교육 및 학습	인터넷 쇼핑	인터넷 뱅킹	동호회·커뮤니티 활동	개인 미니 홈피 및 블로그 운영	계 (명)
초등학교 이하	27.8	16.7	5.6	16.7	5.6	22.2	0.0	0.0	0.0	5.6	100 (18)
중학교	22.4	6.1	17.3	11.2	6.1	22.4	9.2	1.0	2.0	2.0	100 (98)
고등학교	29.5	17.4	12.6	5.8	10	16.8	5.3	0.5	1.1	1.1	100 (190)
대학교 이상	31.9	19.5	7.1	6.2	8.8	22.1	3.5	0.0	0.9	0.0	100 (113)
계(명)	28.4	15.3	11.9	7.6	8.6	19.8	5.5	0.5	1.2	1.2	100 (419)

● 무응답은 결측값 처리함.

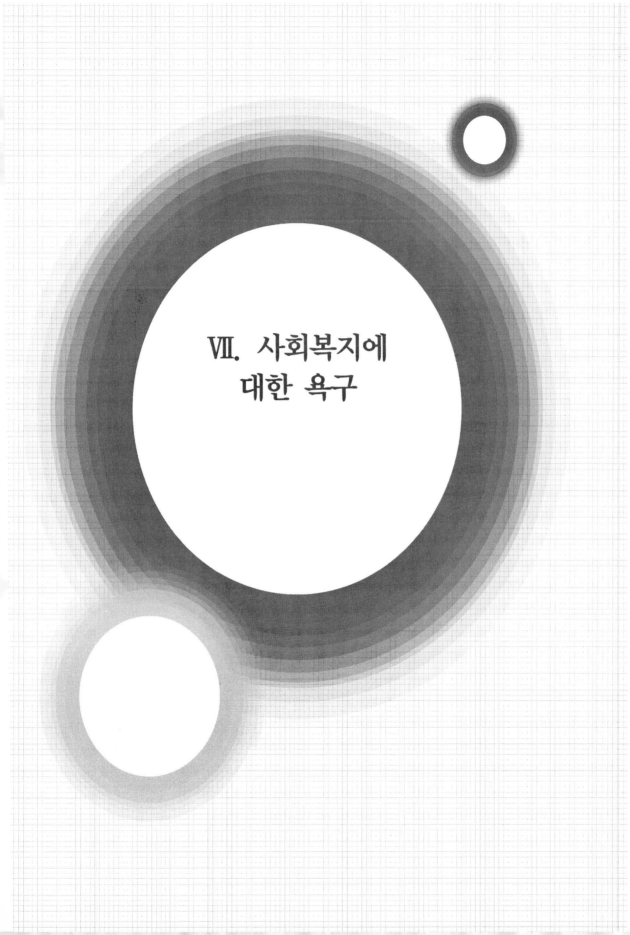

VII. 사회복지에 대한 욕구

이 장에서는 결혼이주여성이 생활세계의 한 구성원으로서 삶을 영위하는 데 있어서 갖게 되는 어려움과 사회복지욕구를 살펴보고자 한다. 이를 위해서 결혼이주여성의 국적, 연령, 거주기간, 소득수준, 교육수준에 따라 이들이 자녀교육에 있어서 겪게 되는 어려운 점과 필요한 지원, 한국사회에서 결혼이주여성이 이용한 복지서비스와 만족도가 높은 복지서비스 그리고 향후 일상생활에서 필요한 복지서비스는 무엇인지 모색해 보고자 한다.

1. 자녀교육에 있어서의 어려운 점

결혼이주여성이 자녀를 교육하는 데 있어서 가장 어려운 점은 무엇인지 알아보기 위해서 조사한 결과 아래의 [표Ⅶ-1]과 같이 나타났다. 결혼이주여성은 자녀를 교육하는데 있어서 가장 어려운 점은 '가정생활지도' 26.0%로 가장 많았다. 그 다음 '교과공부지도(예습 및 복습) 23.0%, '자녀와의 대화하기' 0.2%, '언어교육(한국어 및 모국어)' 19.4%, '학교생활 부적응' 9.4%, 학원비 마련 2.0%의 순으로 나타났다.

[표Ⅶ-1] 자녀교육에 있어서 어려운 점

(단위:%, 명)

구 분	계(명)
가정생활지도	26.0(102)
교과공부지도(예습 및 복습)	23.0(90)
자녀와의 대화하기	20.2(79)
학교생활 부적응	9.4(37)
언어교육(한국어 및 모국어)	19.4(76)
학원비 마련	2.0(8)
합계	100(392)

● 무응답은 결측값 처리함.

국적별로 결혼이주여성이 자녀교육에서 겪고 있는 가장 어려운 점에 대해 살펴본 결과 아래의 [표Ⅶ-2]와 같이 나타났다. 재중동포 43.6%, 중국 28.9%, 베트남 24.3%가 '가정생활지도'에서 필리핀 34.5%가 '언어교육'을 캄보디아 27.8%가 '학교생활부적응'을 그리고 기타 출신국인 경우 '교과공부 지도'에서 가장 큰 어려움을 겪고 있는 것으로 나타났다. 두 번째로 필리핀 25.5%와 베트남 23.1%, 재중동포 20.5%는 '교과공부지도'를, 중국 출신국인 결혼이주여성은 21.7%가 '교과공부지도'와 '자녀와의 대화하기'에 어려움을 갖고 있었다. 캄보디아 출신국인 결혼이주여성 22.2%와 기타 출신국 25.0%는 두 번째로 '가정생활 지도'에 어려움을 갖는 것으로 나타났다.

[표Ⅶ-2] 국적별 자녀교육 애로점

(단위:% , 명)

	가정생활 지도	교과공부 지도	자녀와의 대화하기	학교생활 부적응	언어 교육	학원비 마련	계(명)
재중동포	43.6	20.5	17.9	0	12.8	5.1	100(39)
중국	28.9	21.7	21.7	8.4	16.9	2.4	100(83)
베트남	24.3	23.1	22.0	10.4	18.5	1.7	100(173)
필리핀	16.4	25.5	20.0	3.6	34.5	0	100(55)
캄보디아	22.2	16.7	16.7	27.8	16.7	0	100(18)
기타	25.0	29.2	8.3	20.8	12.5	4.2	100(24)
계(명)	26.0	23.0	20.2	9.4	19.4	2.0	100(392)

● 무응답은 결측값 처리함.

결혼이주여성의 연령별로 자녀교육에서 겪고 있는 가장 어려운 점에 대해 살펴본 결과 아래의 [표Ⅶ-3]과 같이 나타났다. 30세 미만 26.2%와 30~39세 연령대인 27.2%가 '가정생활지도'에 가장 어려움을 겪고 있으며, 그 다음으로 '교과공부지도'에 30세 미만 22.5%와 30~39세 연령대 22.2%가 어려움을 겪고 있는 것으로 조사되었다. 40세 이상 연령대인 28.2%는 자녀의 '교과공부지도'가 가장 어렵고 '가정생활지도'에 20.5%가 그 다음으로 어렵다고 조사되었다.

[표Ⅶ-3] 연령별 자녀교육 애로점

(단위:% , 명)

	가정생활 지도	교과공부 지도	자녀와의 대화하기	학교생활 부적응	언어 교육	학원비 마련	계(명)
30세 미만	26.2	22.5	22.0	11.0	17.8	0.5	100(191)
30~39세	27.2	22.2	21.0	7.4	19.8	2.5	100(162)
40세 이상	20.5	28.2	7.7	10.3	25.6	7.7	100(39)
계(명)	26.0	23.0	20.2	9.4	19.4	2.0	100(392)

● 무응답은 결측값 처리함.

한국거주기간에 따라 결혼이주여성이 자녀교육에서 겪고 있는 가장 어려운 점에 대해 아래의 [표Ⅶ-4]와 같이 살펴본 결과 $p<.01$(x^2 값 33.1)수준에서 유의한 차이를 보였다. 거주기간이 2년 미만인 경우 27.6%가 자녀교육에서 '가정생활지도'가 가장 어렵고, 그 다음으로 '자녀와의 대화하기' 21.1%로 나타났다. 2년 이상 5년 미만인 경우 28.0%가 '자녀와의 대화하기'에 가장 큰 어려움이 있으며, '언어교육'에 23.2%가 두 번째로 갖는 어려움 이였다. 5년 이상 7년 미만인 경우 30.5%와 7년 이상 거주한 경우

33.3%는 ‘교과공부지도’가 가장 큰 어려움이며, 그 다음 ‘가정생활지도’에 있어 어려움이 있는 것으로 나타났다.

결혼이주여성의 경우 한국거주기간이 5년 이상이 되면 자녀의 학업과 가정교육에 많은 관심을 갖게 된다는 사실을 알 수 있다. 자녀의 ‘교과공부지도’에 대한 어려움은 한국거주기간이 길어질수록 높아지는 경향을 나타내는 데 자녀가 한국사회의 구성원으로서 성장하기를 원하는 어머니로서의 바람이 반영된 것으로 보인다.

[표Ⅶ-4] 거주기간별 자녀교육 애로점

(단위:% , 명)

	가정생활 지도	교과공부 지도	자녀와의 대화하기	학교생활 부적응	언어 교육	학원비 마련	계(명)
2년 미만	27.6	18.4	21.1	13.2	19.7	0.0	100(76)
2~5년 미만	22.4	12.0	28.0	11.2	23.2	3.2	100(125)
5~7년 미만	29.5	30.5	13.7	10.5	14.7	1.1	100(95)
7년 이상	26.0	33.3	15.6	3.1	18.8	3.1	100(96)
계(명)	26.0	23.0	20.2	9.4	19.4	2.0	100(392)

● 무응답은 결측값 처리함.

* P 〈 .05　** P 〈 .01　*** P 〈 .001

결혼이주여성의 소득수준에 따라 자녀교육에서 겪고 있는 가장 어려운 점에 대해 살펴본 결과 아래의 [표Ⅶ-5]와 같이 나타났다. 소득수준별로 ‘가정생활지도’가 자녀교육에 있어서 공통적으로 겪는 어려움으로 나타났다. 100만 원 미만의 경우 ‘가정생활지도’와 ‘교과공부지도’ ‘언어교육’이 22.4%로 자녀교육에서 가장 어려운 것으로 나타났다. 200만 원 미만인 경우 ‘가정생활지도’가 26.5%로 가장 높았고, 그 다음으론 ‘자녀와의 대화하기’ 가 24.7%로 어렵다고 조사되었다. 300만 원 미만의 경우 ‘가정생활지도’ 27.0%로 가장 높았고, 두 번째로 겪는 어려움은 ‘교과공부 지도’ 26.1%로 나타났다. 소득수준이 300만 원 이상인 경우도 300만 원 미만의 경우와 동일했는데 그 비율은 각각 35.7%와 25.0%였다. 즉 결혼이주여성의 소득수준이 200만 원 이상일 경우 자녀교육에 있어서 ‘가정생활지도’와 ‘교과공부지도’에서 많은 어려움을 겪을 수도 있다는 것을 고려해 볼 수 있다.

[표Ⅶ-5] 소득별 자녀교육 애로점

(단위:% , 명)

	가정생활 지도	교과공부 지도	자녀와의 대화하기	학교생활 부적응	언어 교육	학원비 마련	계(명)
100만 원 미만	22.4	22.4	16.4	14.9	22.4	1.5	100(67)

200만 원 미만	26.5	21.8	24.7	5.9	19.4	1.8	100(170)
300만 원 미만	27.0	26.1	19.1	11.3	13.9	2.6	100(115)
300만 원 이상	35.7	25.0	10.7	7.1	17.9	3.6	100(28)
계(명)	26.6	23.4	20.5	9.2	18.2	2.1	100(380)

● 무응답은 결측값 처리함.

결혼이주여성의 학력수준에 따라 자녀교육에서 겪고 있는 가장 어려운 점에 대해 살펴본 결과 아래의 [표Ⅶ-6]과 같이 나타났다. 초등학교 이하의 학력수준을 가진 결혼이주여성의 경우 '자녀와의 대화하기'가 32.0%로 가장 높게 나타났고 '언어교육'이 24.0%로 자녀교육에서 겪는 두 번째 어려움으로 나타났다. 중학교의 학력수준을 가진 경우 '가정생활지도' 35.2%로 가장 많았고, 그 다음 '교과공부지도' 23.1%였다. 고등학교의 학력수준을 가진 경우 '교과공부지도'가 25.5%로 가장 많았고, '자녀와의 대화하기' 22.4의 순이었다. 대학교 이상의 학력수준을 가진 경우 자녀의 '가정생활지도'에 대한 어려움이 26.3%로 가장 많았고, '교과공부지도'가 22.1%로 두 번째로 겪는 어려움으로 나타났다. 중학교 이상의 학력수준을 가진 결혼이주여성이 자녀교육에서 겪는 공통적인 어려움은 자녀의 '교과공부지도'라는 것을 알 수 있다.

[표Ⅶ-6] 학력별 자녀교육 애로점

(단위:% , 명)

	가정생활지도	교과공부지도	자녀와의 대화하기	학교생활 부적응	언어 교육	학원비 마련	계(명)
초등학교 이하	12.0	12.0	32.0	16.0	24.0	4.0	100(25)
중학교	35.2	23.1	16.7	7.4	16.7	0.9	100(108)
고등학교	21.1	25.5	22.4	10.6	19.9	0.6	100(161)
대학교 이상	26.3	22.1	17.9	8.4	20.0	5.3	100(95)
계(명)	25.7	23.1	20.3	9.5	19.3	2.1	100(389)

● 무응답은 결측값 처리함.

2. 자녀에게 필요한 지원

결혼이주여성이 자녀를 교육하는 데 있어서 가장 필요한 지원은 무엇인지 알아보기 위해서 조사한 결과 아래의 [표Ⅶ-7]과 같이 나타났다. 자녀에게 가장 필요한 지원에 대해서 '한국어 한글 교육'이 32.8%로 가장 높게 나타났다. 그 다음 '기초교과지도'와 '부모교육' 27.1%, '나의 모국어 교육' 3.6%, '심리상담' 3.3.%, '진학지도'와 '학교 교육비, 급식비 등 지원' 3.1%의 순으로 나타났다.

[표Ⅶ-7] 자녀에게 필요한 지원 사항

(단위:% , 명)

구 분	계(명)
기초교과지도	27.1(114)
부모교육	27.1(114)
한국어 한글교육	32.8(138)
나의모국어교육	3.6(15)
심리상담	3.3(14)
진학지도	3.1(13)
학교 교육비, 급식비 등 지원	3.1(13)
합계	100.0(421)

● 무응답은 결측값 처리함.

결혼이주여성의 국적별로 자녀에게 가장 필요한 지원이 무엇인지에 대해 살펴본 결과 아래의 [표Ⅶ-8]과 같이 나타났다. 자녀에게 가장 필요한 지원으로 재중동포 30.8%, 중국 32.2%가 '기초교과지도'라고 조사되었고 그 다음으로 필요한 지원으론 '부모교육'이며 재중동포 33.3%, 중국 30.0%로 나타났다. 베트남 출신국인 결혼이주여성의 경우 '한국어 한글교육' 42.2%, '기초교과지도' 26.7%의 순으로 나타났고, 필리핀인 경우 '기초교과지도' 32.8%, '한국어 한글교육' 27.6%로 나타났다. 캄보디아 출신국인 결혼이주여성 59.1%와 기타 출신국 결혼이주여성 48.0%는 '부모교육'이 자녀에게 가장 필요한 지원으로 높게 나타났고, 그 다음 '한국어 한글교육'이 필요하다고 조사되었다.

재중동포와 중국을 제외한 베트남, 필리핀, 캄보디아, 기타 출신국인 결혼이주여성 자녀에게 공통적으로 필요한 지원은 '한국어 한글교육'임이 조사되었다.

[표Ⅶ-8] 국적별 자녀지원 필요사항

(단위:% , 명)

	기초 교과지도	부모 교육	한국어 한글교육	나의 모국어 교육	심리 상담	진학 지도	학교교육비, 급식비 지원	계(명)
재중동포	30.8	33.3	17.9	5.1	0.0	10.3	2.6	100(39)
중국	32.2	30.0	24.4	4.4	5.6	1.1	2.2	100(90)
베트남	26.7	18.7	42.2	4.3	3.7	1.6	2.7	100(187)
필리핀	32.8	24.1	27.6	0.0	3.4	6.9	5.2	100(58)
캄보디아	4.5	59.1	36.4	0.0	0.0	0.0	0.0	100(22)
기타	12.0	48.0	24.0	4.0	0.0	4.0	8.0	100(25)
계(명)	27.1	27.1	32.8	3.6	3.3	3.1	3.1	100(421)

● 무응답은 결측값 처리함.

결혼이주여성의 연령별로 자녀에서 가장 필요한 지원이 무엇인지에 대해 아래의 [표VII-9]와 같이 살펴본 결과 p<.05(x^2 값 22.1)수준에서 유의한 차이를 보였다. 연령대가 30세 미만인 결혼이주여성의 경우 '한국어 한글교육' 39.0%로 가장 높게 나타났고, 그 다음 필요한 지원으로 '부모교육' 25.7%로 나타났다. 30~39세인 결혼이주여성의 경우 '기초교과지도' 30.4%로 가장 높았고, '부모교육' 28.6%의 순이었다. 40세 이상인 결혼이주여성의 경우 '부모교육'과 '한국어 한글교육'이 27.9%로 가장 높았으며, 그 다음 필요한 지원으로 자녀의 '기초교과지도' 23.3%로 나타났다. 결혼이주여성의 연령대별로 자녀에게 가장 필요한 공통적인 지원은 '부모교육'이며, 30세 미만인 결혼이주여성 자녀의 경우에는 '한국어한글교육'이 필요하고 30세 이상의 결혼이주여성 자녀에겐 '기초교과지도'가 필요하다는 사실을 알 수 있다.

[표VII-9] 연령별 자녀지원 필요사항

(단위:% , 명)

	기초 교과지도	부모 교육	한국어 한글교육	나의 모국어 교육	심리 상담	진학 지도	학교교육비, 급식비 지원	계(명)
30세 미만	25.2	25.7	39.0	2.9	1.9	1.9	3.3	100(210)
30~39세	30.4	28.6	26.2	4.2	5.4	2.4	3.0	100(168)
40세 이상	23.3	27.9	27.9	4.7	2.3	11.6	2.3	100(43)
계(명)	27.1	27.1	32.8	3.6	3.3	3.1	3.1	100(421)

● 무응답은 결측값 처리함.

* P < .05   ** P < .01   *** P < .001

결혼이주여성의 한국거주기간에 따라 자녀에서 가장 필요한 지원이 무엇인지에 대해 살펴본 결과 아래의 [표VII-10]과 같이 나타났다. 2년 미만 거주한 경우 '한국어 한글교육'이 40.5%로 가장 많았고, 그 다음 '기초교과지도'와 '부모교육' 21.4%의 순으로 나타났다. 2년 이상 5년 미만 거주한 경우 '한국어 한글교육' 36.4%, '부모교육' 29.3%의 순이었다. 5년 이상 7년 미만 거주한 경우 '기초교과지도'와 '부모교육'이 30.2%로 가장 높았고, 그 다음 '한국어 한글교육' 29.2%로 나타났다. 7년 이상 거주한 경우는 '기초교과지도'가 30.7%로 가장 높았고, 그 다음 '부모교육'이 25.7%로 나타났다. 결혼이주여성의 한국거주기간이 2년 미만인 경우 '한국어한글교육'이 자녀에게 가장 필요한 지원임을 알 수 있고, 7년 이상 한국에 거주한 결혼이주여성의 자녀에게는 '기초교과지도'가 가장 필요한 지원임을 알 수 있다. 그리고 한국거주기간이 7년 미만인 결혼이주여성에게 공통적으로 '부모교육'과 '한국어 한글교육'이 중요하다는 사실을 알 수 있다.

[표Ⅶ-10] 거주기간별 자녀지원 필요사항

(단위:% , 명)

	기초 교과지도	부모 교육	한국어 한글교육	나의 모국어 교육	심리 상담	진학 지도	학교교육비, 급식비 지원	계(명)
2년 미만	21.4	21.4	40.5	2.4	7.1	3.6	3.6	100(84)
2~5년 미만	25.7	29.3	36.4	2.9	0.0	2.1	3.6	100(140)
5~7년 미만	30.2	30.2	29.2	3.1	3.1	1.0	3.1	100(96)
7년 이상	30.7	25.7	24.8	5.9	5.0	5.9	2.0	100(101)
계(명)	27.1	27.1	32.8	3.6	3.1	3.1	3.1	100(421)

● 무응답은 결측값 처리함.

결혼이주여성의 소득수준 따라 자녀에서 가장 필요한 지원이 무엇인지에 대해 살펴본 결과 아래의 [표Ⅶ-11]과 같이 나타났다. 100만 원 미만의 소득수준을 가진 결혼이주여싱의 경우 '한국어 한글교육'이 38.4%로 가장 많았고, 그 다음 자녀의 '기초교과지도' 24.7%로 나타났다. 소득수준이 200만 원 미만인 경우도 '한국어 한글교육'이 35.7%로 가장 많았고, '기초교과지도'가 28.0%의 순으로 나타났다. 소득수준이 300만 원 미만인 경우에는 자녀에게 가장 필요한 지원이 '기초교과지도'와 '한국어 한글교육' 28.5%로 나타났고, 그 다음 '부모교육'이 26.0%로 나타났다. 300만 원 이상인 경우 '부모교육'이 33.3%로 가장 높게 나타났고, 두 번째 필요로 하는 지원은 '기초교과지도' 26.7%였다.

공통적으로 결혼이주여성의 소득수준별로 자녀에게 가장 필요로 하는 지원은 '기초교과지도'이고, 소득수준이 300만 원 미만인 결혼이주여성의 경우 '기초교과지도'와 '한국어 한글교육'이 자녀에게 필요한 지원임을 알 수 있다. '한국어 한글교육'은 100만 원 미만의 소득수준을 가진 결혼이주여성의 자녀에게 가장 필요한 지원이며, 300만 원 이상의 소득수준을 가진 경우 '부모교육'이 자녀에게 가장 필요한 지원이라 볼 수 있다.

[표Ⅶ-11] 소득별 자녀지원 필요사항

(단위:% , 명)

	기초 교과지도	부모 교육	한국어 한글교육	나의 모국어 교육	심리 상담	진학 지도	학교교육비, 급식비 지원	계(명)
100만 원 미만	24.7	23.3	38.4	2.7	4.1	5.5	1.4	100(73)
200만 원 미만	28.0	26.9	35.7	3.8	1.6	0.5	3.3	100(182)
300만 원 미만	28.5	26.0	28.5	4.1	4.9	5.7	2.4	100(123)
300만 원 이상	26.7	33.3	23.3	0.0	6.7	3.3	6.7	100(30)
계(명)	27.5	26.5	33.1	3.4	3.4	3.2	2.9	100(408)

● 무응답은 결측값 처리함.

결혼이주여성의 학력수준에 자녀에서 가장 필요한 지원이 무엇인지에 대해 살펴본 결과 아래의 [표Ⅶ-12]와 같이 나타났다. 결혼이주여성의 학력수준이 초등학교 이하인 경우 '한국어 한글교육'이 64.3%로 가장 높게 나타났고, 그 다음 '기초교과지도' 14.3%로 나타났다. 학력수준이 중학교인 경우 '한국어 한글교육'이 38.4%로 가장 높았고, '부모교육'이 31.3%의 순으로 나타났다. 고등학교의 학력수준을 가진 경우 '한국어 한글교육'이 30.3%로 가장 높았고, 그 다음으로 '기초교과지도' 28.1%로 나타났다. 학력수준이 대학교 이상인 경우는 자녀에게 가장 필요한 지원이 '기초교과지도' 33.3%로 조사되었고, 두 번째로 필요한 지원은 '부모교육' 28.3%였다. 결혼이주여성의 학력수준이 고등학교 이하인 경우 공통적으로 '한국어 한글교육'이 자녀에게 가장 필요한 지원으로 나타났다. 초등학교 이하의 학력수준을 가진 결혼이주여성의 자녀에게 가장 필요한 지원은 '한국어 한글교육'이며 결혼이주여성의 학력수준이 대학교 이상인 경우 그 자녀에게 있어서는 '기초교과지도'가 가장 필요한 지원임을 고려해 볼 수 있다. 1순위는 '한국어 교육'으로 330회, 2순위 서비스는 '자녀양육 및 학습지원' 167회, 3순위는 '직업훈련, 취업상담, 취업알선' 141회로 선택하였음을 알 수 있다.

[표Ⅶ-12] 학력별 자녀지원 필요사항

(단위:% , 명)

	기초 교과지도	부모 교육	한국어 한글교육	나의 모국어 교육	심리 상담	진학 지도	학교교육비, 급식비 지원	계(명)
초등학교 이하	14.3	10.7	64.3	0.0	7.1	3.6	0.0	100(28)
중학교	23.2	31.3	38.4	3.6	0.0	0.9	2.7	100(112)
고등학교	28.1	26.4	30.3	4.5	4.5	3.4	2.8	100(178)
대학교 이상	33.3	28.3	21.2	3.0	4.0	5.1	5.1	100(99)
계(명)	27.1	27.1	32.6	3.6	3.4	3.1	3.1	100(417)

● 무응답은 결측값 처리함.

3. 결혼이주여성의 사회복지욕구

3.1. 이용한 복지서비스

결혼이주여성이 한국사회에서 가장 우선적으로 이용한 서비스는 무엇인지에 대해 알아보기 위해 다중응답 처리한 결과 아래의 [표Ⅶ-13]과 같이 나타났다. 결혼이주여성이 가장 우선적으로 사용한 서비스가 '한국어 교육'으로 330명이 응답하여 빈도가 가장 큰 항목임을 알 수 있다. 이 응답률은 총 응답 수 대비 24.0%(=Pct of Responses), 총 케이스 대비 67.2%(=Pct of Case)에 해당한다. 그 다음으로 '자녀양육 및 학습지원' 12.2%, '직업훈련, 취업상담, 취업알선' 10.3%의 순으로 나타났다. 결혼이주여성이 가장 우선적으로 이용한 1순위 서비스는 '한국어 능력'으로 330회, 2순위 서비스는 '자녀양육 및 학습지원' 167회, 3순위는 '직업훈련, 취업상담, 취업알선' 141회로 선택하였음을 알 수 있다.

[표Ⅶ-13] 결혼이주여성이 이용한 서비스

(단위:% , 명)

변인	구분	응답%	케이스%
결혼이주 여성이 이용한 서비스	생계비(생계보조수당) 지원	4.3(59)	12.0
	의료비 지원	5.8(80)	16.3
	물품지원(식료품, 의료, 가구 등)지원	2.4(33)	6.7
	가정봉사서비스(청소, 세탁, 식사준비 등)	1.8(25)	5.1
	식사(밑반찬)배달 서비스	1.7(24)	4.9
	주택관련 서비스(집수리, 도배 등)	1.1(15)	3.1
	난방비 지원	1.2(17)	3.5
	직업훈련, 취업상담, 취업알선	10.3(141)	28.7
	상담(고민, 갈등, 정신건강 관련)	2.8(38)	7.7
	약물(알코올)상담	0.3(4)	0.8
	학대 혹은 가정폭력 상담	1.2(16)	3.3
	법률상담(국적, 취업, 이혼관련)	2.6(36)	7.3
	공연, 영화권 등 문화생활 지원	1.3(18)	3.7
	부부관계 및 가족관계 이해를 위한 상담 및 교육	5.8(80)	16.3
	임신 및 출산관련 지원 서비스	6.5(89)	18.1
	자녀양육 및 학습지원 서비스	12.2(167)	34.0
	아동을 위한 부모 상담, 부모교육	4.8(66)	13.4
	한국어 교육	24.0(330)	67.2
	한국사회적응을 위한 교육	9.9(136)	27.7
	합계	100(1374)	279.8

결혼이주여성의 출신국별로 한국사회에서 가장 우선적으로 이용한 서비스는 무엇인지에 대해 알아보기 위해 다중응답 처리한 결과 1순위, 2순위, 3순위 서비스는 아래의 [표Ⅶ-14]와 같이 나타났다. 출신국이 재중동포인 결혼이주여성의 경우 가장 우선적으로 이용한 1순위 서비스는 '자녀양육 및 학습지원 서비스' 57.1%, 2순위 서비스는 '아동을 위한부모 상담, 부모교육' 42.9%, 3순위 서비스는 '직업훈련, 취업상담, 취업알선' 40.5%로 나타났다. 중국출신국인 결혼이주여성의 경우 가장 우선적으로 이용한 1순위 서비스는 '한국어 교육' 79.1%, 2순위 서비스 '직업훈련, 취업상담, 취업알선' 35.7%, 3순위 서비스는 '의료비 지원' 32.2%였다. 베트남 출신국인 결혼이주여성의 경우 '한국어 교육' 63.5%, '자녀양육 및 학습지원 서비스' 36.1%, '한국사회적응을 위한 교육' 32.7%의

순으로 나타났다. 필리핀 출신국인 결혼이주여성의 경우 '한국어 교육' 60.3%, '생계비 (생계보조수당)지원' 30.9%, '자녀양육 및 학습지원 서비스' 29.4%의 순이었다. 캄보디아 출신국인 결혼이신국인 결혼이주여성의 경우 '한국어 교육' 89.3%, '자녀양육 및 학습지원 서비스'와 '한국사회적응을 위한 교육' 35.7%, '부부관계 및 가족관계 이해를 위한 상담 및 교육'과 '임신 및 출산관련 지원서비스' 25.0%의 순으로 나타났다. 기타 출신국인 결혼이주여성의 경우 '한국어 교육' 40.0%, '생계비(생계보조수당)지원'과 '아동을 위한 부모 상담, 부모교육' 16.7%, '직업훈련, 취업상담, 취업알선' 13.3%로 나타났다. 재중동포를 제외한 출신국별로 결혼이주여성이 가장 우선적으로 이용한 서비스는 '한국어교육' 이라는 공통점을 가진다. 재중동포를 제외한 출신국별로 결혼이주여성이 가장 우선적으로 이용한 서비스는 '한국어교육' 이라는 공통점을 가진다.

[표VII-14] 국적별 결혼이주여성이 이용한 서비스

(단위:% , 명)

	재중동포	중국	베트남	필리핀	캄보디아	기타	총계(명)
생계비(생계보조수당) 지원	4.8	6.1	10.1	30.9	10.7	16.7	59
의료비 지원	21.4	32.2	7.2	19.1	10.7	10.0	80
물품지원(식료품, 의료, 가구 등)지원	7.1	11.3	2.9	13.2	3.6	3.3	33
가정봉사서비스(청소, 세탁, 식사준비 등)	4.8	2.6	5.3	8.8	3.6	6.7	25
식사(밑반찬)배달 서비스	0.0	11.3	1.9	7.4	3.6	3.3	24
주택관련 서비스(집수리, 도배 등)	7.1	1.7	2.4	4.4	0.0	6.7	15
난방비 지원	7.1	4.3	2.4	2.9	3.6	3.3	17
직업훈련, 취업상담, 취업알선	40.5	35.7	31.3	17.6	7.1	13.3	141
상담(고민, 갈등, 정신건강 관련)	4.8	7.0	8.7	8.8	3.6	10.0	38
약물(알콜)상담	0.0	0.0	1.4	1.5	0.0	0.0	4
학내 혹은 가정폭력 상담	2.4	0.0	6.7	0.0	3.6	0.0	16
법률상담(국적, 취업, 이혼관련)	4.8	5.2	9.1	10.3	0.0	6.7	36
공연, 영화권 등 문화생활 지원	7.1	5.2	2.9	2.9	0.0	3.3	18
부부관계 및 가족관계 이해를 위한 상담 및 교육	11.9	8.7	20.7	19.1	25.0	6.7	80
임신 및 출산관련 지원 서비스	23.8	15.7	20.2	10.3	25.0	3.3	89
자녀양육 및 학습지원 서비스	57.1	22.6	36.1	29.4	35.7	6.7	167
아동을 위한 부모 상담, 부모교육	42.9	14.8	9.6	7.4	14.3	16.7	66
한국어 교육	38.1	79.1	63.5	60.3	89.3	40.0	330
한국사회적응을 위한 교육	2.4	22.6	32.7	25.0	35.7	6.7	136
합계(명)	42	115	208	68	28	30	100(491)

● 퍼센트와 합계는 응답자수를 기준으로 함.

결혼이주여성의 연령별로 한국사회에서 가장 우선적으로 이용한 서비스는 무엇인지에 대해 알아보기 위해 다중응답 처리한 결과 1순위, 2순위, 3순위 이용서비스는 아래의 [표VII-15]와 같이 나타났다. 결혼이주여성의 연령대가 30세 미만인 경우 가장 우선적으로 이용한 1순위 서비스는 '한국어 교육' 66.9%, 2순위 서비스는 '한국사회적응을 위한 교육' 33.5%, 3순위 서비스는 '자녀양육 및 학습지원 서비스' 33.1%로 나타났다. 30세 이상인 경우 1순위 이용서비스는 '한국어 교육' 68.1%, 2순위 이용서비스는 '자녀양육 및 학습지원 서비스' 36.8%, 3순위 이용서비스는 '직업훈련, 취업상담, 취업알선' 30.3%의 순이었다. 40세 이상인 경우 1순위 이용서비스는 '한국어 교육'으로 65.5%, 2순위 이용서비스는 '직업훈련, 취업상담, 취업알선' 30.9%, 3순위 이용서비스는 '자녀양육 및 학습지원 서비스' 29.1%로 나타났다. 연령별로 결혼이주여성이 한국사회에서 가장 우선적으로 이용한 서비스는 공통적으로 '한국어교육'이며, 30세 미만인 경우 '한국사회적응을 위한 교육'이 상대적으로 중요하고, 30세 이상이 되면 한국사회에서 자녀양육과 취업에 관련된 서비스 이용이 상대적으로 중요하게 된다는 사실을 고려해 볼 수 있다.

[표VII-15] 연령별 결혼이주여성이 이용한 서비스

(단위:% , 명)

	30세 미만	30~39세	40세 이상	총계(명)
생계비(생계보조수당) 지원	8.4	15.1	18.2	59
의료비 지원	10.8	21.1	25.5	80
물품지원(식료품, 의료, 가구 등)지원	4.8	7.6	12.7	33
가정봉사서비스(청소, 세탁, 식사준비 등)	5.6	3.8	7.3	25
식사(밑반찬)배달 서비스	3.2	6.5	7.3	24
주택관련 서비스(집수리, 도배 등)	2.4	3.2	5.5	15
난방비 지원	3.6	3.2	3.6	17
직업훈련, 취업상담, 취업알선	27.1	30.3	30.9	141
상담(고민, 갈등, 정신건강 관련)	7.2	7.0	12.7	38
약물(알코올)상담	1.2	0.5	0.0	4
학대 혹은 가정폭력 상담	5.2	1.6	0.0	16
법률상담(국적, 취업, 이혼관련)	8.4	5.9	7.3	36
공연, 영화권 등 문화생활 지원	2.8	4.9	3.6	18
부부관계 및 가족관계 이해를 위한 상담 및 교육	19.9	11.9	14.5	80
임신 및 출산관련 지원 서비스	20.7	19.5	1.8	89
자녀양육 및 학습지원 서비스	33.1	36.8	29.1	167
아동을 위한 부모 상담, 부모교육	9.6	19.5	10.9	66
한국어 교육	66.9	68.1	65.5	330
한국사회적응을 위한 교육	33.5	22.2	20.0	136
합계(명)	251	185	55	100(491)

● 퍼센트와 합계는 응답자수를 기준으로 함.

결혼이주여성의 거주기간별로 한국사회에서 가장 우선적으로 이용한 서비스는 무엇인지에 대해 알아보기 위해 다중응답 처리한 결과 1순위, 2순위, 3순위 이용서비스는 아래의 [표Ⅶ-16]과 같이 나타났다.

[표Ⅶ-16] 거주기간별 결혼이주여성이 이용한 서비스

(단위:%, 명)

	2년 미만	2~5년 미만	5~7년 미만	7년 이상	총계(명)
생계비(생계보조수당) 지원	10.8	6.6	12.0	20.9	59
의료비 지원	13.8	18.5	11.0	20.9	80
물품지원(식료품, 의료, 가구 등)지원	10.8	5.3	5.0	5.5	33
가정봉사서비스(청소, 세탁, 식사준비 등)	4.6	5.3	4.0	6.4	25
식사(밑반찬)배달 서비스	4.6	4.0	8.0	3.6	24
주택관련 서비스(집수리, 도배 등)	1.5	2.6	4.0	4.5	15
난방비 지원	2.3	4.0	5.0	2.7	17
직업훈련, 취업상담, 취업알선	26.9	27.8	29.0	31.8	141
상담(고민, 갈등, 정신건강 관련)	5.4	6.0	8.0	12.7	38
약물(알코올)상담	1.5	1.3	0.3	0.0	4
학대 혹은 가정폭력 상담	6.9	2.6	3.0	0.0	16
법률상담(국적, 취업, 이혼관련)	8.5	5.3	6.0	10.0	36
공연, 영화권 등 문화생활 지원	4.6	4.0	1.0	4.5	18
부부관계 및 가족관계 이해를 위한 상담 및 교육	23.8	14.6	17.0	9.1	80
임신 및 출산관련 지원 서비스	19.2	23.2	16.0	11.8	89
자녀양육 및 학습지원 서비스	15.4	31.8	43.0	50.9	167
아동을 위한 부모 상담, 부모교육	6.2	13.2	17.0	19.1	66
한국어 교육	70.8	75.5	64.0	54.5	330
한국사회적응을 위한 교육	39.2	29.1	25.0	14.5	136
합계(명)	130	151	100	110	100(491)

● 퍼센트와 합계는 응답자수를 기준으로 함.

한국사회에 거주한 기간이 2년 미만인 결혼이주여성의 경우 가장 우선적으로 이용한 서비스는 1순위 서비스는 '한국어 교육' 70.8%, 2순위 서비스는 '한국사회적응을 위한 교육' 39.2%, 3순위 서비스는 '직업훈련, 취업상담, 취업알선' 26.9%로 나타났다. 2년 이상 5년 미만으로 거주한 경우 1순위 이용서비스는 '한국어 교육' 75.5%, 2순위 이용서비스는 '한국사회적응을 위한 교육' 29.1%, 3순위 서비스는 '직업훈련, 취업상담, 취업알선' 27.8%로의 순이었다. 5년 이상 7년 미만으로 거주한 경우는 1순위 이용서비스 '한국어 교육' 60.4%, 2순위 이용서비스 '직업훈련, 취업상담, 취업알선' 29.0%, 3순위 이용서비스 '한국사회적응을 위한 교육' 25.0%로 나타났다. 7년 이상 거주한 결혼이주여성의 경우 1순위 이용서비스는 '한국어 교육' 54.5%, 2순위 이용서비스로는 '자녀양육 및 학습지원 서비스' 50.9%, 3순위 이용서비스는 '직업훈련, 취업상담, 취업알선' 31.8%로 조사되었다. 결혼이주여성의 거주기간별로 우선적으로 이용한 공통적인 서비스는 '한국어교육'과 '직업훈련, 취업상담, 취업알선'임을 알 수 있다. 7년 미만으로 거주한 경우는 '한국사회적응을 위한 교육' 서비스 이용이, 7년 이상 거주한 경우는 '자녀양육 및 학습지원서비스'이용이 두드러진다.

결혼이주여성의 소득수준별로 한국사회에서 가장 우선적으로 이용한 서비스는 무엇인지에 대해 알아보기 위해 다중응답 처리한 결과 1순위, 2순위, 3순위 이용서비스는 아래의 [표Ⅶ-17]과 같이 나타났다.

[표Ⅶ-17] 소득별 결혼이주여성이 이용한 서비스

(단위:% , 명)

	100만 원 미만	200만 원 미만	300만 원 미만	300만 원 이상	총계(명)
생계비(생계보조수당) 지원	17.1	14.0	7.1	2.7	54
의료비 지원	14.5	18.2	15.6	18.9	79
물품지원(식료품, 의료, 가구 등)지원	10.5	6.1	7.8	2.7	33
가정봉사서비스(청소, 세탁, 식사준비 등)	10.5	3.3	5.0	5.4	24
식사(밑반찬)배달 서비스	5.3	6.1	2.8	2.7	22
주택관련 서비스(집수리, 도배 등)	1.3	2.8	5.7	0.0	15
난방비 지원	2.6	2.3	5.7	2.7	16
직업훈련, 취업상담, 취업알선	21.1	25.7	34.0	32.4	131
상담(고민, 갈등, 정신건강 관련)	7.9	7.9	6.4	10.8	36
약물(알코올)상담	2.6	0.5	0.7	0.0	4
학대 혹은 가정폭력 상담	1.3	1.9	5.0	8.1	15
법률상담(국적, 취업, 이혼관련)	6.6	7.0	6.4	13.5	34
공연, 영화권 등 문화생활 지원	1.3	2.8	4.3	8.1	16
부부관계 및 가족관계 이해를 위한 상담 및 교육	15.8	19.6	12.8	10.8	76
임신 및 출산관련 지원 서비스	21.1	20.1	16.3	8.1	85
자녀양육 및 학습지원 서비스	32.9	35.0	36.2	32.4	163
아동을 위한 부모 상담, 부모교육	7.9	14.0	17.0	13.5	65
한국어 교육	65.8	65.4	68.1	83.8	317
한국사회적응을 위한 교육	26.3	26.6	27.0	32.4	127
합계(명)	76	214	141	37	100(468)

● 퍼센트와 합계는 응답자수를 기준으로 함.

100만 원 미만의 소득수준을 가진 결혼이주여성의 경우 가장 우선적으로 이용한 1순위 서비스는 '한국어 교육' 65.8%, 2순위 서비스로는 '자녀양육 및 학습지원서비스' 32.9%,

3순위 서비스는 '한국사회적응을 위한 교육' 26.3%로 나타났다. 200만 원 미만의 소득수준을 가진 결혼이주여성의 경우 1순위 이용서비스는 '한국어 교육' 65.4%, 2순위 서비스로는 '자녀양육 및 학습지원서비스' 35.0%, 3순위 서비스는 '한국사회적응을 위한 교육' 26.6%였다. 300만 원 미만의 소득수준을 가진 결혼이주여성의 경우 1순위 이용서비스는 '한국어 교육' 68.1%, 2순위 서비스로는 '자녀양육 및 학습지원서비스' 36.2%, 3순위 서비스는 '직업훈련, 취업상담, 취업알선' 34.0%로 나타났다. 소득수준이 300만 원 이상인 결혼이주여성의 경우 1순위 이용서비스는 '한국어 교육' 83.8%, 2순위 이용서비스로는 '자녀양육 및 학습지원서비스'와 '한국사회적응을 위한 교육' 그리고 '직업훈련, 취업상담, 취업알선' 32.4%, 3순위 서비스는 '의료비 지원' 18.9%로 나타났다. 결혼이주여성의 소득수준별로 가장 우선적으로 이용한 1순위 서비스는 공통적으로 '한국어 교육'으로 나타났다. 소득수준이 200만 원 미만일 경우 '자녀양육 및 학습지원서비스'와 '한국사회적응을 위한 교육'에 관한 서비스 이용이 높다는 점이고, 200만 원 이상일 경우 '직업훈련, 취업상담, 취업알선'에 관한 서비스이용이 두드러진다는 점을 알 수 있다.

결혼이주여성의 학력수준별로 한국사회에서 가장 우선적으로 이용한 서비스는 무엇인지에 대해 알아보기 위해 다중응답 처리한 결과 1순위, 2순위, 3순위 이용서비스는 아래의 [표VII-18]과 같이 나타났다. 초등학교 이하의 학력수준을 가진 결혼이주여성의 경우 가장 우선적으로 이용한 1순위 서비스는 '한국어 교육' 67.7%, 2순위 서비스로는 '자녀양육 및 학습지원서비스' 38.7%, 3순위 서비스는 '직업훈련, 취업상담, 취업알선' 32.3%로 나타났다. 결혼이주여성이 중학교의 학력수준을 가진 경우 1순위 이용서비스는 '한국어 교육' 67.7%, 2순위 이용서비스로는 '자녀양육 및 학습지원서비스' 36.3%, 3순위 이용서비스는 '직업훈련, 취업상담, 취업알선' 29.8%의 순이었다. 고등학교의 학력수준을 가진 결혼이주여성의 경우 1순위 이용서비스는 '한국어 교육' 63.5%, 2순위 이용서비스로는 '자녀양육 및 학습지원서비스' 33.7%, 3순위 이용서비스는 '한국사회적응을 위한 교육' 30.3%로 나타났다. 대학교 이상의 학력수준을 갖는 결혼이주여성의 경우 1순위 이용서비스는 '한국어 교육' 74.8%, 2순위 이용서비스로는 '한국사회적응을 위한 교육' 31.9%, 3순위 이용서비스 '자녀양육 및 학습지원서비스' 30.3%로 나타났다. 학력수준별로 결혼이주여성이 한국사회에서 가장 우선적으로 이용한 1순위 서비스는 '한국어 교육'이였고, 대학교 이상의 학력수준을 가진 결혼이주여성은 다른 학력수준을 가진 결혼이주여성에 비해 '한국어 교육'을 우선적으로 이용한 비율이 상대적으로 높다는 것을 알 수 있다. 또한 학력수준이 높은 결혼이주여성일수록 '한국사회적응을 위한 교육'을 이용한 서비스 이용률이 높아지는 경향을 보인다.

[표Ⅶ-18] 학력별 결혼이주여성이 이용한 서비스

(단위:% , 명)

	초등학교 이하	중학교	고등학교	대학교 이상	총계(명)
생계비(생계보조수당) 지원	16.1	11.3	9.6	13.4	55
의료비 지원	12.9	12.9	17.8	17.6	78
물품지원(식료품, 의료, 가구 등)지원	6.5	7.3	7.2	4.2	31
가정봉사서비스(청소, 세탁, 식사준비 등)	9.7	6.5	4.3	4.2	25
식사(밑반찬)배달 서비스	0.0	1.6	5.3	8.4	23
주택관련 서비스(집수리, 도배 등)	0.0	4.8	2.4	3.4	15
난방비 지원	0.0	4.8	2.9	4.2	17
직업훈련, 취업상담, 취업알선	32.3	29.8	28.4	26.1	137
상담(고민, 갈등, 정신건강 관련)	6.5	7.3	8.7	7.6	38
약물(알코올)상담	0.0	2.4	0.0	0.8	4
학대 혹은 가정폭력 상담	0.0	5.6	2.9	2.5	16
법률상담(국적, 취업, 이혼관련)	0.0	8.9	8.7	5.9	36
공연, 영화권 등 문화생활 지원	0.0	2.4	4.3	5.0	18
부부관계 및 가족관계 이해를 위한 상담 및 교육	6.5	17.7	18.3	14.3	79
임신 및 출산관련 지원 서비스	22.6	17.7	19.7	15.1	88
자녀양육 및 학습지원 서비스	38.7	36.3	33.7	30.3	163
아동을 위한 부모 상담, 부모교육	3.2	16.1	13.0	15.1	66
한국어 교육	67.7	67.7	63.5	74.8	326
한국사회적응을 위한 교육	19.4	22.6	30.3	31.9	135
합계(명)	31	124	208	119	100(482)

● 퍼센트와 합계는 응답자수를 기준으로 함.

3.2. 만족도가 높은 복지서비스

결혼이주여성이 한국사회에서 이용한 서비스 중에서 가장 만족도가 높은 서비스는 무엇인지 알아보기 위해 다중응답 처리한 결과 아래의 [표Ⅶ-19]와 같이 나타났다. 결혼이주여성이 이용한 서비스 중에서 가장 만족도가 높은 서비스는 '한국어 교육'으로 331명이 응답하여 빈도가 가장 큰 항목임을 알 수 있다. 이 응답률은 총 응답 수 대비 25.3%(=Pct of Responses), 총 케이스 대비 68.8%(=Pct of Case)에 해당한다. 그 다음으로 '자녀양육 및 학습지원' 12.4%, '한국사회적응을 위한 교육' 10.5%의 순으로 나타났다. 결혼이주여성이 이용한 서비스 중에서 가장 만족도가 높은 서비스에 대한 선택회수는 '한국어 교육' 331회, 그 다음 '자녀양육 및 학습지원' 162회, '한국사회적응을 위한 교육' 137회의 순으로 선택하였음을 알 수 있다.

[표Ⅶ-19] 결혼이주여성의 높은 만족도 이용서비스

(단위:% , 명)

구분	응답%	케이스%
생계비(생계보조수당) 지원	3.7(48)	10.0
의료비 지원	6.1(80)	16.6
물품지원(식료품, 의료, 가구 등)지원	2.7(35)	7.3
가정봉사서비스(청소, 세탁, 식사준비 등)	2.2(29)	6.0
식사(밑반찬)배달 서비스	1.5(20)	4.2
주택관련 서비스(집수리, 도배 등)	1.1(14)	2.9
난방비 지원	1.2(16)	3.3
직업훈련, 취업상담, 취업알선	10.2(133)	27.7
상담(고민, 갈등, 정신건강 관련)	2.5(33)	6.9
약물(알코올)상담	0.4(5)	1.0
학대 혹은 가정폭력 상담	1.2(16)	3.3
법률상담(국적, 취업, 이혼관련)	2.7(35)	7.3
공연, 영화권 등 문화생활 지원	1.4(18)	3.7
부부관계 및 가족관계 이해를 위한 상담 및 교육	4.1(53)	11.0
임신 및 출산관련 지원 서비스	5.7(74)	15.4
자녀양육 및 학습지원 서비스	12.4(162)	33.7
아동을 위한 부모 상담, 부모교육	5.1(67)	13.9
한국어 교육	25.3(331)	68.8
한국사회적응을 위한 교육	10.5(137)	28.5
합계	100(1306)	271.5

　　결혼이주여성의 국적별로 한국사회에서 이용한 서비스 중에서 가장 만족도가 높은 서비스는 무엇인지 알아보기 위해 다중응답 처리한 결과 아래의 [표Ⅶ-20]과 같이 나타났다. 출신국이 재중동포인 결혼이주여성의 경우 가장 만족도가 높은 서비스는 '자녀양육 및 학습지원 서비스' 54.8%로 나타났다 그 다음 '아동을 위한 부모 상담, 부모교육'과 '직업훈련, 취업상담, 취업알선' 45.2%로, '한국어 교육' 42.9%의 순이었다. 중국출신국인 결혼이주여성의 경우 '한국어 교육' 80.9%로 가장 만족도가 높은 서비스였고 그 다음 '직업훈련, 취업상담, 취업알선' 31.3%, '의료비 지원'서비스 29.6%로 나타났다. 베트남 출신국인 결혼이주여성의 경우 가장 만족도가 높은 서비스는 '한국어 교육' 66.8%, '자녀양육 및 학습지원 서비스'와 '한국사회적응을 위한 교육' 35.1%, '직업훈련, 취업상담, 취업알선' 27.7%의 순으로 나타났다. 필리핀 출신국인 결혼이주여성의 경우 '한국어 교육' 57.4%로 가장 만족도가 높았고, '자녀양육 및 학습지원 서비스' 38.2%, '한국사회적응을 위한 교육' 27.9%의 순이었다. 캄보디아 출신국인 결혼이주여성의 경우 가장 만족도가 높은 이용서비스는 '한국어 교육' 87.5%, 그 다음 '자녀양육 및 학습지원 서비스' 29.2%, '임신 및 출산관련 지원서비스'와 '한국사회적응을 위한 교

육' 25.0%로 나타났다. 기타 출신국인 결혼이주여성의 경우 '한국어 교육' 83.3%로 가장 만족도가 높은 서비스였고, '한국사회적응을 위한 교육' 40.0%, '자녀양육 및 학습지원 서비스' 36.7%의 순으로 나타났다. 재중동포를 제외한 출신국별로 결혼이주여성이 이용한 서비스 중에서 '한국어교육'은 공통적으로 가장 만족도가 높은 서비스 이며 동시에 결혼이주여성이 가장 우선적으로 이용한 1순위 서비스라는 것을 알 수 있다.

[표Ⅶ-20] 국적별 결혼이주여성의 높은 만족도 이용서비스

(단위:% , 명)

	재중동포	중국	베트남	필리핀	캄보디아	기타	총계(명)
생계비(생계보조수당) 지원	4.8	4.3	8.9	23.5	12.5	13.3	48
의료비 지원	21.4	29.6	6.9	26.5	12.5	6.7	80
물품지원(식료품, 의료, 가구 등)지원	4.8	13.9	3.0	11.8	8.3	3.3	35
가정봉사서비스(청소, 세탁, 식사준비 등)	2.4	5.2	5.0	11.8	4.2	10.0	29
식사(밑반찬)배달 서비스	2.4	8.7	1.5	2.9	8.3	6.7	20
주택관련 서비스(집수리, 도배 등)	4.8	3.5	1.5	5.9	0.0	3.3	14
난방비 지원	4.8	6.1	3.0	1.5	0.0	0.0	16
직업훈련, 취업상담, 취업알선	45.2	31.3	27.7	23.5	8.3	13.3	133
상담(고민, 갈등, 정신건강 관련)	2.4	5.2	8.9	4.4	4.2	13.3	33
약물(알코올)상담	0.0	0.9	1.0	2.9	0.0	0.0	5
학대 혹은 가정폭력 상담	0.0	0.9	7.4	0.0	0.0	0.0	16
법률상담(국적, 취업, 이혼관련)	4.8	6.1	9.9	4.4	4.2	6.7	35
공연, 영화권 등 문화생활 지원	7.1	6.1	2.5	1.5	0.0	6.7	18
부부관계 및 가족관계 이해를 위한 상담 및 교육	9.5	6.1	15.3	13.2	4.2	3.3	53
임신 및 출산관련 지원 서비스	19.0	13.0	17.3	5.9	25.0	20.0	74
자녀양육 및 학습지원 서비스	54.8	20.9	35.1	38.2	29.2	36.7	162
아동을 위한 부모 상담, 부모교육	45.2	14.8	8.4	7.4	20.8	13.3	67
한국어 교육	42.9	80.9	66.8	57.4	87.5	83.3	331
한국사회적응을 위한 교육	11.9	20.9	35.1	27.9	25.0	40.0	137
합계(명)	42	115	202	68	24	30	100(481)

● 퍼센트와 합계는 응답자수를 기준으로 함.

결혼이주여성의 연령별로 한국사회에서 이용한 서비스 중에서 가장 만족도가 높은 서비스는 무엇인지 알아보기 위해 다중응답 처리한 결과 아래의 [표Ⅶ-21]과 같이 나타났다. 결혼이주여성의 연령대가 30세 미만인 경우 가장 만족도가 높은 이용서비스는 '한국어 교육' 71.2%, 그 다음 '한국사회적응을 위한 교육' 33.7%, '자녀양육 및 학습지원 서비스' 30.0%로 나타났다. 30세 이상인 경우 '한국어 교육'이 66.8%로 이용한 서비스 중

에서 만족도가 가장 높았고, '자녀양육 및 학습지원 서비스' 39.1%, '직업훈련, 취업상담, 취업알선' 32.1%의 순으로 나타났다. 40세 이상인 경우 가장 만족도가 높은 서비스는 '한국어 교육'으로 64.8%이고 '직업훈련, 취업상담, 취업알선' 33.3%, '자녀양육 및 학습지원 서비스' 31.5%의 순으로 나타났다. 연령별로 결혼이주여성이 한국사회에서 이용한 서비스 중에서 가장 만족도가 높은 서비스는 공통적으로 '한국어교육'이며, 전반적으로 이용한 서비스 중에서 '한국사회적응을 위한 교육', '자녀양육 및 학습지원 서비스', '직업훈련, 취업상담, 취업알선'에 관한 만족도가 상대적으로 높음을 보여준다.

[표VII-21] 연령별 결혼이주여성의 높은 만족도 이용서비스

(단위:% , 명)

	30세 미만	30~39세	40세 이상	총계(명)
생계비(생계보조수당) 지원	7.0	12.0	16.7	48
의료비 지원	11.1	21.2	25.9	80
물품지원(식료품, 의료, 가구 등)지원	6.2	7.6	11.1	35
가정봉사서비스(청소, 세탁, 식사준비 등)	6.2	4.3	11.1	29
식사(밑반찬)배달 서비스	3.7	2.7	11.1	20
주택관련 서비스(집수리, 도배 등)	0.8	4.9	5.6	14
난방비 지원	2.5	4.9	1.9	16
직업훈련, 취업상담, 취업알선	23.0	32.1	33.3	133
상담(고민, 갈등, 정신건강 관련)	7.0	6.0	9.3	33
약물(알코올)상담	1.6	0.5	0.0	5
학대 혹은 가정폭력 상담	5.3	1.1	1.9	16
법률상담(국적, 취업, 이혼관련)	9.1	5.4	5.6	35
공연, 영화권 등 문화생활 지원	2.5	5.4	3.7	18
부부관계 및 가족관계 이해를 위한 상담 및 교육	14.0	7.1	11.1	53
임신 및 출산관련 지원 서비스	18.1	16.3	0.0	74
자녀양육 및 학습지원 서비스	30.0	39.1	31.5	162
아동을 위한 부모 상담, 부모교육	10.7	19.0	11.1	67
한국어 교육	71.2	66.8	64.8	331
한국사회적응을 위한 교육	33.7	25.0	16.7	137
합계(명)	243	184	54	100(481)

● 퍼센트와 합계는 응답자수를 기준으로 함.

결혼이주여성의 거주기간별로 한국사회에서 이용한 서비스 중에서 가장 만족도가 높은 서비스는 무엇인지 알아보기 위해 다중응답 처리한 결과 아래의 [표VII-22]와 같이 나타났다. 한국사회에 거주한 기간이 2년 미만인 결혼이주여성의 경우 가장 만족도가 높은 서비스는 '한국어 교육' 71.2%로 나타났고, 그 다음 '한국사회적응을 위한 교육' 39.2%, '직업훈련, 취업상담, 취업알선' 24.0%로 나타났다. 2년 이상 5년 미만으로 거주

한 경우 '한국어 교육'서비스를 이용한 경우가 78.0%로 가장 만족도가 높았고 그 다음
으로 '자녀양육 및 학습지원 서비스' 30.7%, '한국사회적응을 위한 교육'과 '직업훈련,
취업상담, 취업알선' 27.3%의 순이었다. 5년 이상 7년 미만으로 거주한 경우에 가장 만
족도가 높은 서비스는'한국어 교육' 65.3%, '자녀양육 및 학습지원 서비스' 43.2%, '한국
사회적응을 위한 교육' 27.4%의 순으로 나타났다. 7년 이상 거주한 결혼이주여성의 경
우 이용한 서비스 중 '한국어 교육'이 56.8%로 만족도가 가장 높았다. 그 다음으로 만
족도가 높은 서비스는 '자녀양육 및 학습지원 서비스' 52.3%, '의료비 지원' 22.5%로 조
사되었다. 한국에 살면서 결혼이주여성이 거주기간별로 이용한 서비스 중에서 가장
만족도가 높은 공통적인 서비스는 '한국어교육'을 이용한 경우이다. 7년 미만으로 거
주한 경우 공통적으로 '한국사회적응을 위한 교육' 서비스 이용에 대한 만족도가 높은
반면 7년 이상 거주한 경우 이용한 서비스 중에서 '의료비 지원'에 대해서도 높은 만
족도를 갖는다는 것을 알 수 있다.

[표Ⅶ-22] 거주기간별 결혼이주여성의 높은 만족도 이용서비스

(단위:% , 명)

	2년 미만	2~5년 미만	5~7년 미만	7년 이상	총계(명)
생계비(생계보조수당) 지원	8.8	4.7	10.5	18.0	48
의료비 지원	16.0	17.3	9.5	22.5	80
물품지원(식료품, 의료, 가구 등)지원	11.2	6.0	6.3	5.4	35
가정봉사서비스(청소, 세탁, 식사준비 등)	6.4	5.3	2.1	9.9	29
식사(밑반찬)배달 서비스	7.2	4.7	2.1	1.8	20
주택관련 서비스(집수리, 도배 등)	0.0	3.3	5.3	3.6	14
난방비 지원	3.2	2.7	3.2	4.5	16
직업훈련, 취업상담, 취업알선	24.0	27.3	3.2	4.5	133
상담(고민, 갈등, 정신건강 관련)	6.4	5.3	8.4	8.1	33
약물(알코올)상담	1.6	1.3	1.1	0.0	5
학대 혹은 가정폭력 상담	7.2	4.0	1.1	0.0	16
법률상담(국적, 취업, 이혼관련)	9.6	6.0	6.3	7.2	35
공연, 영화권 등 문화생활 지원	2.4	6.0	1.1	4.5	18
부부관계 및 가족관계 이해를 위한 상담 및 교육	16.8	7.3	13.7	7.2	53
임신 및 출산관련 지원 서비스	16.8	20.7	13.7	8.1	74
자녀양육 및 학습지원 서비스	13.6	30.7	43.2	52.3	162
아동을 위한 부모 상담, 부모교육	6.4	14.0	20.0	17.1	67
한국어 교육	71.2	78.0	65.3	56.8	331
한국사회적응을 위한 교육	39.2	27.3	27.4	18.9	137
합계(명)	125	150	95	111	100(481)

● 퍼센트와 합계는 응답자수를 기준으로 함.

    결혼이주여성의 소득수준별로 한국사회에서 이용한 서비스 중에서 가장 만족도가
높은 서비스는 무엇인지 알아보기 위해 다중응답 처리한 결과 아래의 [표Ⅶ-23]과 같이
나타났다. 100만 원 미만의 소득수준을 가진 결혼이주여성의 경우 가장 만족도가 높
은 서비스는 '한국어 교육'으로 60.0%로 나타났다. 그 다음으로 만족도가 높은 서비스
로는 '자녀양육 및 학습지원서비스' 34.7%, '한국사회적응을 위한 교육' 26.7%로 나타났
다. 200만 원 미만의 소득수준을 가진 결혼이주여성의 경우 '한국어 교육'이 69.0%로
가장 만족도가 높았고 그 다음 '자녀양육 및 학습지원서비스' 37.1%, '한국사회적응을
위한 교육' 27.6%의 순으로 나타났다. 300만 원 미만의 소득수준을 가진 결혼이주여성
의 경우 가장 높은 만족도는 '한국어 교육'으로 69.8%, 그 다음으로 높은 만족도는 '직
업훈련, 취업상담, 취업알선'이 35.3%, '자녀양육 및 학습지원서비스'가 31.7%로 나타났
다. 소득수준이 300만 원 이상인 결혼이주여성의 경우는 '한국어 교육' 81.1%로 가장
높은 만족도를 나타냈고, '직업훈련, 취업상담, 취업알선' 37.8%, '자녀양육 및 학습지
원서비스' 32.4%의 순으로 만족도가 나타났다. 결혼이주여성의 소득수준별로 가장 만
족도가 높은 서비스는 공통적으로 '한국어 교육'이고 '자녀양육 및 학습지원서비스'이
용에 대한 서비스 만족도도 공통적으로 높다는 것을 알 수 있다. 소득수준이 200만 원
미만일 경우 '자녀양육 및 학습지원서비스'와 '한국사회적응을 위한 교육'에 관한 서
비스 만족도가 높게 나타나고, 소득수준이 200만 원 이상일 경우 '직업훈련, 취업상담,
취업알선'과 '자녀양육 및 학습지원서비스'에 관한 서비스 만족도가 높다는 것을 알
수 있다.

[표Ⅶ-23] 소득별 결혼이주여성의 높은 만족도 이용서비스

(단위:% , 명)

구분		소득별				
		100만 원 미만	200만 원 미만	300만 원 미만	300만 원 이상	총계 (명)
결혼이주여성의 만족도	생계비(생계보조수당) 지원	14.7	10.5	7.2	5.4	45
	의료비 지원	17.3	16.7	15.1	24.3	78
	물품지원(식료품, 의료, 가구 등)지원	12.0	5.2	9.4	5.4	35
	가정봉사서비스(청소, 세탁, 식사준비 등)	10.7	5.7	5.0	2.7	28
	식사(밑반찬)배달 서비스	4.0	4.3	4.3	2.7	19
	주택관련 서비스(집수리, 도배 등)	0.0	4.3	3.6	0.0	14
	난방비 지원	2.7	2.9	3.6	5.4	15
	직업훈련, 취업상담, 취업알선	21.3	22.4	35.3	37.8	126
	상담(고민, 갈등, 정신건강 관련)	6.7	7.1	5.8	8.1	31
	약물(알코올)상담	2.7	0.5	0.7	0.0	4
	학대 혹은 가정폭력 상담	2.7	1.4	5.8	8.1	16

가 장 높 은 이 용 서 비 스	법률상담(국적, 취업, 이혼관련)	6.7	6.7	8.6	8.1	34
	공연, 영화권 등 문화생활 지원	2.7	3.3	3.6	5.4	16
	부부관계 및 가족관계 이해를 위한 상담 및 교육	12.0	13.3	8.6	8.1	52
	임신 및 출산관련 지원 서비스	17.3	15.7	15.1	10.8	71
	자녀양육 및 학습지원 서비스	34.7	37.1	31.7	32.4	160
	아동을 위한 부모 상담, 부모교육	4.0	14.8	19.4	13.5	66
	한국어 교육	60.0	69.0	69.8	81.1	317
	한국사회적응을 위한 교육	26.7	27.6	28.1	27.0	127
	합계(명)	75	210	139	127	100 (461)

● 퍼센트와 합계는 응답자수를 기준으로 함.

　　결혼이주여성의 학력수준별로 한국사회에서 이용한 서비스 중에서 가장 만족도가 높은 서비스는 무엇인지 알아보기 위해 다중응답 처리한 결과 아래 [표Ⅶ-24]와 같이 나타났다. 초등학교 이하의 학력수준을 가진 결혼이주여성의 경우 가장 만족도가 높은 서비스는 '한국어 교육' 70.0%로 나타났다. 그 다음 만족도가 높은 서비스로는 '자녀양육 및 학습지원서비스' 36.7%, '직업훈련, 취업상담, 취업알선' 23.3%의 순이었다. 결혼이주여성이 중학교의 학력수준을 가진 경우는 '한국어 교육' 65.8로 가장 높은 만족도를 나타냈고, '자녀양육 및 학습지원서비스' 35.0%, '직업훈련, 취업상담, 취업알선' 27.5%의 순으로 만족도가 나타났다. 고등학교의 학력수준을 가진 결혼이주여성의 경우 가장 만족도가 높은 서비스는 '한국어 교육'으로 71.4%이고 '한국사회적응을 위한 교육' 33.0% '자녀양육 및 학습지원서비스' 32.5%의 순으로 높은 만족도를 나타냈다. 대학교 이상의 학력수준을 갖는 결혼이주여성의 경우에는 '한국어 교육'이 69.8%로 가장 만족도가 높은 서비스로 나타났다 그 다음 만족도가 높은 서비스는 '한국사회적응을 위한 교육' 32.8%, '자녀양육 및 학습지원서비스' 31.9%로 나타났다. 학력수준별로 결혼이주여성이 한국사회에서 이용한 서비스 중에서 가장 만족도가 높은 서비스는 공통적으로 '한국어 교육' 이였고, '자녀양육 및 학습지원서비스'에 대한 만족도도 높은 수준을 보였다. 중학교 이하의 학력수준을 가진 결혼이주여성은 한국사회에서 이용한 서비스 중에서 '직업훈련, 취업상담, 취업알선'과 '자녀양육 및 학습지원서비스'를 이용한 만족도가 높다는 점이고, 고등학교 이상의 학력수준을 가진 결혼이주여성의 경우 '한국사회적응을 위한 교육'과 '자녀양육 및 학습지원서비스' 에 대한 만족도가 높다는 것을 알 수 있다.

[표Ⅶ-24] 학력별 결혼이주여성의 높은 만족도 이용서비스

(단위:% , 명)

	초등학교 이하	중학교	고등학교	대학교 이상	총계(명)
생계비(생계보조수당) 지원	10.0	10.0	7.8	11.2	44
의료비 지원	10.0	15.0	16.0	20.7	78
물품지원(식료품, 의료, 가구 등)지원	6.7	9.2	8.3	3.4	34
가정봉사서비스(청소, 세탁, 식사준비 등)	10.0	8.3	4.9	5.2	29
식사(밑반찬)배달 서비스	0.0	5.0	5.3	2.6	20
주택관련 서비스(집수리, 도배 등)	0.0	3.3	1.9	5.2	14
난방비 지원	6.7	3.3	3.4	2.6	16
직업훈련, 취업상담, 취업알선	23.3	27.5	25.2	31.0	128
상담(고민, 갈등, 정신건강 관련)	6.7	7.5	7.3	6.0	33
약물(알코올)상담	0.0	2.5	0.5	0.9	5
학대 혹은 가정폭력 상담	0.0	6.7	2.4	2.6	16
법률상담(국적, 취업, 이혼관련)	0.0	8.3	9.2	5.2	35
공연, 영화권 등 문화생활 지원	0.0	1.7	4.4	6.0	18
부부관계 및 가족관계 이해를 위한 상담 및 교육	10.0	9.2	13.1	8.6	51
임신 및 출산관련 지원 서비스	16.7	17.5	16.5	11.2	73
자녀양육 및 학습지원 서비스	36.7	35.0	32.5	31.9	157
아동을 위한 부모 상담, 부모교육	6.7	17.5	12.1	16.4	67
한국어 교육	70.0	65.8	71.4	69.8	328
한국사회적응을 위한 교육	13.3	21.7	33.0	32.8	136
합계(명)	30	120	206	116	100(472)

● 퍼센트와 합계는 응답자수를 기준으로 함.

3.3. 일상생활에서 필요한 서비스

결혼이주여성이 현재 한국의 일상생활에서 가장 필요로 하는 서비스는 무엇인지 알아보기 위해 다중응답 처리한 결과 아래의 [표Ⅶ-25]와 같이 나타났다. 결혼이주여성이 현재 가장 필요로 하는 서비스는 '한국어 교육'으로 238명이 응답하여 빈도가 가장 큰 1순위 서비스임을 알 수 있다. 이 응답률은 총 응답 수 대비 16.8%(=Pct of Responses), 총 케이스 대비 48.7%(=Pct of Case)에 해당한다. 그 다음으로 필요로 하는 2순위 서비스는 '자녀양육 및 학습지원' 13.6%, 3순위 서비스로는 '직업훈련, 취업상담, 취업알선' 12.1%의 순으로 나타났다. 결혼이주여성이 현재 일상생활에서 가장 필요로 하는 서비스에 대한 응답회수는 '한국어 교육' 238회, 그 다음 '자녀양육 및 학습지원' 192회, '직업훈련, 취업상담, 취업알선' 171회의 순으로 선택하였음을 알 수 있다.

[표Ⅶ-25] 결혼이주여성이 필요한 서비스

(단위:% , 명)

구분	응답%	케이스%
생계비(생계보조수당) 지원	8.3(117)	23.9
의료비 지원	5.1(72)	14.7
물품지원(식료품, 의료, 가구 등)지원	3.2(45)	9.2
가정봉사서비스(청소, 세탁, 식사준비 등)	1.6(22)	4.5
식사(밑반찬)배달 서비스	1.4(20)	4.1
주택관련 서비스(집수리, 도배 등)	1.8(26)	5.3
난방비 지원	2.0(29)	5.9
직업훈련, 취업상담, 취업알선	12.1(171)	35.0
상담(고민, 갈등, 정신건강 관련)	2.8(40)	8.2
약물(알코올)상담	0.7(10)	2.0
학대 혹은 가정폭력 상담	1.7(24)	4.9
법률상담(국적, 취업, 이혼관련)	3.2(45)	9.2
공연, 영화권 등 문화생활 지원	0.8(11)	2.2
부부관계 및 가족관계 이해를 위한 상담 및 교육	5.9(83)	17.0
임신 및 출산관련 지원 서비스	3.5(50)	10.2
자녀양육 및 학습지원 서비스	13.6(192)	39.3
아동을 위한 부모 상담, 부모교육	6.3(89)	18.2
한국어 교육	16.8(238)	48.7
한국사회적응을 위한 교육	9.3(132)	27.0
합계	100(1416)	289.6

결혼이주여성의 출신국별로 현재 한국의 일상생활에서 가장 필요로 하는 서비스는 무엇인지 알아보기 위해 다중응답 처리한 결과 1순위, 2순위, 3순위 서비스는 아래의 [표Ⅶ-26]과 같이 나타났다. 출신국이 재중동포인 결혼이주여성의 경우 일상생활에서 가장 필요로 하는 1순위 서비스는 '자녀양육 및 학습지원 서비스'로 59.5%, 2순위 서비스로는 '직업훈련, 취업상담, 취업알선' 57.1%, 3순위 서비스는 '아동을 위한 부모 상담, 부모교육' 47.6%로 나타났다. 중국출신국인 결혼이주여성의 경우는 일상에서 가장 필요로 하는 1순위 서비스로 '한국어 교육' 50.0%로 나타났다. 그다음 필요로 하는 2순위 서비스는 '직업훈련, 취업상담, 취업알선' 40.5%, 3순위 서비스는 '생계비(생계보조수당) 지원' 32.8%였다. 베트남 출신국인 결혼이주여성의 경우 1순위 '한국어 교육' 52.2%, 2순위 '자녀양육 및 학습지원 서비스' 41.0%, 3순위 '한국사회적응을 위한 교육' 36.6%의 순으로 나타났다. 필리핀 출신국인 결혼이주여성의 경우 일상생활에서 지원이 필요한 1순위 서비스로 '한국어 교육' 52.5%, 2순위 '생계비(생계보조수당)지원' 44.9%, 3순위 '자녀양육 및 학습지원 서비스' 31.9%의 순으로 나타났다. 캄보디아 출신국인 결혼이주여성의 경우 '한국어 교육' 53.8%, '자녀양육 및 학습지원 서비스' 46.2%,

'한국사회적응을 위한 교육' 42.3%의 순으로 나타났다. 기타 출신국인 결혼이주여성의 경우 일상생활에서 가장 필요로 하는 1순위 서비스로 '자녀양육 및 학습지원 서비스' 48.4%로 나타났다. 그 다음으로 필요로 하는 2순위 서비스는 '한국어 교육'과 '직업훈련, 취업상담, 취업알선' 41.9%, 3순위 서비스로는 '생계비(생계보조수당)지원' 35.5%로 나타났다. 재중동포와 기타 출신국을 제외한 출신국별로 결혼이주여성이 현재 일상생활에서 가장 필요로 하는 서비스는 '한국어교육'이라는 공통점을 가진다. 중국과 필리핀, 기타 출신국인 결혼이주여성의 경우 '생계비(생계보조수당)지원'이 일상생활에서 필요한 서비스로 나타난 결과에 주목할 필요가 있다.

[표Ⅶ-26] 국적별 결혼이주여성이 필요한 서비스

(단위:% , 명)

	재중동포	중국	베트남	필리핀	캄보디아	기타	총계(명)
생계비(생계보조수당) 지원	14.3	32.8	14.6	44.9	3.8	35.5	117
의료비 지원	9.5	22.4	10.2	18.8	0.0	25.8	72
물품지원(식료품, 의료, 가구 등)지원	7.1	16.4	3.4	14.5	15.4	6.5	45
가정봉사서비스(청소, 세탁, 식사준비 등)	0.0	3.4	4.4	2.9	15.4	9.7	22
식사(밑반찬)배달 서비스	2.4	2.6	5.4	5.8	0.0	3.2	20
주택관련 서비스(집수리, 도배 등)	7.1	2.6	4.4	7.2	7.7	12.9	26
난방비 지원	9.5	12.9	3.9	1.4	0.0	3.2	29
직업훈련, 취업상담, 취업알선	57.1	40.5	32.7	18.8	26.9	41.9	171
상담(고민, 갈등, 정신건강 관련)	9.5	6.9	10.2	4.3	11.5	3.2	40
약물(알코올)상담	0.0	0.9	2.0	5.8	0.0	3.2	10
학대 혹은 가정폭력 상담	0.0	1.7	9.3	4.3	0.0	0.0	24
법률상담(국적, 취업, 이혼관련)	14.3	10.3	10.7	5.8	3.8	0.0	45
공연, 영화권 등 문화생활 지원	4.8	1.7	1.5	1.4	7.7	3.2	11
부부관계 및 가족관계 이해를 위한 상담 및 교육	14.3	6.9	23.9	20.3	11.5	9.7	83
임신 및 출산관련 지원 서비스	7.1	11.2	11.2	5.8	3.8	19.4	50
자녀양육 및 학습지원 서비스	59.5	29.3	41.0	31.9	46.2	48.4	192
아동을 위한 부모 상담, 부모교육	47.6	23.3	10.2	15.9	30.8	6.5	89
한국어 교육	23.8	50.0	52.2	52.5	53.8	41.9	238
한국사회적응을 위한 교육	9.5	17.2	36.6	21.7	42.3	22.6	132
합계(명)	42	116	205	69	26	31	100(489)

● 퍼센트와 합계는 응답자수를 기준으로 함.

결혼이주여성의 연령별로 현재 한국의 일상생활에서 가장 필요로 하는 서비스는 무엇인지 알아보기 위해 다중응답 처리한 결과 1순위, 2순위, 3순위 서비스는 아래의

[표Ⅶ-27]과 같이 나타났다. 결혼이주여성의 연령대가 30세 미만인 경우 가장 필요로 하는 1순위 서비스는 '한국어 교육' 53.2%이고, 2순위 서비스는 '자녀양육 및 학습지원 서비스' 37.5%, 3순위 서비스는 '한국사회적응을 위한 교육' 33.5%로 나타났다. 30세 이상인 경우 지원이 필요한 1순위 서비스는 '한국어 교육' 44.1% 그 다음으로 지원이 필요한 2순위 서비스는 '자녀양육 및 학습지원 서비스' 43.0%, 3순위 서비스는 '직업훈련, 취업상담, 취업알선' 41.4%의 순으로 나타났다. 40세 이상인 경우 1순위로 필요로 하는 서비스는 '한국어 교육'으로 43.6%, 2순위 서비스로는 '생계비(생계보조수당)지원' 40.0%, 3순위 서비스에는 '자녀양육 및 학습지원 서비스' 34.5%로 나타났다. 연령별로 결혼이주여성이 일상생활에서 가장 필요로 하는 서비스는 공통적으로 '한국어교육'이며, '자녀양육 및 학습지원 서비스'를 가장 필요로 하는 연령대는 30대임을 알 수 있다. 40세 이상인 결혼이주여성의 경우 일상생활에서 '생계비(생계보조수당) 지원'서비스를 필요로 한다는 사실을 알 수 있다.

[표Ⅶ-27] 연령별 결혼이주여성이 필요한 서비스

(단위:% , 명)

	30세 미만	30~39세	40세 이상	총계(명)
생계비(생계보조수당) 지원	16.1	29.6	40.0	117
의료비 지원	11.3	15.1	29.1	72
물품지원(식료품, 의료, 가구 등)지원	7.3	9.7	16.4	45
가정봉사서비스(청소, 세탁, 식사준비 등)	6.0	3.2	1.8	22
식사(밑반찬)배달 서비스	4.8	3.2	3.6	20
주택관련 서비스(집수리, 도배 등)	4.8	5.4	7.3	26
난방비 지원	4.4	7.0	9.1	29
직업훈련, 취업상담, 취업알선	31.5	41.4	29.1	171
상담(고민, 갈등, 정신건강 관련)	8.9	7.0	9.1	40
약물(알코올)상담	1.2	2.7	3.6	10
학대 혹은 가정폭력 상담	7.7	2.2	1.8	24
법률상담(국적, 취업, 이혼관련)	10.9	7.5	7.3	45
공연, 영화권 등 문화생활 지원	2.0	2.7	1.8	11
부부관계 및 가족관계 이해를 위한 상담 및 교육	19.4	14.0	16.4	83
임신 및 출산관련 지원 서비스	14.1	7.5	1.8	50
자녀양육 및 학습지원 서비스	37.5	43.0	34.5	192
아동을 위한 부모 상담, 부모교육	13.3	25.8	14.5	89
한국어 교육	53.2	44.1	43.6	238
한국사회적응을 위한 교육	33.5	21.5	16.4	132
합계(명)	248	186	489	100(489)

● 퍼센트와 합계는 응답자수를 기준으로 함.

결혼이주여성의 거주기간별로 현재 한국의 일상생활에서 가장 필요로 하는 서비스는 무엇인지 알아보기 위해 다중응답 처리한 결과 1순위, 2순위, 3순위 서비스는 아래 [표Ⅶ-28]과 같이 나타났다. 한국사회에 거주한 기간이 2년 미만인 결혼이주여성의 경우 가장 필요로 하는 1순위 서비스는 '한국어 교육' 으로 61.5%로 나타났다. 그 다음으로 필요로 하는 2순위 서비스는 '한국사회적응을 위한 교육'이며 38.5%, 3순위 서비스로는 '직업훈련, 취업상담, 취업알선' 29.2%로 나타났다. 2년 이상 5년 미만으로 거주한 경우 1순위로 지원이 필요한 서비스로는 '한국어 교육' 60.4%, 2순위 서비스는 '자녀양육 및 학습지원 서비스' 39.6%, 3순위 서비스는 '직업훈련, 취업상담, 취업알선' 38.3%로의 순이었다. 5년 이상 7년 미만으로 거주한 경우는 1순위로 필요로 하는 서비스는 '자녀양육 및 학습지원 서비스' 47.5%로 나타났고 그 다음 2순위로 필요한 서비스는 '직업훈련, 취업상담, 취업알선' 41.4%, 3순위로 필요한 서비스는 '한국어 교육' 38.4%로 나타났다. 7년 이상 거주한 결혼이주여성의 경우 일상생활에서 가장 필요로 하는 1순위 서비스는 '자녀양육 및 학습지원 서비스'이며 52.3%로 나타났다. 그 다음 필요로 하는 2순위 서비스는 '생계비(생계보조수당) 지원' 38.7%, 3순위 서비스는 '직업훈련, 취업상담, 취업알선' 31.5%로 조사되었다. 한국거주기간이 5년 미만인 결혼이주여성의 경우 현재 일상생활에서 가장 필요로 하는 1순위 서비스는 공통적으로 '한국어교육' 임을 알 수 있다. 한국에서 거주한 기간이 5년 이상이 되면 '자녀양육 및 학습지원서비스'가 일상생활에서 가장 필요로 하는 1순위 서비스이고, 7년 이상 거주한 결혼이주여성의 경우 '생계비(생계보조수당) 지원'이 일상생활에서 필요한 서비스가 된다는 사실을 알 수 있다.

[표Ⅶ-28] 거주기간별 결혼이주여성이 필요한 서비스

(단위:% , 명)

	2년 미만	2~5년 미만	5~7년 미만	7년 이상	총계(명)
생계비(생계보조수당) 지원	16.9	17.4	26.3	38.7	117
의료비 지원	13.1	10.7	13.1	23.4	72
물품지원(식료품, 의료, 가구 등)지원	8.5	8.1	6.1	14.4	45
가정봉사서비스(청소, 세탁, 식사준비 등)	5.4	4.0	3.0	5.4	22
식사(밑반찬)배달 서비스	5.4	3.4	2.0	5.4	20
주택관련 서비스(집수리, 도배 등)	0.0	6.0	8.1	8.1	26
난방비 지원	3.1	8.7	8.1	3.6	29
직업훈련, 취업상담, 취업알선	29.2	38.3	41.4	31.5	171
상담(고민, 갈등, 정신건강 관련)	12.3	5.4	9.1	6.3	40
약물(알코올)상담	3.1	1.3	0.0	3.6	10

학대 혹은 가정폭력 상담	8.5	6.7	2.0	0.9	24
법률상담(국적, 취업, 이혼관련)	10.0	9.4	11.1	6.3	45
공연, 영화권 등 문화생활 지원	1.5	1.3	3.0	3.6	11
부부관계 및 가족관계 이해를 위한 상담 및 교육	23.8	14.8	13.1	15.3	83
임신 및 출산관련 지원 서비스	14.6	10.7	11.1	3.6	50
자녀양육 및 학습지원 서비스	21.5	39.6	47.5	52.3	192
아동을 위한 부모 상담, 부모교육	6.9	18.1	21.2	28.8	89
한국어 교육	61.5	60.4	38.4	27.0	238
한국사회적응을 위한 교육	38.5	26.8	26.3	14.4	132
합계(명)	130	149	99	111	100(489)

● 퍼센트와 합계는 응답자수를 기준으로 함.

　　결혼이주여성의 소득수준별로 현재 한국의 일상생활에서 가장 필요로 하는 서비스는 무엇인지 알아보기 위해 다중응답 처리한 결과 1순위, 2순위, 3순위 서비스는 아래 [표Ⅶ-29]와 같이 나타났다. 100만 원 미만의 소득수준을 가진 결혼이주여성의 경우 가장 필요로 하는 1순위 서비스는 '한국어 교육'으로 39.5%로 나타났다. 그 다음으로 필요로 하는 2순위 서비스로는 '자녀양육 및 학습지원서비스'이며 38.2%, 3순위 서비스에는 '생계비(생계보조수당)지원' 34.2%로 나타났다. 200만 원 미만의 소득수준을 가진 결혼이주여성의 경우 필요한 1순위 서비스는 '한국어 교육' 51.4%, 그 다음 2순위 서비스로는 '자녀양육 및 학습지원서비스' 41.5%, 3순위 서비스는 '직업훈련, 취업상담, 취업알선' 31.1%였다. 300만 원 미만의 소득수준을 가진 결혼이주여성의 경우 1순위로 필요한 서비스는 '한국어 교육' 48.2%, 2순위 서비스로는 '직업훈련, 취업상담, 취업알선' 44.0%, 3순위 서비스는 '자녀양육 및 학습지원서비스' 41.1%로 나타났다. 소득수준이 300만 원 이상인 결혼이주여성의 경우 일상생활에서 가장 지원이 필요한 1순위 서비스는 '한국어 교육' 47.4%, 그 다음으로 필요로 2순위 서비스로는 '자녀양육 및 학습지원서비스' 42.1%, 3순위 서비스는 '직업훈련, 취업상담, 취업알선' 36.8%로 나타났다. 결혼이주여성의 소득수준별로 일상생활에서 가장 필요로 하는 1순위 서비스는 공통적으로 '한국어 교육'으로 나타났다. 결혼이주여성의 소득수준별로 일상생활에서 필요로 하는 서비스는 '자녀양육 및 학습지원서비스'임이 나타났다. 소득수준이 100만 원 미만인 결혼이주여성에게는 일상생활에서 '생계비(생계보조수당)지원'서비스가 필요하고, 100만 원 이상의 소득수준을 가진 결혼이주여성인 경우 '직업훈련, 취업상담, 취업알선'서비스가 필요함을 알 수 있다.

[표VII-29] 소득별 결혼이주여성이 필요한 서비스

(단위:% , 명)

	100만 원 미만	200만 원 미만	300만 원 미만	300만 원 이상	총계(명)
생계비(생계보조수당) 지원	34.2	20.8	22.7	26.3	112
의료비 지원	14.5	15.6	14.2	18.4	71
물품지원(식료품, 의료, 가구 등)지원	9.2	7.1	11.3	18.4	45
가정봉사서비스(청소, 세탁, 식사준비 등)	5.3	4.2	3.5	7.9	21
식사(밑반찬)배달 서비스	5.3	4.7	3.5	2.6	20
주택관련 서비스(집수리, 도배 등)	2.6	7.5	3.5	2.6	24
난방비 지원	3.9	6.1	7.8	5.3	29
직업훈련, 취업상담, 취업알선	26.3	31.1	44.0	36.8	162
상담(고민, 갈등, 정신건강 관련)	9.2	7.1	7.8	7.9	36
약물(알코올)상담	3.9	1.9	2.1	0.0	10
학대 혹은 가정폭력 상담	5.3	4.7	4.3	7.9	23
법률상담(국적, 취업, 이혼관련)	7.9	8.5	7.8	13.2	40
공연, 영화권 등 문화생활 지원	2.6	1.4	2.8	2.6	10
부부관계 및 가족관계 이해를 위한 상담 및 교육	22.4	19.8	11.3	10.5	79
임신 및 출산관련 지원 서비스	10.5	10.4	7.1	18.4	47
자녀양육 및 학습지원 서비스	38.2	41.5	41.1	42.1	191
아동을 위한 부모 상담, 부모교육	14.5	19.3	22.0	13.2	88
한국어 교육	39.5	51.4	48.2	47.4	225
한국사회적응을 위한 교육	31.6	26.9	25.5	13.2	122
합계(명)	76	212	141	467	100(467)

● 퍼센트와 합계는 응답자수를 기준으로 함.

결혼이주여성의 학력수준별로 현재 한국의 일상생활에서 가장 필요로 하는 서비스는 무엇인지 알아보기 위해 다중응답 처리한 결과 1순위, 2순위, 3순위 서비스는 아래 [표VII-30]과 같이 나타났다. 초등학교 이하의 학력수준을 가진 결혼이주여성의 경우 가장 필요로 하는 1순위 서비스는 '한국어 교육'으로 58.1%로 나타났다. 그 다음 필요로 하는 2순위 서비스로는 '자녀양육 및 학습지원서비스' 48.4%, 3순위 서비스는 '한국사회적응을 위한 교육' 32.3%로 나타났다. 결혼이주여성이 중학교의 학력수준을 가진 경우 1순위로 필요한 서비스는 '한국어 교육' 47.6%, 2순위로 필요한 서비스로는 '자녀양육 및 학습지원서비스' 37.1%, 3순위로 필요한 서비스는 '한국사회적응을 위한 교육' 31.5%의 순이었다. 일상생활에서 고등학교의 학력수준을 가진 결혼이주여성의 경우 가장 필요로 하는 1순위 서비스는 '한국어 교육' 50.2%, 그 다음 필요로 하는 2순위 서비스로는 '자녀양육 및 학습지원서비스' 40.1%, 3순위 서비스에는 '직업훈련, 취업상담, 취업알선'으로 33.3%였다. 대학교 이상의 학력수준을 갖는 결혼이주여성의 경우 필요

로 하는 1순위 서비스는 '한국어 교육'과 '직업훈련, 취업상담, 취업알선'으로 45.8%로
나타났고, 그 다음으로 필요로 하는 2순위 서비스는 '자녀양육 및 학습지원서비스'로
39.0%, 3순위 서비스는 '생계비(생계보조수당)지원'으로 33.1%로 나타났다. 학력수준별
로 결혼이주여성이 현재 한국의 일상생활에서 가장 필요로 하는 1순위 서비스는 공통
적으로 '한국어 교육'이다. 중학교 이하의 학력수준을 가진 결혼이주여성의 경우 '자
녀양육 및 학습지원서비스'와 '한국사회적응을 위한 교육'서비스를 필요로 하며, 학력
수준이 높아질수록 '직업훈련, 취업상담, 취업알선'을 필요로 하는 비율이 증가함을
알 수 있다. 또한 학력수준이 높은 결혼이주여성일수록 '한국사회적응을 위한 교육'서
비스를 필요로 하는 비율이 낮아지는 경향을 보인다.

[표Ⅶ-30] 학력별 결혼이주여성이 필요한 서비스

(단위:% , 명)

	초등학교 이하	중학교	고등학교	대학교 이상	총계(명)
생계비(생계보조수당) 지원	16.1	14.5	26.1	33.1	116
의료비 지원	9.7	13.7	14.0	17.8	70
물품지원(식료품, 의료, 가구 등)지원	6.5	8.1	10.6	8.5	44
가정봉사서비스(청소, 세탁, 식사준비 등)	0.0	8.1	4.3	2.5	22
식사(밑반찬)배달 서비스	3.2	5.6	4.3	2.5	20
주택관련 서비스(집수리, 도배 등)	3.2	7.3	3.9	5.9	25
난방비 지원	3.2	5.6	8.2	3.4	29
직업훈련, 취업상담, 취업알선	25.8	29.0	33.3	45.8	167
상담(고민, 갈등, 정신건강 관련)	3.2	14.5	6.8	5.1	39
약물(알코올)상담	3.2	2.4	1.0	3.4	10
학대 혹은 가정폭력 상담	0.0	7.3	4.8	4.2	24
법률상담(국적, 취업, 이혼관련)	9.7	7.3	9.2	11.0	44
공연, 영화권 등 문화생활 지원	3.2	2.4	1.4	3.4	11
부부관계 및 가족관계 이해를 위한 상담 및 교육	16.1	16.1	18.8	13.6	80
임신 및 출산관련 지원 서비스	0.0	13.7	9.7	10.2	49
자녀양육 및 학습지원 서비스	48.4	37.1	40.1	39.0	190
아동을 위한 부모 상담, 부모교육	16.1	21.8	16.4	18.6	88
한국어 교육	58.1	47.6	50.2	45.8	235
한국사회적응을 위한 교육	32.3	31.5	28.5	17.8	129
합계(명)	31	124	207	480	100(480)

● 퍼센트와 합계는 응답자수를 기준으로 함.

Ⅷ. 결혼이주여성의 발달권

한국사회에서 결혼이주여성들은 여러 가지 시행착오를 겪으며 사는 동안 어떤 모양으로든 이들은 자신의 발달을 이루어가고 있다. 결혼이주여성의 발달권의 내용에 대한 자료가 크게 부족하여 『청소년 발달권 현황과 지표 개발』연구(이중섭·박해석·김성훈·박선희·정현숙, 2006)에서 정보를 활용하였다. 청소년의 경우 발달권은 개인적 차원과 사회적 차원으로 구분하고 개인적 차원에는 자아존중감 등의 심리적 요소와 대인 관계적 요소를 포함하며 사회적 차원에는 직업, 사회적 지지, 사회적 모임 등을 포함하였다. 따라서 이 장에서는 결혼이주여성의 발달권을 탐색하기 위하여 개인적 차원에서의 발달권의 영역을 결혼이주여성의 정서적인 발달(자아존중감, 낙관성 수준, 우울감, 정서적 고립), 주관적인 행복감의 영역으로 나누어 살펴보고자 한다. 사회적 차원에서의 발달권의 영역은 경제 활동, 사회참여(학부모 모임) 및 사회성 발달정도(부부싸움 해결 전략)의 영역으로 나누어 살펴보고자 한다. 따라서 국적, 연령, 거주기간, 소득수준, 교육수순에 따라 결혼이주여성의 삶의 모습에 어떤 차이가 있는가를 파악하여 발달권의 현황을 보고자 한다.

1. 학부모 모임 참여 여부

결혼이주여성을 대상으로 자녀의 어린이집 및 학교의 학부모 모임에 참여하는 정도를 알아보기 위해서 조사한 결과 아래의 [표Ⅷ-1]과 같이 나타났다. 학부모 모임에 '참여하지 않는다'가 51.6%로 '참여 한다'고 응답한 경우 48.4% 보다 3.2% 더 높게 나타났다.

[표Ⅷ-1] 학부모모임 참여여부

(단위:% , 명)

변인	구분	계(명)
학부모모임 참여여부	참여한다	48.4(212)
	참여하지 않는다	51.6(226)
	합계	100.0(438)

● 무응답은 결측값 처리함.

국적별로 결혼이주여성의 학부모 모임 참여 여부에 대해 아래의 [표Ⅷ-2]와 같이 살펴본 결과 $p < .05(x^2$ 값 14.3)수준에서 유의한 차이를 보였다. 학부모 모임에 '참여 한다' 고 응답한 결혼이주여성의 출신국은 재중동포 64.3%로 가장 높았고, 그 다음 필리핀 62.7%, 중국 50.5%, 베트남 41.6%, 기타 출신국 41.4%, 캄보디아 38.5%의 순으로 나타났다. '참여하지 않는다'고 응답한 결혼이주여성의 출신국은 캄보디아 61.5%로 가장 높았고, 그 다음 기타 출신국 58.6%, 베트남 58.4%, 중국 49.5%, 필리핀 37.3%, 재중동포

35.7%의 순으로 나타났다.

[표Ⅷ-2] 국적별 학부모모임 참여여부

(단위:% , 명)

	참여한다	참여하지 않는다	계(명)
재중동포	64.3	35.7	100.0(42)
중국	50.5	49.5	100.0(97)
베트남	41.6	58.4	100.0(185)
필리핀	62.7	37.3	100.0(59)
캄보디아	38.5	61.5	100.0(26)
기타	41.4	58.6	100.0(29)
계(명)	48.4	51.6	100.0(438)

● 무응답은 결측값 처리함.
* P 〈 .05   ** P 〈 .01   *** P 〈 .001

결혼이주여성의 연령대별로 학부모 모임 참여 여부에 대해 아래의 [표Ⅷ-3]과 같이 살펴본 결과 p〈.001(x^2 값 16.9)수준에서 유의한 차이를 보였다. 학부모 모임에 '참여한다' 고 응답한 결혼이주여성의 연령대는 30대가 58.4%로 가장 많았고, 그 다음 40세 이상의 경우 57.8%, 30세 미만인 경우 38.6%의 순으로 나타났다. '참여하지 않는다'고 응답한 결혼이주여성의 연령대는 30세 미만의 결혼이주여성이 61.4%로 가장 많았고, 40세 이상의 결혼이주여성이 42.2%, 30대가 41.6%의 순으로 낮게 나타났다. 30대인 결혼이주여성의 경우 자녀의 교육에 많은 관심을 가진 연령대로 보인다.

[표Ⅷ-3] 연령별 학부모모임 참여여부

(단위:% , 명)

	참여한다	참여하지 않는다	계(명)
30세 미만	38.6	61.4	100(220)
30~39세	58.4	41.6	100(173)
40세 이상	57.8	42.2	100(45)
계(명)	48.4	51.6	100(438)

● 무응답은 결측값 처리함.
* P 〈 .05   ** P 〈 .01   *** P 〈 .001

결혼이주여성의 한국거주기간별로 학부모 모임 참여 여부에 대해 아래의 [표Ⅷ-4]와 같이 살펴본 결과 p〈.001(x^2 값 78.7)수준에서 유의한 차이를 보였다. 학부모 모임에 '참여 한다' 고 응답한 경우는 7년 이상 거주한 결혼이주여성이 69.5%로 가장 많았다. 그 다음 5년 이상 7년 미만으로 거주한 경우 66.7%, 2년 이상 5년 미만으로 거주한 경우 43.7%, 2년 미만 거주한 경우 13.7%로 나타났다. 학부모 모임에 '참여하지 않는다'

고 응답한 경우는 2년 미만으로 거주한 경우가 86.3%로 가장 많았고, 2년 이상 5년 미만 거주한 경우 56.3%, 5년 이상 7년 미만으로 거주한 경우 33.3%, 7년 이상 거주한 경우 30.5%의 순으로 낮게 나타났다. 학부모 모임에 대한 참여 유무는 한국거주기간이 5년 미만의 결혼이주여성은 비참여 비율이 참여보다 훨씬 높았고, 반대로 한국거주 5년 이상의 결혼이주여성은 참여 비율이 비참여보다 훨씬 더 높았다. 이는 거주기간이 긴 집단에는 학령기 자녀가 더 많을 수 있는 실정을 잘 반영하는 것으로 볼 수 있다.

[표Ⅷ-4] 거주기간별 학부모모임 참여여부

(단위:% , 명)

	참여한다	참여하지 않는다	계(명)
2년 미만	13.7	86.3	100(95)
2~5년 미만	43.7	56.3	100(142)
5~7년 미만	66.7	33.3	100(96)
7년 이상	69.5	30.5	100(105)
계(명)	48.4	51.6	100(438)

● 무응답은 결측값 처리함.
* P 〈 .05   ** P 〈 .01   *** P 〈 .001

결혼이주여성의 소득수준별로 학부모 모임 참여 여부에 대해 살펴본 결과 아래의 [표Ⅷ-5]와 같이 나타났다. 학부모 모임에 '참여한다'고 응답한 결혼이주여성의 소득수준은 300만 원 이상인 경우가 61.3%로 가장 높았다. 그 다음 100만 원 미만인 경우가 53.6%, 300만 원 미만인 경우가 48.5%, 200만 원 미만인 경우가 46.8%의 순으로 나타났다. 학부모 모임에 '참여하지 않는다' 고 응답한 결혼이주여성의 소득수준은 200만 원 미만인 경우가 53.2%로 가장 높았고, 그 다음 300만 원 미만인 경우 51.5%, 100만 원 미만인 경우 46.4%, 300만 원 이상인 경우 38.7%의 순으로 낮게 나타났다.

[표Ⅷ-5] 소득별 학부모모임 참여여부

(단위:% , 명)

	참여한다	참여하지 않는다	계(명)
100만 원 미만	53.6	46.4	100(69)
200만 원 미만	46.8	53.2	100(190)
300만 원 미만	48.5	51.5	100(130)
300만 원 이상	61.3	38.7	100(31)
계(명)	49.5	50.5	100(420)

● 무응답은 결측값 처리함.

결혼이주여성의 학력수준별로 학부모 모임 참여 여부에 대해 아래의 [표Ⅷ-6]과 같이 살펴본 결과 p<.05(x^2 값 8.1)수준에서 유의한 차이를 보였다. 학부모 모임에 '참여한다' 고 응답한 결혼이주여성의 학력수준은 대학교 이상인 경우가 58.7%로 가장 높았다. 그 다음 중학교 학력수준인 경우 50.4%, 고등학교 학력수준인 경우 43.2%, 초등학교 이하인 경우 37.9%로 나타났다. 학부모 모임에 '참여하지 않는다' 고 응답한 결혼이주여성의 학력수준은 초등학교 이하인 경우가 62.1%로 가장 높았고 그 다음 고등학교 학력수준을 가진 경우 56.8%, 중학교 학력수준을 가진 경우 49.6%, 대학교 이상의 학력수준을 가진 경우 41.3%의 순으로 낮게 나타났다. 학부모 모임에 대한 참여 유무는 결혼이주여성의 학력수준이 초등학교 이하와 고등학교인 경우 비참여 비율이 참여비율보다 높았고, 중학교와 대학교 이상의 학력수준을 가진 경우 참여비율이 비참여 비율보다 높았다. 비율격차는 학력수준이 초등학교 이하인 경우가 고등학교인 경우보다 높았고, 대학교 이상의 학력수준을 가진 경우가 중학교인 경우보다 높았다.

[표VIII-6] 학력별 학부모모임 참여여부

(단위:% , 명)

	참여 한다	참여하지 않는다	계(명)
초등학교 이하	37.9	62.1	100(29)
중학교	50.4	49.6	100(113)
고등학교	43.2	56.8	100(185)
대학교 이상	58.7	41.3	100(109)
계(명)	48.6	51.4	100(436)

● 무응답은 결측값 처리함.
* P < .05   ** P < .01   *** P < .001

2. 학부모 모임 참여에 대한 만족도

결혼이주여성이 학부모 모임에 참여한 경우 만족정도를 살펴 본 결과 아래의 [표VIII-7]과 같이 나타났다. 학부모 모임에 참여한 경우 '만족하는 편이다' 47.2%, '그저 그렇다' 33.9%, '매우 만족한다' 12.8%, '불만족한 편이다' 4.6%, '매우 불만족스럽다' 1.4%의 순으로 나타났다.

[표VIII-7] 학부모모임 참여 만족도

(단위:% , 명)

변인	구분	계(명)
학부모모임 참여 만족도	매우 불만족스럽다	1.4(3)
	불만족한 편이다	4.6(10)

학부모모임 참여 만족도	그저 그렇다	33.9(74)
	만족하는 편이다	47.2(103)
	매우 만족한다	12.8(28)
	합계	100(218)

● 무응답은 결측값 처리함.

결혼이주여성의 국적별로 학부모 모임에 참여한 경우 만족정도를 살펴 본 결과 아래의 [표Ⅷ-8]과 같이 나타났다. '매우 불만족스럽다'고 응답한 결혼이주여성의 출신국은 필리핀 5.4%로 가장 많았고, 그 다음 베트남 1.3%, 중국, 캄보디아, 기타 출신국의 경우 0%의 순으로 나타났다. '불만족한 편이다'라고 응답한 결혼이주여성의 출신국은 기타 출신국인 경우가 25.0%로 가장 많았고, 그 다음 필리핀 13.5%, 중국 2.0%, 베트남 1.3%, 재중동포와 캄보디아 0%의 순으로 나타났다. '그저 그렇다'고 응답한 경우는 필리핀 64.9%로 가장 많았고, 중국 40.0%, 베트남 22.8%, 캄보디이 18.2%, 기타 출신국 8.3%의 순으로 낮게 나타났다. '만족하는 편이다'고 응답한 경우는 캄보디아 63.6%로 가장 많았고, 그 다음 베트남 58.2%, 재중동포 55.2%, 기타 출신국 50.0%, 중국 46.%, 필리핀 13.5%의 순으로 나타났다. '매우 만족한다'고 응답한 경우는 캄보디아 18.2%로 가장 많았고, 기타 출신국 16.7%, 베트남 16.5%, 재중동포 13.8%, 중국 12.0%, 필리핀 2.7%의 순으로 낮게 나타났다.

[표Ⅷ-8] 국적별 학부모모임 참여만족도

(단위:% , 명)

	매우 불만족스럽다	불만족한 편이다	그저 그렇다	만족하는 편이다	매우 만족 한다	계(명)
재중동포	0.0	0.0	31.0	55.2	13.8	100(29)
중국	0.0	2.0	40.0	46.0	12.0	100(50)
베트남	1.3	1.3	22.8	58.2	16.5	100(79)
필리핀	5.4	13.5	64.9	13.5	2.7	100(37)
캄보디아	0.0	0.0	18.2	63.6	18.2	100(11)
기타	0.0	25.0	8.3	50.0	16.7	100(12)
계(명)	1.4	4.6	33.9	47.2	12.8	100(218)

● 무응답은 결측값 처리함.

결혼이주여성의 연령별로 학부모 모임에 참여한 경우 만족정도를 살펴 본 결과 아래의 [표Ⅷ-9]와 같이 나타났다. '매우 불만족스럽다'고 응답한 결혼이주여성의 연령대는 40세 이상이 3.8%로 가장 높았고, 30세 미만이 1.1%, 30대가 1.0%의 순으로 나타났다. '불만족한 편이다'라고 응답한 결혼이주여성의 연령대는 30세 미만이 5.7%, 30대가

4.8%, 40세 이상이 0.0%의 순으로 나타났다. '그저 그렇다'고 응답한 경우는 40세 이상이 57.7%로 가장 높았고, 그 다음 30대가 40.0%, 30세 미만이 19.5%의 순으로 나타났다. '만족하는 편이다'고 응답한 경우는 30세 미만이 58.6%, 30대가 42.9%, 40세 이상이 26.9%의 순이었다. '매우 만족한다'고 응답한 경우는 30세 미만이 14.9%, 40세 이상이 11.5%, 30대가 11.4%의 순서로 나타났다.

[표Ⅷ-9] 연령별 학부모모임 참여만족도

(단위:% , 명)

	매우 불만족스럽다	불만족한 편이다	그저 그렇다	만족하는 편이다	매우 만족 한다	계(명)
30세 미만	1.1	5.7	19.5	58.6	14.9	100(87)
30~39세	1.0	4.8	40.0	42.9	11.4	100(105)
40세 이상	3.8	0.0	57.7	26.9	11.5	100(26)
계(명)	1.4	4.6	33.9	47.2	12.8	100(218)

● 무응답은 결측값 처리함.

결혼이주여성의 거주기간별로 학부모 모임에 참여한 경우 만족정도를 살펴 본 결과 아래의 [표Ⅷ-10]과 같이 나타났다. 거주기간이 2년 미만인 결혼이주여성의 경우 '만족하는 편이다' 62.5%로 가장 많았고, 그 다음 '그저 그렇다' 25.0%, '매우 만족한다' 12.5%의 순으로 나타났다. 2년 이상 5년 미만으로 거주한 경우 '만족하는 편이다' 49.2%로 가장 많았고, 그 다음 '그저 그렇다' 27.0%, '매우 만족한다' 20.6%의 순으로 나타났다. 5년 이상 7년 미만으로 거주한 경우 '만족하는 편이다' 54.5%, '그저 그렇다' 28.8%, '매우 만족한다' 10.6%의 순으로 나타났다. 7년 이상 거주한 경우는 '그저 그렇다' 46.6%로 가장 많았고, 그 다음 '만족하는 편이다' 35.6%, '매우 만족한다' 8.2%로 나타났다. 한국에 7년 미만으로 거주한 결혼이주여성의 경우 학부모 모임 참여에 대한 만족도는 대체적으로 만족하다는 것을 알 수 있다.

[표Ⅷ-10] 거주기간별 학부모모임 참여만족도

(단위:% , 명)

	매우 불만족스럽다	불만족한 편이다	그저 그렇다	만족하는 편이다	매우 만족 한다	계(명)
2년 미만	0.0	0.0	25.0	62.5	12.5	100(16)
2~5년 미만	0.0	3.2	27.0	49.2	20.6	100(63)
5~7년 미만	0.0	6.1	28.8	54.5	10.6	100(66)
7년 이상	4.1	5.5	46.6	35.6	8.2	100(73)
계(명)	1.4	4.6	33.9	47.2	12.8	100(218)

● 무응답은 결측값 처리함.

결혼이주여성의 소득수준별로 학부모 모임에 참여한 경우 만족정도를 살펴 본 결과 아래의 [표Ⅷ-11]과 같이 나타났다. 결혼이주여성의 소득수준이 100만 원 미만인 경우 '그저 그렇다'가 36.8%로 가장 많았고, '만족하는 편이다'가 31.6%로 나타났다. 200만 원 미만인 경우는 '만족하는 편이다'가 52.8%, '그저 그렇다'가 30.3%였다. 300만 원 미만인 경우 '만족하는 편이다' 47.8%, '그저 그렇다' 38.8%의 순이었고, 300만 원 이상인 경우 '만족하는 편이다' 55.0%, '그저 그렇다' 30.0%의 순서로 나타났다. 결혼이주여성의 소득수준이 300만 원 미만인 경우 '그저 그렇다'고 응답한 비율이 38.8%로 가장 높았고, 결혼이주여성이 300만 원 이상의 소득수준을 가진 경우 '만족하는 편이다'고 응답한 비율이 55.0%로 가장 높았다. '매우 만족한다'고 응답한 경우는 100만 원 미만의 소득수준을 가진 경우로 15.8%였다.

[표Ⅷ-11] 소득별 학부모모임 참여만족도

(단위:% , 명)

	매우 불만족스럽다	불만족한 편이다	그저 그렇다	만족하는 편이다	매우 만족한다	계(명)
100만 원 미만	5.3	10.5	36.8	31.6	15.8	100(38)
200만 원 미만	1.1	3.4	30.3	52.8	12.4	100(89)
300만 원 미만	0.0	1.5	38.8	47.8	11.9	100(67)
300만 원 이상	0.0	0.0	30.0	55.0	15.0	100(20)
계(명)	1.4	3.7	34.1	47.7	13.1	100(214)

● 무응답은 결측값 처리함.

결혼이주여성의 학력수준별로 학부모 모임에 참여한 경우 만족정도를 살펴 본 결과 아래의 [표Ⅷ-12]와 같이 나타났다. '매우 불만족스럽다'와 '불만족한 편이다'라고 응답한 경우는 대학교 이상의 학력수준을 가진 결혼이주여성의 경우로 각각 3.0%와 9.0%로 나타났다. '그저 그렇다'고 응답한 경우는 대학교 이상의 학력수준을 가진 경우 44.8%로 가장 많았고, 그 다음 학력수준이 고등학교인 경우 32.5%, 중학교인 경우 26.7%, 초등학교 이하인 경우 18.2%의 순으로 나타났다. '만족하는 편이다'라고 응답한 경우는 학력수준이 초등학교 이하인 경우 54.5%로 가장 많았고, 고등학교인 경우 52.5%, 중학교인 경우 51.7%, 대학교 이상인 경우 35.8%로 나타났다. '매우 만족한다'고 응답한 경우는 학력수준이 초등학교 이하인 경우 27.3%로 가장 많았고, 중학교인 경우 16.7%, 고등학교인 경우 12.5%, 대학교 이상인 경우 7.5%의 순으로 나타났다. 결혼이주여성이 대학교 이상의 학력수준을 가진 경우 '그저 그렇다'고 응답한 비율이 높게 나타났고, '만족하는 편이다'라고 응답한 비율은 초등학교 이하의 학력수준을 가진 경우에 높게 나타났다.

[표Ⅷ-12] 학력별 학부모모임 참여만족도

(단위:% , 명)

	매우 불만족스럽다	불만족한 편이다	그저 그렇다	만족하는 편이다	매우 만족 한다	계(명)
초등학교 이하	0.0	0.0	18.2	54.5	27.3	100(11)
중학교	1.7	3.3	26.7	51.7	16.7	100(60)
고등학교	0.0	2.5	32.5	52.5	12.5	100(80)
대학교 이상	3.0	9.0	44.8	35.8	7.5	100(67)
계(명)	1.4	4.6	33.9	47.2	12.8	100(218)

● 무응답은 결측값 처리함.

3. 과거 취업 유무

결혼이주여성이 한국으로 오기 전에 일한 적이 있는 지에 대해 살펴본 결과 아래의 [표Ⅷ-13]과 같이 나타났다. '일한 적이 있음'으로 응답한 경우가 68.2%로 '일한 적이 없음' 31.8%로 응답한 경우보다 2.1배 높은 비율이다.

[표Ⅷ-13] 과거취업 유무

(단위:% , 명)

변인	구분	계(명)
과거 취업 유무	일한 적 있음	68.2(348)
	일한 적 없음	31.8(162)
	합계	100(510)

결혼이주여성의 국적별로 한국에 오기 전 취업 유무에 대해 아래의 [표Ⅷ-14와 같이 살펴본 결과 $p<.001$(x^2 값 62.2)수준에서 유의한 차이를 보였다. '일한 적이 있다'고 응답한 결혼이주여성의 출신국은 중국이 88.0%로 가장 높게 나타났고, 그 다음 기타 출신국 84.4%, 재중동포 83.7%, 캄보디아 73.3%, 필리핀 71.4%, 베트남 50.5%의 순으로 나타났다. '일한 적이 없다'고 응답한 결혼이주여성의 출신국은 베트남 49.5%, 필리핀 28.6%, 캄보디아 26.7%, 재중동포 16.3%, 기타 출신국 15.6%, 중국 12.0%의 순서로 나타났다.

[표Ⅷ-14] 국적별 과거 취업유무

(단위:% , 명)

	일한 적 있음	일한 적 없음	계(명)
재중동포	83.7	16.3	100(43)
중국	88.0	12.0	100(117)
베트남	50.5	49.5	100(218)
필리핀	71.4	28.6	100(70)

캄보디아	73.3	26.7	100(30)
기타	84.4	15.6	100(32)
계(명)	68.2	31.8	100(510)

* P 〈 .05   ** P 〈 .01   *** P 〈 .001

결혼이주여성의 연령별로 한국에 오기 전 취업 유무에 대해 아래의 [표Ⅷ-15]와 같이 살펴본 결과 p〈.001(x^2 값 28.6)수준에서 유의한 차이를 보였다. '일한 적이 있다'고 응답한 결혼이주여성의 연령수준은 40세 이상이 80.4%로 가장 많았고, 30대가 79.3%, 30세 미만이 57.5%로 나타났다. '일한 적이 없다'고 응답한 결혼이주여성의 연령수준은 30세 미만이 42.5%로 가장 많았고, 그 다음 30대가 20.7%, 40세 이상 19.6%의 순으로 나타났다. 연령수준이 40세 이상일 경우 일한 경험이 있는 비율이 높은 반면, 30세 미만의 연령수준인 경우 일한 경험이 없는 비율이 높게 나타났다.

[표Ⅷ-15] 연령별 과거 취업유무

(단위:% , 명)

	일한 적 있음	일한 적 없음	계(명)
30세 미만	57.5	42.5	100(261)
30~39세	79.3	20.7	100(193)
40세 이상	80.4	19.6	100(56)
계(명)	68.2	31.8	100(510)

* P 〈 .05   ** P 〈 .01   *** P 〈 .001

결혼이주여성의 한국거주기간별로 한국에 오기 전 취업 유무에 대해 아래의 [표Ⅷ-16]과 같이 살펴본 결과 p〈.05(x^2 값 9.8)수준에서 유의한 차이를 보였다.

[표Ⅷ-16] 거주기간별 과거 취업유무

(단위:% , 명)

	일한 적 있음	일한 적 없음	계(명)
2년 미만	64.5	35.5	100(138)
2~5년 미만	61.6	38.4	100(159)
5~7년 미만	73.5	26.5	100(102)
7년 이상	77.5	22.5	100(111)
계(명)	68.2	31.8	100(510)

* P 〈 .05   ** P 〈 .01   *** P 〈 .001

'일한 적이 있다'고 응답한 경우 결혼이주여성은 7년 이상 거주한 경우가 77.5%로 가장 많았고 그 다음 5년 이상 7년 미만으로 거주한 경우 73.5%, 2년 미만으로 거주한 경우 64.5%, 2년 이상 5년 미만으로 거주한 경우가 61.6%로 낮게 나타났다. '일한 적이

없다'고 응답한 경우 결혼이주여성의 거주기간은 2년 이상 5년 미만인 경우가 38.4%로
가장 많았고, 2년 미만인 경우 35.5%, 5년 이상 7년 미만인 경우 26.5%, 7년 이상 거주한
경우 22.5%의 순으로 나타났다. 한국거주기간에 따른 과거취업 유무에 대해 결혼이주
여성은 공통적으로 과거에 취업 경험이 있는 것으로 나타났다.

결혼이주여성의 소득수준별로 한국으로 오기 전 취업 유무에 대해 살펴 본 결과
아래의 [표Ⅷ-17]과 같이 나타났다. '일한 적이 있다'고 응답한 결혼이주여성의 소득수
준은 300만 원 미만인 경우가 74.5%로 가장 많았고, 그 다음 300만 원 이상인 경우가
68.4%, 100만 원 미만인 경우가 67.1%, 200만 원 미만인 경우가 63.8%로 나타났다. '일한
적이 없다'고 응답한 결혼이주여성의 소득수준은 200만 원 미만인 경우가 36.2%, 100만
원 미만인 경우 32.9%, 300만 원 이상인 경우 31.6%, 300만 원 미만인 경우 25.5%의 순서
로 나타났다.

[표Ⅷ-17] 소득별 과거 취업유무

(단위:% , 명)

	일한 적 있음	일한 적 없음	계(명)
100만 원 미만	67.1	32.9	100(79)
200만 원 미만	63.8	36.2	100(218)
300만 원 미만	74.5	25.5	100(149)
300만 원 이상	68.4	31.6	100(38)
계(명)	68.0	32.0	100(484)

● 무응답은 결측값 처리함.

결혼이주여성의 학력수준별로 한국으로 오기 전 취업 유무에 대해 아래의 [표Ⅷ-18]
과 같이 살펴본 결과 p<.001(x^2 값 22.2)수준에서 유의한 차이를 보였다. '일한 적이 있
다'고 응답한 결혼이주여성의 학력수준은 대학교 이상인 경우가 83.3%로 가장 많았고,
'일한 적이 없다'고 응답한 결혼이주여성의 학력수준은 초등학교 이하인 경우가 52.9%
로 가장 많았다. 결혼이주여성의 학력수준이 중학교 이상일 경우 취업경험의 비율이
비취업 경험의 비율보다 훨씬 높게 나타났다

[표Ⅷ-18] 학력별 과거 취업유무

(단위:% , 명)

	일한 적 있음	일한 적 없음	계(명)
초등학교 이하	47.1	52.9	100(34)
중학교	61.9	38.1	100(134)
고등학교	67.6	32.4	100(213)
대학교 이상	83.3	16.7	100(120)

계(명)	68.5	31.5	100(501)

● 무응답은 결측값 처리함.

* P 〈 .05   ** P 〈 .01   *** P 〈 .001

4. 과거 취업 분야

결혼이주여성이 한국으로 오기 전 취업한 분야에 대해 살펴 본 결과 아래의 [표Ⅷ
-19]와 같이 나타났다. '서비스 종사자'가 23.6%로 가장 많았고, 그 다음 '판매 종사자'
19.4%, '기타 단순 노무자' 16.8%, '사무종사자' 10.7%, '기능 종사자' 5.2%, '농림어업 종
사자' 3.9%, '기계조작 및 조립종사자' 3.6%, '가사 관련 단순노무자' 0.6%의 순으로 나타
났다.

[표Ⅷ-19] 과거취업분야

(단위:% , 명)

변인	구분	계(명)
과거취업분야	서비스 종사자(관광가이드, 음식점 종업원, 간병인)	23.6(73)
	판매 종사자(가게운영, 세일즈맨, 보험설계사 등)	19.4(60)
	농림어업 종사자	3.9(12)
	기능 종사자(기능·숙련공)	5.2(16)
	기계조작 및 조립 종사자	3.6(11)
	가사 관련 단순 노무자(가정부, 파출부, 보육사 등)	0.6(2)
	기타 단순 노무자(미숙련 공장노동자, 건설노동자)	16.8(52)
	사무 종사자(일반 행정사무 등)	13.3(41)
	전문가 및 관련 종사자(대학교수, 변호사, 강사 등)	10.7(33)
	임직원 및 관리자(고급 공무원, 교장 등)	2.9(9)
	합계	100.0(309)

● 무응답은 결측값 처리함.

결혼이주여성의 국적별로 한국으로 오기 전 취업한 분야에 대해 살펴 본 결과 아
래의 [표Ⅷ-20]과 같이 나타났다. 출신국이 재중동포인 경우 '서비스 종사자'와 '사무종
사자'로 일한 경우가 25.7%로 가장 많았고, 그 다음 '판매종사자'와 '사무종사자'로 일
한 경우 14.3%의 순서로 나타났다. 출신국이 중국인 경우 '서비스 종사자' 30.4%, '판매
종사자' 22.8%, '사무종사자' 14.1%의 순서로 나타났다. 베트남 출신국인 결혼이주여성
은 '기타 단순노무자' 34.1%로 일한 경우가 가장 많았고, 그 다음으로 일한 분야는 '서
비스 종사자' 19.8%, '판매종사자' 12.1%의 순서로 나타났다. 필리핀 출신국인 경우 '판
매 종사자' 26.1%, '기타 단순노무자' 19.6%, '사무 종사자' 17.4%의 순이었다. 출신국이
캄보디아인 경우 '기타 단순노무자' 30.0%로 일한 경우가 가장 많았고, '서비스 종사자'

와 '판매 종사자' 25.0%, '농림어업 종사자' 15.0%의 순으로 나타났다. 기타 출신국인 경우 '사무 종사자' 32.0%, '서비스 종사자'와 '판매 종사자' 24.0%의 순으로 일한 경우가 많았다. 전반적으로 살펴보면 대다수의 결혼이주여성은 한국으로 오기 전 본국에서 '서비스 종사자' 23.6%, '판매 종사자' 19.4%, '기타 단순노무자' 16.8%, '사무 종사자' 13.3%로 일한 경험이 있음을 알 수 있다.

[표Ⅷ-20] 국적별 과거 취업분야

(단위:% , 명)

	서비스 종사자	판매 종사자	농림어업 종사자	기능 종사자	기계조작 및 조립 종사자	가사 관련 단순 노무자
재중동포	25.7	14.3	0.0	5.7	2.9	0.0
중국	30.4	22.8	0.0	7.6	4.3	0.0
베트남	19.8	12.1	8.8	4.4	5.5	1.1
필리핀	15.2	26.1	2.2	6.5	0.0	0.0
캄보디아	25.0	25.0	15.0	0.0	0.0	5.0
기타	24.0	24.0	0.0	0.0	4.0	0.0
계(명)	23.6	19.4	3.9	5.2	3.6	0.6

	기타 단순 노무자	사무 종사자	전문가 및 관련 종사자	임직원 및 관리자	계(명)	
재중동포	2.9	14.3	25.7	8.6	100(35)	
중국	4.3	14.1	12.0	4.3	100(92)	
베트남	34.1	7.7	4.4	2.2	100(91)	
필리핀	19.6	17.4	13.0	0.0	100(46)	
캄보디아	30.0	0.0	0.0	0.0	100(20)	
기타	4.0	32.0	12.0	0.0	100(25)	
계(명)	16.8	13.3	10.7	2.9	100(309)	

● 무응답은 결측값 처리함.

결혼이주여성의 연령별로 한국으로 오기 전 취업한 분야에 대해 살펴 본 결과 아래의 [표Ⅷ-21]과 같이 나타났다. 결혼이주여성의 연령대가 30세 미만인 경우 '기타 단순노무자' 27.9%로 일한 경우가 가장 많았고, '서비스 종사자'와 '판매종사자' 20.9%, '농림어업 종사자' 6.2%의 순으로 나타났다. 30대인 경우 결혼이주여성은 '서비스 종사자' 24.5%, '판매종사자'와 '사무종사자' 18.0%, '전문가 및 관련종사자' 15.1%의 순서로 나타났다. 연령대가 40세 이상인 결혼이주여성의 경우 '서비스 종사자' 29.3%, '판매종사자' 19.5%, '사무 종사자' 17.1%로 나타났다. 연령대가 30세 이상인 경우 결혼이주여성은 '서비스 종사자'로 일한 경험이 많은 반면 30세 미만인 경우는 '기타 단순노무자'로 일한 경험이 많다는 것을 알 수 있다.

[표Ⅷ-21] 연령별 과거 취업분야

(단위:% , 명)

	서비스 종사자	판매 종사자	농림어업 종사자	기능 종사자	기계조작 및 조립 종사자	가사관련 단순 노무자
30세 미만	20.9	20.9	6.2	4.7	5.4	0
30~39세	24.5	18.0	2.9	3.6	2.9	1.4
40세 이상	29.3	19.5	0	12.2	0	0
계(명)	23.6	19.4	3.9	5.2	3.6	0.6
	기타 단순 노무자	사무 종사자	전문가 및 관련 종사자	임직원 및 관리자	계(명)	
30세 미만	27.9	7	4.7	2.3	100(129)	
30~39세	10.1	18.0	15.1	3.6	100(139)	
40세 이상	4.9	17.1	14.6	2.4	100(41)	
계(명)	16.8	13.3	10.7	2.9	100(309)	

● 무응답은 결측값 처리함.

결혼이주여성의 한국거주기간별로 한국으로 오기 전 취업한 분야에 대해 살펴 본 결과 아래의 [표Ⅷ-22]와 같이 나타났다. 한국에 거주한 지 2년 미만인 결혼이주여성은 '서비스 종사자'와 '기타 단순노무자' 23.6%로 일한 경험이 가장 많았고, 그 다음 '판매 종사자' 20.8%, '사무종사자' 9.7%로 나타났다. 2년 이상 5년 미만으로 거주한 경우 '판매 종사자' 24.7%, '서비스 종사자' 21.5%, '기타 단순노무자'와 '사무종사자' 12.9%의 순서로 나타났다. 5년 이상 7년 미만으로 거주한 경우는 '기타 단순노무자' 23.2%로 일한 경우가 가장 많았고, '판매 종사자' 17.4%, '서비스 종사자'와 '사무종사자' 15.9%의 순이었다. 7년 이상 거주한 결혼이주여성은 '서비스 종사자' 33.3%, '전문가 및 관련종사자' 17.3%, '사무종사자' 14.7%의 순으로 일한 경험이 많았다.

[표Ⅷ-22] 거주기간별 과거 취업분야

(단위:% , 명)

	서비스 종사자	판매 종사자	농림어업 종사자	기능 종사자	기계조작 및 조립 종사자	가사관련 단순 노무자
2년 미만	23.6	20.8	2.8	6.9	2.8	0
2~5년 미만	21.5	24.7	4.3	6.5	4.3	1.1
5~7년 미만	15.9	17.4	7.2	1.4	4.3	1.4
7년 이상	33.3	13.3	1.3	5.3	2.7	0
계(명)	23.6	19.4	3.9	5.2	3.6	0.6
	기타 단순 노무자	사무 종사자	전문가 및 관련 종사자	임직원 및 관리자	계(명)	
2년 미만	23.6	9.7	8.3	1.4	100(72)	
2~5년 미만	12.9	12.9	7.5	4.3	100(93)	
5~7년 미만	23.2	15.9	10.1	2.9	100(69)	

7년 이상	9.3	14.7	17.3	2.7	100(75)
계(명)	16.8	13.3	10.7	2.9	100(309)

● 무응답은 결측값 처리함.

결혼이주여성의 소득수준별로 한국으로 오기 전 취업한 분야에 대해 살펴 본 결과 아래의 [표Ⅷ-23]과 같이 나타났다. 결혼이주여성의 소득수준이 100만 원 미만인 경우 '서비스 종사자' 25.0%로 일한 경우가 가장 많았고, 그 다음 '판매종사자' 22.9%, '기타 단순노무자' 18.8%의 순으로 나타났다. 200만 원 미만의 소득수준인 경우 '판매 종사자' 21.8%, '기타 단순노무자' 21.0%, '서비스 종사자' 17.6%의 순으로 일한 경우가 나타났다. 소득수준이 300만 원 미만인 경우는 '서비스 종사자' 26.9%, '판매 종사자'와 '기타 단순 노무자' 15.4%, '사무 종사자'와 '전문가 및 관련종사자' 12.5%로 나타났다. 300만 원 이상인 경우 '서비스 종사자' 43.5%, '사무 종사자' 39.1%, '판매종사자' 8.7%로 나타났다. 소득수준별로 결혼이주여성이 한국으로 오기 전 취업한 분야에 대해 살펴본 결과, 전반적으로 '서비스 종사자'로 일한 비율이 높게 나타나며, 300만 원 이상의 소득수준을 가진 경우 '사무종사자'로 일한 경험이 있는 비율이 높은 경향을 보인다.

[표Ⅷ-23] 소득별 과거 취업분야

(단위:% , 명)

	서비스 종사자	판매 종사자	농림어업 종사자	기능 종사자	기계조작 및 조립 종사자	가사관련 단순 노무자
100만 원 미만	25.0	22.9	4.2	6.3	2.1	2.1
200만 원 미만	17.6	21.8	5.0	6.7	1.7	0.8
300만 원 미만	26.9	15.4	3.8	2.9	7.7	0.0
300만 원 이상	43.5	8.7	0.0	0.0	0.0	0.0
계(명)	24.1	18.7	4.1	4.8	3.7	0.7

	기타 단순 노무자	사무 종사자	전문가 및 관련 종사자	임직원 및 관리자	계(명)	
100만 원 미만	18.8	6.3	10.4	2.1	100(48)	
200만 원 미만	21.0	11.8	10.1	3.4	100(119)	
300만 원 미만	15.4	12.5	12.5	2.9	100(104)	
300만 원 이상	4.3	39.1	4.3	0.0	100(23)	
계(명)	17.3	13.3	10.5	2.7	100(294)	

● 무응답은 결측값 처리함.

결혼이주여성의 학력수준별로 한국으로 오기 전 취업한 분야에 대해 살펴 본 결과 아래의 [표Ⅷ-24]와 같이 나타났다. 결혼이주여성이 초등학교 이하의 학력수준을 가진 경우 '기타 단순노무자'로 일한 경우가 38.5%, 중학교 수준인 경우 '서비스 종사자' 30.1%, 고등학교 수준인 경우 '서비스 종사자' 29.2%, 대학교 이상인 학력수준을 가진 경우 '사무 종사자' 30.3%로 가장 많았다. 그 다음으로 학력수준이 초등학교 이하인 경우 '농림어업 종사자' 23.1%, '판매종사자' 15.4%로 나타났고, 중학교인 경우 '기타 단순노무자' 28.8%, '판매종사자' 12.3%의 순으로 일한 경우가 많았다. 고등학교의 학력수준을 가진 경우 '판매종사자' 25.4%, '기타 단순노무자' 15.4%였고, 대학교 이상의 학력수준을 가진 경우는 '전문가 및 관련종사자' 24.7%, '판매종사자' 14.6%의 순으로 일한 경우가 많았다.

[표Ⅷ-24] 학력별 과거 취업분야

(단위:% , 명)

	서비스 종사자	판매 종사자	농림어업 종사자	기능 종사자	기계조작 및 조립 종사자	가사관련 단순 노무자
초등학교 이하	7.7	15.4	23.1	0.0	15.4	0.0
중학교	30.1	12.3	5.5	8.2	5.5	1.4
고등학교	29.2	25.4	3.8	4.6	3.8	0.8
대학교 이상	13.5	14.6	0.0	3.4	0.0	0.0
계(명)	23.9	18.7	3.9	4.9	3.6	0.7

	기타 단순 노무자	사무 종사자	전문가 및 관련 종사자	임직원 및 관리자	계(명)	
초등학교 이하	38.5	0.0	0.0	0.0	100(13)	
중학교	28.8	2.7	2.7	2.7	100(73)	
고등학교	15.4	9.2	6.9	0.8	100(130)	
대학교 이상	6.7	30.3	24.7	6.7	100(89)	
계(명)	17.0	13.4	10.8	3.0	100(305)	

● 무응답은 결측값 처리함.

5. 한국에서의 취업경험 유무

결혼이주여성이 한국에서 일한 적이 있거나 현재 일하고 있는 지에 대해 최근의 경험을 기준으로 살펴본 결과 아래의 [표Ⅷ-25]와 같이 나타났다.

[표Ⅷ-25] 한국에서의 취업경험 유무

(단위:% , 명)

변인	구분	계(명)
한국에서의 취업유무	현재 일하고 있음	28.1(143)
	현재까지 일한 적 없음	49.7(253)

한국에서의	일해 본 경험이 있음	22.2(113)
취업유무	합계	100(509)

● 무응답은 결측값 처리함.

　'현재까지 일한 적이 없다'고 응답한 경우가 49.7%로 가장 많았고, '현재 일하고 있다' 28.1%, '일해 본 경험이 있다' 22.2%의 순으로 나타났다.

　결혼이주여성의 국적별로 한국에서 일한 적이 있거나 현재 일하고 있는 지에 대해 최근의 경험을 기준으로 아래의 [표VIII-26]과 같이 살펴본 결과 p⟨.001(x^2 값 67.7)수준에서 유의한 차이를 보였다. '현재 일하고 있다'고 응답한 결혼이주여성의 출신국은 필리핀 52.9%로 가장 많았고, 재중동포 37.2%, 중국 28.2%, 기타 출신국 21.9%, 베트남 21.7%, 캄보디아 10.0%의 순으로 나타났다. '현재까지 일한 적 없다'고 응답한 결혼이주여성의 출신국은 캄보디아 70.0%, 베트남 64.5%, 기타 출신국 53.1%, 중국 38.5%, 재중동포 27.9%, 필리핀 25.7%의 순으로 나타났다. 현재는 일하지 않으나 '일해 본 경험이 있다'고 응답한 결혼이주여성의 출신국은 재중동포 34.9%, 중국 33.3%, 기타 출신국 25.0%, 필리핀 21.4%, 캄보디아 20.0%, 베트남 13.8%의 순으로 나타났다. 필리핀 출신국인 결혼이주여성은 한국사회에서 현재 일을 하고 있는 비율이 타 출신국에 비해 상대적으로 높은 경향을 나타낸다. 한국에서 현재는 일하지 않으나 일해 본 경험이 있는 경우는 재중동포 출신국이 해당되며, 현재까지 한국에서 일해 본 경험이 전혀 없는 경우는 캄보디아 출신국으로 상대적으로 높은 비율을 보인다.

[표VIII-26] 국적별 한국에서의 취업경험 유무

(단위:% , 명)

	현재 일하고 있음	현재까지 일한 적 없음	일해 본 경험이 있음	계(명)
재중동포	37.2	27.9	34.9	100(43)
중국	28.2	38.5	33.3	100(117)
베트남	21.7	64.5	13.8	100(217)
필리핀	52.9	25.7	21.4	100(70)
캄보디아	10.0	70.0	20.0	100(30)
기타	21.9	53.1	25.0	100(32)
계(명)	28.1	49.7	22.2	100(509)

● 무응답은 결측값 처리함.
* P ⟨ .05   ** P ⟨ .01   *** P ⟨ .001

　결혼이주여성의 연령별로 한국에서 일한 적이 있거나 현재 일하고 있는 지에 대해 최근의 경험을 기준으로 아래의 [표VIII-27]과 같이 살펴본 결과 p⟨.001(x^2 값 38.1)수준에서 유의한 차이를 보였다. 결혼이주여성의 연령대가 30세 미만인 경우 '현재까지 일한 적 없음'이 61.5%로 가장 높게 나타났다. 그 다음 '일해 본 경험이 있음' 20.4%, '현재 일하고 있음' 18.1%의 순으로 낮게 나타났다. 30대인 경우 '현재까지 일한 적 없음'이 39.4%, '현재 일하고 있음' 35.8%, '일해 본 경험이 있음' 24.9%의 순으로 나타났다. 40세 이상인 경우 '현재 일하고 있음' 48.2%로 가장 높게 나타났고, '현재까지 일한 적 없음' 30.4%, '일해 본 경험이 있음' 21.4%의 순으로 나타났다. 한국에서 현재 일하고 있는 결혼이주여성의 연령대는 40세 이상이 해당되며, 40세 미만인 결혼이주여성의 경우 한국에서 현재까지 일한 적이 없는 연령대임을 알 수 있다.

[표Ⅷ-27] 연령별 한국에서의 취업경험 유무

(단위:% , 명)

	현재 일하고 있음	현재까지 일한 적 없음	일해 본 경험이 있음	계(명)
30세 미만	18.1	61.5	20.4	100(260)
30~39세	35.8	39.4	24.9	100(193)
40세 이상	48.2	30.4	21.4	100(56)
계(명)	28.1	49.7	22.2	100(509)

● 무응답은 결측값 처리함.
* P 〈 .05   ** P 〈 .01   *** P 〈 .001

　　결혼이주여성의 한국거주기간별로 한국으로 오기 전 취업한 분야에 대해 살펴 본 결과 아래의 [표Ⅷ-28]과 같이 나타났다. 한국에 거주한 지 2년 미만인 결혼이주여성은 '서비스 종사자'와 '기타 단순노무자' 23.6%로 일한 경험이 가장 많았고, 그 다음 '판매 종사자' 20.8%, '사무종사자' 9.7%로 나타났다. 2년 이상 5년 미만으로 거주한 경우 '판매 종사자' 24.7%, '서비스 종사자' 21.5%, '기타 단순노무자'와 '사무종사자' 12.9%의 순서로 나타났다. 5년 이상 7년 미만으로 거주한 경우는 '기타 단순노무자' 23.2%로 일한 경우가 가장 많았고, '판매 종사자' 17.4%, '서비스 종사자'와 '사무종사자' 15.9%의 순이었다. 7년 이상 거주한 결혼이주여성은 '서비스 종사자' 33.3%, '전문가 및 관련종사자' 17.3%, '사무종사자' 14.7%의 순으로 일한 경험이 많았다.

[표Ⅷ-28] 거주기간별 한국에서의 취업경험 유무

(단위:% , 명)

	현재 일하고 있음	현재까지 일한 적 없음	일해 본 경험이 있음	계(명)
2년 미만	5.8	85.4	8.8	100(137)
2~5년 미만	20.8	51.6	27.7	100(159)

5~7년 미만	39.2	34.3	26.5	100(102)
7년 이상	55.9	17.1	27.0	100(111)
계(명)	28.1	49.7	22.2	100(509)

● 무응답은 결측값 처리함.

* P 〈 .05   ** P 〈 .01   *** P 〈 .001

결혼이주여성의 소득수준에 따라 한국에서 일한 적이 있거나 현재 일하고 있는 지에 대해 최근의 경험을 기준으로 살펴본 결과 아래의 [표Ⅷ-29]와 같이 나타났다. 결혼이주여성의 소득수준이 300만 원 이상인 경우 '현재 일하고 있음'이 39.5%로 가장 많았고, 소득수준이 200만 원 미만인 경우 '현재까지 일한 적 없음'이 52.3%로 가장 많았으며, 소득수준이 100만 원 미만인 경우는 '일해 본 경험이 있음'이 30.4%로 가장 많았다.

[표Ⅷ-29] 소득별 한국에서의 취업경험 유무

(단위:%, 명)

	현재 일하고 있음	현재까지 일한 적 없음	일해 본 경험이 있음	계(명)
100만 원 미만	34.2	35.4	30.4	100(79)
200만 원 미만	26.1	52.3	21.6	100(218)
300만 원 미만	27.0	52.0	20.9	100(148)
300만 원 이상	39.5	42.1	18.4	100(38)
계(명)	28.8	48.7	22.6	100(483)

● 무응답은 결측값 처리함.

결혼이주여성의 학력수준별로 한국에서 일한 적이 있거나 현재 일하고 있는 지에 대해 최근의 경험을 기준으로 아래의 [표Ⅷ-30]과 같이 살펴본 결과 p〈.001(x^2 값 39.7) 수준에서 유의한 차이를 보였다. 결혼이주여성의 학력수준이 초등학교 이하인 경우 '현재까지 일한 적 없음'이 64.7%로 가장 많았고, 그 다음 '일해 본 경험이 있음' 23.5%, '현재 일하고 있음' 11.8%로 나타났다. 중학교의 학력수준인 경우도 '현재까지 일한 적 없음'이 59.0%로 가장 많았고, '현재 일하고 있음' 22.4%, '일해 본 경험이 있음' 18.7%의 순으로 나타났다. 결혼이주여성이 고등학교의 학력수준을 가진 경우 '현재까지 일한 적 없음'이 52.8%로 가장 많았고, '일해 본 경험이 있음' 24.1%, '현재 일하고 있음' 23.1%의 순으로 나타났다. 대학교 이상의 학력수준인 경우 '현재 일하고 있음'이 48.3%로 가장 많았다. 그 다음 '현재까지 일한 적 없음' 29.2%, '일해 본 경험이 있음' 22.5%로 나타났다. 결혼이주여성의 학력수준이 대학교 이상인 집단인 경우 '현재 일하고 있음'으로 응답한 비율이 높게 나타나고, 초등학교 이하인 집단인 경우 '현재까지 일한 적 없음'으로 응답한 비율이 높게 나타남을 알 수 있다.

[표Ⅷ-30] 학력별 한국에서의 취업경험 유무

(단위:% , 명)

	현재 일하고 있음	현재까지 일한 적 없음	일해 본 경험이 있음	계(명)
초등학교 이하	11.8	64.7	23.5	100(34)
중학교	22.4	59.0	18.7	100(134)
고등학교	23.1	52.8	24.1	100(212)
대학교 이상	48.3	29.2	22.5	100(120)
계(명)	28.2	49.6	22.2	100(500)

● 무응답은 결측값 처리함.
* P 〈 .05 ** P 〈 .01 *** P 〈 .001

6. 한국에서의 취업분야

결혼이주여성이 한국에서 현재 일하고 있거나, 일한 경험이 있는 경우 취업분야에 대해 살펴본 결과 아래의 [표Ⅷ-31]과 같이 나타났다. 결혼이주여성의 취업분야는 '전문가 및 관련 종사자' 23.5%로 가장 많았고, 그 다음 '서비스 종사자'와 '기타 단순노무자' 17.8%, '기타 종사자' 7.0%, '판매종사자'와 '농림어업 종사자' 그리고 '기계조작 및 조립 종사자' 6.5%, '기능 종사자'와 '사무종사자' 6.1%, '가사 관련 단순노무자' 1.7%, '임직원 및 관리자' 0.4%의 순으로 나타났다.

[표Ⅷ-31] 한국에서의 취업분야

(단위:% , 명)

변인	구분	계(명)
한국에서의 취업분야	서비스 종사자(관광가이드, 음식점 종업원, 간병인)	17.8(41)
	판매 종사자(가게운영, 세일즈맨, 보험설계사 등)	6.5(15)
	농림어업 종사자	6.5(15)
	기능 종사자(기능·숙련공)	6.1(14)
	기계조작 및 조립 종사자	6.5(15)
	가사 관련 단순 노무자(가정부, 파출부, 보육사 등)	1.7(4)
	기타 단순 노무자(미숙련 공장노동자, 건설노동자)	17.8(41)
	사무 종사자(일반 행정사무 등)	6.1(14)
	전문가 및 관련 종사자(대학교수, 변호사, 강사 등)	23.5(54)
	임직원 및 관리자(고급 공무원, 교장 등)	0.4(1)
	기타	7.0(16)
	합계	100(230)

● 무응답은 결측값 처리함.

결혼이주여성의 국적별로 한국에서 현재 일하고 있거나, 일한 경험이 있는 경우 취업분야에 대해 살펴본 결과 아래의 [표Ⅷ-32]와 같이 나타났다. 결혼이주여성의 출신국이 재중동포인 경우 취업분야는 '전문가 및 관련종사자' 48.1%로 가장 많았고 그 다음 '서비스 종사자' 22.2%, '기타 단순노무자' 11.1%로 나타났다. 중국인 경우 '서비스 종사자' 29.4%, '기능 종사자' 16.2%, '기계조작 및 조립종사자'와 '기타 단순노무자' 그리고 '전문가 및 관련종사자' 13.2%의 순으로 나타났다. 베트남인 경우 '기타 단순노무자' 27.4%, '농림어업 종사자'와 기타 16.1%, '전문가 및 관련종사자' 12.9%의 순이었다. 필리핀인 경우 '전문가 및 관련종사자' 28.6%, '기타 단순노무자' 20.4%, '서비스 종사자' 14.3%의 순이었고, 출신국이 캄보디아인 경우 '서비스 종사자', '판매 종사자' 그리고 '기타 단순노무자'와 '전문가 및 관련종사자' 22.2%로 균등하게 나타났다. 기타 출신국인 경우 '전문가 및 관련종사자'가 53.0%로 가장 많았고 그 다음 '기능 종사자', '기계조작 및 조립종사자' 그리고 '가사 관련 단순노무자'와 '기타 단순노무자'가 6.7%로 비등하였다. 결혼이주여성의 출신국이 재중동포와 필리핀 및 기타 출신국의 경우 한국에서 '전문가 및 관련종사자'로 취업하는 경우가 많음을 보여준다.

[표Ⅷ-32] 국적별 한국취업분야

(단위:% , 명)

	서비스 종사자	판매 종사자	농림어업 종사자	기능 종사자	기계조작 및 조립종사자	가사 관련 단순노무자	기타 단순노무자	사무 종사자	전문가 및 관련종사자	임직원 및 관리자	기타	계 (명)
재중동포	22.2	11.1	3.7	0.0	0.0	0.0	7.4	3.7	48.1	0.0	3.7	100 (27)
중국	29.4	4.4	2.9	16.2	13.2	1.5	13.2	4.4	13.2	0.0	1.5	100 (68)
베트남	4.8	4.8	16.1	3.2	4.8	3.2	27.4	6.5	12.9	0.0	16.1	100 (62)
필리핀	14.3	8.2	4.1	0.0	4.1	0.0	20.4	10.2	28.6	2.0	8.2	100 (49)
캄보디아	22.2	22.2	0.0	0.0	0.0	0.0	22.2	11.1	22.2	0.0	0.0	100 (9)
기타	20	0.0	0.0	6.7	6.7	6.7	6.7	0.0	53.3	0.0	0.0	100 (15)
계 (명)	17.8	6.5	6.5	6.1	6.5	1.7	17.8	6.1	23.5	0.4	7.0	100 (230)

● 무응답은 결측값 처리함.

　　결혼이주여성의 연령별로 한국에서 현재 일하고 있거나, 일한 경험이 있는 경우 취업분야에 대해 살펴본 결과 아래의 [표Ⅷ-33]과 같이 나타났다. 결혼이주여성의 연령대가 30세 미만인 경우 취업분야는 '기타 단순노무자' 21.2%로 가장 많았고, 그 다음 '전문가 및 관련종사자' 14.1%, '서비스 종사자' 12.9%로 나타났다. 30대인 경우 '전문가 및 관련종사자' 27.1%, '서비스 종사자' 19.6%, '기타 단순노무자' 16.8%의 순으로 나타났다. 연령대가 40세 이상인 경우는 '전문가 및 관련종사자' 34.2%로 가장 많았고, '서비스 종사자' 23.7%, '기타 단순노무자' 13.2%의 순이었다.

[표Ⅷ-33] 연령별 한국취업분야

(단위:% , 명)

	서비스 종사자	판매 종사자	농림 어업 종사자	기능 종사자	기계 조작 및 조립 종사자	가사 관련 단순 노무자	기타 단순 노무자	사무 종사자	전문가 및 관련 종사자	임직 원 및 관리 자	기타	계 (명)
30세 미만	12.9	8.2	11.8	3.5	10.6	1.2	21.2	4.7	14.1	0.0	11.8	100 (85)
30~39 세	19.6	6.5	3.7	7.5	3.7	1.9	16.8	8.4	27.1	0.9	3.7	100 (107)
40세 이상	23.7	2.6	2.6	7.9	5.3	2.6	13.2	2.6	34.2	0.0	5.3	100 (38)
계(명)	17.8	6.5	6.5	6.1	6.5	1.7	17.8	6.1	23.5	0.4	7.0	100 (230)

● 무응답은 결측값 처리함.

　결혼이주여성의 한국에서의 거주기간별로 한국에서 현재 일하고 있거나, 일한 경험이 있는 경우 취업분야에 대해 살펴본 결과 아래의 [표Ⅷ-34]와 같이 나타났다. 한국에서 거주기간이 2년 미만인 결혼이주여성의 경우 취업분야는 '서비스 종사자'와 '기타 단순노무자' 22.2%로 가장 많았다. 2년 이상 5년 미만으로 거주한 경우도 '기타 단순노무자' 25.8%가 가장 많았다. 5년 이상 7년 미만으로 거주한 결혼이주여성은 '전문가 및 관련종사자' 25.8%, 7년 이상 거주한 경우도 '전문가 및 관련종사자' 36.9%로 가장 많았다.

[표Ⅷ-34] 거주기간별 한국취업분야

(단위:% , 명)

	서비스 종사자	판매 종사자	농림 어업 종사자	기능 종사자	기계 조작 및 조립 종사자	가사 관련 단순 노무자	기타 단순 노무자	사무 종사자	전문가 및 관련 종사자	임직원 및 관리자	기타	계 (명)
2년 미만	22.2	11.1	5.6	11.1	5.6	0.0	22.2	11.1	5.6	0.0	5.6	100 (18)

2~5년 미만	22.7	7.6	6.1	7.6	9.1	0.0	25.8	7.6	9.1	0.0	4.5	100 (66)
5~7년 미만	16.1	4.8	11.3	6.5	4.8	3.2	14.5	1.6	25.8	1.6	9.7	100 (62)
7년 이상	14.3	6.0	3.6	3.6	6.0	2.4	13.1	7.1	36.9	0.0	7.1	100 (84)
계 (명)	17.8	6.5	6.5	6.1	6.5	1.7	17.8	6.1	23.5	0.4	7.0	100 (230)

● 무응답은 결측값 처리함.

결혼이주여성의 소득수준별로 한국에서 현재 일하고 있거나, 일한 경험이 있는 경우 취업분야에 대해 살펴본 결과 아래의 [표Ⅷ-35]와 같이 나타났다. 결혼이주여성의 소득수준이 100만 원 미만인 경우 '서비스 종사자' 24.4%, 소득수준이 200만 원 미만인 경우는 '기타 단순노무자' 24.5%로 가장 많았다. 결혼이주여성이 300만 원 미만의 소득수준을 가진 경우는 '전문가 및 관련종사자' 34.4%, 소득수준이 300만 원 이상인 경우는 '서비스 종사자' 45.0%로 가장 많이 근무하였거나 현재 근무 중인 것으로 나타났다.

[표Ⅷ-35] 소득별 한국취업분야

(단위:% , 명)

	서비스 종사자	판매 종사자	농림 어업 종사자	기능 종사자	기계 조작 및 조립 종사자	가사 관련 단순 노무자	기타 단순 노무자	사무 종사자	전문가 및 관련 종사자	임직원 및 관리자	기 타	계 (명)
100만 원 미만	24.4	13.3	8.9	4.4	0.0	0.0	20.0	2.2	22.2	0.0	4.4	100 (45)
200만 원 미만	8.5	7.4	6.4	8.5	9.6	2.1	24.5	7.4	14.9	1.1	9.6	100 (94)
300만 원 미만	18.8	1.6	7.8	6.3	7.8	0.0	12.5	4.7	34.4	0.0	6.3	100 (64)
300만 원 이상	45.0	0.0	0.0	0.0	0.0	5.0	5.0	10.0	30.0	0.0	5.0	100 (20)
계(명)	17.9	6.3	6.7	6.3	6.3	1.3	18.4	5.8	23.3	0.4	7.2	100 (223)

● 무응답은 결측값 처리함.

결혼이주여성의 학력수준별로 한국에서 현재 일하고 있거나, 일한 경험이 있는 경우 취업분야에 대해 살펴본 결과 아래의 [표Ⅷ-36]과 같이 나타났다. 결혼이주여성의 학력수준이 초등학교 이하인 경우 '기타 단순노무자' 27.3%로 가장 많았고, 결혼이주여성이 중학교 학력수준을 가진 경우도 '기타 단순노무자' 27.1%로 가장 많았다. 고등학교의 학력수준을 가진 경우는 '서비스 종사자' 22.7%, 대학교 이상의 학력수준을 가진 경우는 '전문가 및 관련종사자' 42.0%로 현재 가장 많이 근무 중이거나 과거 근무한 경험이 있는 것으로 나타났다.

[표Ⅷ-36] 학력별 한국취업분야

(단위:% , 명)

	서비스 종사자	판매 종사자	농림 어업 종사자	기능 종사자	기계 조작 및 조립 종사자	가사 관련 단순 노무자	기타 단순 노무자	사무 종사자	전문가 및 관련 종사자	임직원 및 관리자	기타	계 (명)
초등학 교이하	9.1	9.1	18.2	0.0	27.3	0.0	27.3	0.0	0.0	0.0	9.1	100 (11)
중학교	16.7	8.3	10.4	10.4	2.1	2.1	27.1	4.2	12.5	0.0	6.3	100 (48)
고등 학교	22.7	9.1	4.5	8.0	9.1	2.3	14.8	5.7	15.9	0.0	8.0	100 (88)
대학교 이상	14.8	2.5	4.9	2.5	3.7	1.2	13.6	7.4	42.0	1.2	6.2	100 (81)
계 (명)	18.0	6.6	6.6	6.1	6.6	1.8	17.5	5.7	23.7	0.4	7.0	100 (228)

● 무응답은 결측값 처리함.

7. 한국에서의 취업경로

결혼이주여성이 한국에서 현재 일하고 있거나, 일한 경험이 있는 경우, 그 일을 구하게 된 경로에 대해 살펴본 결과 아래의 [표Ⅷ-37]과 같이 나타났다. 결혼이주여성이 한국에서 취업하게 된 경로는 '배우자 또는 가족, 친척의 소개'가 17.4%로 가장 많았다. 그 다음으로 '한국인 친구나 이웃의 소개' 16.6%, '고용지원센터 등 공공기관의 소개' 16.2%, '기타' 15.8%, '모국인 친구나 아는 사람의 소개' 15.4%, '대중매체(신문, 잡지 등)나 전단지를 보고' 12.1%, '사설 직업 알선기관을 통해' 6.5%의 순으로 나타났다.

[표Ⅷ-37] 한국에서의 취업경로

(단위:% , 명)

변인	구분	계(명)
한국에서의 취업경로	배우자 또는 가족, 친척의 소개	17.4(43)
	모국인 친구나 아는 사람의 소개	15.4(38)
	한국인 친구나 이웃의 소개	16.6(41)
	고용지원센터 등 공공기관의 소개	16.2(40)

한국에서의 취업경로	사설 직업 알선기관을 통해	6.5(16)
	대중매체(신문, 잡지 등)나 전단지를 보고	12.1(30)
	기타	15.8(39)
	합계	100(247)

● 무응답은 결측값 처리함.

결혼이주여성의 국적별로 한국에서 현재 일하고 있거나, 일한 경험이 있는 경우, 그 일을 구하게 된 경로에 대해 살펴본 결과 아래의 [표Ⅷ-38]과 같이 나타났다. 결혼이주여성의 출신국이 재중동포인 경우 '기타'가 25.8%로 가장 많았고, 그 다음 '한국인 친구, 이웃소개' 22.6%, '모국인 친구, 아는 사람 소개'와 '공공기관의 소개' 12.9%로 나타났다. 중국인 경우는 '대중매체' 19.7%, '배우자, 가족·친척 소개'와 '한국인 친구, 이웃소개' 16.9%, '공공기관의 소개' 14.1%의 순으로 나타났다. 베트남인 경우 '모국인 친구, 아는 사람 소개' 26.4%로 가장 많았고, '배우자, 가족·친척 소개' 19.4%, '공공기관의 소개' 18.1%의 순이었다. 출신국인 필리핀인 경우 '한국인 친구, 이웃 소개' 22.4%, '공공기관의 소개'와 '기타' 20.4%, '배우자, 가족·친척 소개' 18.4%로 나타났다. 캄보디아인 경우 '배우자, 가족·친척 소개' 44.4%로 가장 많았고, 그 다음 '기타' 33.3%, '모국인 친구, 아는 사람 소개'와 '공공기관의 소개' 11.1%의 순으로 나타났다. 기타 출신국인 경우는 '기타' 33.3%, '대중매체나 전달지 활용' 26.7%, '모국인 친구, 아는 사람 소개'와 '공공기관의 소개' 13.3%로 나타났다.

출신국별로 한국에서의 결혼이주여성의 취업경로에 대해 살펴본 결과 전반적으로 '사설직업 알선기관'을 이용하는 비율은 매우 낮게 나타났으며, 캄보디아 출신국인 결혼이주여성은 '배우자, 가족·친척의 소개'를 통해 취업하는 경우가 타 출신국의 이주여성보다 상대적으로 비율이 높았다. 출신국이 베트남인 경우는 '모국인 친구, 아는 사람 소개'로, 재중동포인 경우는 '한국인 친구, 이웃 소개', 그리고 출신국인 필리핀인 경우 '공공기관의 소개'로 취업을 하는 경우가 많음을 알 수 있다.

[표Ⅷ-38] 국적별 한국에서의 취업경로

(단위:% , 명)

	배우자, 가족·친척 소개	모국인 친구, 아는 사람 소개	한국인 친구, 이웃 소개	공공기관 (고용지원센터 등) 소개	사설직업 알선기관	대중매체 (신문, 잡지)전단지 활용	기타	계(명)
재중동포	9.7	12.9	22.6	12.9	9.7	6.5	25.8	100(31)
중국	16.9	12.7	16.9	14.1	12.7	19.7	7.0	100(71)
베트남	19.4	26.4	13.9	18.1	4.2	6.9	11.1	100(72)
필리핀	18.4	6.1	22.4	20.4	2.0	10.2	20.4	100(49)

캄보디아	44.4	11.1	0.0	11.1	0.0	0.0	33.3	100(9)
기타	6.7	13.3	6.7	13.3	0.0	26.7	33.3	100(15)
계(명)	17.4	15.4	16.6	16.2	6.5	12.1	15.8	100(247)

● 무응답은 결측값 처리함.

결혼이주여성의 연령별로 한국에서 현재 일하고 있거나, 일한 경험이 있는 경우, 그 일을 구하게 된 경로에 대해 살펴본 결과 아래의 [표Ⅷ-39]와 같이 나타났다. 결혼이주여성의 연령대가 30세 미만인 경우는 '모국인 친구나 아는 사람의 소개'를 통해서 21.1%, 30대인 결혼이주여성의 경우는 '공공기관의 소개'를 통해서 19.5%, 40세 이상인 경우는 '기타' 25.6%를 통해서 취업을 하는 경우가 가장 높게 나타났다.

[표Ⅷ-39] 연령별 한국에서의 취업경로

(단위:% , 명)

	배우자, 가족·친척 소개	모국인 친구, 아는 사람 소개	한국인 친구, 이웃 소개	공공기관 (고용지원 센터 등) 소개	사설직업 알선기관	대중매체 (신문, 잡지)전단지 활용	기타	계(명)
30세 미만	20.0	21.1	15.8	13.7	5.3	10.5	13.7	100(95)
30~39세	17.7	12.4	16.8	19.5	8.0	11.5	14.2	100(113)
40세 이상	10.3	10.3	17.9	12.8	5.1	17.9	25.6	100(39)
계(명)	17.4	15.4	16.6	16.2	6.5	12.1	15.8	100(247)

● 무응답은 결측값 처리함.

결혼이주여성의 거주기간별로 한국에서 현재 일하고 있거나, 일한 경험이 있는 경우, 그 일을 구하게 된 경로에 대해 살펴본 결과 아래의 [표Ⅷ-40]과 같이 나타났다. 결혼이주여성의 한국거주기간이 2년 미만인 경우는 '배우자 또는 가족·친척의 소개'를 통해서 33.3%, 결혼이주여성이 2년 이상 5년 미만으로 거주한 경우도 '배우자 또는 가족·친척의 소개'를 통해서 취업하게 되는 경우가 19.7%로 가장 높았다. 5년 이상 7년 미만으로 거주한 결혼이주여성의 경우는 '공공기관의 소개'를 통해서 18.8%, 7년 이상 거주한 경우는 '한국인 친구, 이웃소개'가 19.1%로 일을 구하게 되는 경우가 높게 나타났다.

[표Ⅷ-40] 거주기간별 한국에서의 취업경로

(단위:% , 명)

	배우자, 가족·친척 소개	모국인 친구, 아는 사람 소개	한국인 친구, 이웃 소개	공공기관 (고용지원 센터 등) 소개	사설직업 알선기관	대중매체 (신문,잡지) 전단지 활용	기타	계(명)

2년 미만	33.3	27.8	5.6	11.1	0.0	5.6	16.7	100(18)
2~5년 미만	19.7	18.4	15.8	14.5	11.8	9.2	10.5	100(76)
5~7년 미만	9.4	17.2	17.2	18.8	6.3	10.9	20.3	100(64)
7년 이상	18.0	9.0	19.1	16.9	3.4	16.9	16.9	100(89)
계(명)	17.4	15.4	16.6	16.2	6.5	12.1	15.8	100(247)

● 무응답은 결측값 처리함.

결혼이주여성의 소득수준별로 한국에서 현재 일하고 있거나, 일한 경험이 있는 경우, 그 일을 구하게 된 경로에 대해 살펴본 결과 아래의 [표Ⅷ-41]과 같이 나타났다. 결혼이주여성의 취업경로는 소득수준이 100만 원 미만인 경우 '배우자 또는 가족·친척의 소개'를 통해서 23.5%, 200만 원 미만인 경우도 '배우자 또는 가족·친척의 소개'를 통해서 20.0%로 가장 높았다. 소득수준이 300만 원 미만인 경우 취업경로는 '모국인 친구, 아는 사람의 소개'와 '공공기관의 소개'를 통해서 20.6%, 300만 원 이상의 소득수준을 가진 결혼이주여성은 '한국인 친구, 이웃소개'와 '대중매체나 전단지 활용' 그리고 '기타' 19.0%의 경로를 통해서 취업을 하는 것으로 나타났다.

[표Ⅷ-41] 소득별 한국에서의 취업경로

(단위:% , 명)

	배우자, 가족·친척 소개	모국인 친구, 아는 사람 소개	한국인 친구, 이웃 소개	공공기관 (고용지원센터 등) 소개	사설직업 알선기관	대중매체 및 전단지 활용	기타	계(명)
100만 원 미만	23.5	11.8	19.6	11.8	2.0	11.8	19.6	100(51)
200만 원 미만	20.0	15	16.0	17.0	8.0	10.0	14.0	100(100)
300만 원 미만	8.8	20.6	14.7	20.6	5.9	13.2	16.2	100(68)
300만 원 이상	4.8	14.3	19.0	9.5	14.3	19.0	19.0	100(21)
계(명)	16.3	15.8	16.7	16.3	6.7	12.1	16.3	100(240)

● 무응답은 결측값 처리함.

결혼이주여성의 학력수준별로 한국에서 현재 일하고 있거나, 일한 경험이 있는 경우, 그 일을 구하게 된 경로에 대해 살펴본 결과 아래의 [표Ⅷ-42]와 같이 나타났다. 결혼이주여성의 학력수준이 초등학교 이하인 경우 '한국인 친구, 이웃소개'를 통해서 36.4%, 중학교 학력수준을 가진 경우는 '배우자나 가족·친척의 소개'를 통해서 23.6%로 취업하게 되는 경우가 높게 나타났다. 결혼이주여성이 고등학교의 학력수준을 가진 경우는 '모국인 친구, 아는 사람 소개'를 통해서 22.1%, 대학교 이상의 학력수준을 가진 경우는 '기타' 22.9%, '공공기관의 소개'를 통해서 21.7%가 취업을 하는 것으로 나타났다.

[표Ⅷ-42] 학력별 한국에서의 취업경로

(단위:% , 명)

	배우자, 가족·친척 소개	모국인 친구, 아는 사람 소개	한국인 친구, 이웃 소개	공공기관 (고용지원 센터 등) 소개	사설 직업 알선 기관	대중매체 (신문, 잡지)전단지 활용	기타	계(명)
초등학교 이하	18.2	9.1	36.4	0	9.1	0	27.3	100(11)
중학교	23.6	16.4	12.7	18.2	9.1	12.7	7.3	100(55)
고등학교	21.1	22.1	14.7	11.6	7.4	11.6	11.6	100(95)
대학교 이상	9.6	8.4	19.3	21.7	3.6	14.5	22.9	100(83)
계(명)	17.6	15.6	16.8	16	6.6	12.3	15.2	100(244)

● 무응답은 결측값 처리함.

8. 한국에서 근로의 어려움

결혼이주여성이 한국에서 일하면서 느꼈던 가장 큰 어려움은 무엇인지에 대해 살펴본 결과 아래의 [표Ⅷ-43]과 같이 나타났다. 결혼이주여성이 한국에서 일하면서 느꼈던 가장 큰 어려움은 '언어소통의 어려움' 33.7%였다. 그 다음으로 '외국 출신에 대한 편견과 차별' 19.7%, '자녀양육과 집안일 병행하기' 14.1%, '낮은 임금' 12.0%, '별로 어려움 없음' 8.4%, '긴 노동시간' 6.0%, '직장 상사 동료와의 갈등' 2.0%의 순으로 나타났다.

[표Ⅷ-43] 근로의 어려움

(단위:% , 명)

변인	구분	계(명)
근로의 어려움	언어 소통의 어려움	33.7(84)
	힘에 부치는 고된 일	4.0(10)
	긴 노동시간	6.0(15)
	낮은 임금	12.0(30)
	직장상사·동료와의 갈등	2.0(5)
	외국 출신에 대한 편견과 차별	19.7(49)
	자녀양육과 집안일 병행하기	14.1(35)
	별로 어려움이 없음	8.4(21)
	합계	100(249)

● 무응답은 결측값 처리함.

결혼이주여성의 국적별로 한국에서 일하면서 느꼈던 가장 큰 어려움은 무엇인지에 대해 살펴본 결과 아래의 [표Ⅷ-44]와 같이 나타났다. 결혼이주여성의 출신국이 재중동포인 경우 '자녀양육과 집안 일 병행하기' 38.7%, 중국인 경우는 '언어 소통의 어려움' 32.4%, 베트남인 경우도 '언어 소통의 어려움' 37.3%로 가장 높게 나타났다. 출신국이 필리핀인 경우 '언어 소통의 어려움'이 44.9%로 가장 높았고, 캄보디아인 경우는 '언어 소통의 어려움'과 '힘에 부치는 고된 일' 25.0%, 기타 출신국인 경우도 '언어소통의 어려움' 33.3%로 가장 높았다. 결혼이주여성의 출신국이 재중동포인 경우를 제외하고 한국에서 일하면서 느꼈던 가장 큰 어려움은 공통적으로 '언어 소통의 어려움'으로 나타났다.

[표Ⅷ-44] 국적별 근로의 어려움

(단위:% , 명)

	언어 소통의 어려움	힘에 부치는 고된 일	긴 노동 시간	낮은 임금	직장상사, 동료와의 갈등	외국인 출신에 대한 편견과 차별	자녀양육과 집안일 병행하기	별로 어려움 없음	계(명)
재중동포	12.9	0.0	6.5	6.5	0.0	25.8	38.7	9.7	100(31)
중국	32.4	1.4	9.9	12.7	4.2	23.9	4.2	11.3	100(71)
베트남	37.3	5.3	5.3	5.3	0.0	17.3	24.0	5.3	100(75)
필리핀	44.9	6.1	4.1	22.4	2.0	16.3		4.1	100(49)
캄보디아	25.0	25.0	0.0	12.5	12.5	0.0		25.0	100(8)
기타	33.3	0.0	0.0	20.0	0.0	20.0	13.3	13.3	100(15)
계(명)	33.7	4.0	6.0	12.0	2.0	19.7	14.1	8.4	100(249)

● 무응답은 결측값 처리함.

결혼이주여성의 연령별로 한국에서 일하면서 느꼈던 가장 큰 어려움은 무엇인지에 대해 살펴본 결과 아래의 [표Ⅷ-45]와 같이 나타났다. 결혼이주여성의 연령대가 30세 미만인 경우 '언어 소통의 어려움'이 34.4%, '외국인 출신에 대한 편견과 차별' 19.8%의 순으로 나타났다. 30대인 결혼이주여성의 경우도 '언어 소통의 어려움' 36.0%, '외국인 출신에 대한 편견과 차별' 18.4%로 나타났다. 결혼이주여성의 연령대가 40세 이상인 경우도 역시 '언어 소통의 어려움' 25.6%, '외국인 출신에 대한 편견과 차별' 23.1%의 순이었다. 한국에서 일하면서 느꼈던 '언어 소통의 어려움'은 결혼이주여성의 연령대가 30대 인 경우 가장 높은 비율을 나타냈고, 결혼이주여성의 연령대가 40세 이상인 경우 한국에서 일하면서 느꼈던 가장 큰 어려움은 '외국인 출신에 대한 편견과 차별'로 다른 연령대에 비해 가장 높은 비율을 보였다.

[표Ⅷ-45] 연령별 근로의 어려움

(단위:% , 명)

	언어 소통의 어려움	힘에 부치는 고된 일	긴 노동 시간	낮은 임금	직장상사, 동료와의 갈등	외국인 출신에 대한 편견과 차별	자녀양육과 집안일 병행하기	별로 어려움 없음	계(명)
30세 미만	34.4	5.2	7.3	11.5	1.0	19.8	11.5	9.4	100(96)
30~39세	36.0	1.8	5.3	11.4	3.5	18.4	15.8	7.9	100(114)
40세 이상	25.6	7.7	5.1	15.4	0.0	23.1	15.4	7.7	100(39)
계(명)	33.7	4.0	6.0	12.0	2.0	19.7	14.1	8.4	100(249)

● 무응답은 결측값 처리함.

결혼이주여성의 거주기간별로 한국에서 일하면서 느꼈던 가장 큰 어려움은 무엇인지에 대해 살펴본 결과 아래의 [표Ⅷ-46]과 같이 나타났다. 결혼이주여성의 한국거주기간이 2년 미만인 경우 '언어 소통의 어려움' 35.3%, '외국인 출신에 대한 편견과 차별' 17.6%의 순으로 나타났다.2년 이상 5년 미만으로 거주한 경우도 '언어 소통의 어려움' 45.5%로 가장 높게 나타났고 그 다음으로 '외국인 출신에 대한 편견과 차별' 16.9%로 나타났다. 결혼이주여성이 5년 이상 7년 미만으로 거주한 경우 '언어 소통의 어려움' 26.2%, '외국인 출신에 대한 편견과 차별' 23.1%의 순으로 나타났다. 7년 이상 거주한 경우도 역시 '언어 소통의 어려움' 28.9%, '외국인 출신에 대한 편견과 차별' 20.0%로 나타났다. 한국에서 일을 하는 동안 결혼이주여성은 '언어 소통의 어려움'과 '외국인 출신에 대한 편견과 차별'에 있어서 공통적으로 어려움을 겪는 것으로 볼 수 있다.

[표Ⅷ-46] 거주기간별 근로의 어려움

(단위:% , 명)

	언어 소통의 어려움	힘에 부치는 고된 일	긴 노동 시간	낮은 임금	직장상사, 동료와의 갈등	외국인 출신에 대한 편견과 차별	자녀양육과 집안일 병행하기	별로 어려움 없음	계(명)
2년 미만	35.3	5.9	5.9	17.6	0.0	17.6	0.0	17.6	100(17)
2~5년 미만	45.5	5.2	6.5	9.1	0.0	16.9	15.6	1.3	100(77)
5~7년 미만	26.2	1.5	7.7	13.8	4.6	23.1	13.8	9.2	100(65)
7년 이상	28.9	4.4	4.4	12.2	2.2	20.0	15.6	12.2	100(90)
계(명)	33.7	4.0	6.0	12.0	2.0	19.7	14.1	8.4	100(249)

● 무응답은 결측값 처리함.

결혼이주여성의 소득수준별로 한국에서 일하면서 느꼈던 가장 큰 어려움은 무엇인지에 대해 살펴본 결과 아래의 [표 Ⅷ-47]과 같이 나타났다. 결혼이주여성의 소득수준이 100만 원 미만인 경우 근로의 가장 큰 어려움은 '언어 소통의 어려움' 44.0%, '낮은 임금' 14.0%의 순으로 나타났다. 200만 원 미만인 경우는 '언어 소통의 어려움'

36.3%, '외국인 출신에 대한 편견과 차별' 20.6%의 순으로 나타났다. 소득수준이 300만 원 미만인 경우도 '언어 소통의 어려움' 29.0%, '외국인 출신에 대한 편견과 차별' 24.6%로 나타났다. 300만 원 이상의 소득수준을 가진 결혼이주여성의 경우는 '언어 소통의 어려움'과 '낮은 임금' 그리고 '외국인 출신에 대한 편견과 차별' 19.0%로 가장 높게 나타났다. 결혼이주여성의 경우 소득수준과는 무관하게 일을 하면서 느꼈던 공통적인 가장 큰 어려움은 '언어 소통의 어려움'과 '외국인 출신에 대한 편견과 차별'로 나타났다. 결혼이주여성의 소득수준이 100만 원 미만일 경우 '언어 소통의 어려움'을 겪는 비율이 다른 소득수준의 집단에 비해 높다는 것을 알 수 있다.

[표Ⅷ-47] 소득별 근로의 어려움

(단위:% , 명)

	언어 소통의 어려움	힘에 부치는 고된 일	긴 노동시간	낮은 임금	직장상사, 동료와의 갈등	외국인 출신에 대한 편견과 차별	자녀양육과 집안일 병행하기	별로 어려움 없음	계(명)
100만 원 미만	44.0	4.0	2.0	14.0	6.0	12.0	10.0	8.0	100(50)
200만 원 미만	36.3	4.9	5.9	12.7	0.0	20.6	14.7	4.9	100(102)
300만 원 미만	29.0	1.4	7.2	8.7	2.9	24.6	17.4	8.7	100(69)
300만 원 이상	19.0	4.8	9.5	19.0	0.0	19.0	14.3	14.3	100(21)
계(명)	34.3	3.7	5.8	12.4	2.1	19.8	14.5	7.4	100(242)

● 무응답은 결측값 처리함.

결혼이주여성의 학력수준별로 한국에서 일하면서 느꼈던 가장 큰 어려움은 무엇인지에 대해 살펴본 결과 아래의 [표Ⅷ-48]과 같이 나타났다. 결혼이주여성의 학력수준이 초등학교 이하인 경우 '언어 소통의 어려움' 41.7%, '긴 노동시간'과 '외국인 출신에 대한 편견과 차별' 16.7%의 순으로 나타났다. 중학교의 학력수준을 가진 경우도 '언어 소통의 어려움' 40.0%, '외국인 출신에 대한 편견과 차별' 16.4%로 나타났다. 결혼이주여성이 고등학교의 학력수준을 가진 경우 '언어 소통의 어려움' 34.4%, '외국인 출신에 대한 편견과 차별' 16.7%의 순이었고, 대학교 이상의 학력수준을 가진 경우도 마찬가지로 '언어 소통의 어려움' 28.9%, '외국인 출신에 대한 편견과 차별' 25.3%로 나타났다. 결혼이주여성이 한국에서 일을 하면서 겪는 가장 큰 어려움은 학력수준과 무관하게 '언어 소통의 어려움'과 '외국인 출신에 대한 편견과 차별'임을 알 수 있다.

[표Ⅷ-48] 학력별 근로의 어려움

(단위:% , 명)

	언어 소통의 어려움	힘에 부치는 고된 일	긴 노동 시간	낮은 임금	직장상사, 동료와의 갈등	외국인 출신에 대한 편견과 차별	자녀양육과 집안일 병행하기	별로 어려움 없음	계(명)
초등학교 이하	41.7	8.3	16.7	8.3	0.0	16.7	8.3	0.0	100(12)
중학교	40.0	3.6	3.6	12.7	1.8	16.4	12.7	9.1	100(55)
고등학교	34.4	4.2	9.4	8.3	2.1	16.7	14.6	10.4	100(96)
대학교 이상	28.9	3.6	2.4	16.9	2.4	25.3	13.3	7.2	100(83)
계(명)	34.1	4.1	6.1	12.2	2.0	19.5	13.4	8.5	100(246)

● 무응답은 결측값 처리함.

9. 한국에서의 미취업 원인

한국에서 결혼이주여성이 현재 일을 하고 있지 않는 가장 큰 이유가 무엇인지에 대해 살펴본 결과 아래의 [표Ⅷ-49]와 같이 나타났다. 결혼이주여성의 가장 큰 미취업 원인은 '자녀 양육 때문에' 42.5%로 나타났다. 그 다음 '한국말이 서툴러서' 23.9%, '배우자나 가족의 반대로' 7.1%, '기타' 6.5%, '적성에 맞는 일자리를 찾지 못해서' 5.9%, '집안 일 및 시부모 간병' 5.6%, '원하는 임금 수준이나 근로 조건이 맞는 일자리가 없어서' 4.4%, '교육, 기술, 경험이 부족해서' 2.9%, '취업을 하고 싶지 않아서' 1.2%의 순으로 나타났다.

[표Ⅷ-49] 미취업 원인

(단위:% , 명)

변인	구분	계(명)
미취업 원인	적성에 맞는 일자리를 찾지 못해서	5.9(20)
	원하는 임금 수준이나 근로 조건이 맞는 일자리가 없어서	4.4(15)
	집안 일 및 시부모 간병	5.6(19)
	자녀 양육 때문에	42.5(144)
	한국말이 서툴러서	23.9(81)
	배우자나 가족의 반대로	7.1(24)
	교육, 기술, 경험이 부족해서	2.9(10)
	취업을 하고 싶지 않아서	1.2(4)
	기타	6.5(22)
	합계	100(339)

● 무응답은 결측값 처리함.

결혼이주여성의 연령별로 한국에서 현재 일을 하고 있지 않는 가장 큰 이유가 무

엇인지에 대해 살펴본 결과 아래의 [표VIII-50]과 같이 나타났다. 결혼이주여성의 연령대
가 30세 미만인 경우 미취업의 원인은 '자녀양육 때문에' 40.7%, '한국말이 서툴러서'
29.4%의 순으로 나타났다. 30대인 결혼이주여성의 경우도 '자녀양육 때문에' 48.6%, '한
국말이 서툴러서' 16.5% 로 나타났다. 40세 이상인 경우에서도 '자녀양육 때문에' 30.8%,
'한국말이 서툴러서' 11.5%가 미취업의 원인으로 나타났다.

[표VIII-50] 연령별 미취업 원인

(단위:% , 명)

	적성에 맞는 일자리가 없음	임금수준 근로조건이 맞지 않아서	집안 일 및 시부모 간병	자녀 양육 때문에	한국 말이 서툴러서	배우자나 가족의 반대로	교육, 기술, 경험이 부족해서	취업을 하고 싶지 않아서	기타	계(명)
30세 미만	4.9	3.4	6.4	40.7	29.4	6.4	2.9	1.0	4.9	100(204)
30~39세	5.5	5.5	4.6	48.6	16.5	9.2	1.8	0.9	7.3	100(109)
40세 이상	15.4	7.7	3.8	30.8	11.5	3.8	7.7	3.8	15.4	100(26)
계(명)	5.9	4.4	5.6	42.5	23.9	7.1	2.9	1.2	6.5	100(339)

● 무응답은 결측값 처리함.

결혼이주여성의 국적별로 한국에서 현재 일을 하고 있지 않는 가장 큰 이유가 무
엇인지에 대해 살펴본 결과 아래의 [표VIII-51]과 같이 나타났다. 결혼이주여성의 출신국
이 재중동포인 경우 '자녀양육 때문에' 58.5%, '배우자나 가족의 반대로' 16.7%의 순으
로 나타났다. 중국인 경우도 '자녀양육 때문에' 41.7%, '기타' 15.3%로 나타났다. 출신국
인 베트남인 경우 '자녀양육 때문에' 44.4%, '한국말이 서툴러서' 28.4%로 나타났고, 필
리핀인 경우는 '한국말이 서툴러서' 38.7%, '자녀양육 때문에' 22.6%의 순으로 나타났다.
캄보디아인 경우 '자녀양육 때문에' 38.5%, 그 다음으로 '한국말이 서툴러서' 30.8%였고,
기타 출신국인 경우도 '자녀양육 때문에' 45.8%, '한국말이 서툴러서' 25.0%로 나타났다.
출신국별로 살펴 본 결혼이주여성의 현재 미취업 원인은 공통적으로 자녀양육의 문
제와 서툰 한국어 실력으로 나타났다.

[표VIII-51] 국적별 미취업 원인

(단위:% , 명)

	적성에 맞는 일자리가 없음	임금수준, 근로조건이 맞지 않아서	집안 일 및 시부모 간병	자녀 양육 때문에	한국 말이 서툴러서	배우자나 가족의 반대로	교육, 기술, 경험이 부족해서	취업을 하고 싶지 않아서	기타	계(명)
재중동포	4.2	4.2	0.0	58.3	8.3	16.7	4.2	0.0	4.2	100(24)
중국	2.8	11.1	2.8	41.7	9.7	8.3	6.9	1.4	15.3	100(72)

베트남	6.8	3.1	6.2	44.4	28.4	4.9	1.2	1.9	3.1	100(162)
필리핀	3.2	0.0	16.1	22.6	38.7	12.9	3.2	0.0	3.2	100(31)
캄보디아	11.5	0.0	7.7	38.5	30.8	3.8	0.0	0.0	7.7	100(26)
기타	8.3	4.2	0.0	45.8	25.0	4.2	4.2	0.0	8.3	100(24)
계(명)	5.9	4.4	5.6	42.5	23.9	7.1	2.9	1.2	6.5	100(339)

● 무응답은 결측값 처리함.

결혼이주여성의 거주기간별로 한국에서 현재 일을 하고 있지 않는 가장 큰 이유가 무엇인지에 대해 살펴본 결과 아래의 [표Ⅷ-52]와 같이 나타났다. 결혼이주여성의 거주 기간이 2년 미만인 경우 미취업의 원인은 '한국말이 서툴러서' 53.2%, '자녀양육 때문에' 17.7%의 순으로 나타났다. 2년 이상 5년 미만으로 거주한 경우는 '자녀양육 때문에' 55.2%, '한국말이 서툴러서' 10.3%가 미취업의 원인이었다. 결혼이주여성이 5년 이상 7년 미만으로 거주한 경우는 '자녀양육 때문에' 60.7%, '임금수준·근로조건이 맞지 않아서'와 '집안 일 및 시부모 간병'이 8.2%의 순으로 나타났다. 7년 이상 거주한 경우는 '자녀양육 때문에' 55.3%, '배우자나 가족의 반대로' 10.5%가 미취업의 원인으로 나타났다. 한국거주기간에 따른 결혼이주여성의 가장 큰 미취업 원인은 공통적으로 자녀양육과 관련된 문제로 나타났다.

[표Ⅷ-52] 거주기간별 미취업 원인

(단위:% , 명)

	적성에 맞는 일자리가 없음	임금수준 근로조건이 맞지 않아서	집안 일 및 시부모 간병	자녀양육 때문에	한국말이 서툴러서	배우자나 가족의 반대로	교육, 기술, 경험이 부족해서	취업을 하고 싶지 않아서	기타	계(명)
2년 미만	4.0	1.6	3.2	17.7	53.2	5.6	2.4	1.6	10.5	100(124)
2~5년 미만	7.8	6.0	4.3	55.2	10.3	7.8	1.7	0.9	6.0	100(116)
5~7년 미만	6.6	8.2	8.2	60.7	3.3	6.6	3.3	1.6	1.6	100(61)
7년 이상	5.3	2.6	13.2	55.3	2.6	10.5	7.9	0.0	2.6	100(38)
계(명)	5.9	4.4	5.6	42.5	23.9	7.1	2.9	1.2	6.5	100(339)

● 무응답은 결측값 처리함.

결혼이주여성의 학력수준별로 한국에서 현재 일을 하고 있지 않는 가장 큰 이유가 무엇인지에 대해 살펴본 결과 아래의 [표Ⅷ-53]과 같이 나타났다. 결혼이주여성의 학력수 준이 초등학교 이하인 경우 미취업의 원인은 '자녀양육 때문에' 39.3%, '한국말이 서툴러 서' 21.4%의 순으로 나타났다. 중학교인 학력수준을 가진 결혼이주여성의 경우도 '자녀 양육 때문에' 51.0%, '한국말이 서툴러서' 21.4%로 나타났다. 고등학교인 학력수준을 가진 경우에서도 마찬가지로 '자녀양육 때문에' 41.2%, '한국말이 서툴러서' 20.3%가 미취업의 원인이었다. 대학교 이상의 학력수준을 가진 경우 미취업의 원인은 '자녀양육 때문에'와 '한국말이 서툴러서' 34.5%, '배우자나 가족의 반대로' 8.6%의 순으로 나타났다.

[표Ⅷ-53] 학력별 미취업 원인

(단위:% , 명)

	적성에 맞는 일자리가 없음	임금수준 근로조건이 맞지 않아서	집안 일 및 시부모 간병	자녀 양육 때문에	한국 말이 서툴러서	배우자나 가족의 반대로	교육, 기술, 경험이 부족해서	취업을 하고 싶지 않아서	기타	계(명)
초등학교 이하	7.1	3.6	17.9	39.3	21.4	7.1	3.6	0.0	0.0	100(28)
중학교	5.1	2.0	5.1	51.0	21.4	7.1	3.1	4.1	1.0	100(98)
고등학교	8.1	7.4	4.7	41.2	20.3	6.8	2	0	9.5	100(148)
대학교 이상	1.7	1.7	3.4	34.5	34.5	8.6	3.4	0.0	12.1	100(58)
계(명)	6.0	4.5	5.7	42.8	23.2	7.2	2.7	1.2	6.6	100(332)

● 무응답은 결측값 처리함.

10. 향후 취업의향

결혼이주여성이 현재는 일을 하고 있지 않지만 향후 취업의향이 있는 지에 대해 살펴본 결과 아래의 [표Ⅷ-54]와 같이 나타났다. 결혼이주여성은 향후 '취업하고 싶은 생각이 있다' 90.7%로 '취업하고 싶은 생각이 없다' 9.3% 보다 취업을 원하는 비율이 9.8배나 높게 나타났다.

[표Ⅷ-54] 취업의향

(단위:% , 명)

변인	구분	계(명)
취업의향	취업하고 싶은 생각이 있다	90.7(320)
	취업하고 싶은 생각이 없다	9.3(33)
	합계	100(353)

● 무응답은 결측값 처리함.

결혼이주여성의 국적별로 현재는 일을 하고 있지 않지만 향후 취업의향이 있는 지에 대해 살펴본 결과 아래의 [표Ⅷ-55]와 같이 나타났다. '취업하고 싶은 생각이 있다' 고 응답한 결혼이주여성의 출신국은 캄보디아가 96.3%, 재중동포 96.2%, 기타 출신국 95.8%, 중국 91.1%, 필리핀 90.6%, 베트남 87.9%의 순으로 나타났다. 결혼이주여성이 '취업하고 싶은 생각이 없다'고 응답한 출신국은 베트남 12.1%, 필리핀 9.4%, 중국 8.9%, 기타 출신국 4.2%, 재중동포 3.8%, 캄보디아 3.7%의 순으로 나타났다.

[표Ⅷ-55] 국적별 취업의향

(단위:% , 명)

	취업하고 싶은 생각이 있다	취업하고 싶은 생각이 없다	계(명)
재중동포	96.2	3.8	100(26)
중국	91.1	8.9	100(79)
베트남	87.9	12.1	100(165)
필리핀	90.6	9.4	100(32)
캄보디아	96.3	3.7	100(27)
기타	95.8	4.2	100(24)
계(명)	90.7	9.3	100(353)

● 무응답은 결측값 처리함.

결혼이주여성의 연령별로 현재는 일을 하고 있지 않지만 향후 취업의향이 있는 지에 대해 살펴본 결과 아래의 [표Ⅷ-56]과 같이 나타났다. '취업하고 싶은 생각이 있다'고 응답한 결혼이주여성의 연령대는 30대가 94.9%로 가장 높았고, 그 다음 30세 미만이 89.4%, 40세 이상이 82.1%로 나타났다. '취업하고 싶은 생각이 없다'고 응답한 결혼이주여성의 연령대는 40세 이상이 17.9%, 30세 미만이 10.6%, 30대가 5.1%의 순으로 나타났다.

[표Ⅷ-56] 연령별 취업의향

(단위:% , 명)

	취업하고 싶은 생각이 있다	취업하고 싶은 생각이 없다	계(명)
30세 미만	89.4	10.6	100(207)
30~39세	94.9	5.1	100(118)
40세 이상	82.1	17.9	100(28)
계(명)	90.7	9.3	100(353)

● 무응답은 결측값 처리함.

결혼이주여성의 소득수준별로 한국에서 현재 일을 하고 있지 않는 가장 큰 이유가 무엇인지에 대해 살펴본 결과 아래의 [표Ⅷ-57]과 같이 나타났다. 결혼이주여성의 소득수준이 100만 원 미만인 경우 미취업의 원인은 '자녀양육 때문에' 34.0%, '한국말이 서툴러서' 24.0%의 순으로 나타났다. 200만 원 미만의 소득수준을 가진 결혼이주여성의 경우도 '자녀양육 때문에' 49.3%, '한국말이 서툴러서' 16.9%로 나타났다. 소득수준이 300만 원 미만인 경우 '자녀양육 때문에' 43.6%, '한국말이 서툴러서' 26.7%였고, 결혼이주여성의 소득수준이 300만 원 이상인 경우에서도 역시나 '자녀양육 때문에' 31.6%, '한국말이 서툴러서' 26.3%가 미취업의 원인으로 나타났다.

[표VIII-57] 소득별 미취업 원인

(단위:% , 명)

	적성에 맞는 일자리가 없음	임금수준 근로조건이 맞지 않아서	집안 일 및 시부모 간병	자녀 양육 때문에	한국 말이 서툴러서	배우자나 가족의 반대로	교육, 기술, 경험이 부족해서	취업을 하고 싶지 않아서	기타	계(명)
100만 원 미만	10.0	4.0	8.0	34.0	24.0	8.0	6.0	0.0	6.0	100(50)
200만 원 미만	5.4	4.7	6.8	49.3	16.9	8.1	1.4	0.7	6.8	100(148)
300만 원 미만	5.0	5.9	4.0	43.6	26.7	5.0	4.0	2.0	4.0	100(101)
300만 원 이상	10.5	0.0	5.3	31.6	26.3	0.0	5.3	5.3	15.8	100(19)
계(명)	6.3	4.7	6	44	21.7	6.6	3.1	1.3	6.3	100(318)

● 무응답은 결측값 처리함.

결혼이주여성의 한국거주기간별로 현재는 일을 하고 있지 않지만 향후 취업의향이 있는 지에 대해 살펴본 결과 아래의 [표VIII-58]과 같이 나타났다. '취업하고 싶은 생각이 있다'고 응답한 결혼이주여성의 거주기간은 5년 이상 7년 미만으로 거주한 경우가 96.7%로 가장 높았고, 그 다음으로 7년 이상 거주한 경우 90.7%, 2년 미만으로 거주한 경우 91.3%, 2년 이상 5년 미만으로 거주한 경우 86.9%로 나타났다. 결혼이주여성이 '취업하고 싶은 생각이 없다'고 응답한 경우는 2년 이상 5년 미만으로 거주한 경우가 13.1%로 가장 높았고, 7년 이상 거주한 경우 9.3%, 2년 미만으로 거주한 경우 8.7%, 5년 이상 7년 미만으로 거주한 경우 3.3.%의 순으로 나타났다.

[표VIII-58] 거주기간별 취업의향

(단위:% , 명)

	취업하고 싶은 생각이 있다	취업하고 싶은 생각이 없다	계(명)
2년 미만	91.3	8.7	100(127)
2~5년 미만	86.9	13.1	100(122)
5~7년 미만	96.7	3.3	100(61)
7년 이상	90.7	9.3	100(43)
계(명)	90.7	9.3	100(353)

● 무응답은 결측값 처리함.

　　결혼이주여성의 소득수준별로 현재는 일을 하고 있지 않지만 향후 취업의향이 있는 지에 대해 살펴본 결과 아래의 [표Ⅷ-59]와 같이 나타났다. 결혼이주여성이 '취업하고 싶은 생각이 있다'고 응답한 경우는 300만 원 미만의 소득수준을 가진 경우가 94.3%로 가장 높았고, 그 다음으로 소득수준이 200만 원 미만인 경우 90.3%, 100만 원 미만인 경우 88.5%, 300만 원 이상인 경우 81.0%로 나타났다. 결혼이주여성이 '취업하고 싶은 생각이 없다'고 응답한 경우는 300만 원 이상의 소득수준을 가진 경우가 19.0%로 가장 높았고, 100만 원 미만인 경우 11.5%, 200만 원 미만인 경우 9.7%, 300만 원 미만인 경우 5.7%의 순으로 나타났다.

[표Ⅷ-59] 소득별 취업의향

(단위:% , 명)

	취업하고 싶은 생각이 있다	취업하고 싶은 생각이 없다	계(명)
100만 원 미만	88.5	11.5	100(52)
200만 원 미만	90.3	9.7	100(154)
300만 원 미만	94.3	5.7	100(105)
300만 원 이상	81.0	19.0	100(21)
계(명)	90.7	9.3	100(332)

● 무응답은 결측값 처리함.

　　결혼이주여성의 학력수준별로 현재는 일을 하고 있지 않지만 향후 취업의향이 있는 지에 대해 살펴본 결과 아래의 [표Ⅷ-60]과 같이 나타났다. 결혼이주여성이 '취업하고 싶은 생각이 있다'고 응답한 경우 학력수준은 대학교 이상이 93.3%로 가장 높았고, 그 다음으로 학력수준이 초등학교 이하인 경우 92.9%, 고등학교인 경우 91.7%, 중학교인 경우 87.1%로 나타났다. '취업하고 싶은 생각이 없다'고 응답한 경우 결혼이주여성의 학력수준은 중학교인 경우 12.9%로 가장 높았고, 고등학교인 경우 8.3%, 초등학교 이하인 경우 7.1%, 대학교 이상인 경우 6.7%의 순으로 나타났다.

[표Ⅷ-60] 학력별 취업의향

(단위:% , 명)

	취업하고 싶은 생각이 있다	취업하고 싶은 생각이 없다	계(명)
초등학교 이하	92.9	7.1	100(28)
중학교	87.1	12.9	100(101)
고등학교	91.7	8.3	100(157)
대학교 이상	93.3	6.7	100(60)
계(명)	90.8	9.2	100(346)

● 무응답은 결측값 처리함.

11. 향후 취업을 원한 경우 가장 필요한 취업 지원책

결혼이주여성이 향후 취업을 원할 경우 가장 필요로 하는 지원은 무엇인지에 대해 살펴본 결과 아래의 [표Ⅷ-61]과 같이 나타났다. 결혼이주여성이 가장 필요로 하는 지원은 '일자리 주선'이 30.4%, '한국어 교육' 28.4%, '직업 교육' 16.8%, '자녀 보육 및 양육 지원' 13.2%, '배우자나 가족의 이해와 지원' 9.6%, 기타 1.7%의 순으로 나타났다.

[표Ⅷ-61] 취업 지원책

(단위:% , 명)

변인	구분	계(명)
가장 필요한 취업 지원책	일자리 주선	30.4(92)
	직업 교육	16.8(51)
	한국어 교육	28.4(86)
	자녀보육 및 양육지원	13.2(40)
	배우자나 가족의 이해와 지원	9.6(29)
	기타	1.7(5)
	합계	100.0(303)

● 무응답은 결측값 처리함.

결혼이주여성의 국적별로 향후 취업을 원할 경우 가장 필요로 하는 지원은 무엇인지에 대해 살펴본 결과 아래의 [표Ⅷ-62]와 같이 나타났다. 결혼이주여성의 출신국이 재중동포인 경우 '직업교육'과 '자녀보육 및 양육지원'을 30.4%, 중국인 경우는 '한국어 교육'으로 26.5%, 베트남인 경우는 '일자리 주선' 39.6%, 출신국이 필리핀인 경우는 '한국어 교육'으로 51.7%, 캄보디아인 경우도 '한국어 교육'을 46.2%, 기타 출신국인 경우는 '일자리 주선'이 52.2%로 가장 필요로 하는 지원으로 나타났다.

[표Ⅷ-62] 국적별 취업지원책

(단위:% , 명)

	일자리 주선	직업교육	한국어 교육	자녀보육 양육지원	배우자, 가족의 이해와 지원	기타	계(명)
재중동포	13.0	30.4	8.7	30.4	13.0	4.3	100(23)
중국	19.1	17.6	26.5	10.3	25.0	1.5	100(68)
베트남	39.6	16.4	25.4	14.2	3.0	1.5	100(134)
필리핀	13.8	13.8	51.7	10.3	10.3	0.0	100(29)
캄보디아	26.9	11.5	46.2	7.7	3.8	3.8	100(26)
기타	52.2	13.0	21.7	8.7	4.3	0.0	100(23)
계(명)	30.4	16.8	28.4	13.2	9.6	1.7	100(303)

● 무응답은 결측값 처리함.

　　결혼이주여성의 연령별로 향후 취업을 원할 경우 가장 필요로 하는 지원은 무엇인지에 대해 살펴본 결과 아래의 [표Ⅷ-63]과 같이 나타났다. 결혼이주여성의 연령대가 30세 미만인 경우 '일자리 주선' 34.9%, '한국어 교육' 26.9%의 순으로 나타났다. 30대인 결혼이주여성의 경우는 '한국어 교육' 29.6%, '일자리 주선' 24.1%로 나타났다. 40세 이상인 경우 '한국어 교육' 35.0%, '일자리 주선' 25.0%로 결혼이주여성이 향후 취업할 경우 필요로 하는 지원으로 나타났다. 향후 취업을 원할 경우 결혼이주여성이 공통적으로 필요로 하는 지원은 '한국어 교육'과 '일자리 주선'으로 나타났다.

[표Ⅷ-63] 연령별 취업지원책

(단위:% , 명)

	일자리 주선	직업교육	한국어 교육	자녀보육 양육지원	배우자, 가족의 이해와 지원	기타	계(명)
30세 미만	34.9	18.9	26.9	11.4	6.9	1.1	100(175)
30~39세	24.1	13.9	29.6	16.7	13.0	2.8	100(108)
40세 이상	25.0	15.0	35.0	10.0	15.0	0.0	100(20)
계(명)	30.4	16.8	28.4	13.2	9.6	1.7	100(303)

● 무응답은 결측값 처리함.

　　결혼이주여성의 한국거주기간별로 향후 취업을 원할 경우 가장 필요로 하는 지원은 무엇인지에 대해 살펴본 결과 아래의 [표Ⅷ-64]와 같이 나타났다. 결혼이주여성의 거주기간이 2년 미만인 경우 필요로 하는 지원은 '한국어 교육' 35.8%, '일자리 주선' 34.9%로 나타났고, 2년 이상 5년 미만으로 거주한 경우도 '한국어 교육' 29.4%, '일자리 주선' 27.5%의 순으로 나타났다. 5년 이상 7년 미만으로 거주한 경우는 '일자리 주선' 32.7%, '한국어 교육'과 '자녀보육 및 양육 지원' 20.0%로 나타났다. 7년 이상 거주한 경우 '직업교육' 24.3%, '일자리 주선' 21.6%의 순으로 취업할 경우 가장 필요로 하는 지원으로 나타났다. 결혼이주여성의 한국거주기간별로 향후 취업을 원할 경우 필요로 하는 지원은 공통적으로 '일자리 주선'으로 나타났다.

[표Ⅷ-64] 거주기간별 취업지원책

(단위:% , 명)

	일자리 주선	직업교육	한국어 교육	자녀보육 양육지원	배우자, 가족의 이해와 지원	기타	계(명)
2년 미만	34.9	15.6	35.8	6.4	7.3	0.0	100(109)
2~5년 미만	27.5	14.7	29.4	14.7	12.7	1.0	100(102)
5~7년 미만	32.7	18.2	20.0	20.0	3.6	5.5	100(55)
7년 이상	21.6	24.3	16.2	18.9	16.2	2.7	100(37)
계(명)	30.4	16.8	28.4	13.2	9.6	1.7	100(303)

● 무응답은 결측값 처리함.

  결혼이주여성의 소득수준별로 향후 취업을 원할 경우 가장 필요로 하는 지원은 무엇인지에 대해 살펴본 결과 아래의 [표VIII-65]와 같이 나타났다. 결혼이주여성의 소득수준이 100만 원 미만인 경우는 가장 필요로 하는 지원은 '일자리 주선' 31.8%, '한국어 교육' 27.3%의 순으로 나타났다. 소득수준이 200만 원 미만인 경우도 '일자리 주선' 34.6%, '한국어 교육' 29.3%로 나타났다. 300만 원 미만의 소득수준을 가진 결혼이주여성은 '일자리 주선'과 '직업 교육' 22.8%, 그 다음 '한국어 교육' 25.0%의 순으로 나타났다. 300만 원 이상인 경우는 '한국어 교육' 56.3%, '일자리 주선' 25.0%로 나타났다.

[표VIII-65] 소득별 취업지원책

(단위:% , 명)

	일자리 주선	직업교육	한국어 교육	자녀보육 양육지원	배우자, 가족의 이해와 지원	기타	계(명)
100만 원 미만	31.8	15.9	27.3	15.9	9.1	0.0	100(44)
200만 원 미만	34.6	12.0	29.3	12	9.8	2.3	100(133)
300만 원 미만	22.8	22.8	25.0	17.4	9.8	2.2	100(92)
300만 원 이상	25.0	12.5	56.3	0.0	6.3	0.0	100(16)
계(명)	29.8	16.1	29.1	13.7	9.5	1.8	100(285)

● 무응답은 결측값 처리함.

  결혼이주여성의 학력수준별로 향후 취업을 원할 경우 가장 필요로 하는 지원은 무엇인지에 대해 살펴본 결과 아래의 [표VIII-66]과 같이 나타났다. 결혼이주여성의 학력수준이 초등학교 이하인 경우 가장 필요로 하는 지원은 '일자리 주선' 44.0%, '한국어 교육'과 '자녀보육 및 양육지원' 20.0%의 순으로 나타났다. 중학교 학력수준을 가진 경우도 '일자리 주선' 33.3%, '한국어 교육' 22.6%로 나타났다. 결혼이주여성이 고등학교의 학력수준을 가진 경우는 필요로 하는 지원은 '일자리 주선'과 '한국어 교육' 29.1%, '직업 교육' 21.6%의 순으로 나타났다. 대학교 이상의 학력수준을 가진 경우는 '한국어 교육' 38.2%, '직업교육'과 '자녀보육 및 양육 지원' 16.4%로 나타났다. 결혼이주여성이 취업을 원할 경우 '일자리 주선'을 필요로 하는 비율은 초등학교 이하의 학력수준을 가진 집단이 다른 집단에 비해 높게 나타났고, 대학교 이상의 학력수준을 가진 결혼이주여성의 경우는 필요로 하는 지원으로 '직업교육'과 '한국어 교육'에 대한 비율이 높게 나타났다.

[표Ⅷ-66] 학력별 취업지원책

(단위:% , 명)

	일자리 주선	직업 교육	한국어 교육	자녀보육 양육지원	배우자, 가족의 이해와 지원	기타	계(명)
초등학교 이하	44.0	4.0	20.0	20.0	8.0	4.0	100(25)
중학교	33.3	14.3	22.6	13.1	14.3	2.4	100(84)
고등학교	29.1	21.6	29.1	10.4	9.0	0.7	100(134)
대학교 이상	21.8	16.4	38.2	16.4	5.5	1.8	100(55)
계(명)	30.2	17.1	28.2	13.1	9.7	1.7	100(298)

● 무응답은 결측값 처리함.

12. 직업훈련 받을 의향여부

결혼이주여성이 현재보다 더 나은 직업을 갖기 위해 직업훈련을 받을 의향이 있는 지 여부에 관해 살펴본 결과 아래의 [표Ⅷ-67]과 같이 나타났다. 결혼이주여성이 '직업 훈련을 받을 의향이 있다'고 응답한 비율은 82.2%로 '직업훈련을 받을 의향이 없다'고 응답한 17.8% 보다 4.6배 높은 비율이다.

[표Ⅷ-67]직업훈련의향 여부

(단위:% , 명)

변인	구분	계(명)
직업훈련 의향 여부	직업훈련을 받을 의향이 있다	82.2(120)
	직업훈련을 받을 의향이 없다	17.8(26)
	합계	100.0(146)

결혼이주여성의 국적별로 현재보다 더 나은 직업을 갖기 위해 직업훈련을 받을 의 향이 있는 지 여부에 관해 살펴본 결과 아래의 [표Ⅷ-68]과 같이 나타났다. 결혼이주여 성이 '직업훈련을 받을 의향이 있다'고 응답한 출신국은 캄보디아와 기타 출신국 이주 여성이 100%로 가장 높았고, 그 다음 베트남 93.8%, 중국 79.4%, 재중동포 76.5%, 필리핀 67.6%로 나타났다. 결혼이주여성이 '직업훈련을 받을 의향이 없다'고 응답한 출신국은 필리핀 32.4%, 재중동포 23.5%, 중국 20.6%, 베트남 6.3%, 캄보디아와 기타 출신국 0.0% 의 순으로 나타났다.

[표Ⅷ-68] 국적별 직업훈련의향 여부

(단위:% , 명)

	직업훈련 받을 의향이 있다	직업훈련 받을 의향이 없다	계(명)
재중동포	76.5	23.5	100(17)

중국	79.4	20.6	100(34)
베트남	93.8	6.3	100(48)
필리핀	67.6	32.4	100(37)
캄보디아	100	0.0	100(3)
기타	100	0.0	100(7)
계(명)	82.2	17.8	100(146)

결혼이주여성의 연령별로 현재보다 더 나은 직업을 갖기 위해 직업훈련을 받을 의향이 있는 지 여부에 관해 살펴본 결과 아래의 [표Ⅷ-69]와 같이 나타났다. '직업훈련을 받을 의향이 있다'고 응답한 결혼이주여성의 연령대는 30세 미만이 86.0%로 가장 높았고, 그 다음으로 30대인 경우 81.2%, 40세 이상인 경우 77.8%로 나타났다. 결혼이주여성이 '직업훈련을 받을 의향이 없다'고 응답한 연령대는 40세 이상인 결혼이주여성의 경우가 22.2%, 30대인 경우 18.8%, 30세 미만인 경우 14.0%의 순으로 나타났다.

[표Ⅷ-69] 연령별 직업훈련의향 여부

(단위:% , 명)

	직업훈련 받을 의향이 있다	직업훈련 받을 의향이 없다	계(명)
30세 미만	86.0	14.0	100(50)
30~39세	81.2	18.8	100(69)
40세 이상	77.8	22.2	100(27)
계(명)	82.2	17.8	100(146)

결혼이주여성의 한국거주기간별로 현재보다 더 나은 직업을 갖기 위해 직업훈련을 받을 의향이 있는 지 여부에 관해 살펴본 결과 아래의 [표Ⅷ-70]과 같이 나타났다. 결혼이주여성이 '직업훈련을 받을 의향이 있다'고 응답한 경우는 한국거주기간이 2년 미만인 경우가 87.5%로 가장 높았고, 그 다음 한국에 5년 이상 거주한 경우 82.5%, 2년 이상 5년 미만으로 거주한 경우 80.0%로 나타났다. 결혼이주여성이 '직업훈련을 받을 의향이 없다'고 응답한 경우는 2년 이상 5년 미만으로 거주한 경우가 20.0%, 5년 이상 거주한 경우 17.5%, 2년 미만으로 거주한 경우 12.5%의 순으로 나타났다.

[표Ⅷ-70] 거주기간별 직업훈련의향 여부

(단위:% , 명)

	직업훈련 받을 의향이 있다	직업훈련 받을 의향이 없다	계(명)
2년 미만	87.5	12.5	100(8)
2-5년 미만	80.0	20.0	100(35)
5-7년 미만	82.5	17.5	100(40)
7년 이상	82.5	17.5	100(63)
계(명)	82.2	17.8	100(146)

    결혼이주여성의 소득수준별로 현재보다 더 나은 직업을 갖기 위해 직업훈련을 받을 의향이 있는 지 여부에 관해 살펴본 결과 아래의 [표Ⅷ-71]과 같이 나타났다. '직업훈련을 받을 의향이 있다'고 응답한 결혼이주여성의 소득수준은 300만 원 이상인 경우가 86.7%로 가장 높았고, 그 다음으로 100만 원 미만의 소득수준을 가진 경우 84.0%, 300만 원 미만의 소득수준을 가진 경우 81.0%, 200만 원 미만의 소득수준을 가진 경우 80.0%로 나타났다. '직업훈련을 받을 의향이 없다'고 응답한 결혼이주여성의 소득수준은 200만 원 미만인 경우가 20.0%, 300만 원 미만인 경우 19.0%, 100만 원 미만인 경우 16.0%, 300만 원 이상인 경우 13.3%의 순으로 나타났다.

[표Ⅷ-71] 소득별 직업훈련의향 여부

(단위:%, 명)

	직업훈련 받을 의향이 있다	직업훈련 받을 의향이 없다	계(명)
100만 원 미만	84.0	16.0	100(25)
200만 원 미만	80.0	20.0	100(60)
300만 원 미만	81.0	19.0	100(42)
300만 원 이상	86.7	13.3	100(15)
계(명)	81.7	18.3	100(142)

● 무응답은 결측값 처리함.

    결혼이주여성의 학력수준별로 현재보다 더 나은 직업을 갖기 위해 직업훈련을 받을 의향이 있는 지 여부에 관해 살펴본 결과 아래의 [표Ⅷ-72]와 같이 나타났다. '직업훈련을 받을 의향이 있다'고 응답한 결혼이주여성의 학력수준은 초등학교 이하인 경우가 100.0%로 가장 높았고, 그 다음으로 학력수준이 중학교인 경우 88.2%, 고등학교인 경우 83.7%, 대학교 이상인 경우가 75.9%로 나타났다. '직업훈련을 받을 의향이 없다'고 응답한 결혼이주여성의 학력수준은 대학교 이상인 경우가 24.1%, 고등학교인 경우 16.3%, 중학교인 경우 11.8%, 초등학교 이하인 경우가 0.0%의 순으로 나타났다.

[표Ⅷ-72] 학력별 직업훈련의향 여부

(단위:%, 명)

	직업훈련 받을 의향이 있다	직업훈련 받을 의향이 없다	계(명)
초등학교 이하	100	0.0	100(4)
중학교	88.2	11.8	100(34)
고등학교	83.7	16.3	100(49)
대학교 이상	75.9	24.1	100(58)
계(명)	82.1	17.9	100(145)

● 무응답은 결측값 처리함.

13. 희망하는 직업교육

결혼이주여성이 현재보다 더 나은 직업을 갖기 위해서 어떤 종류의 직업교육을 가장 원하는 지에 대해 살펴본 결과 아래의 [표Ⅷ-73]과 같이 나타났다. 결혼이주여성이 가장 원하는 직업교육은 '어학(한국어/영어)'교육으로 34.7%로 나타났다. 그 다음으로 원하는 직업교육은 '컴퓨터·정보통신'교육 20.7%, '음식조리'교육 12.4%, '의복·봉제'교육과 '가사도우미'교육 6.6%, '미용피부'교육과 '운전면허'교육 5.0%, '농림어업·원예'교육 4.1%, '건설'과 '어린이 보육'관련 교육 1.7%, '간병·간호'교육 0.8%의 순으로 나타났다.

[표Ⅷ-73] 희망하는 직업교육 항목

(단위:% , 명)

변인	구분	계(명)
희망하는 직업교육 항목	어학(한국어/영어)	34.7(42)
	컴퓨터/정보통신	20.7(25)
	자동차정비/기계수리	0.8(1)
	의복/봉제	6.6(8)
	건설	1.7(2)
	농림어업, 원예	4.1(5)
	음식조리	12.4(15)
	어린이보육	1.7(2)
	간병간호	0.8(1)
	가사도우미	6.6(8)
	미용피부	5.0(6)
	운전면허	5.0(6)
	합계	100(121)

● 무응답은 결측값 처리함.

결혼이주여성의 국적별로 현재보다 더 나은 직업을 갖기 위해서 어떤 종류의 직업교육을 가장 원하는 지에 대해 살펴본 결과 아래의 [표Ⅷ-74]와 같이 나타났다. 출신국에 따른 결혼이주여성이 가장 원하는 직업교육은 재중동포인 경우 '컴퓨터·정보통신'교육으로 61.5%, 중국인 경우 '어학(한국어/영어)'교육과 '어린이 보육'교육으로 21.4%로 나타났다. 결혼이주여성의 출신국이 베트남인 경우 '어학(한국어/영어)'교육 42.2%, 필리핀인 경우도 '어학(한국어/영어)'교육으로 56.0%였다. 출신국이 캄보디아인 경우 '어학(한국어/영어)'교육과 '컴퓨터·정보통신'교육을 가장 원했으며 33.3%로 나타났다. 기타 출신국인 경우 가장 원하는 직업교육은 '컴퓨터·정보통신'교육으로 42.9%로 나타났다.

[표Ⅷ-74] 국적별 희망하는 직업교육

(단위:% , 명)

	어학 (한국어/영어)	컴퓨터/ 정보통신	자동차정비/ 기계수리	의복/봉제	농림어업· 원예	음식조리	어린이 보육
재중동포	0.0	61.5	0.0	0.0	7.7	0.0	7.7
중국	21.4	14.3	3.6	10.7	0.0	3.6	21.4
베트남	42.2	11.1	0.0	8.9	2.2	8.9	11.1
필리핀	56.0	16	0.0	4.0	0.0	0.0	8.0
캄보디아	33.3	33.3	0.0	0.0	0.0	0.0	33.3
기타	28.6	42.9	0.0	0.0	0.0	0.0	0.0
계(명)	34.7	20.7	0.8	6.6	1.7	4.1	12.4
	간병간호	가사도우미	미용피부	운전면허	기타	계(명)	
재중동포	0.0	0.0	7.7	7.7	7.7	100(13)	
중국	3.6	0.0	7.1	3.6	10.7	100(28)	
베트남	0.0	2.2	8.9	0.0	4.4	100(45)	
필리핀	4.0	0.0	0.0	12.0	0.0	100(25)	
캄보디아	0.0	0.0	0.0	0.0	0.0	100(3)	
기타	0.0	0.0	14.3	14.3	0.0	100(7)	
계(명)	1.7	0.8	6.6	5.0	5.0	100(121)	

● 무응답은 결측값 처리함.

결혼이주여성의 연령별로 현재보다 더 나은 직업을 갖기 위해서 어떤 종류의 직업 교육을 가장 원하는 지에 대해 살펴본 결과 아래의 [표Ⅷ-75]와 같이 나타났다. 결혼이 주여성의 연령대별로 가장 원하는 직업교육은 30세 미만인 경우 '어학(한국어/영어)' 교육으로 39.5%로 나타났다. 그 다음으로 원하는 직업교육은 '컴퓨터·정보통신'교육으 로 16.3%로였다. 30대인 결혼이주여성이 가장 원하는 직업교육도 '어학(한국어/영어)' 교육 31.6%, '컴퓨터·정보통신'교육으로 21.1%의 순으로 나타났다. 결혼이주여성의 연 령대가 40세 이상인 경우도 마찬가지로 '어학(한국어/영어)'교육 33.3%, '컴퓨터·정보통 신'교육 28.6%로 원하는 직업교육으로 나타났다. 한국사회에서 결혼이주여성이 현재 보다 더 나은 직업을 갖기 위해서는 '어학(한국어/영어)'교육과 '컴퓨터·정보통신'교육 을 선호하는 것을 알 수 있다.

[표Ⅷ-75] 연령별 희망하는 직업교육

(단위:% , 명)

	어학 (한국어/영어)	컴퓨터/ 정보통신	자동차정비/ 기계수리	의복/봉제	농림어업· 원예	음식조리	어린이 보육
30세 미만	39.5	16.3	0.0	7.0	2.3	7.0	16.3
30~39세	31.6	21.1	1.8	7.0	0.0	1.8	10.5
40세 이상	33.3	28.6	0.0	4.8	4.8	4.8	9.5

계(명)	34.7	20.7	0.8	6.6	1.7	4.1	12.4
	간병간호	가사도우미	미용피부	운전면허	기타	계(명)	
30세 미만	0.0	0.0	9.3	0.0	2.3	100(43)	
30~39세	1.8	1.8	5.3	8.8	8.8	100(57)	
40세 이상	4.8	0.0	4.8	4.8	0.0	100(21)	
계(명)	1.7	0.8	6.6	5.0	5.0	100(121)	

● 무응답은 결측값 처리함.

결혼이주여성의 한국거주기간별로 현재보다 더 나은 직업을 갖기 위해서 어떤 종류의 직업교육을 가장 원하는 지에 대해 살펴본 결과 아래의 [표Ⅷ-76]과 같이 나타났다. 결혼이주여성의 거주기간별로 가장 원하는 직업교육은 2년 미만으로 거주한 경우 '어학(한국어/영어)'교육 71.4%로 나타났다. 그 다음으로 원하는 직업교육은 '의복·봉제'교육과 '미용·피부'교육 14.3%로 나타났다. 2년 이상 5년 미만으로 거주한 결혼이주여성은 '어학(한국어/영어)'교육 42.9%, '어린이 보육'교육 21.4%의 순으로 나타났다. 결혼이주여성이 5년 이상 7년 미만으로 거주한 경우는 가장 원하는 직업교육은 '어학(한국어/영어)'교육 26.5%, '컴퓨터·정보통신'교육 20.5%의 순서였다. 결혼이주여성이 7년 이상 거주한 경우도 마찬가지로 '어학(한국어/영어)'교육 30.8%, '컴퓨터·정보통신'교육 26.9%로 나타났다. 한국거주기간에 따라 결혼이주여성이 현재보다 더 나은 직업을 갖기 위해서 필요로 하는 직업교육은 공통적으로 '어학(한국어/영어)'교육으로 나타났다.

[표Ⅷ-76] 거주기간별 희망하는 직업교육

(단위:% , 명)

	어학 (한국어/영어)	컴퓨터/ 정보통신	자동차정비/ 기계수리	의복/봉제	농림어업· 원예	음식조리	어린이 보육
2년 미만	71.4	0	0	14.3	0	0	0
2~5년 미만	42.9	14.3	3.6	3.6	0	3.6	21.4
5~7년 미만	26.5	20.6	0	8.8	2.9	2.9	11.8
7년 이상	30.8	26.9	0	5.8	1.9	5.8	9.6
계(명)	34.7	20.7	0.8	6.6	1.7	4.1	12.4
	간병간호	가사도우미	미용피부	운전면허	기타	계(명)	
2년 미만	0	0	14.3	0	0	100(7)	
2~5년 미만	3.6	0	3.6	3.6	0	100(28)	
5~7년 미만	0	0	11.8	5.9	8.8	100(34)	
7년 이상	1.9	1.9	3.8	5.8	5.8	100(52)	
계(명)	1.7	0.8	6.6	5	5	100(121)	

● 무응답은 결측값 처리함.

결혼이주여성의 소득수준별로 현재보다 더 나은 직업을 갖기 위해서 어떤 종류의 직업교육을 가장 원하는 지에 대해 살펴본 결과 아래의 [표Ⅷ-77]과 같이 나타났다. 결혼이주여성의 소득수준이 100만 원 미만인 경우 가장 원하는 직업교육은 '어학(한국어/영어)'교육 42.9%, 결혼이주여성의 소득수준이 200만 원 미만인 경우도 '어학(한국어/영어)'교육 41.7%로 나타났다. 결혼이주여성의 소득수준이 300만 원 미만인 경우 가장 원하는 직업교육은 '컴퓨터·정보통신'교육 31.4%였고, 300만 원 이상의 소득수준을 가진 결혼이주여성은 직업교육으로 '어학(한국어/영어)'교육을 23.1%로 가장 원했다.

[표Ⅷ-77] 소득별 희망하는 직업교육

(단위:% , 명)

	어학 (한국어/영어)	컴퓨터/ 정보통신	자동차정비/ 기계수리	의복/ 봉제	농림어업· 원예	음식조리	어린이 보육
100만 원 미만	42.9	9.5	0.0	4.8	4.8	4.8	19.0
200만 원 미만	41.7	20.8	0.0	6.3	0.0	4.2	10.4
300만 원 미만	25.7	31.4	0.0	8.6	2.9	2.9	14.3
300만 원 이상	23.1	7.7	7.7	7.7	0.0	7.7	7.7
계(명)	35.0	20.5	0.9	6.8	1.7	4.3	12.8
	간병간호	가사도우미	미용피부	운전면허	기타	계(명)	
100만 원 미만	4.8	4.8	4.8	0.0	0.0	100(21)	
200만 원 미만	0.0	0.0	10.4	4.2	2.1	100(48)	
300만 원 미만	2.9	0.0	2.9	8.6	0.0	100(35)	
300만 원 이상	0.0	0.0	7.7	0.0	30.8	100(13)	
계(명)	1.7	0.9	6.8	4.3	4.3	100(117)	

● 무응답은 결측값 처리함.

결혼이주여성의 학력수준별로 현재보다 더 나은 직업을 갖기 위해서 어떤 종류의 직업교육을 가장 원하는 지에 대해 살펴본 결과 아래의 [표Ⅷ-78]과 같이 나타났다. 결혼이주여성의 학력수준이 초등학교 이하인 경우 가장 원하는 직업교육은 '음식조리'교육 50.0%로 나타났고, 중학교의 학력수준을 가진 결혼이주여성은 '어학(한국어/영어)'교육을 20.0%로 원했다. 결혼이주여성의 학력수준이 고등학교인 경우는 직업교육으로 '어학(한국어/영어)'교육을 35.7%로 가장 원했다. 대학교 이상의 학력수준을 가진 결혼이주여성의 경우도 마찬가지로 '어학(한국어/영어)'교육을 45.5%로 선호하는 것으로 나타났다.

[표VIII-78] 학력별 희망하는 직업교육

(단위:% , 명)

	어학 (한국어/영어)	컴퓨터/ 정보통신	자동차정비/ 기계수리	의복/ 봉제	농림어업· 원예	음식 조리	어린이 보육
초등학교 이하	0.0	0.0	0.0	0.0	0.0	50.0	50.0
중학교	20.0	13.3	0.0	16.7	3.3	3.3	10.0
고등학교	35.7	26.2	2.4	2.4	0.0	4.8	19.0
대학교 이 상	45.5	22.7	0.0	4.5	2.3	0.0	4.5
계(명)	34.2	20.8	0.8	6.7	1.7	4.2	12.5
	간병간호	가사도우미	미용피부	운전면허	기타	계(명)	
초등학교 이하	0.0	0.0	0.0	0.0	0.0	100(4)	
중학교	0.0	0.0	23.3	3.3	6.7	100(30)	
고등학교	2.4	2.4	2.4	2.4	0.0	100(42)	
대학교 이상	2.3	0	0.0	9.1	9.1	100(44)	
계(명)	1.7	0.8	6.7	5.0	5.0	100(120)	

● 무응답은 결측값 처리함.

14. 결혼이주여성의 정서적인 안정:
우울감, 정서적 고립감, 자아존중감, 낙관성 수준

결혼이주여성의 정서적인 안정상태의 일반적 경향을 알아보기 위해 평균과 표준편차를 살펴본 결과 아래의 [표VIII-79]와 같이 나타났다. 결혼이주여성의 낙관성 수준은 평균 4.1, 자아존중감은 평균 3.7, 우울감의 평균은 2.9, 정서적 고립감 평균은 2.4로 나타났다.

[표VIII-79] 정서적인 안정

(단위:% , 명)

구 분	M	SD	계(명)
우울감	2.9	1.1	503
정서적 고립감	2.4	1.0	501
자아존중감	3.7	1.0	507
낙관성 수준	4.1	0.9	506

● 무응답은 결측값 처리함.

결혼이주여성의 국적별로 정서적인 안정 상태를 살펴본 결과 아래의 [표VIII-80]과 같이 나타났다. 결혼이주여성의 우울감은 p<.001(F값 7.9)수준에서 유의한 차이를 보였다. 결혼이주여성의 우울감은 중국과 기타 출신국이 3.3으로 가장 높게 나타났다. 그 다음으로 출신국이 재중동포와 캄보디아인 경우 3.1, 베트남 출신국인 경우 2.9, 필리핀 출신국이 2.3으로 우울감이 낮게 나타났다. 결혼이주여성의 자아존중감은 p<.001 (F값 87.8)수준에서 유의한 차이를 보였다. 출신국별로 결혼이주여성의 자아존중감은 중국이 4.5로 가장 높게 나타났고, 재중동포 4.3, 필리핀 4.0, 기타 출신국 3.7, 베트남 3.0의 순으로 자아존중감이 낮게 나타났다. 결혼이주여성의 낙관성 수준도 p<.001(F값 11.0)수준에서 유의한 차이를 보였다. 출신국별로 결혼이주여성의 낙관성 수준은 재중동포와 중국 출신국이 4.5로 가장 높았다. 그 다음으로 결혼이주여성의 출신국이 필리핀인 경우 4.1, 기타 출신국 4.0, 베트남과 캄보디아 3.9의 순으로 낮게 나타났다. 국적에 따른 결혼이주여성의 정서적 고립감은 유의미하지 않게 나타났다.

[표Ⅷ-80] 국적에 따른 정서적인 안정

(단위:% , 명)

구분	정서적인 안정															
	우울감				정서적 고립감				자아존중감				낙관성 수준			
	N	M	SD	F	N	M	SD	F	N	M	SD	F	N	M	SD	F
재중동포	43	3.1	1.1	7.9 ***	43	2.2	1.0	0.8	43	4.3	0.6	87.8 ***	43	4.5	0.8	11.0 ***
중국	115	3.3	1.1		115	2.5	1.0		117	4.5	0.8		116	4.5	0.7	
베트남	213	2.9	1.1		211	2.3	1.0		215	3.0	0.6		215	3.9	0.9	
필리핀	70	2.3	0.9		70	2.4	1.0		70	4.0	0.8		70	4.1	0.9	
캄보디아	30	3.1	1.0		30	2.4	1.2		30	4.1	0.6		30	3.9	0.8	
기타	32	3.3	1.2		32	2.4	1.0		32	3.7	0.9		32	4.0	0.9	
계	503	2.9	1.1		501	2.4	1.0		507	3.7	1.0		506	4.1	0.9	

● 무응답은 결측값 처리함.

* P < .05   ** P < .01   *** P < .001

결혼이주여성의 연령별로 정서적인 안정 상태를 살펴본 결과 아래의 [표Ⅷ-81]과 같이 나타났다. 결혼이주여성의 우울감은 p<.01(F값 5.4)수준에서 유의한 차이를 보였다. 결혼이주여성의 우울감이 가장 높은 연령대는 30대로 3.0으로 나타났다. 그 다음으로 우울감이 큰 연령대는 30세 미만인 경우 2.9, 결혼이주여성의 연령대가 40세 이상인 경우 2.5의 순으로 나타났다. 결혼이주여성의 정서적 고립감은 p<.05(F값 4.2)수준에서 유의한 차이를 보였다. 정서적 고립감이 가장 높은 결혼이주여성의 연령대는 30대로 2.5

로 나타났고, 30세 미만인 경우 2.3, 40세 이상인 경우 2.1의 순으로 낮게 나타났다. 결혼이주여성의 자아존중감은 p<.001(F값 39.8)수준에서 유의한 차이를 보였다. 자아존중감이 가장 높은 결혼이주여성의 연령대는 30대로 4.0으로 나타났다. 그 다음으로 결혼이주여성의 연령대가 40세 이상인 경우 4.1, 30세 미만인 경우 3.3으로 낮게 나타났다. 결혼이주여성의 낙관성 수준은 p<.01(F값 7.2)수준에서 유의한 차이를 보였다. 낙관성 수준이 가장 높은 결혼이주여성의 연령대는 40세 이상으로 4.3이였고, 그 다음으로 결혼이주여성의 연령대가 30대인 경우 4.2, 30세 미만인 결혼이주여성의 경우가 4.0의 순으로 나타났다. 결혼이주여성의 연령에 따라 우울감과 정서적 고립감은 30대가 가장 높은 반면, 자아존중감과 낙관성 수준은 결혼이주여성의 연령대가 40세 이상인 경우 가장 높은 것으로 나타났다.

[표VIII-81] 연령별 정서적인 안정

(단위:% , 명)

구분	정서적인 안정															
	우울감				정서적 고립감				자아존중감				낙관성 수준			
	N	M	SD	F	N	M	SD	F	N	M	SD	F	N	M	SD	F
30세 미만	258	2.9	1.1		256	2.3	1.0		259	3.3	.8		259	4.0	0.9	
30세~ 39세	189	3.0	1.1	5.4 **	189	2.5	1.0	4.2 *	192	4.0	1.0	39.8 ***	191	4.2	0.9	7.2 **
40세 이상	56	2.5	1.1		56	2.1	0.9		56	4.1	0.9		56	4.3	0.9	
계	503	2.9	1.1		501	2.4	1.0		507	3.7	1.0		506	4.1	0.9	

● 무응답은 결측값 처리함.
* P < .05   ** P < .01   *** P < .001

　　결혼이주여성의 한국거주기간별로 정서적인 안정 상태를 살펴본 결과 아래의 [표 VIII-82]와 같이 나타났다. 결혼이주여성의 자아존중감만이 p<.05(F값 3.6)수준에서 유의한 차이를 보였다. 7년 이상 한국에 거주한 결혼이주여성의 경우 자아존중감이 3.9로 가장 높게 나타났다. 그 다음으로 2년 이상 7년 미만으로 거주한 경우 3.7, 2년 미만으로 거주한 경우 3.5의 순으로 나타났다. 한국에서의 거주기간이 길어질수록 결혼이주여성의 자아존중감은 높아짐을 알 수 있으며, 한국거주기간에 따른 결혼이주여성의 우울감, 정서적 고립감, 낙관성 수준은 전혀 유의하지 않게 나타나 서로 관련이 없음을 시사한다.

　　결혼이주여성의 소득수준에 따라 정서적인 안정 상태를 살펴본 결과 아래의 [표VIII -83]과 같이 나타났다. 결혼이주여성의 자아존중감만이 p<.01(F값 5.4)수준에서 유의한

[표Ⅷ-82] 거주기간별 정서적인 안정

(단위:% , 명)

구분	정서적인 안정															
	우울감				정서적 고립감				자아존중감				낙관성 수준			
	N	M	SD	F	N	M	SD	F	N	M	SD	F	N	M	SD	F
2년 미만	134	2.8	1.2		133	2.3	1.0		136	3.5	1.0		136	4.0	1.0	
2~5년 미만	156	3.0	1.1		155	2.4	1.1		158	3.7	1.0		157	4.2	0.8	
5~7년 미만	102	3.1	1.1	2.5	102	2.5	1.0	0.5	102	3.7	1.0	3.6*	102	4.1	0.9	0.9
7년 이상	111	2.8	1.1		111	2.4	0.9		111	3.9	0.9		111	4.2	0.9	
계	503	2.9	1.1		501	2.4	1.0		507	3.7	1.0		506	4.1	0.9	

● 무응답은 결측값 처리함.

* P 〈 .05   ** P 〈 .01   *** P 〈 .001

차이를 보였다. 결혼이주여성의 소득수준이 300만 원 이상인 경우 4.1로 결혼이주여성의 자아존중감이 가장 높게 나타났다. 그 다음으로 소득수준이 300만 원 미만인 경우 3.8, 200만 원 미만인 경우가 3.5, 100만 원 미만의 소득수준을 가진 결혼이주여성의 경우 자아존중감이 3.6으로 낮게 나타났다. 한국에서의 소득수준에 따른 결혼이주여성의 우울감, 정서적 고립감, 낙관성 수준은 전혀 유의하지 않게 나타났다. 한국사회에서 결혼이주여성의 높은 소득수준으로 인해 자아존중감 또한 높아질 수 있음을 의미한다.

[표Ⅷ-83] 소득별 정서적인 안정

(단위:% , 명)

구분	정서적인 안정															
	우울감				정서적 고립감				자아존중감				낙관성 수준			
	N	M	SD	F	N	M	SD	F	N	M	SD	F	N	M	SD	F
100만 원 미만	78	2.9	1.1		77	2.5	1.0		78	3.6	1.0		78	4.1	0.9	
200만 원 미만	218	3.0	1.1		218	2.4	1.0		218	3.5	1.0		218	4.1	0.9	
300만 원 미만	146	3.0	1.1	1.0	145	2.3	1.0	1.0	148	3.8	1.0	5.4**	148	4.2	0.9	1.1
300만 원 이상	37	2.6	1.1		37	2.3	1.0		37	4.1	0.9		36	4.3	0.9	
계	479	2.9	1.1		477	2.4	1.0		481	3.7	1.0		480	4.1	0.9	

● 무응답은 결측값 처리함.

* P 〈 .05   ** P 〈 .01   *** P 〈 .001

결혼이주여성의 학력수준에 따라 정서적인 안정 상태를 살펴본 결과 아래의 [표VIII -84]와 같이 나타났다. 결혼이주여성의 자아존중감이 $p < .001$(F값 16.1)수준에서 유의한 차이를 보였다. 결혼이주여성의 학력수준이 대졸이상인 경우 4.1로 자아존중감이 가장 높게 나타났다. 그 다음으로 자아존중감이 높은 경우는 결혼이주여성 고등학교의 학력수준을 가진 경우 3.7, 결혼이주여성이 중학교의 학력수준을 가진 경우 3.4, 초등학교 이하의 학력수준을 가진 결혼이주여성이 3.2로 자아존중감이 가장 낮게 나타났다. 결혼이주여성의 낙관성 수준은 $p < .05$(F값 3.5)수준에서 유의한 차이를 보였다. 결혼이주여성의 학력수준이 대졸이상인 경우 4.3으로 낙관성 수준이 가장 높게 나타났고 그 다음으로 결혼이주여성이 고등학교의 학력수준을 가진 경우 4.2, 중학교의 학력수준을 가진 경우 3.9, 초등학교 이하의 학력수준을 가진 결혼이주여성은 3.9로 낙관성 수준이 가장 낮았다. 결혼이주여성의 학력수준이 대졸이상일 경우 자아존중감과 낙관성 수준도 높게 나타난다는 것을 알 수 있다. 학력수준에 따른 결혼이주여성의 우울감, 정서적 고립감은 전혀 유의하지 않게 나타났다.

[표VIII-84] 학력별 정서적인 안정

(단위:% , 명)

구분	정서적인 안정															
	우울감				정서적 고립감				자아존중감				낙관성 수준			
	N	M	SD	F	N	M	SD	F	N	M	SD	F	N	M	SD	F
초등학교 이하	32	3.2	1.1		32	2.8	1.2		32	3.2	0.9		32	3.9	0.9	
중학교	134	2.9	1.1		133	2.3	1.0		133	3.4	0.9		133	3.9	1.0	
고등학교	210	3.0	1.1	1.5	209	2.4	1.0	2.6	213	3.7	0.9	16.1 ***	213	4.2	0.9	3.5*
대졸이상	119	2.8	1.1		119	2.3	0.9		120	4.1	0.9		119	4.3	0.8	
계	495	2.9	1.1		493	2.4	1.0		498	3.7	1.0		497	4.1	0.9	

● 무응답은 결측값 처리함.

* P < .05   ** P < .01   *** P < .001

15. 결혼이주여성의 삶의 만족도

결혼이주여성이 자신의 생활에 대해 만족하는 정도를 살펴본 결과 아래의 [표VIII-85]과 같이 나타났다. 결혼이주여성은 자신의 모든 상황을 고려해 본 결과 자신의 생활에 대해 만족하는 정도는 평균 72.0으로 나타났다.

[표Ⅷ-85] 삶의 만족도

(단위:% , 명)

구 분	M	SD	계(명)
삶의 만족도	72.0	17.0	506

● 무응답은 결측값 처리함.

결혼이주여성의 국적별로 자신의 생활에 대해 만족하는 정도를 아래의 [표Ⅷ-86]과 같이 살펴본 결과 p<.01(F값 3.9)수준에서 유의한 차이를 보였다. 결혼이주여성의 출신 국이 필리핀인 경우 자신의 생활에 대한 주관적인 만족감은 79.4로 가장 높게 나타났 다. 그 다음으로 출신국이 재중동포인 경우 73.0, 베트남인 경우 71.2, 중국인 경우 69.8, 캄보디아와 기타 출신국이 69.0의 순으로 나타났다.

[표Ⅷ-86] 국적별 삶의 만족도

(단위:% , 명)

	N	M	SD	F
재중동포	43	73.0	14.1	
중국	116	69.8	17.1	
베트남	216	71.2	16.5	
필리핀	70	79.4	16.2	3.9**
캄보디아	29	69.0	20.8	
기타	32	69.0	16.7	
합계	506	72.0	17.0	

● 무응답은 결측값 처리함.
* P < .05   ** P < .01   *** P < .001

결혼이주여성의 연령별로 자신의 생활에 대해 만족하는 정도를 아래의 [표Ⅷ-87]과 같이 살펴본 결과 p<.05(F값 3.4)수준에서 유의한 차이를 보였다. 결혼이주여성의 연령 대가 40세 이상인 경우 자신의 생활에 대한 주관적인 만족감은 77.5로 가장 높게 나타 났다. 그 다음으로 결혼이주여성의 연령대가 30세 미만인 경우 71.4, 30대인 결혼이주 여성의 경우 71.1로 주관적인 만족감은 낮게 나타났다.

[표Ⅷ-87] 연령별 삶의 만족도

(단위:% , 명)

	N	M	SD	F
30세 미만	258	71.4	17.8	
30~39세	192	71.1	16.0	3.4*
40세 이상	56	77.5	15.5	
합계	506	72.0	17.0	

● 무응답은 결측값 처리함.
* P 〈 .05   ** P 〈 .01   *** P 〈 .001

결혼이주여성의 한국거주기간별로 자신의 생활에 대해 만족하는 정도를 아래의 [표Ⅷ-88]과 같이 살펴본 결과 p〈.05(F값 2.8)수준에서 유의한 차이를 보였다. 결혼이주여성이 한국에 2년 미만으로 거주한 경우 자신의 생활에 대한 주관적인 행복감은 74.2로 가장 높게 나타났다. 결혼이주여성이 7년 이상으로 거주한 경우 73.1, 2년 이상 5년 미만으로 거주한 경우 71.8, 5년 이상 7년 미만으로 거주한 경우는 68.0으로 주관적인 삶의 만족감은 낮게 나타났다.

[표Ⅷ-88] 거주기간별 삶의 만족도

(단위:% , 명)

	N	M	SD	F
2년 미만	137	74.2	18.9	
2~5년 미만	157	71.8	15.8	
5~7년 미만	102	68.0	17.2	2.8*
7년 이상	110	73.1	15.3	
합계	506	72.0	17.0	

● 무응답은 결측값 처리함.
* P 〈 .05   ** P 〈 .01   *** P 〈 .001

결혼이주여성의 소득수준별로 자신의 생활에 대해 만족하는 정도를 살펴본 결과 아래의 [표Ⅷ-89]와 같이 전혀 유의미하지 않게 나타났다. 따라서 결혼이주여성이 갖는 소득수준과 자신의 생활에 대한 주관적인 만족감과는 전혀 관계가 없음을 나타낸다.

[표Ⅷ-89] 소득별 삶의 만족도

(단위:% , 명)

	N	M	SD	F
100만 원 미만	76	72.4	18.1	
200만 원 미만	218	71.7	16.6	
300만 원 미만	148	71.8	16.5	.68
300만 원 이상	38	75.8	16.2	
합계	480	72.1	16.8	

● 무응답은 결측값 처리함.
* P 〈 .05   ** P 〈 .01   *** P 〈 .001

결혼이주여성의 학력수준별로 자신의 생활에 대해 만족하는 정도를 살펴본 결과 아래의 [표Ⅷ-90]과 같이 전혀 유의미하지 않게 나타났다. 따라서 결혼이주여성의 학력수준에 따라 자신의 생활에 대한 주관적인 만족감과는 전혀 관계가 없음을 의미한다.

[표Ⅷ-90] 학력별 삶의 만족도

(단위:% , 명)

	N	M	SD	F
초등학교 이하	33	67.3	20.5	
중학교	131	71.6	16.5	
고등학교	213	71.5	16.5	1.7
대학교 이상	120	74.3	17.2	
합계	497	71.9	17.0	

● 무응답은 결측값 처리함.

* P 〈 .05   ** P 〈 .01   *** P 〈 .001

16. 결혼이주여성의 부부싸움에 대한 대응

결혼이주여성이 남편으로부터 폭언이나 또는 원하지 않는 일을 강요받았을 때 주로 대응하는 방안에 대해 살펴본 결과 아래의 [표Ⅷ-91]과 같이 나타났다. 결혼이주여성의 대응방안은 '남편을 설득하여 해결'함 26.2%로 가장 많았다. 그 다음으로 '힘들지만 그냥 참고 살아감'이 16.2%, '상담전화 1366이나 상담소를 찾아감' 14.8%, '싸워서 고침' 12.4%, '별거 또는 이혼하고자 함' 7.1%, '본국으로 가려고 함'과 '기타' 6.2%, '경찰에 신고함' 5.7%, '남편으로부터 일단 피함' 5.2%의 순으로 나타났다.

[표Ⅷ-91] 부부싸움 대응 일반적 경향

(단위:% , 명)

변인	구분	계(명)
부부싸움 대응 유형	남편을 설득하여 해결	26.2(55)
	싸워서 고침	12.4(26)
	남편으로부터 일단 피함	5.2(11)
	힘들지만 그냥 참고 살아감	16.2(34)
	본국으로 가려고 함	6.2(13)
	별거 또는 이혼하고자 함	7.1(15)
	상담전화 1366이나 상담소를 찾아감	14.8(31)
	경찰에 신고함	5.7(12)
	기타	6.2(13)
	합계	100(210)

● 무응답은 결측값 처리함.

결혼이주여성의 국적별로 남편으로부터 폭언이나 또는 원하지 않는 일을 강요받았을 때 주로 대응하는 방안에 대해 살펴본 결과 아래의 [표Ⅷ-92]와 같이 나타났다. 결혼이주여성의 출신국이 재중동포인 경우 '남편을 설득하여 해결'하고자 하는 대응방안이 54.2%로 가장 많았다. 중국인 경우도 '남편을 설득하여 해결' 24.6%로 나타났다. 출신국이 베트남인 경우는 '상담전화 1366이나 상담소를 찾아감' 27.0%, 필리핀인 경우는 '힘들지만 그냥 참음' 25.0%로 나타났다. 캄보디아인 경우도 '힘들지만 그냥 참음' 36.4%, 기타 출신국인 경우 '남편을 설득하여 해결' 문제를 해결하고자 하는 방안을 36.4%로 주로 많이 선택하는 것으로 나타났다. 결혼이주여성의 출신국이 필리핀과 캄보디아인 경우 '힘들지만 그냥 참는다'는 주로 소극적인 대응방안을 선택한다는 점에 주목해야 할 필요성이 있겠다.

[표Ⅷ-92] 국적별 부부싸움 대응

(단위:% , 명)

	남편을 설득하여 해결	싸워서 고침	남편으로부터 피함	힘들지만 그냥 참음	본국으로 가려함	별거 또는 이혼	상담 전화나 상담소	경찰에 신고함	기타	계(명)
재중동포	54.2	4.2	8.3	4.2	8.3	8.3	4.2	4.2	4.2	100(24)
중국	24.6	11.6	0.0	10.1	14.5	17.4	7.2	4.3	10.1	100(69)
베트남	23.8	19.0	0.0	19.0	0.0	1.6	27.0	4.8	4.8	100(63)
필리핀	12.5	9.4	15.6	25.0	0.0	0.0	21.9	12.5	3.1	100(32)
캄보디아	18.2	9.1	18.2	36.4	0.0	0.0	9.1	0.0	9.1	100(11)
기타	36.4	9.1	18.2	18.2	9.1	0.0	0.0	9.1	0.0	100(11)
계(명)	26.2	12.4	5.2	16.2	6.2	7.1	14.8	5.7	6.2	100(210)

● 무응답은 결측값 처리함.

결혼이주여성의 연령별로 남편으로부터 폭언이나 또는 원하지 않는 일을 강요받았을 때 주로 대응하는 방안에 대해 살펴본 결과 아래의 [표Ⅷ-93]과 같이 나타났다.

[표Ⅷ-93] 연령별 부부싸움 대응

(단위:% , 명)

	남편을 설득하여 해결	싸워서 고침	남편으로부터 피함	힘들지만 그냥 참음	본국으로 가려함	별거 또는 이혼	상담 전화나 상담소	경찰에 신고함	기타	계(명)
30세 미만	19.3	16.9	6.0	21.7	4.8	1.2	22.9	3.6	3.6	100(83)
30~39세	34.4	7.5	2.2	12.9	9.7	9.7	8.6	8.6	6.5	100(93)
40세 이상	20.6	14.7	11.8	11.8	0.0	14.7	11.8	2.9	11.8	100(34)
계(명)	26.2	12.4	5.2	16.2	6.2	7.1	14.8	5.7	6.2	100(210)

● 무응답은 결측값 처리함.

결혼이주여성의 연령대가 30세 미만인 경우 주로 선택하는 대응방안은 '상담전화 1366이나 상담소를 찾아감' 22.9%로 가장 많았다. 결혼이주여성이 30대인 경우는 '남편을 설득하여 해결'하고자 하는 대응방안이 34.4%로 가장 많았다. 결혼이주여성의 연령대가 40세 이상인 경우도 마찬가지로 '남편을 설득하여 해결'하고자 하는 대응방안을 20.6%로 주로 많이 선택하는 것으로 나타났다.

결혼이주여성의 한국거주기간별로 남편으로부터 폭언이나 또는 원하지 않는 일을 강요받았을 때 주로 대응하는 방안에 대해 살펴본 결과 아래의 [표Ⅷ-94]과 같이 나타났다. 결혼이주여성의 한국거주기간이 2년 미만인 경우 주로 선택하는 대응방안은 '상담전화 1366이나 상담소를 찾아감' 27.3%로 가장 많았다. 2년 이상 5년 미만으로 거주한 경우 결혼이주여성은 '남편을 설득하여 해결'하고자 하는 대응방안을 26.5%로 가장 많이 선호하였다. 한국거주 5년 이상 7년 미만인 결혼이주여성도 마찬가지로 '남편을 설득하여 해결'하고자 하는 대응방안을 27.5%로 가장 많이 선택했다. 7년 이상 한국에 거주한 결혼이주여성도 역시 남편으로부터 폭언이나 또는 원하지 않는 일을 강요받았을 때 주로 대응하는 방안으로 '남편을 설득하여 해결' 하고자 하는 방안을 31.0%로 채택했다. 한국에서의 거주기간이 2년 지나면 결혼이주여성은 남편과의 불협화음을 '남편을 설득하여 해결' 하고자 하는 방안을 많이 선호하는 것으로 나타났는데, 이를 통해서 한국사회에서 구성원으로서 적응하고자 하는 이주여성의 의지를 엿볼 수 있음이다.

[표Ⅷ-94] 거주기간별 부부싸움 대응

(단위:% , 명)

	남편을 설득하여 해결	싸워서 고침	남편으로부터 피함	힘들지만 그냥 참음	본국으로 가려함	별거 또는 이혼	상담전화나 상담소	경찰에 신고함	기타	계(명)
2년 미만	15.2	9.1	0.0	18.2	18.2	3.0	27.3	3.0	6.1	100(33)
2~5년 미만	26.5	11.8	5.9	11.8	7.4	7.4	17.6	5.9	5.9	100(68)
5~7년 미만	27.5	15.7	3.9	21.6	2.0	7.8	11.8	3.9	5.9	100(51)
7년 이상	31.0	12.1	8.6	15.5	1.7	8.6	6.9	8.6	6.9	100(58)
계(명)	26.2	12.4	5.2	16.2	6.2	7.1	14.8	5.7	6.2	100(210)

● 무응답은 결측값 처리함.

결혼이주여성의 소득수준에 따라 남편으로부터 폭언이나 또는 원하지 않는 일을 강요받았을 때 주로 대응하는 방안에 대해 살펴본 결과 아래의 [표VIII-95]와 같이 나타났다. 결혼이주여성의 소득수준이 100만 원 미만인 경우 주로 선택하는 대응방안은 '상담전화 1366이나 상담소를 찾아감' 23.1%로 가장 많았다. 소득수준이 200만 원 미만인 경우는 주로 '남편을 설득하여 해결'하고자 하는 대응방안을 25.3%로 가장 많이 선택하였다. 300만 원 미만의 소득수준을 가진 결혼이주여성의 경우도 마찬가지로 '남편을 설득하여 해결'하고자 하는 대응방안을 39.3%로 가장 많이 선택하였다. 소득수준이 300만 원 이상인 경우 결혼이주여성은 주로 선택하는 대응방안은 '별거 또는 이혼'을 34.8%로 가장 선택하였다.

[표VIII-95] 소득별 부부싸움 대응

(단위:% , 명)

	남편을 설득하여 해결	싸워서 고침	남편으로 부터 피함	힘들지 만 그냥 참음	본국 으로 가려함	별거 또는 이혼	상담 전화나 상담소	경찰에 신고함	기타	계(명)
100만 원 미만	17.9	7.7	5.1	25.6	5.1	0.0	23.1	7.7	7.7	100(39)
200만 원 미만	25.3	13.3	8.4	19.3	3.6	3.6	15.7	7.2	3.6	100(83)
300만 원 미만	39.3	14.3	3.6	8.9	5.4	7.1	10.7	3.6	7.1	100(56)
300만 원 이상	17.4	13.0	0.0	4.3	8.7	34.8	4.3	4.3	13.0	100(23)
계(명)	26.9	12.4	5.5	15.9	5.0	7.5	14.4	6.0	6.5	100(201)

● 무응답은 결측값 처리함.

결혼이주여성의 학력수준에 따라 남편으로부터 폭언이나 또는 원하지 않는 일을 강요받았을 때 주로 대응하는 방안에 대해 살펴본 결과 아래의 [표VIII-96]과 같이 나타났다.

[표VIII-96] 학력별 부부싸움 대응

(단위:% , 명)

	남편을 설득하여 해결	싸워서 고침	남편으로 부터 피함	힘들지 만 그냥 참음	본국 으로 가려함	별거 또는 이혼	상담 전화나 상담소	경찰에 신고함	기타	계(명)
초등학교 이하	33.3	11.1	0.0	33.3	0.0	0.0	22.2	0.0	0.0	100(9)
중학교	24.6	17.5	5.3	21.1	1.8	7.0	14.0	3.5	5.3	100(57)
고등학교	27.8	11.1	3.3	13.3	4.4	10.0	18.9	4.4	6.7	100(90)
대학교 이상	24.5	9.4	9.4	13.2	15.1	3.8	7.5	9.4	7.5	100(53)

| 계(명) | 26.3 | 12.4 | 5.3 | 16.3 | 6.2 | 7.2 | 14.8 | 5.3 | 6.2 | 100(209) |

● 무응답은 결측값 처리함.

결혼이주여성의 학력수준이 초등학교 이하인 경우 주로 선택하는 대응방안은 '남편을 설득하여 해결'하고자 하는 방안과 '힘들지만 그냥 참는다'는 방안을 33.3%로 가장 많이 선택하였다. 중학교의 학력수준을 가진 결혼이주여성도 '남편을 설득하여 해결'하고자 하는 대응방안을 24.6%로 주로 많이 선택하였다. 고등학교와 대학교 이상의 학력수준을 가진 결혼이주여성도 마찬가지로 남편의 폭언이나 폭행에 주로 대응하는 방안은 '남편을 설득하여 해결'하고자 하는 것으로 각각 27.8%와 24.5%로 나타났다.

17. 결혼이주여성의 불화상담 대상

결혼이주여성이 부부 간의 불화로 어려움이 발생하였을 때 상담하는 대상에 대해서 살펴본 결과 아래의 [표Ⅷ-97]과 같이 나타났다. 결혼이주여성의 불화상담대상자는 '모국의 가족이나 친척' 25.5%로 가장 많았다. 그 다음으로 '모국인 친구' 18.3%, '남편의 가족이나 친척' 16.3%, '도움 받을 사람이 전혀 없다' 11.0%, '기타' 8.8%, '상담소나 상담전화 상담원' 8.6%, '한국인 친구' 5.8%, '종교 단체의 성직자나 신자' 2.2.%, '사회복지 관련공무원' 1.8%, '다른 나라에서 온 친구' 1.6%의 순으로 나타났다.

[표Ⅷ-97] 불화상담대상

(단위:% , 명)

변인	구분	계(명)
부부간의 불화 상담 대상	모국의 가족이나 친척	25.5(127)
	남편의 가족이나 친척	16.3(81)
	모국인 친구	18.3(91)
	한국인 친구	5.8(29)
	다른 나라에서 온 친구	1.6(8)
	상담소나 상담전화 상담원	8.6(43)
	종교 단체의 성직자나 신자	2.2(11)
	사회복지관련 공무원	1.8(9)
	도움 받을 사람 전혀 없음	11.0(55)
	기타	8.8(44)
	합계	100(498)

● 무응답은 결측값 처리함.

결혼이주여성의 국적별로 부부 간의 불화로 어려움이 발생하였을 때 상담하는 대상에 대해서 살펴본 결과 아래의 [표Ⅷ-98]과 같이 나타났다. 결혼이주여성의 출신국이 재중동포인 경우 불화상담 대상자는 '남편의 가족, 친척' 34.9%로 가장 많았다. 중국인 경우의 불화상담 대상자는 '모국인 친구' 30.4%로 가장 많았다. 결혼이주여성의 출신국이 베트남인 경우 불화상담 대상자는 '상담소나 상담전화 상담원' 17.8%로 가장 많았고, 필리핀인 경우 '모국의 가족이나 친척'을 가장 많이 선호하는 불화상담 대상자로서 52.9%로였다. 결혼이주여성의 출신국이 캄보디아인 경우 '기타'가 18.5%로 가장 많았고, 기타 출신국인 경우 '모국인 친구'가 불화상담대상자로서 31.3%로 높게 나타났다.

[표Ⅷ-98] 국적별 불화상담대상

(단위:% , 명)

	모국의 가족, 친척	남편의 가족, 친척	모국인 친구	한국인 친구	다른 나라에서 온 친구	상담소, 상담전화 상담원	종교 단체 성직자, 신자	사회복지 관련 공무원	없음	기타	계(명)
재중동포	25.6	34.9	25.6	4.7	0.0	0.0	0.0	0.0	4.7	4.7	100 (43)
중국	29.6	9.6	30.4	7.8	2.6	1.7	0.9	1.7	8.7	7.0	100 (115)
베트남	17.4	15.5	14.6	5.2	1.4	17.8	1.4	1.4	12.7	12.7	100 (213)
필리핀	52.9	13.2	2.9	5.9	1.5	2.9	8.8	4.4	7.4	0.0	100 (68)
캄보디아	14.8	37	7.4	0.0	3.7	3.7	0.0	0.0	14.8	18.5	100 (27)
기타	15.6	9.4	31.3	9.4	0.0	0.0	3.1	3.1	21.9	6.3	100 (32)
계(명)	25.5	16.3	18.3	5.8	1.6	8.6	2.2	1.8	11.0	8.8	100 (498)

● 무응답은 결측값 처리함.

결혼이주여성의 연령별로 부부 간의 불화로 어려움이 발생하였을 때 상담하는 대상에 대해서 살펴본 결과 아래의 [표Ⅷ-99]와 같이 나타났다. 결혼이주여성의 연령대가 30세 미만인 경우는 불화상담대상자로서 '모국의 가족이나 친척'을 가장 많이 선호하며 24.8%로 나타났다. 30대인 결혼이주여성의 경우도 불화상담 대상자로서 '모국의 가족이나 친척'을 25.0%로 가장 많이 선호하는 것으로 나타났다. 40세 이상인 결혼이주여성의 경우도 마찬가지로 부부간의 불화가 발생하였을 때 가장 많이 상담하는 대상자는 '모국의 가족이나 친척'으로 30.4%로였다. 연령별로 결혼이주여성의 불화 상담대상자를 살펴본 결과 공통적으로 '모국의 가족이나 친척'을 가장 많이 선호하는 것으로 나타났다.

[표Ⅷ-99] 연령별 불화상담대상

(단위:% , 명)

	모국의 가족, 친척	남편의 가족, 친척	모국인 친구	한국인 친구	다른 나라에서 온 친구	상담소, 상담전화 상담원	종교 단체 성직자, 신자	사회복지 관련 공무원	없음	기타	계(명)
30세 미만	24.8	15.7	13.8	5.1	2.0	12.6	0.4	0.8	12.6	12.2	100 (254)
30 ~39세	25.0	19.1	23.4	7.4	1.6	4.8	2.7	2.7	9.0	4.3	100 (188)
40세 이상	30.4	8.9	21.4	3.6	0.0	3.6	8.9	3.6	10.7	8.9	100 (56)
계 (명)	25.5	16.3	18.3	5.8	1.6	8.6	2.2	1.8	11	8.8	100 (498)

● 무응답은 결측값 처리함.

결혼이주여성의 한국거주기간별로 부부 간의 불화로 어려움이 발생하였을 때 상담하는 대상에 대해서 살펴본 결과 아래의 [표Ⅷ-100]과 같이 나타났다. 결혼이주여성의 한국거주기간이 2년 미만인 경우 불화상담을 하는 대상자로서 '모국의 가족이나 친척'을 가장 많이 선호하며 23.7%로 나타났다. 2년 이상 5년 미만으로 거주한 경우도 '모국의 가족이나 친척'을 22.8%로 가장 많이 선호하였다. 5년 이상 7년 미만으로 거주한 경우 역시 불화상담을 하는 주된 대상자로서 '모국의 가족이나 친척' 24.2%, 7년 이상 거주한 경우도 마찬가지로 '모국의 가족이나 친척'을 32.7%로 가장 많이 선호하는 것으로 나타났다. 한국에 거주하면서 결혼이주여성은 부부 간의 불화로 어려움이 발생하였을 때 상담할 수 있는 대상자로서 '모국의 가족이나 친척'을 주로 선호하는 것으로 나타났다.

[표Ⅷ-100] 거주기간별 불화상담대상

(단위:% , 명)

	모국의 가족, 친척	남편의 가족, 친척	모국인 친구	한국인 친구	다른 나라에서 온 친구	상담소, 상담전화 상담원	종교 단체 성직자, 신자	사회복지 관련 공무원	없음	기타	계(명)
2년 미만	23.7	11.5	19.8	0.8	1.5	17.6	0.0	3.1	11.5	10.7	100 (131)
2~5년 미만	22.8	17.1	19.6	8.2	3.2	5.1	1.9	0.0	9.5	12.7	100 (158)

5~7년 미만	24.2	17.2	19.2	6.1	1.0	8.1	2.0	2.0	13.1	7.1	100 (99)
7년 이상	32.7	20	13.6	8.2	0.0	3.6	5.5	2.7	10.9	2.7	100 (110)
계 (명)	25.5	16.3	18.3	5.8	1.6	8.6	2.2	1.8	11.0	8.8	100 (498)

● 무응답은 결측값 처리함.

결혼이주여성의 소득수준별로 부부 간의 불화로 어려움이 발생하였을 때 상담하는 대상에 대해서 살펴본 결과 아래의 [표Ⅷ-101]과 같이 나타났다. 결혼이주여성의 소득수준이 100만 원 미만인 경우 주로 선호하는 불화상담 대상자는 '모국의 가족이나 친척' 25.3%로 높게 나타났고, '남편의 가족이나 친척' 20.3%의 순으로 나타났다. 200만 원 미만의 소득수준을 가진 경우도 '모국의 가족이나 친척' 21.8%, '남편의 가족이나 친척' 19.9%의 순으로 선호하는 것으로 나타났다. 결혼이주여성의 소득수준이 300만 원 미만인 경우 가장 선호하는 불화상담 대상자는 '모국의 가족이나 친척'이며 26.7%로 나타났고, 그 다음 '모국인 친구' 18.5%의 순으로 나타났다. 300만 원 이상의 소득수준을 가진 경우도 '모국의 가족이나 친척' 34.2%, '모국인 친구' 26.3%의 순으로 나타났다. 결혼이주여성의 소득수준이 200만 원 미만에 해당될 경우 부부 간의 불화로 어려움이 발생하였을 때 공통적으로 선호하는 상담 대상자는 '모국의 가족이나 친척' 그리고 '남편의 가족이나 친척'으로 나타났다. 결혼이주여성의 소득수준이 200만 원 이상에 해당될 경우 '모국의 가족이나 친척' 그리고 '모국인 친구'를 불화상담을 하는 대상자로서 선호하는 것으로 나타났다.

[표Ⅷ-101] 소득별 불화상담대상

(단위:% , 명)

	모국의 가족, 친척	남편의 가족, 친척	모국인 친구	한국인 친구	다른 나라에서 온 친구	상담소, 상담 전화 상담원	종교 단체 성직자, 신자	사회 복지 관련 공무원	없음	기타	계(명)
100만 원 미만	25.3	20.3	13.9	3.8	1.3	10.1	1.3	2.5	11.4	10.1	100 (79)
200만 원 미만	21.8	19.9	18.0	8.5	1.4	8.1	2.8	1.4	9.0	9.0	100 (211)
300만 원 미만	26.7	11.0	18.5	3.4	2.7	10.3	2.7	2.7	13.0	8.9	100 (146)
300만 원 이상	34.2	10.5	26.3	7.9	0.0	2.6	0.0	0.0	10.5	7.9	100 (38)

| 계(명) | 24.9 | 16.5 | 18.1 | 6.1 | 1.7 | 8.6 | 2.3 | 1.9 | 10.8 | 9.1 | 100 (474) |

● 무응답은 결측값 처리함.

결혼이주여성의 학력수준별로 부부 간의 불화로 어려움이 발생하였을 때 상담하는 대상에 대해서 살펴본 결과 아래의 [표Ⅷ-102]와 같이 나타났다. 결혼이주여성의 학력수준이 초등학교 이하인 경우 '도움 받을 사람이 없다' 18.8%로 가장 높게 나타났고, 그 다음으로 주로 선호하는 불화상담 대상자에 '모국의 가족이나 친척' 12.5%의 순으로 나타났다. 중학교의 학력수준을 가진 경우는 '모국의 가족이나 친척' 19.7%, '남편의 가족이나 친척'과 '모국인 친구'를 18.9%의 순으로 선호하는 것으로 나타났다. 고등학교의 학력수준을 가진 결혼이주여성도 마찬가지로 '모국의 가족이나 친척' 26.6%, '남편의 가족이나 친척'과 '모국인 친구'를 18.4%의 순으로 선호하였다. 결혼이주여성이 대학교 이상의 학력수준을 가진 경우는 부부 간의 불화로 어려움이 발생하였을 때 주된 상담대상자로서 '모국의 가족이나 친척' 33.1%, '모국인 친구' 18.6%로 선호하는 나타났다. 결혼이주여성의 부부간의 불화상담 대상자로서 '모국의 가족이나 친척'을 선호하는 비율은 대학교 이상의 학력수준을 가진 경우 가장 높게 나타났다.

[표Ⅷ-102] 학력별 불화상담대상

(단위:% , 명)

	모국의 가족, 친척	남편의 가족, 친척	모국인 친구	한국인 친구	다른 나라에서 온 친구	상담소, 상담전화 상담원	종교 단체 성직자, 신자	사회 복지 관련 공무원	없음	기타	계(명)
초등학교 이하	12.5	3.1	9.4	3.1	0	25	3.1	0	18.8	25	100 (32)
중학교	19.7	18.9	18.9	4.5	3	12.9	1.5	4.5	7.6	8.3	100 (132)
고등학교	26.6	18.4	18.4	5.8	1.4	6.8	1	1	11.1	9.7	100 (207)
대학교 이상	33.1	14.4	18.6	8.5	0.8	3.4	5.1	0.8	11	4.2	100 (118)
계(명)	25.4	16.6	18	5.9	1.6	8.8	2.2	1.8	10.6	9	100 (489)

● 무응답은 결측값 처리함.

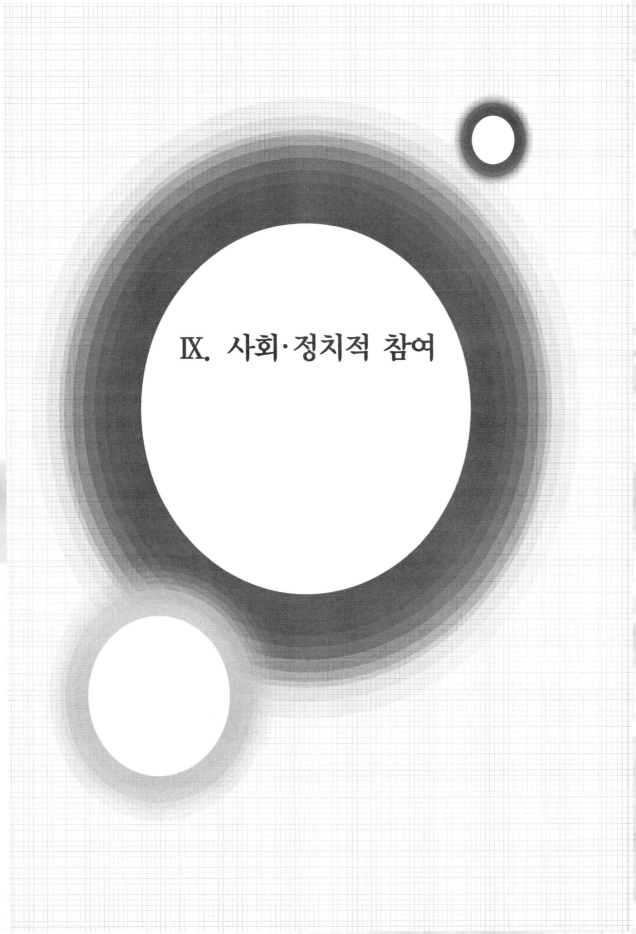

IX. 사회·정치적 참여

이번 장과 관련된 설문은 결혼이주여성의 사회적, 정치적 참여 현황 및 의지 등을 분석하기 위해 구성되었다. 이를 위해 이주민 프로그램 참여여부, 유형, 만족도, 불참이유, 선거를 비롯한 정치활동 참여, 자조모임 참여, 참여의향, 공무원 접촉 경험, 참여 기회 보장 여부 등 이주민의 사회·정치적 참여 현황을 분석할 수 있는 여러 가지 문항을 배치하였다.

이주민의 한국 사회에의 참여는 이들의 한국 사회로의 통합을 가늠할 수 있는 바로미터이다. 사회적, 경제적, 정치적 참여를 통해 이들은 권리의식과 책임의식을 가질 수 있으며, 구체적인 소통을 통해 한국 사회의 문화 다양성과 관용성 증대에 기여할 수 있다. 사실 이주민의 참여는 시민적 권리(citizenship)와 밀접한 관련을 가진다. 이번 설문에 응답한 결혼이주민 가운데는 이미 국적을 취득하여 형식적으로는 참여에 제한을 받지 않는 경우도 있었으나, 아직 국적취득 전이거나 국적취득의 의향이 없기 때문에 대한민국 '국민'이라면 향유할 수 있는 참여의 권리를 누리지 못하는 사람이 더 많았다. 다시 말해 아무리 자신이 한국 사회에 참여할 의지가 있다고 하더라도 법적으로 그것이 제한되어 있다면 참여가 불가능하다. 따라서 이번 장을 위한 설문은 국적 취득자에 대한 선거참여 여부와 모든 이주민을 대상으로 하는 정치참여, 결사체(자조모임) 참여, 참여의향, 공무원 접촉 등으로 분리하여 진행하였다.

아래에서는 각 항목에 대한 내용을 빈도 분석을 통해 제시함은 물론, 국적 등의 인구통계학적 요소들과 교차분석을 통해 이주민의 사회통합에 필요한 정책적 수요를 산출하는데 있어 감안해야 하는 요인을 제시해 보고자 한다.

1. 이주프로그램 참여, 유형, 만족도 및 불참이유

이주 프로그램 참여와 관련된 여러 가지 현황을 분석하기 위해 제시된 설문문항은 다음과 같다.

① 당신은 결혼이주민을 위한 프로그램에 참여한 경험이 있습니까? ② (결혼이주민을 위한 프로그램에 참여한 경험이 있다면) 해당 프로그램은 무엇이었습니까? ③ (결혼이주민을 위한 프로그램에 참여한 경험이 있다면) 해당 프로그램은 만족스러웠습니까? ④ (결혼이주민을 위한 프로그램에 참여한 경험이 있다면) 프로그램에 불만이 있을 경우 담당자에게 불만을 전달합니까? ⑤ (결혼이주민을 위한 프로그램에 참여한 경험이 없다면) 참여하지 않은 이유는 무엇입니까?

1번 문항은 참여여부, 2-4번 문항은 각각 참여 프로그램 유형, 만족도, 의견전달 여부, 5번 문항을 참여하지 않았을 경우 그 이유를 물었다. 이주자를 위한 프로그램 참여여부와 관련하여 결혼이주여성의 59.8%가 참여 경험이 있다고 응답하였으며, 40.2%가 참여 경험이 없다고 응답하였다.

[표IX-1] 이주 프로그램 참여여부

(단위:%, 명)

	있음	없음	계(명)
응답률	59.8	40.2	100(510)

이주 프로그램에 참여한 경험이 있는 59.8%의 결혼이주여성들에게 한국어, 취업교육 등의 항목을 제시하고, 참여한 경험이 있는 프로그램을 복수로 선택하도록 한 결과는 [표IX-2]와 같이 나타났다. 한국어 교육 참여 경험이 59%로 가장 높았고, 그 다음이 자녀학습 도우미로 13.3%의 이주여성이 이에 참여한 경험이 있다고 응답하였다. 수용국의 언어 습득은 이주민의 사회참여를 위해 핵심적인 요소이며, 이주민 프로그램 또한 이러한 수요에 맞춰질 수밖에 없기 때문에 한국어 교육에 참여하는 비중이 높은 것은 충분히 예측할 만한 결과이다. 그러나 취업교육 등 여타의 프로그램에 참여하는 비중이 매우 낮다는 점은 해당 프로그램의 실효성이 거의 없거나 프로그램의 설계가 잘못되어 있을 개연성을 보여준다. 특히 최근 결혼이주민의 사회 참여 및 책임성 강화 등을 목적으로 취업교육을 강화하는 추세이나 이에 참여하는 이주민의 비율이 상당히 낮다는 점은 취업교육에 대한 관점이나 방식 등을 대폭 개선하고, 이들이 실제 취업 시장에서 도움을 받을 수 있도록 프로그램이 수정될 필요성이 있음을 말해준다.

[표IX-2] 참여 이주 프로그램 유형

(단위: %, 명)

	한국어 교육	취업교육	운전면허	의료봉사	전통체험	자녀학습 도우미	법률교육	기타	계(명)
응답률	59.0	7.0	8.7	1.9	6.1	13.3	1.9	1.9	100 (412)

이주프로그램 참여자를 대상으로 한 만족도의 경우 매우 만족 31.3%, 대체로 만족이 28.7%로 만족한다는 응답자는 총 60%에 이른다. 보통이라는 응답자는 30%였다. 매우 불만족의 경우 5.3% 대체로 불만족이 4.7%로 전체 응답의 10%를 차지하였다. 이는 결혼이주여성들이 현재의 이주프로그램에 대체로 만족하고 있음을 보여준다. 다만 정부의 각별한 관심에도 불구하고 이주 프로그램에 대해 특별한 선호를 보이지 않는

집단이 30%에 이른다는 점은 정책의 실효성면에서 다시 한 번 숙고할 만한 결과이다.

[표Ⅸ-3] 이주 프로그램 만족도

(단위:%, 명)

	매우 불만족	대체로 만족	보통	대체로 만족	매우 만족	계(명)
응답률	5.3	4.7	30.0	28.7	31.3	100(300)

이주프로그램에 대하여 불만이 있을 경우 결혼이주여성들의 태도를 묻는 문항에 대하여, 기회가 되면 불만을 말한다고 응답한 이주여성은 전체의 42.5%로 가장 많았으며, 적극적으로 불만을 말한다는 응답이 27.2%로 그 뒤를 이었다. 결혼이주여성들의 약 70%가 프로그램에 불만이 있을 경우 불만족 의사를 전달하는 능동적인 태도를 견지하고 있다는 점은 고무적인 결과라고 할 수 있다. 프로그램에 불만이 있더라도 말하지 않는 비율은 약 30%였다. 이 설문 문항의 해석에서 유의할 점은 '기회'의 문제이다. 즉 높은 비율의 이주여성이 불만족 의사를 전달할 의지를 가지고 있으나, 그 가운데 약 40%의 응답자는 '기회'가 주어질 경우에 한해 말하는 것으로 응답하였다. 이는 프로그램 수혜자들의 목소리를 프로그램 구성과 운영에 적극 반영할 필요가 있다는 점을 보여준다.

[표Ⅸ-4] 프로그램 불만사항에 대한 대응

(단위:%, 명)

	적극적으로 말한다	기회가 되면 말한다	참는 편이다	말하지 않는다	계(명)
응답률	27.2	42.5	13.6	16.7	100(287)

이주 프로그램에 불참한 전체 40.2%의 응답자를 대상으로 이주 프로그램 불참이유를 질문한 결과 응답자의 48.8%가 '잘 몰라서' 참여하지 못했다고 대답했다. 즉 정보부족이 이주 프로그램 불참의 약 절반을 설명한다. 다음으로 바빠서 참여하지 못한 경우가 23.2%, 기타 16.7%, 참여하고 싶지 않아서 8.9%, 남편을 비롯한 주변의 반대가 2.5%인 것으로 나타났다. 일반적으로 결혼이주민이 다문화가족지원센터 등의 이주민 관련 프로그램에 참여하지 못하는 이유가 정보 부족과 가족의 반대, 취업(농업 포함) 등으로 알려져 있으나 이번 설문조사에서 나타난 결과는 '가족 반대'가 이주 프로그램 불참요인이 되지 않고 있다는 점을 보여주고 있다. 이는 이주여성 가운데 가정 내의 억압적 분위기에 노출되어 있는 경우가 많다는 의견은 실제와 다르거나 일부 사례가 부풀려졌을 개연성이 있음을 시사한다.

[표IX-5] 이주 프로그램 불참이유 (65.4번 문항)

(단위:%, 명)

	잘 몰라서	남편을 비롯한 주변의 반대	참여하고 싶지 않아서	바빠서	기타	계(명)
응답률	48.8	2.5	8.9	23.2	16.7	100(203)

이상의 결과에서 결혼 이주여성의 이주프로그램 불참의 가장 큰 이유가 정보의 부족으로, 정책의 효율성이나 결혼이주여성들에게 실질적인 도움을 주는 차원에서 이주프로그램에 대한 효과적인 정보전달 방안이 마련되어야 할 것으로 판단된다.

2. 정치활동 참여여부[1]

정치활동(정당 활동, 시위, 정치단체 가입 등)의 참여 경험이 있는 지에 대한 설문에 대해 정치활동에 참여한 경험이 있는 경우가 18.8%인데 반하여 정치활동 참여경험이 없는 경우가 81.2%로 4배 이상 높게 나타났다. World Values Survey의 조사에 따르면 2005년 기준 한국 국민의 정당 활동 참여율은 7.4%이며, 서명이나 청원 등에 참여한 경험이 있는 비율은 34%, 거부에 참여한 경험은 6.2%, 시위참여 경험은 11.4% 등으로 나타났다.[2] 또한 다문화가족에 대한 전수조사를 진행했던 2009년 실태조사에서 결혼이주여성의 정당회원 가입률은 1.9%에 불과하였다(김승권 외 2010, 506). 비록 시기는 다르지만 일반 국민들을 대상으로 조사한 정치활동 참여율이 위와 같고, 결혼이주여성의 낮은 정당회원 가입률을 고려한다면, 이번 조사 대상 집단 이주여성들의 정치활동 참여 비율은 매우 높다고 평가할 수 있다.

[표IX-6] 정치활동 참여여부

(단위:%, 명)

	있음	없음	계(명)
응답률	18.8	81.2	100(504)

국적별 정치활동 참여여부를 살펴보면, 중국출신 이주여성 가운데 정치활동 참여경험이 없는 응답자가 87.2%로 가장 높게 나타났으며, 다음으로 베트남이 86.9%를 차

---

1) 정치활동 참여 및 아래 선거 참여는 같은 자료로 이주민의 정치활동 참여요인을 분석한 이용승·이용재(2013)와 표 및 서술이 일부 겹칠 수 있음을 밝힌다.
2) WORLD VALUES SURVEY 2005 OFFICIAL DATA FILE v.20090901, 2009. World Values Survey Association (www.worldvaluessurvey.org).

지하여, 중국 국적자와 유사한 수준을 보였다. 반면 필리핀의 경우 정치활동 참여 경험이 있는 응답자가 약 40%로 매우 높게 나타났다. 그 다음을 캄보디아 출신자들이 잇고 있다. 평균 이상의 정치활동 참여 경험을 보유한 국적은 한국계 중국, 필리핀, 캄보디아 등이다. 정치활동 참여경험이 국적별로 약 30%의 가량의 격차(39.7% vs. 12.8%)를 보이고 있으므로 국적은 정치활동 참여의 중요한 변수라고 할 수 있다.

[표Ⅸ-7] 국적별 정치활동 참여여부

(단위:%, 명)

	불참	참여	계(명)
재중동포	76.7	23.3	100(43)
중국	87.2	12.8	100(117)
베트남	86.9	13.1	100(214)
필리핀	60.3	39.7	100(68)
캄보디아	73.3	26.7	100(30)
기타	78.1	21.9	100(32)
계(명)	81.2	18.8	100(504)

연령별 정치활동참여의 경우, 40세 이상이 23.2%로 정치참여를 가장 많이 하였으며, 다음으로 30-39세가 22.0%, 30세 미만이 15.6%의 순서로 나타났다. 이러한 결과는 연령이 높아질수록 정치참여의 가능성이 높아진다는 점을 보여준다. 전체 유권자의 경우처럼 큰 차이는 아니지만 일반적으로 젊은 층의 정치활동 참여율이 낮게 나타나는 경향이 이주여성의 경우에도 유사하게 나타나고 있다고 할 수 있다.

[표Ⅸ-8] 연령별 정치활동 참여여부

(단위:%, 명)

	불참	참여	계(명)
30세 미만	84.4	15.6	100(257)
30~39세	78.0	22.0	100(191)
40세 이상	76.8	23.2	100(56)
계(명)	81.2	18.8	100(504)

거주기간별 정치참여여부를 살펴보면, 7년 이상 거주한 경우 정치참여율이 31.8%로 가장 높게 나타났으며, 5~7년 미만(24.5%), 2년 미만(14.9%), 2~5년 미만(9.5%)의 순서로 정치활동 참여가 나타났다.

이주초기(2년 미만)의 결혼이주여성의 정치활동 참여율이 14.9%이던 것이, 이주한 지 2~5년의 기간이 되는 이주여성의 경우 역으로 9.5%로 2년 미만 거주자에 비해 5.4%가 낮다. 이는 한국거주 2~5년의 기간이 되면 임신과 출산, 그리고 자녀양육, 취업활동 등으로 인하여 정치활동참여율이 오히려 낮게 나타난 것으로 보인다. 또한 이주초기에는 이주민 본인의 판단에 따른 정치활동 참여보다는 주변의 권유에 의한 참여가 많을 것으로 예상되는 바, 이러한 현실이 일정부분 반영된 결과로 판단할 수 있다. 결혼이주여성의 생애주기로 보자면 입국초기와 임신·출산, 자녀양육 시기의 정치활동 참여율은 역전되어 나타나지만, 이후(5~7년 미만, 7년 이상)에는 정치활동 참여율이 가파르게 상승하는 것으로 나타났다. 2~5년 시기 이후부터 정치활동참여도가 높아지는 것은 한국어 능력의 향상이나, 한국사회에 대한 적응, 취업활동이나 사회접촉빈도의 증가, 정보접근성의 확대 등으로 인하여 정치활동 자체에 대한 접근성이 높아진 것이 영향을 미쳤을 것으로 판단된다.

[표IX-9] 거주기간별 정치활동 참여여부

(단위:%, 명)

	불참	참여	계(명)
2년 미만	85.1	14.9	100(134)
2~5년 미만	90.5	9.5	100(158)
5~7년 미만	75.5	24.5	100(102)
7년 이상	68.2	31.8	100(110)
계(명)	81.2	18.8	100(504)

소득별 정치활동 참여여부를 살펴보면, 월 소득이 100만 원 이하인 경우 정치활동 참여율이 35.9%로 가장 높게 나타났다. 다음으로 300만 원 이하(18.9%), 200만 원 이하(16.1%), 300만 원 이상(2.7%)의 순서로 나타났다. 대체로 소득수준이 낮을 경우 정치활동에 많이 참여하는 경향을 보인다. 정치참여율이 가장 높은 월 소득 100만 원 이하(35.9%)와 가장 낮은 300만 원 이상(2.7%)의 차이는 무려 33.2%나 되었다.

[표IX-10] 소득별 정치활동 참여여부

(단위:%, 명)

	불참	참여	계(명)
100만 원 이하	64.1	35.9	100(78)
200만 원 이하	83.9	16.1	100(217)
300만 원 이하	81.1	18.9	100(148)
300만 원 이상	97.3	2.7	100(37)
계(명)	80.8	19.2	100(480)

일반적으로 소득 수준이 높을수록 정치활동에 참여하는 비율이 높은 데, 이번 조사에서는 거의 정반대의 결과가 나왔다. 왜 이러한 결과가 나왔는지 이 설문조사로서

는 판단하기 어렵고, 향후 이 부분에 대한 추가적인 연구가 필요하다 할 것이다.

　　결혼이주여성의 학력별 정치활동참여를 살펴보면, 대학교 이상의 학력에서 정치활동 참여율이 23.5%로 가장 높게 나타났으며, 초등학교 이하(21.2%), 고등학교 졸업(18.5%), 중학교 졸업(15.9%)의 순으로 나타났다. 학력이 가장 낮은 초등학교 이하(21.2%)와 가장 높은 대학교 이상(23.5%)에서 정치활동 참여율이 비교적 높게 나타나고 있다. 이 또한 소득의 경우와 마찬가지로 학력이 높은 집단이 정치활동 참여 성향이 높은 일반적 관찰과 배치된다. 그러나 이를 우리 사회 전체의 통상적인 학력 구분에 맞추어, 고등학교 이하와 대학교 이상으로 구분하여 보면, 전자의 참여율은 17.8%로, 대학 이상의 학력자와는 약 6% 가량의 차이가 벌어진다는 점을 확인할 수 있다.

[표Ⅸ-11] 학력별 정치활동 참여여부

(단위:%, 명)

	불참	참여	계(명)
초등학교 이하	78.8	21.2	100(33)
중학교	84.1	15.9	100(132)
고등학교	81.5	18.5	100(211)
대학교 이상	76.5	23.5	100(119)
계(명)	80.8	19.2	100(495)

　　이상의 결과를 통해 정치활동 참여에 있어 국적, 소득, 학력, 거주기간 등이 영향을 미친다는 점을 확인할 수 있었다. 특히 국적에 따라 정치활동 참여 양상이 상당히 다르게 나타난다는 점은 이들을 '결혼이주민'이라고 통칭하여 정책을 입안하는 것이 현실을 정확하게 반영한 것이 아닐 수 있다는 점을 시사한다.

3. 이주민 공동체

3-1. 이주민 공동체 유무

　　이주민으로 구성된 공동체나 자조모임 존재여부를 물은 문항에 모임이 있다는 응답이 전체의 32.5%를 차지하였고, 없다고 응답한 경우는 47.4%, 모르겠다는 경우가 20.1%를 차지하였다. 통상적으로 모른다고 응답한 경우는 자신이 포함될 수 있는 공동체가 없거나 있더라도 관심이 부족한 것으로 판단할 수 있다. 이주민 공동체나 자조모임에 참여하고 있지 않은 경우가 약 70%를 상회하여(공동체가 있음에도 불참하는 사례 포함), 결혼이주여성들의 3명 중 2명이 이주민 공동체에 참여하지 않는 것으로 나타났다. 이주민 공동체는 이주 초기 정착은 물론 생애의 전 과정에서 자신의 문화를 보존하고, 정체성을 유지하는 근간이 될 수 있기 때문에 이주민 입장에서 매우 중요한 역할이 부여될 수 있다. 마찬가지로 주류사회의 입장에서도 이주민의 성공적 통합을 위해서는 이주민 공동체를 적극 활용할 필요가 있다는 점에서 이주민 공동체의 구성이 매우 적은 것은 문제라고 할 수 있다. 이는 아직까지 한국 사회에서 이들이 주요 행위자이자 주체로서 인정받지 못하고, 단지 정책의 대상으로 간주되고 있는 현실과 무관하지 않다.

[표IX-12] 국적별 이주민 공동체(자조모임) 유무

(단위:%, 명)

	있음	없음	모르겠음	계(명)
응답률	32.5	47.4	20.1	100(508)

이주민 공동체 유무에 대해 국적별로 살펴보면, 캄보디아가 50.0%, 필리핀이 44.3%로 평균(32.5%)보다 훨씬 높게 나타났다. 이는 위에서 분석한 바 있는 정치활동 참여율이 필리핀과 캄보디아 출신자들이 높다는 점과 상관관계가 있어 보인다. 반면 중국 출신 이주여성의 경우 자국 출신자들로 구성된 공동체나 자조모임이 있는 경우가 16.2%로 매우 낮게 나타났다. 중국 출신자는 정치활동 참여율 또한 가장 낮았다. 이점에 대해서는 추가적인 연구가 필요해 보인다. 캄보디아의 경우 자조모임이 존재하는지 잘 모르겠다는 응답자가 3.3%로 평균인 20.1%보다 매우 낮게 나타났다. 이로 미루어 볼 때, 이주민 네트워크의 형성과 지지가 캄보디아와 필리핀계의 경우 다른 국가출신 이주여성들보다 보다 높은 수준에서 이루어지고 있는 것으로 판단된다.

[표IX-13] 국적별 이주민 공동체 유무

(단위:%, 명)

	있음	없음	모르겠음	계(명)
재중동포	34.9	41.9	23.3	100(43)
중국	16.2	60.7	23.1	100(117)
베트남	34.7	44.9	20.4	100(216)
필리핀	44.3	38.6	17.1	100(70)
캄보디아	50.0	46.7	3.3	100(30)
기타	31.3	43.8	25.0	100(32)
계(명)	32.5	47.4	20.1	100(508)

연령별 이주민 공동체가 있는 경우는 30대가 33.5%, 40세 이상이 32.1%, 20대가 31.8%

의 순서로 서로 비슷하게 나타났다. 또한 이주민 자조모임이 존재하는지 잘 모르겠다는 응답자의 경우 40세 이상 25.0%, 30세 미만 20.7% 30~39세 17.8%의 순서를 보였다. 40세 이상에서 이주민 공동체 유무에 대해 모르겠다는 응답이 다소 높은 것이 이채롭다.

[표Ⅸ-14] 연령별 이주민 공동체 유무

(단위:%, 명)

	있음	없음	모르겠음	계(명)
30세 미만	31.8	47.5	20.7	100(261)
30~39세	33.5	48.7	17.8	100(191)
40세 이상	32.1	42.9	25.0	100(56)
계(명)	32.5	47.4	20.1	100(508)

거주기간별 이주민 공동체 존재여부를 살펴보면 7년 이상이 44.1%로 가장 높게 나타났으며, 5~7년 미만(33.3%), 2~5년 미만(29.1%), 2년 미만(26.3%)의 순서로 나타났다. 이는 결혼이주여성의 거주기간이 늘어날수록 주변에 이주민 공동체가 있는 경우가 많아지는 경향을 보여준다. 즉 거주기간과 이주민 공동체 유무는 정비례 관계를 나타내고 있다. 이는 결혼이주여성의 거주기간이 길어질수록 한국사회의 적응이나, 정보량의 증가, 인적 네트워크의 증가 등이 반영된 결과로 보인다.

[표Ⅸ-15] 거주기간별 이주민 공동체 유무

(단위:%, 명)

	있음	없음	모르겠음	계(명)
2년 미만	26.3	54.0	19.7	100(137)
2~5년 미만	29.1	48.1	22.8	100(158)
5~7년 미만	33.3	45.1	21.6	100(102)
7년 이상	44.1	40.5	15.3	100(111)
계(명)	32.5	47.4	20.1	100(508)

소득별 자조모임 존재여부를 살펴보면, 자조모임이 존재하는 경우는 월 소득이 100만 원 이하인 경우와 300만 원 이상인 경우에서 각각 39.7%와 39.5%로 높게 나타났다. 반면 가장 낮은 경우는 200~300만 원 이하(24.3%)로 자조모임이 존재한다는 응답이 가장 높은 소득구간에 비해 15% 정도 낮게 나타났다.

[표IX-16] 소득별 이주민 공동체 유무

(단위:%, 명)

	있음	없음	모르겠음	계(명)
100만 원 이하	39.7	42.3	17.9	100(78)
200만 원 이하	34.9	45.0	20.2	100(218)
300만 원 이하	24.3	56.8	18.9	100(148)
300만 원 이상	39.5	39.5	21.1	100(38)
계(명)	32.8	47.7	19.5	100(482)

결혼이주여성의 학력별 이주민 공동체 유무에 대한 응답을 살펴보면, 주변에 이주민 공동체가 있다고 대답한 응답자는 초등학교 이하에서 39.4%로 가장 높게 나타났으며, 중학교(35.1%), 대학교 이상(31.7%), 고등학교(30.7%)의 순서를 보였다. 또한 이주민 공동체의 유무를 모르겠다는 응답자는 초등학교 이하에서 9.1%로 가장 낮게 나타났으며, 중학교 (19.4%), 고등학교(18.9%), 대학교 이상(25.8%)의 순서로 낮게 나타났다. 이상의 결과를 통해 판단해 보면, 학력이 낮을수록 이주민 공동체가 있다는 응답이 높고, 학력이 높을수록 이주민 공동체의 유무를 모르는 경우가 증가하는 경향이 있다. 이는 학력이 높을수록 이주민 공동체 혹은 자조모임의 도움이나 필요성을 느끼는 정도가 상대적으로 낮기 때문인 것으로 추측된다.

[표IX-17] 학력별 이주민 공동체 유무

(단위:%, 명)

	있음	없음	모르겠음	계(명)
초등학교 이하	39.4	51.5	9.1	100(33)
중학교	35.1	45.5	19.4	100(134)
고등학교	30.7	50.5	18.9	100(212)
대학교 이상	31.7	42.5	25.8	100(120)
계(명)	32.7	47.3	20.0	100(499)

3-2. 이주민 공동체 참여 경험

주변에 이주민 공동체나 자조모임이 있는 경우 모임에 참여한 경험이 있는지 조사한 결과 응답자의 86.1%가 이주민 자조모임에 참여한 경험이 있다고 응답하였다. 반면 없다는 경우는 13.9%에 불과했다. 이는 결혼이주여성들의 주변에 이주민 자조모임이 존재할 경우 대부분이 모임에 참여한다는 점을 의미한다.

[표IX-18] 이주민 공동체 참여 여부

(단위:%, 명)

	있음	없음	계(명)
응답률	86.1	13.9	100(165)

국적별로 이주민 공동체 참여경험을 보면, 캄보디아가 93.3%로 가장 높게 나타났다. 다음으로는 필리핀(87.1%), 베트남(86.7%), 중국(78.9%), 재중동포(73.3%)의 순서로 참여율이 나타났다. 특히 응답자의 숫자가 워낙 작기 때문에 일반화에는 한계가 있지만, 캄보디아의 경우 전체 응답자 15명 중 1명을 제외한 14명이 자조모임에 참여한다고 응답하여, 대부분이 자조모임에 참여하고 있는 것으로 조사되었다. 중국출신 이주민의 경우 앞선 조사에서 이주민 공동체가 있다고 응답한 비율이 가장 낮을 뿐만 아니라 모임이 있더라도 상대적으로 참여율이 낮은 것으로 조사되었다.

[표IX-19] 국적별 이주민 공동체 참여여부

(단위:%, 명)

	있음	없음	계(명)
재중동포	73.3	26.7	100(15)
중국	78.9	21.1	100(19)
베트남	86.7	13.3	100(75)
필리핀	87.1	12.9	100(31)
캄보디아	93.3	6.7	100(15)
기타	100(10)	.0	100(10)
계(명)	86.1	13.9	100(165)

연령별 자조모임참여여부를 살펴보면 40세 이상에서 94.4%로 30세 미만의 85.5%나 30~39세의 84.4%보다 10% 가까이 높은 것으로 나타났다.

[표IX-20] 연령별 이주민 공동체 참여여부

(단위:%, 명)

	있음	없음	계(명)
30세 미만	85.5	14.5	100(83)
30~39세	84.4	15.6	100(64)
40세 이상	94.4	5.6	100(18)
계(명)	86.1	13.9	100(165)

거주기간별 이주민 공동체 참여여부의 경우, 거주기간 2년 미만이 80.6%로 가장

낮에 나타났지만, 나머지 시기인 2~5년 미만(87.0%), 5~7년 미만(88.2%), 7년 이상(87.8%)
의 모든 시기에서 87% 전후로 비슷하게 나타났다. 2년 미만 거주자의 참여율이 비교
적 낮은 것은 충분히 이해할만한 현상이다.

[표IX-21] 거주기간별 이주민 공동체 참여여부

(단위:%, 명)

	있음	없음	계(명)
2년 미만	80.6	19.4	100(36)
2~5년 미만	87.0	13.0	100(46)
5~7년 미만	88.2	11.8	100(34)
7년 이상	87.8	12.2	100(49)
계(명)	86.1	13.9	100(165)

소득별 이주민 공동체 참여여부를 보면 100만 원 이하의 소득 분포에 있는 이주민
이 가장 높은 참여율을 보이고 있으며, 그 외의 소득구간에서는 거의 유사한 정도의
참여율을 보이고 있다. 저소득자의 참여율이 다소 높다는 점을 제외하고는 소득과 이
주민 공동체 참여와는 거의 관계가 없다고 할 수 있다.

[표IX-22] 소득별 이주민 공동체 참여여부

(단위:%, 명)

	있음	없음	계(명)
100만 원 이하	93.5	6.5	100(31)
200만 원 이하	81.6	18.4	100(76)
300만 원 이하	86.1	13.9	100(36)
300만 원 이상	86.7	13.3	100(75)
계(명)	85.4	14.6	100(158)

학력별 이주민 공동체 참여여부를 살펴보면 초등학교 이하의 경우에서 76.9%로 자
조모임에 참여한다는 응답률이 가장 낮게 나타났다. 나머지 중학교, 고등학교, 대학
교 이상의 경우 각각 89.4%, 87.7%, 86.8%로 비슷한 수준에서 이주민 공동체 참여율이
나타났다. 초등학교 이하의 학력을 가진 이주여성은 이주민 공동체가 있다고 응답한
비율이 가장 높았음에도 실제 참여하는 비율이 가장 낮다는 점은 주목할 만한 결과
이다.

[표Ⅸ-23] 학력별 이주민 공동체 참여여부

(단위:%, 명)

	있음	없음	계(명)
초등학교 이하	76.9	23.1	100(13)
중학교	89.4	10.6	100(47)
고등학교	87.7	12.3	100(65)
대학교 이상	86.8	13.2	100(38)
계(명)	87.1	12.9	100(163)

3-3. 이주민 공동체의 도움 여부

결혼이주여성이 이주민 공동체에 참여한 경우 한국생활에 구체적인 도움을 받고 있는지를 질문한 결과 응답자의 90.8%인 대부분의 참여 이주여성이 도움을 받고 있다고 응답하였다. 이러한 결과는 이주민 공동체 혹은 자조모임이 결혼이주여성의 한국생활 적응에 있어 긍정적인 역할을 한다는 점을 의미한다.

[표Ⅸ-24] 이주민 공동체의 도움 여부

(단위:%, 명)

	있음	없음	계(명)
응답률	90.8	9.2	100(142)

이를 국적별로 살펴보면, 이주민 공동체가 도움이 된다는 응답률이 재중동포(72.7%)와 기타(70.0%)를 제외하고, 모두 90%이상의 응답률로 이주민 공동체가 한국생활에 구체적인 도움이 되고 있다고 응답하였다. 재중동포의 경우 이주민 공동체가 도움이 되고 있다는 응답이 다른 국적 출신자들에 비해 상대적으로 낮은데, 이는 이들 집단이 대체로 의사소통이 용이하기 때문에 이주민 공동체에 의존할 필요성이 그만큼 낮기 때문인 것으로 보인다.

[표Ⅸ-25] 국적별 이주민 공동체 도움여부

(단위:%, 명)

	있음	없음	계(명)
재중동포	72.7	27.3	100(11)
중국	93.3	6.7	100(15)

베트남	95.4	4.6	100(65)
필리핀	92.6	7.4	100(27)
캄보디아	92.9	7.1	100(14)
기타	70.0	30.0	100(10)
계(명)	90.8	9.2	100(142)

연령별 이주민 공동체 도움여부를 살펴보면 40세 이상은 100%로 응답자 전원이 이
주민 공동체가 한국생활 적응에 있어 구체적인 도움을 준다고 응답하였다. 30세 미만
의 경우도 93%가 도움이 된다고 응답하여 높은 비율을 보였다. 30~39세의 경우 85.2%
의 상대적으로 낮은 응답률을 보였다.

[표IX-26] 연령별 이주민 공동체 도움여부

(단위:%, 명)

	있음	없음	계(명)
30세 미만	93.0	7.0	100(71)
30~39세	85.2	14.8	100(54)
40세 이상	100.0	0.0	100(17)
계(명)	90.8	9.2	100(142)

거주기간별 자조모임 도움 여부의 경우 2년 미만이 93.1%로 가장 높게 나타났으며,
2~5년 미만(92.5%), 5~7년 미만(90.0%), 7년 이상(88.4%)의 순으로 비교적 높게 나타났다.
거주기간이 길어질수록 한국생활 적응에 있어 자조모임의 도움의 정도가 낮아지는
반비례의 관계를 나타내지만, 그 정도는 크지 않다. 어쨌든 이러한 결과는 거주기간이
늘어날수록 이주민 공동체에 의존하는 경향이 감소한다는 점을 말해준다.

[표IX-27] 거주기간별 이주민 공동체 도움여부

(단위:%, 명)

	있음	없음	계(명)
2년 미만	93.1	6.9	100(29)
2~5년 미만	92.5	7.5	100(40)
5~7년 미만	90.0	10.0	100(30)
7년 이상	88.4	11.6	100(43)
계(명)	90.8	9.2	100(142)

소득별 이주민 공동체의 도움여부를 살펴보면, 200만 원 이하에서 93.5%, 100만 원

이하에서 93.1%로 도움이 된다고 응답하였다. 반면 300만 원 이하에서 87.1%, 300만 원 이상에서 84.6%로 점차 낮아지는 경향을 보이고 있다. 즉 소득이 높아질수록 이주민 공동체를 통한 한국생활적응에 대한 도움이 줄어든다고 할 수 있다. 그러나 이 또한 차이의 정도가 크지는 않다.

[표Ⅸ-28] 소득별 이주민 공동체 도움여부

(단위:%, 명)

	있음	없음	계(명)
100만 원 이하	93.1	6.9	100(29)
200만 원 이하	93.5	6.5	100(62)
300만 원 이하	87.1	12.9	100(31)
300만 원 이상	84.6	15.4	100(13)
계(명)	91.1	8.9	100(135)

학력별 이주민 공동체 도움여부를 살펴보면 학력에 상관없이 이주민 공동체가 도움이 된다는 점을 알 수 있다. 초등학교 이하의 경우 응답자 전원이 도움이 된다고 응답하여 가장 높게 나타났으며, 대학교 이상(90.9%), 중학교 졸업(90.5%), 고등학교 졸업(89.5%)의 순서로 비슷한 수준에서 응답률이 높게 나타났다.

[표Ⅸ-29] 학력별 이주민 공동체 도움여부

(단위:%, 명)

	있음	없음	계(명)
초등학교 이하	100.0	0.0	100(10)
중학교	90.5	9.5	100(42)
고등학교	89.5	10.5	100(57)
대학교 이상	90.9	9.1	100(33)
계(명)	90.8	9.2	100(142)

4. 정치적, 사회적 참여의견

결혼이주여성이 자신의 생활환경 변화를 목적으로 사회적·정치적 활동에 참여하는 것에 대해 어떠한 태도를 가지고 있는지 알아보기 위해 "당신은 생활환경의 변화를 위해 의견을 제시하는 등 정치적, 사회적 활동에 참여하는 것에 대해 어떻게 생각하십니까?"란 질문을 제시하고, 응답은 "①참여해서는 안 됨, ②참여할 필요가 없다, ③

참여하는 것이 좋다 ④반드시 참여해야 한다, ⑤관심 없다"로 제시하였다. 이 설문 문항에 대한 분석은 ①과 ②, ⑤번 응답을 부정적 의견으로, ③과 ④번 응답을 긍정적으로 묶어서 진행하였다.

분석 결과 정치적, 사회적 활동에 참여하는 것에 대해 긍정적으로 응답한 결혼이주여성이 70.2%로 매우 높게 나타났다. 반면 부정적 의견은 29.8%에 그쳤다. 이러한 결과는 결혼이주여성이 정치적, 사회적 활동에 참여하는 것의 가치를 높게 인식하고 있으며, 적절한 기회가 주어진다면 참여할 의향이 상당히 높다는 사실을 보여준다.

[표IX-30] 변화의 활동 참여의견

(단위:%, 명)

	긍 정 적	부 정 적	계(명)
응답률	70.2	29.8	100(496)

국적별 참여의견을 살펴보면, 참여에 대하여 긍정적인 입장이 가장 높게 나타난 집단은 베트남 출신들로 78.8%가 참여에 긍정적 의견을 가지고 있었다. 재중동포와 캄보디아 출신자들이 평균을 약간 상회하는 정도로 유사하게 나타났으며, 중국 출신 이주여성의 경우에는 참여에 대해 부정적 의견이 상당히 높게 나타났다. 특히 중국 국적자의 경우에는 관심이 없다고 응답한 비율이 35.7%에 이르러, 베트남(9%)보다 4배나 높았다. 케이스가 많지는 않지만 캄보디아 출신 이주여성들은 반드시 참여해야 한다는 응답 비율이 25%로 다른 출신 집단보다 월등히 높게 나타났다.

[표IX-31] 국적별 참여의견

(단위:%, 명)

	참 여 의 견		계(명)
	부 정 적	긍 정 적	
재중동포	28.6	71.4	100(42)
중국	44.3	55.7	100(115)
베트남	21.2	78.8	100(212)
필리핀	34.3	65.7	100(67)
캄보디아	28.6	71.4	100(28)
기타	28.1	71.9	100(32)
계(명)	29.8	70.2	100(496)

연령별로 참여의견을 살펴보면 긍정적인 입장이 20대가 72.9%로 가장 높고 이어 30

대(67.9%)와 40대(64.8%)로 갈수록 점차 낮아지는 경향을 보인다. 통상적으로 연령대가 높아질수록 선거를 비롯한 정치참여가 높아지는 것과 대비해 본다면 다소 의외의 결과라고 할 수 있다.

[표Ⅸ-32] 연령별 참여의견

(단위:%, 명)

	참 여 의 견		계(명)
	부 정 적	긍 정 적	
30세 미만	27.1	72.9	100(255)
30~39세	32.1	67.9	100(187)
40세 이상	35.2	64.8	100(54)
계(명)	29.8	70.2	100(498)

거주기간별 참여의견의 경우, 참여에 긍정적 의견이 거주기간에 상관없이 70% 전후로 유사하게 나타났다. 거주기간이 길어지면 당연히 한국 생활에 대한 적응이 이루어지고 그에 따라 참여에 대한 의지도 높아질 것으로 예상되지만, 이번 설문조사는 일반적인 예상과는 달리 거주기간과 참여의견 간에 상관관계가 없는 것으로 나타났다.

[표Ⅸ-33] 거주기간별 참여의견

(단위:%, 명)

	참 여 의 견		계(명)
	부 정 적	긍 정 적	
2년 미만	30.3	69.7	100(132)
2~5년 미만	29.5	70.5	100(156)
5~7년 미만	29.0	71.0	100(100)
7년 이상	30.6	69.4	100(108)
계(명)	29.8	70.2	100(496)

소득과 참여의견을 교차하여 분석해 보면, 참여에 가장 긍정적인 집단은 300만 원 이상의 소득자로 나타났다. 이들은 75.7%가 참여에 긍정적으로 응답하였으며, 반드시 참여해야 한다는 응답도 21.6%로 다른 소득 집단에 비해 월등히 높았다. 그 뒤를 100-200만 원의 소득 집단(75.3%)이 근소한 차이로 잇고 있다. 한편 참여에 부정적 의견을 가진 집단은 200~300만 원의 월평균 소득을 가진 집단이다. 이러한 결과는 소득 또한 참여의견에 특별히 영향을 미치는 변수가 아니라는 점을 말해준다.

[표IX-34] 소득별 참여의견

(단위:%, 명)

	참 여 의 견		계(명)
	부 정 적	긍 정 적	
100만 원 이하	34.7	65.3	100(75)
200만 원 이하	24.7	75.3	100(215)
300만 원 이하	35.6	64.4	100(146)
300만 원 이상	24.3	75.7	100(37)
계(명)	29.6	70.4	100(473)

학력별 정치적, 사회적 활동에 대한 참여의견을 살펴보자. 참여에 대하여 긍정적 입장은 초등학교 59.4%, 중학교 65.4%, 고등학교 75%, 대학교 이상 71.8%로 학력이 높아질수록 참여의견이 높아지는 경향이 있는 것으로 나타났다. 대학교 이상의 학력을 가진 이주여성의 참여의견은 고등학교보다 낮긴 하였으나, '참여해서는 안 됨'이라는 응답이 117명 가운데 한 명도 없었다는 점을 눈여겨볼 만하다. 반면 초등학교 이하의 학력을 가진 이주여성은 관심이 없다고 응답한 비율이 28%로 다른 집단에 비해 다소 높게 나타났다.

[표IX-35] 학력별 참여의견

(단위:%, 명)

	참 여 의 견		계(명)
	부 정 적	긍 정 적	
초등학교 이하	40.6	59.4	100(32)
중학교	34.6	65.4	100(130)
고등학교	25.0	75.0	100(208)
대학교 이상	28.2	71.8	100(117)
계(명)	29.4	70.6	100(487)

이상의 결과를 통해 참여의견은 국적에 따라 편차를 보이고 있으며, 학력과 연령은 참여의견에 영향을 주는 요인으로 분석될 수 있다. 또한 거주기간이나 소득은 참여의견과 거의 관계가 없다는 점도 확인할 수 있었다.

5. 참여 효능감

참여의견에 이어 이주여성의 참여 효능감을 살펴보기 위해 "내가 투표 등 정치활동에 참여하면 우리 사회가 조금이라도 변화할 수 있다고 생각하십니까?"라는 질문을 제시하였다.

참여 효능감에 대한 설문에 보통이라는 응답이 36.5%로 가장 높게 나타났다. 그렇다고 응답한 경우는 28.1%였으며, 매우 그렇다(15.3%), 그렇지 않다(12.2%), 전혀 그렇지 않다(7.8%)의 순으로 나타났다.[3] 결혼이주여성들이 정치활동에 참여하면 한국 사회가 조금이라도 변화될 수 있다는 긍정적인 입장(그렇다+매우 그렇다)을 나타낸 이들이 43.4%로 부정적인 입장(전혀 그렇지 않다+그렇지 않다)의 20.0%보다 더 높게 나타났다. 이는 상당한 수의 이주여성들이 투표 등 정치활동에 참여하면 우리 사회가 조금이라도 변화될 수 있다고 믿고 있음을 보여주는 결과이다.

[표Ⅸ-36] 참여 효능감

(단위:%, 명)

	전혀 그렇지 않다	그렇지 않다	보통이다	그렇다	매우 그렇다	계(명)
응답률	7.8	12.2	36.5	28.1	15.3	100(498)

국적별 참여 효능감에 대해 긍정적 응답은 캄보디아 출신자가 48%로 가장 높고, 여타 국적자들은 평균치를 중심으로 큰 변동이 없었다. 참여 효능감에 대한 부정적 응답은 다소 편차가 나타나는데, 필리핀 출신 이주여성들은 5.9%에 그친 반면, 재중동포는 약 28%가 부정적으로 응답하였다. 양자 간의 차이는 약 5배에 이른다. 다만 필리핀 출신자들의 경우에는 '보통'이라고 응답한 비율이 가장 높게 나타났다. 한국의 정치문화나 현실에 그나마 가장 익숙하다고 할 수 있는 한국계 중국 출신 이주여성들의 참여 효능감이 가장 낮게 나타난 점은 지적해 둘 만하다.

[표Ⅸ-37] 국적별 참여 효능감

(단위:%, 명)

	참여효능감			계(명)
	부정적	보통	긍정적	
재중동포	27.9	30.2	41.9	100(43)

---

3) 이하 일반현황과 참여 효능감의 교차분석에서는 분석의 편의를 위해 긍정적 입장, 보통, 부정적 입장으로 묶어서 분석하였다.

중국	21.7	35.7	42.6	100(115)
베트남	22.1	33.8	44.1	100(213)
필리핀	5.9	50.0	44.1	100(68)
캄보디아	18.5	33.3	48.1	100(27)
기타	21.9	40.6	37.5	100(32)
계	20.1	36.5	43.4	100(498)

연령별 참여 효능감을 살펴보면, 30대 이주여성의 긍정적 태도가 48.1%로 가장 높고, 나머지 연령대는 비슷한 수준이다. 부정적 응답 또한 30대가 가장 낮고, 40세 이상자의 부정적 응답은 다른 연령대에 비해 상대적으로 높은 편이다. 20대의 경우는 '매우 그렇다'는 강한 긍정이 18.5%로 여타 연령 집단에 비해 높게 나타났다. 보통이라는 입장을 선택한 응답자가 연령이 높아질수록 38.2%, 36.0%, 30.9%로 점차 줄어드는 경향을 보이는데, 이는 연령이 높아질수록 활동 참여를 통한 사회변화 가능성에 대한 입장을 명확히 하는 결과라고 판단된다.

[표IX-38] 연령별 참여 효능감

(단위:%, 명)

	참 여 효 능 감			계(명)
	부 정 적	보 통	긍 정 적	
30세 미만	21.7	38.2	40.2	100(254)
30~39세	15.9	36.0	48.1	100(189)
40세 이상	27.3	30.9	41.8	100(55)
계(명)	20.1	36.5	43.4	100(498)

거주기간과 참여 효능감을 교차시켜보면, 2년 미만 거주자의 참여 효능감이 38.5%로 가장 낮고 여타의 경우에는 약 45%로 균등하게 나타났다. 참여 효능감에 대해 부정적으로 응답한 이주여성 또한 평균 주변에서 비교적 균질적으로 나타났다. 거주 기간에 따라 참여 효능감이 다소 차이가 나타날 것으로 예상되지만 이번 조사에서는 거주 기간이 참여 효능감에 미치는 영향이 거의 없는 것으로 조사되었다.

[표IX-39] 거주기간별 참여 효능감

(단위:%, 명)

	참 여 효 능 감			계(명)
	부 정 적	보 통	긍 정 적	
2년 미만	22.3	39.2	38.5	100(130)

2~5년 미만	20.5	34.0	45.5	100(156)
5~7년 미만	18.8	36.6	44.6	100(101)
7년 이상	18.0	36.9	45.0	100(111)
계(명)	20.1	36.5	43.4	100(498)

소득별 참여 효능감을 분석하여 보면, 300만 원 이상자들의 효능감이 50%로 가장 높고 100만 원 이하가 40.3%로 가장 낮았다. 양자 간의 차이는 약 10%이다. 역으로 참여 효능감에 대한 부정적 응답 또한 비교적 고소득자인 300만 원 이상이 가장 높고 100만 원 이하가 가장 낮았다. 이는 보통이라는 응답자가 100만 원 이하가 45.5%로 가장 높고, 300만 원 이상의 이주여성은 26.3%로 가장 낮기 때문이다. 소득과 참여효능감과의 관계에서 소득이 높을수록 참여 효능감에 대한 부정적 응답이 높아진다는 점은 다소 특이한 결과이다.

[표Ⅸ-40] 소득별 참여 효능감

(단위:%, 명)

	참 여 효 능 감			계(명)
	부 정 적	보 통	긍 정 적	
100만 원 이하	14.3	45.5	40.3	100(77)
200만 원 이하	17.4	36.6	46.0	100(213)
300만 원 이하	23.3	34.2	42.5	100(146)
300만 원 이상	23.7	26.3	50.0	100(38)
계(명)	19.2	36.5	44.3	100(474)

학력별 참여효능감은 대학교 이상의 학력을 소지한 이주여성의 긍정적 응답이 47.5%로 가장 높았다. 가장 낮은 중학교 졸업의 학력자의 긍정적 응답은 39.7%로 최고와 최저의 차이가 크지 않았다. 참여 효능감에 대해 부정적 응답은 20%로 전후로 고른 분포를 보였다. 이로써 학력은 참여 효능감에 영향을 미치는 변수가 되지 못한다고 평가할 수 있다.

[표Ⅸ-41] 학력별 참여 효능감

(단위:%, 명)

	참 여 효 능 감			계(명)
	부 정 적	보 통	긍 정 적	
초등학교이하	18.8	37.5	43.8	100(32)
중학교	19.8	40.5	39.7	100(131)

고등학교	21.4	35.0	43.7	100(206)
대학교이상	19.2	33.3	47.5	100(120)
계(명)	20.2	36.2	43.6	100(489)

이상의 결과를 종합하여 보면, 참여 효능감은 국적, 연령 등에 따라 근소한 차이가 나타나기는 하지만, 그 변이가 크지 않다고 결론 내릴 수 있다.

6. 삶의 질 필요요인

'결혼이주여성의 삶의 질 향상'을 위해 필요한 요소에 대한 질문에서 가족(배우자, 시부모)의 협조가 27.7%로 가장 높게 나타났으며, 다문화가족지원센터의 협조가 24.9%, 결혼이주여성 참여에 대한 사회적 인식개선(19.8%), 이주여성 모임 활성화 및 프로그램 개발(17.8%), 참여에 대한 정보 제공(7.3%), 기타(2.6%)의 순서로 나타났다.

결혼이주여성들은 한국에서 자신들의 삶의 질을 향상하는데, 가족의 도움을 가장 필요한 요소로 보고 있으며, 센터의 협조 또한 중요한 요소로 인식하고 있는 것으로 나타났다. 이는 본인의 경험에 따른 의견일 수도 있으며, 역으로 본인들의 경험에 비추어 부족한 요소를 지적하거나 욕구를 반영한 응답으로도 해석이 가능하다. 특히 가족의 도움과 함께 다문화가족지원센터의 협조가 이들의 한국생활 적응에 도움이 된다고 응답한 것은 국가적 다문화가족 정책을 구현하는 통로인 센터가 이주여성의 적응에 매우 중요한 역할을 하고 있다는 점을 보여준다. 참여에 대한 사회적 인식개선과 이주여성 모임의 활성화 및 이를 위한 프로그램 개발이 유사한 비율로 그 중요성이 지적된 것은 향후 정책을 입안하는 과정에서 참고할 만하다. 이주여성의 센터를 비롯한 이주 프로그램에 대한 참여 부족의 원인으로 자주 언급되는 정보의 부족은 이들의 삶의 질 개선에 크게 문제가 되지 않는 것으로 나타난 것 또한 의미 있는 결과이다.

[표IX-42] 삶의 질 필요요인

(단위:%, 명)

	사회적 인식 개선	가족의 협조	센터의 협조	정보제공	이주여성 모임 활성화 및 프로그램 개발	기타	계(명)
응답률	19.8	27.7	24.9	7.3	17.8	2.6	100(506)

국적별 삶의 질 향상을 위한 필요 요인을 살펴보면, 결혼이주여성의 참여에 대한 사회적 인식개선의 경우 기타국적을 제외하고 베트남이 22.7%로 가장 높게 나타났으

며, 필리핀(14.7)과 중국(14.5%)이 낮게 나타났다. 가족 협조의 경우 캄보디아(36.7%)와 필리핀(32.4%)이 높게 나타났으며, 다문화가족지원센터 협조가 중요하다가 응답한 경우는 캄보디아(36.7%)와 중국(34.2%)이 높게 나타났다. 참여에 대한 활동정보 제공의 경우 재중동포가 23.3%로 상대적으로 높게 나타났으며, 이주여성모임 활성화 및 프로그램 개발의 경우 베트남이 22.7%로 가장 높게 나타났다.

국적별 특성을 살펴보면, 먼저 재중동포의 경우는 다른 국적 출신자들보다 정보의 제공이 필요하다고 응답한 경우(23.3%)가 매우 높게 나타난 반면 센터의 협조가 필요하다고 응답한 비율은 가장 낮았다(11.6%). 이들은 한국어 교육을 중심으로 운영되는 센터의 필요성은 그다지 크게 인식하고 있지 않은 반면, 자신들이 참여할 수 있도록 정보를 제공해 주는 것이 더욱 필요하다고 인식하고 있었다. 중국 국적 출신 이주여성의 경우는 가족(23.1%)보다 오히려 센터(34.2%)에 의존하는 경향을 보이고 있으며, 정보제공에 대한 욕구(10.3%)도 상대적으로 큰 편이다. 반면 사회적 인식개선에 대한 요구(14.5%)는 크지 않은 것으로 나타났다. 베트남 출신자의 경우는 가족의 협조(27.8%)를 가장 중요한 요소로 꼽은 가운데, 이주여성의 모임에 대한 요구(22.7%)가 다른 국가 출신자들에 비해 다소 높게 나타났다. 필리핀은 가족의 협조(32.4%)를 상대적으로 중요시하고 있으며, 사회적 인식개선에 대한 요구(14.7%)는 그다지 높지 않았다. 캄보디아 출신 이주여성은 가족의 협조와 센터의 협조를 높은 수준에 동등하게 중요시(36.7%)하고 있고 있으며, 모임 활성화에 대해서는 매우 낮은 요구 수준(3.3%)을 보이고 있다.

[표Ⅸ-43] 국적별 삶의 질 향상을 위한 필요 요인

(단위:%, 명)

	사회적 인식 개선	가족의 협조	센터의 협조	정보제공	이주여성 모임 활성화 및 프로그램 개발	기타	계(명)
재중동포	20.9	25.6	11.6	23.3	18.6	0.0	100(43)
중국	14.5	23.1	34.2	10.3	13.7	4.3	100(117)
베트남	22.7	27.8	20.4	4.2	22.7	2.3	100(216)
필리핀	14.7	32.4	27.9	2.9	19.1	2.9	100(68)
캄보디아	20.0	36.7	36.7	0.0	3.3	3.3	100(30)
기타	28.1	28.1	21.9	12.5	9.4	0.0	100(32)
계(명)	19.8	27.7	24.9	7.3	17.8	2.6	100(506)

삶의 질 향상을 위한 필요 요인을 연령에 따라 살펴보면([표Ⅺ-44]), 연령이 결혼이주여성의 삶의 질 향상을 위한 필요요인 선택에 있어 주요한 변인으로 작용하지 않는

것으로 판단된다. 다만 참여에 대한 활동정보제공에 있어서, 30세 미만이 4.2%로 30~39세의 10.4%, 40세 이상의 10.9%에 비하여 다소 낮게 나타났으며, 40세 이상에서 결혼이주여성 참여에 대한 사회적 인식개선이 중요하다는 응답이 14.5%로 상대적 낮게 나타났다.

[표IX-44] 연령별 삶의 질 향상을 위한 필요 요인

(단위:%, 명)

	사회적 인식 개선	가족의 협조	센터의 협조	정보제공	이주여성 모임 활성화 및 프로그램 개발	기타	계(명)
30세 미만	19.7	29.3	26.3	4.2	17.8	2.7	100(259)
30~39세	21.4	24.5	23.4	10.4	17.7	2.6	100(192)
40세 이상	14.5	30.9	23.6	10.9	18.2	1.8	100(55)
계(명)	19.8	27.7	24.9	7.3	17.8	2.6	100(506)

거주기간별 삶의 질 향상을 위한 필요요인을 살펴보면, 다문화가족지원센터의 협조가 중요하다는 응답자가 2년 미만 29.2%에서 2~5년 미만 25.9%, 5~7년 미만 22.5%, 7년 이상 20.2%로 거주기간이 길어짐에 따라 지속적으로 줄어드는 것으로 나타났다. 거주기간이 길어질수록 다문화가족지원센터의 협조의 필요성이 줄어드는 것으로 해석할 수 있는 결과이다. 결혼이주여성 참여에 대한 사회적 인식개선의 경우 5~7년 미만이 29.4% 매우 높게 나타났으며, 가족의 협조가 중요하다는 응답은 2년 미만에서 33.6%, 7년 이상에서 30.3%로 높게 나타났다. 거주 5년차 정도의 이주여성은 생애주기로 보자면 아동의 사회활동이 시작되는 시기이므로 이러한 시기적 특성이 '사회적 인식개선'에 대한 욕구를 높인 것이라 추측된다. 가족의 협조가 2년 미만에서 가장 높고 점차 낮아지는 경향은 이해할 만한 것이지만, 7년 이상에서 다시 높아지는 것은 특이한 결과이다. 참여에 대한 활동정보제공은 2년 미만에서 3.6로 가장 낮았으며, 이주여성 모임 활성화 및 프로그램 개발의 경우 16%대에서 꾸준하던 것이 거주기간 7년 이상에서 22%로 5%가까이 높아졌다. 이주민 조직에 대한 욕구는 이 시기에 가장 높아지는 것으로 해석할 수 있는 대목이다.

[표IX-45] 거주기간별 삶의 질 향상을 위한 필요 요인

(단위:%, 명)

	사회적 인식 개선	가족의 협조	센터의 협조	정보제공	이주여성 모임 활성화 및 프로그램 개발	기타	계(명)
2년 미만	16.8	33.6	29.2	3.6	16.1	.7	100(137)

2~5년 미만	18.4	26.6	25.9	8.2	17.1	3.8	100(158)
5~7년 미만	29.4	18.6	22.5	9.8	16.7	2.9	100(102)
7년 이상	16.5	30.3	20.2	8.3	22.0	2.8	100(109)
계(명)	19.8	27.7	24.9	7.3	17.8	2.6	100(506)

소득별 삶의 질 향상을 위한 필요 요인을 살펴보면, 소득별로 큰 변이가 나타나지 않는 가운데 월 가계소득 300만 원 이상에서 다소 주목할 만한 결과가 나타났다. 300만 원 이상의 경우 결혼이주여성의 삶의 질 향상을 위해 가족의 협조가 가장 중요하다는 응답이 34.2% 가장 높게 나타났으며, 참여에 대한 활동정보 제공 또한 13.2%로 가장 높게 나타났다. 이주여성모임 활성화 및 프로그램개발의 경우 5.3%로 다른 소득구간의 이주여성에 비해 15% 이상 낮게 나타났다.

[표Ⅸ-46] 소득별 삶의 질 향상을 위한 필요 요인

(단위:%, 명)

	사회적 인식 개선	가족의 협조	센터의 협조	정보제공	이주여성 모임 활성화 및 프로그램 개발	기타	계(명)
100만 원 이하	16.7	28.2	26.9	7.7	19.2	1.3	100(78)
200만 원 이하	20.3	25.8	23.5	7.4	18.9	4.1	100(217)
300만 원 이하	21.6	25.0	25.0	6.8	20.3	1.4	100(148)
300만 원 이상	18.4	34.2	26.3	13.2	5.3	2.6	100(38)
계(명)	20.0	26.6	24.7	7.7	18.3	2.7	100(481)

학력별 삶의 질 향상을 위한 필요 요인에서 가족의 협조가 가장 중요하다는 응답자는 학력이 초등학교 이하에서 42.4%로 매우 높게 나타났으며, 중학교 졸업(29.1%), 고등학교 졸업(26.7%), 대학교 이상(24.2%)의 순으로 학력이 높아질수록 가족의 협조에 대한 요구가 점차 낮아지는 경향을 나타냈다.

초등학교 이하의 학력자는 가족에 대한 의존이 가장 높은 반면, 센터의 협조에 대한 필요성은 상대적으로 낮게 인식하고 있었다. 또한 이들은 사회적 인식개선에 대한 요구도 다른 학력 구간에 비해 낮게 인지하고 있었다. 대학교 이상의 학력을 소지한 이주여성은 사회적 인식개선에 대한 요구(21.7%), 정보제공에 대한 필요성 인식(10%)이 다른 학력 집단에 비해 높았다. 반면 이주여성의 모임 활성화에 대한 인식은 다소 낮게 나타났다(15.8%). 중·고등학교의 학력 소지자는 거의 유사한 패턴을 보이고 있다.

[표IX-47] 학력별 삶의 질 향상을 위한 필요 요인

(단위:%, 명)

	사회적 인식 개선	가족의 협조	센터의 협조	정보 제공	이주여성 모임 활성화 및 프로그램 개발	기타	계(명)
초등학교 이하	15.2	42.4	15.2	6.1	18.2	3.0	100(33)
중학교	19.4	29.1	25.4	4.5	18.7	3.0	100(134)
고등학교	19.0	26.2	26.7	7.6	18.6	1.9	100(210)
대학교 이상	21.7	24.2	25.0	10.0	15.8	3.3	100(120)
계(명)	19.5	27.6	25.2	7.2	17.9	2.6	100(497)

이상의 결과를 통해 결혼이주여성의 삶의 질 개선을 위해서는 가족의 협조는 물론 센터의 협조가 가장 긴요한 요소임을 확인할 수 있었다. 정책적 관점에서 보자면, 사회적 인식개선과 이주민들을 위한 모임 혹은 조직의 구성에 대한 정책적 지원이 요구된다. 특히 이 설문 문항은 국적별로 가장 큰 편차를 보이는 결과 가운데 하나이다. 이주민 삶의 질 향상은 이주민 정책의 핵심목표이며, 이를 통해 달성할 수 있는 사회적 가치가 매우 크다. 따라서 이주민의 삶의 질 향상과 사회통합의 달성을 위한 정책을 구사하는데 있어, 이들의 실제 정책 수요를 반영함은 물론 국적이나 거주지역 등 세밀한 요소를 살펴 정책이 구상되고 시행되어야 할 것이다.

X. 한국 사회의 질적 향상을 위하여

한 사회의 질적 수준은 어떻게 측정할 수 있을까? GDP나 경제성장률 등의 양적 수준은 그 지표가 명확하기 때문에 논란의 여지도 적고, 계산의 복잡함 이외에는 측정하는 데 크게 어려움이 없다. 그러나 특정 사회의 질적 수준의 고양 혹은 저하는 측정하기 매우 어려울 뿐만 아니라 설령 나름의 지표를 통해 분석치를 제시한다고 할지라도 그에 대한 논란은 피할 수 없다. 그럼에도 불구하고 우리 사회의 질적 향상은 물론 그것은 내부 구성원들의 질적 향상을 전제로 하는데, 동시대를 사는 모든 이들의 목적이 아닐 수 없다. 특히 인구구성의 변화와 그에 따른 다양한 대안을 모색하는 과제를 자기 임무로 하는 연구 집단은 사회의 질적 향상이라는 과제를 보다 민감하게 인식하고 이를 실현하기 위한 노력을 충실히 할 것을 사회로부터 요청받는다. 인구구조의 변화는 우리 사회의 변화를 추동하는 핵심 중에 하나이며, 이에 대해 어떻게 대응하는가에 따라 한국의 미래는 매우 달라질 것이다. 지난 10여 년 동안 '다문화' 담론이 범람하게 된 원인은, 물론 학적 유행이라는 폐단을 부인할 수는 없지만, 이로부터 찾을 수 있다.

본문에서 우리는 대구·경북에 거주하는 결혼이주여성을 대상으로 진행한 설문조사의 결과를 분석하였다. 결혼이주민은 한국 사회의 인구구성 변화를 가져오는 핵심적 요인으로서 작용하고 있다. 거주 이주민 140만 가운데 비록 절대다수는 아니지만, 이민이 제한되고 국적 취득이 매우 어려운 한국 사회의 기본 구조에서 그들은 거의 유일한 이민의 통로로서 기능하고 있다. 또한 이들은 입국과 동시에 가족을 형성하는 것은 물론 2세('다문화아동')의 생산을 통해 인구 구성의 다양화를 더욱 촉진하고 있다. 차후 '가족재결합'(Family Reunification) 형태의 이민[1]도 결혼이주민을 매개로 인구구조 변화를 가져올 수 있는 요인이다. 이것이 결혼이주민에 대한 특별한 관심이 동시대 한국에 거주하는 사람들에게 요청되는 첫 번째 이유이다.

결혼이주민에게 특별한 정책적 배려와 관심이 필요한 두 번째 이유는 그들이 한국 사회의 필요에 의해 이주하였기 때문이다. 물론 결혼을 매개로 '월경'이라는 쉽지 않은 선택을 감행한 그들의 선택과 이를 가능하게 한 그들의 '욕망'(desire) 또한 소홀히 대할 수 없는 요인이다. 그러나 우리 사회의 입장에서는 그들이 이주라는 어려운 선택을 할 수 있도록 허용한 요인(permissive factor 혹은 pull factor)에 주목하여, 이에 부합하는 정책을 시행하는 것이 마땅한 의무라고 할 수 있다. 굳이 한국 사회의 필요에

---

1) 현재 한국 정부는 가족재결합을 위한 이민을 허용하고 있지 않다. 그러나 가족재결합은 '인권'의 영역에 속하는 사안이고, 이를 영구히 불허하는 것은 불가능하다. '손님 노동자'(gastarbeiter)를 통해 이민을 제한했던 독일이 이민국가로 변모해가는 과정에서 가족재결합이 매우 중요한 역할을 했다는 점을 상기해 볼 필요가 있다.

부응한 것을 이유로 들지 않더라도 이미 한국 사회의 구성원으로 자리를 잡았으나, 주류사회의 언어나 문화, 관습 등에 취약하고 사회적 자본 등이 현저히 부족하여, 자칫 소외와 배제를 경험할 수 있는 공동체의 구성원에게 특징적인 관심을 두는 것은 주류사회의 당연한 의무이다.[2]

　　이는 당위로만 그치지 않는다. 사실 당위만으로 정책을 시행하는 것은 주류를 설득하기도 어렵고, 오래 지속되기도 어렵다. 왜냐하면 순전히 당위 혹은 의무감에 의존하여 정책이 시행될 경우 쉽게 피로감을 낳을 수 있으며, 특정 계기가 되면 언제든지 비판에 직면하여 정책의 후퇴를 가져올 수 있기 때문이다. 따라서 (결혼)이주민에 대한 정책은 당위를 넘어서는 정당화 기제가 있어야 한다. 위에서 언급한 이유로 결혼이주민에게 정책적 배려가 필요한 것은 당위의 영역이기도 하지만 또한 한국 사회의 질적 향상을 위해서 반드시 고려되어야 할 요소이다.

　　왜 그런가? 첫째로 들 수 있는 것은 결혼이주민은 '단일민족'을 고수해왔던 한국의 자기 이미지에 변화를 가져오는 요인이라는 점이다. 즉 이들의 유입과 일상에서의 만남은 한국의 '폐쇄적' 민족주의를 완화하는 동인이 된다. 이를 통해 우리는 보다 개방적이고 열린 민족주의로 나아갈 수 있는 기회의 창을 열 수 있다. 또한 이들에 대한 정책적 배려는 한국의 문화적 다양성을 가져올 수 있다. 문화적 다양성은 그 자체가 중요하다기보다는 그것을 통해 다른 삶의 가능성을 엿볼 수 있으며, 해당 사회 구성원의 경험지평을 확대할 수 있다는 점에서 의미가 깊다. 우리 사회가 큰 규모로 이민을 받아들이기 시작한 것은 불과 10여년 남짓에 불과하기 때문에 아직 문화적 다양성을 거론할 단계에 이르렀다고 할 수는 없다. 그럼에도 이들이 일정 규모 이상으로 증대된다면 문화적 다양성과 이로부터 얻을 수 있는 '이익'을 예상할 수 있을 것이다.

　　두 번째로는 이들의 시민권이 온전히 보장되는 것이 한국의 민주주의 발전을 위해서도 중요한 요인이라는 점을 들 수 있다. 민주주의의 유지와 발전의 기초가 되는 '시민' 가운데, 시민적 권리를 온전히 향유하지 못하는 사람들이 있고, 심지어 시민으로서 인정을 받지도 못하는 부류의 사람들이 존재한다는 것은 그것 자체가 민주주의를 위협할 수 있다. 왜냐하면 시민임에도 시민적 권리를 인정받지 못하는 사람이 있다는 사실은 '시민권'이 인종이나 출신국, 성별에 따라 달리 적용될 수 있다는 가능성을 여는 행위이며, 이는 시민이라면 누구나 시민권을 누릴 자격이 있다는 관념을 약화시

---

2) 공동체의 '구성원'이기 때문에 주어져야할 권리는 체류자격을 불문한다. 따라서 이 영역에 속하는 권리는 반드시 결혼이주민에게 제한될 필요는 없다. 또한 정책적 '대상'이라는 언급이 필연적으로 내포할 수밖에 없는 '타자화'는 그 정책의 대상이 주류를 포함하는 것으로, 즉 정책의 주체와 대상을 동일시함으로써 어느 정도 극복될 수 있을 것이다.

키기 때문이다. 따라서 현재 불리한 처지에 있는 이주민들에게 정책적 배려를 통해 평등한 시민적 권리를 누릴 수 있도록 하는 것은 우리의 민주주의 발전을 위해서도 핵심적 과제이다.

이들에게 정책적 배려가 필요한 세 번째 이유는 우리 사회의 통합을 위해서이다. 여기에서 말하는 통합이 다양한 근원을 가지는 이질성을 없애, 단일성을 확보하는 것이 아님은 물론이다. 우리 사회가 지향해야 할 통합은 그것을 통해 그 안의 구성원들이 보다 풍요로워지고 인간적 삶의 가능성이 고양되는 그것이다.[3] 따라서 사회통합은 이루어야 할 목표라기보다는 '지향'으로서 의미가 더 강하다고 하겠다. 이러한 사회통합을 위해서는 소수자에 대한 배려, 차별배제, 다수에 대한 재교육, 주류 편향적 제도의 변경 등이 필수적으로 요구된다. 결혼이주민에 대한 배려가 곧 한국 사회의 통합을 담보하는 것은 아니다. 그럼에도 장래 인구구성의 변화와 밀접한 관련이 있는 집단에 대한 관심과 지원은 우리 사회의 통합을 위해 대단히 중요한 분야임은 틀림이 없다.

이번 설문조사는 '글로컬 생활세계로서 다문화에 대한 가치창조적 연구'라는 장기 과제(9년)의 2년차 연구로서 진행되었다. 먼저 1년차에는 한국에서 다문화에 대한 연구와 담론이 어떻게 유통되고 있는 지에 대해 학문 분과별로 검토하였고, 이 이론적 연구를 기초로 실제 현실에서 이주민들의 삶을 양적 연구를 통해 살펴보고자 하였다. 모든 설문 문항은 결혼이주여성의 현실에 대한 파악뿐만 아니라 정책 현황, 바람직한 정책 방향을 염두에 두고 작성되었다. 이 책은 현황파악에 방점을 두고, 설문 문항에 대한 단순 서술에 국한하여 연구되었다. 향후 정책적 과제 도출을 위한 추가적인 연구가 있어야 한다는 점을 지적하면서 결론에 갈음하고자 한다.

---

3) 그렇기 때문에 통합을 말하기 전에 먼저 '어떤 통합인가'가 사회적 의제가 되어야 하며, 이에 대한 구성원의 합의가 있어야 한다. 현재 한국 정부가 강조하는 통합과 학계에서 말하는 통합이 크게 다른 내용과 지향을 가질 수 있다는 점은 이로부터 기인한다.

참고문헌

강정숙. 2004. 「사회적 지지가 저소득층 노인 부양부담 감소에 미치는 영향: 75세 허약노인을 중심으로」. 서울여자대학교 박사학위논문.

권복순·임보름. 2011. "결혼이주여성의 인권과 발달권 증진을 위한 담론". 「인문과학연구」. 16, 1-24.

김승권 외. 2010. 「2009년 전국 다문화가족실태조사 연구」. 보건복지가족부·법무부·여성부·한국보건사회연구원.

김태원. 2011. "한국 다문화 연구현황과 새로운 방향모색". 「한국연구재단 대학중점지원연구소 사업 국내학술대회 자료집」. 대구가톨릭대학교 다문화연구소. 35-51.

김혜선. 1992. 「배우자선택과정과 결혼안정도간의 관계」. 숙명여자대학교 박사학위논문.

박은하. 2011a. "설문조사로 본 결혼 이주여성의 호칭어 사용 현황." 「다문화콘텐츠연구」 10, 7-28.

박은하. 2011b. "결혼 이주여성을 대상으로 한 한국어교재와 설문조사에 나타난 호칭어 비교 연구." 「사회언어학」 19(1), 83-102.

왕한석 외. 2005. 「한국 사회와 호칭어」. 서울: 도서출판 역락.

왕한석. 2005. "한국의 아기말." 「사회언어학」 13(1), 151-189.

이용승·이용재. 2013. "이주민 정치참여 영향요인에 대한 탐색적 연구: 대구·경북지역 결혼이주여성을 중심으로." 민족연구」53, 110-129.

이중섭·박해석·김성훈·박선희·정현숙. 2006. 「청소년 발달권 현황과 지표개발」. 한국청소년개발원.

이화숙. 2013. "다문화가족의 호칭어 조사 연구." 「민족연구」53, 152-168.

장온정. 2007. 「국제결혼한 한국 남성의 결혼적응에 관한 연구」. 중앙대학교 박사학위논문.

정진성 외. 2011. 「국민인권의식 실태조사」. 서울: 국가인권위원회.

이희승(편저). 2010. 「국어대사전(수정판)」. 서울: 민중서림.

한국건강가정진흥원. 2012. 「2011년 다문화가족지원센터 사업결과 보고서」. 서울: 경성문화사.

보건복지부. 2005. 「국제여성결혼이민자 실태조사 및 보건복지 지원 정책방안」

홍미기. 2009. 「결혼이주여성이 인지한 문화적응스트레스와 부부 적응에 관한 연구-사회적 지지와 부부의사소통의 매개효과를 중심으로」. 이화여자대학교 박사학위논문.

Berry. 2005. "Acculturation: Living successfully in two cultures." *International Journal of Intercultural Relations* 29(3), 697-712.

Campbell, A. 1981. "The sense of well-being." *American Psychologist* 31, 117-124.

Rosenberg, M. 1979. *Conceiving the Self.* New York: Basic Book. Instrument reproduced with permission of Morris Rosenberg.

Spanier, G., 1976. "Measurings Dyadic Adjustment: New Scales for Assessings the Quality of Marriage and Similar Dyads." *JMF* 38, 15-28.

Vincenzi, H. & Grabosky, F. 1987. "Measuring the emotional/social aspects of loneliness and isolation." *Journal of Social Behavior and Personality* 2, 257-270.

Zimet, G. D., N. Dahlem, S. G. Zimet, and G. Farley. 1988. "The Multidimensional Scale of Perceived Social Support." *Journal of Personality Assessment* 52(1), 30-41.

통계청
교육과학기술부 http://www.mest.go.kr
국가법령정보센터 http://www.law.go.kr

김명현

　대구가톨릭대학교 다문화연구소 소장 / 신학부 교수

이용승

　대구가톨릭대학교 다문화연구소 연구교수

이화숙

　대구가톨릭대학교 외래교수

임보름

　대구가톨릭대학교 외래교수

손영기

　대구가톨릭대학교 외래교수

결혼이주여성의 생활세계

초판 1쇄 인쇄　2013년 12월 23일
초판 1쇄 발행　2013년 12월 31일

지은이　김명현·이용승·이화숙·임보름·손영기

펴낸이　한정희
펴낸곳　경인문화사
편 집　신학태 김지선 문영주 송인선 조연경
영업 관리　최윤석 하재일 정혜경
등 록　제10-18호(1973.11.8)
주 소　서울시 마포구 마포동 324-3
전 화　(02) 718-4831
팩 스　(02) 703-9711
홈페이지　http://kyungin.mkstudy.com
이메일　kyunginp@chol.com

ISBN　978-89-499-0940-0　93330
정가 20,000원